安徽省一流教材建设项目成果
普通高校经济管理类应用型本科系列教材

# 人力资源管理

## 第2版

主　编　刘福成

副主编　梁　中　刘冬华

编　委（以姓氏笔画为序）

汪金龙　张　斌　金　诺

房　君　胡敏华　魏　巍

中国科学技术大学出版社

## 内 容 简 介

本书为安徽省一流教材建设项目成果。共分10章，首先介绍了人力资源管理的基本理论，然后对人力资源规划、工作分析、员工招聘、培训与开发、薪酬管理、职业生涯、劳动关系等知识进行了全面系统的讲解。既系统分析了不同类型企业的人力资源管理问题，也深入阐释了原先人事管理与新时期人力资源管理的不同特点。全书不仅内容全面，而且充分考虑到各部分内容的内在联系，方便读者对整体内容体系的把握，为读者更加有效的学习提供了保证。

本书可作为高等院校教师的教学用书，也可作为人力资源管理专业本科生、专科生的学习用书，同时还可作为人力资源管理从业人员的参考用书或培训用书。

**图书在版编目(CIP)数据**

人力资源管理 / 刘福成主编. -- 2版. -- 合肥 ：中国科学技术大学出版社，2025. 1. -- ISBN 978-7-312-06126-4

Ⅰ. F243

中国国家版本馆CIP数据核字第2024VZ4481号

**人力资源管理**

RENLI ZIYUAN GUANLI

**出版** 中国科学技术大学出版社
安徽省合肥市金寨路96号，230026
http://www.press.ustc.edu.cn
https://zgkxjsdxcbs.tmall.com

**印刷** 安徽省瑞隆印务有限公司

**发行** 中国科学技术大学出版社

**开本** 787 mm×1092 mm 1/16

**印张** 19.75

**字数** 502千

**版次** 2014年9月第1版 2025年1月第2版

**印次** 2025年1月第4次印刷

**定价** 60.00元

# 前　　言

当前，新一轮科技革命、产业革命深入演进，以大数据、互联网、虚拟现实、区块链、人工智能等为代表的新一代信息技术突飞猛进，对人力资源管理领域产生了深层的影响，促使人力资源管理的理论研究与实践应用场景均发生了深刻变化。而近些年，我国经济结构和发展模式面临着深刻转型，中国人力资源管理的战略转型与效能提升、本土化创新以及中国模式的打造也成为学界持续探索的管理课题。尤其是，党的二十大报告提出的“教育、科技、人才是全面建设社会主义现代化国家的基础性、战略性支撑”“人才是第一资源”“深入实施科教兴国战略、人才强国战略”以及“坚持为党育人、为国育才，全面提高人才自主培养质量”等重要论述，为新时代深化人力资源管理领域的研究、教学、实践等工作提供了新指向、新定位、新目标。

基于对人力资源管理发展的客观认识，为落实“十四五”安徽省高等学校省级规划教材建设要求，适应学科专业建设发展，引领教育教学改革提升，支撑创新人才培养使用，编写团队对原“十二五”安徽省高等学校省级规划教材《人力资源管理》(2014 年版)教材做了进一步修订完善。

本次修订基本保持了原教材的精华内容，重点更新了教材的整体架构和章节设置。具体包括：更新所有章节的学习目标、讨论案例和自测题内容；注重引入可读性、代表性更强的本土案例；重新审定部分概念的定义阐述；合理增删章节篇幅，调整优化章节标题；更新充实部分数据，重新绘制部分图表等。编写团队在修订过程中，坚持与时俱进、贴近师生的原则；要求教材修订内容能够紧跟理论和教学最新研究成果；精准聚焦实践情境和应用型管理人才的培养要求。

参与此次教材修订工作的人员有刘福成、梁中、汪金龙、胡敏华、张斌、魏巍、刘冬华、金诺、房君、王天宇、曹晓纯、吕婉婉、汤晓、吴霁君、田潇、胡炫炫、陈涛。此次教材修订凝聚了人力资源专家、教师们的智慧与心血，期待能够为人力资源管理专业培养新时代所需的人才提供更为系统、实用的知识体系和理论支持。

教材修订过程中，编写团队借鉴吸收了国内外人力资源领域的先进研究成果和实践经验，主要参考文献已列在书后，借此对国内外相关作者表示衷心的感谢。

由于编者知识水平和经验有限，难免有错漏之处，恳请读者批评指正。

**编者**

# 目　　录

# 第一章　人力资源管理概论

学习目标

1. 掌握人力资源及人力资源管理等相关概念；
2. 掌握人力资源管理活动的内容和人力资源管理的目标；
3. 了解人力资源管理的功能和原理；
4. 了解影响人力资源管理的内外部因素；
5. 理解人力资源管理部门典型的结构形式；
6. 理解人力资源管理者及其职能分工；
7. 了解人力资源管理的历史演进及发展趋势。

## 第一节　人力资源及其相关概念

### 一、人力资源的含义

#### （一）资源

资源，在《辞海》中是指“资财的来源”，在经济学中是指“为了创造财富而投入生产活动中的一切要素”。通常，资源可划分为自然资源、资本资源、信息资源、时间资源以及人力资源等五大类。自然资源和资本资源具有独占性，信息资源具有共享性，时间资源具有强烈的时效性，但这四种资源都是被动性资源，都需要由人来认识、开发和利用，只有在人力资源的主导作用下，它们才能被赋予活力，才能创造出财富。因此，人力资源具有主动性或能动性，是生产活动中最活跃的因素，是具有特殊重要性的一切“资源中的资源”。党的二十大报告明确指出，必须坚持科技是第一生产力、人才是第一资源、创新是第一动力，深入实施科教兴国战略、人才强国战略、创新驱动发展战略，开辟发展新领域新赛道，不断塑造发展新动能新优势。

#### （二）人力资源的概念

人力资源概念是由美国著名管理大师彼得·德鲁克（Peter F. Drucker）在其《管理的实

践》(1954年)一书中首次提出来并加以明确界定的，随着对人力资源研究的不断深入和发展，学者们从“能力”和“人”等角度给出了不同的定义。例如：

(1) 人力资源是指能够推动整个经济和社会发展的劳动者的能力，即处在劳动年龄的已直接投入建设或尚未投入建设的人口的能力。

(2) 人力资源是指社会组织内部全部劳动人口中蕴涵的劳动能力的总和。

(3) 人力资源是指能够推动整个经济和社会发展的具有智力劳动和体力劳动能力的人的总和，包括数量和质量两个方面。

(4) 人力资源是指具有为社会创造物质财富和精神财富，为社会提供劳务和服务的人。

综上所述，本书将人力资源定义为能够推动整个经济和社会发展的具有智力劳动和体力劳动能力的人的总和，包括数量和质量两个方面。

### (三) 人力资源的基本特征

作为一种特殊的资源，与其他资源相比，人力资源具有以下显著特征：

**1. 主观能动性**

这是人力资源最重要的特征，也是与其他一切资源的根本区别。具体表现在：

(1) 主体地位。人力资源在生产活动中处于主体地位，是支配其他资源的主导因素。

(2) 自我强化。人口自然生产和后天教育，促成了人力资源的形成和强化，这是通过人们自身有目的的活动实现的；同时，人们通过不断学习和锻炼身体，可以增长自己的知识和能力。

(3) 开展创新活动。人的劳动过程是使自己的知识和能力提高的过程，也是对自然规律和社会规律认识不断深化和技术不断创新的过程。人类通过不断地创造发明，创造出越来越多的社会财富，也推动了人类社会不断向前发展。

(4) 功利性投向。人拥有且能自主支配的人力资源，往往会依据一定的功利性目的，有意识地选择和控制人力资源的投向，决定其有关专业、职业、工作单位等选择和变动。

(5) 可激励性。提高人的工作能力，增强人的工作动机，可以激发其工作潜力，提高工作效率。因此，管理者要围绕着组织目标，高度重视和满足员工的需要，充分调动人的积极性。

**2. 时效性**

人力资源存在于人的自然生命体中，其形成、开发和利用都要受到时间的限制。从个体角度来看，作为生物机体的人，都将经历各自的生命周期，如幼年期、青壮年期、老年期，各个时期的劳动能力各不相同；而从社会角度来看，人力资源也有培养期、成长期、成熟期和老化期。所以，对人力资源的开发和利用要把握好最佳时期，让人在其生命周期的每一个阶段都得到最好的潜力开发机会，使人的生命价值得到最充分的体现。

**3. 可再生性**

人力资源具有再生性：一是随着人类的不断繁衍，人力资源被不断再生产出来，世代延续下去；二是人力资源个体的体能在劳动消耗后，通过休息和补充营养物质而得到恢复；三是人的知识技能也能通过培训和学习等手段得到更新。

**4. 社会性**

社会性是人力资源区别于其他资源的重要特征。人是社会人，不可避免要受社会文化的影响，形成特有的价值观念和行为方式，这可能会与所在企业的文化价值观一致，也可能不一致，导致冲突发生；同时，人的社会性体现在人有思想、有感情，从属于一定的社会群体，有复杂的心理和感情活动，这就增加了人力资源管理的复杂性和难度。因此，人力资源管理要注重团队建设，注重人际、人与群体、群际等各种社会利益关系的协调。

**5. 生产与消费双重性**

每个劳动者都具有双重身份，既是生产者又是消费者，既是生产的承担者又是生产成果的享受者。从生产和消费的角度来看，人力资源的投资、开发和维持是一种消费性行为，是一种先于人力资源使用和收益的必需性消费。而人力资源的使用则是一种生产性行为，该行为能够创造物质财富，为人类社会提供生存和发展的条件。消费性则能够保障人力资源的维持和发展，是人力资源本身的生产和再生产的条件。

**6. 可变性**

与自然资源不同，人力资源在使用过程中发挥作用的程度会受到外界环境因素的影响。一方面，当环境有利或适宜时，人力资源发挥作用的程度就大，反之就小；另一方面，人力资源发挥的作用会受到劳动者自身现状的影响。例如，当人受到有效激励时，便会主动地进行工作，尽可能地发挥自身的能力；相反，就会消极怠工，不能发挥出应有的作用。

## 二、人力资源的数量与质量

### （一）人力资源数量

人力资源数量反映着人力资源的量的特征。对企业而言，人力资源的数量一般来说就是其员工的数量；对国家而言，人力资源的总量又分为现实人力资源数量和潜在人力资源数量。

人力资源总量：是指被考察范围内（国家、地区、组织等）可以动员投入运行的人力资源总量，包括现实人力资源数量和潜在人力资源数量。

**1. 现实人力资源数量**

现实的人力资源数量是指被考察范围内现实的社会劳动力供给，是直接的、已经开发的现实人力资源，又称经济活动人口，包括了非个人原因而暂时失业人口。

**2. 潜在人力资源数量**

潜在的人力资源数量是指被考察范围内并未构成现实的社会劳动力供给的人力资源，它们是间接的、尚未开发的、处于潜在形态的人力资源。

### （二）人力资源质量

人力资源质量是指一定范围内（国家、地区、组织等）劳动者素质的综合反映，具体包括身体素质、智能素质和心理素质（劳动态度）。劳动者素质结构如图 1-1 所示。

由图 1-1 可见，人力资源质量是一定范围内的劳动者在劳动中所表现出来的体力、知识、智力和技能水平，反映了人力资源的质量状况。其中身体素质是人力资源质量的自然基础，智能素质是决定人力资源质量的关键，心理素质（以及劳动积极性）则是发挥劳动者体力和脑力的重要条件。

随着现代化生产的发展，对劳动者的智力和科学知识水平的要求日益提高。在生产过程中，劳动者所投入的智力支出起着越来越重要的作用，而智力支出的比例也在逐渐增加。劳动者的劳动能力的大小主要取决于他/她所掌握并能灵活运用的科学技术知识的多少。

因此,教育被视为提升人力资源素质的根本途径。国家、地区与组织之间的竞争,归根结底是其人力资源素质之间的竞争。

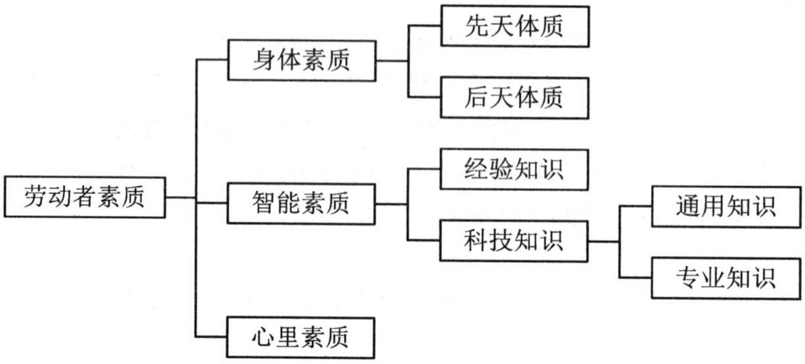


图 1-1 劳动者素质结构

## 三、其他与人力资源相关的概念

### (一)人口资源、劳动力资源与人才资源

**1. 人口资源**

人口资源是指一个国家或地区的人口总体状况,它主要表现为一个数量观念,是其他有关人力资源概念的基础。

**2. 劳动力资源**

劳动力资源是指一个国家或地区具有劳动能力并在劳动年龄范围内的人口总和,即人口资源中拥有劳动能力且在法定劳动年龄段的那部分人口。

**3. 人才资源**

人才资源是指人力资源中层次较高的那部分人,一般特指人力资源中具有较强的专业技术、管理、创造和研发等能力的那部分人的总和。人才资源强调的是劳动力资源中比较杰出的那部分。

人口资源、人力资源、劳动力资源和人才资源四者之间既有联系又有区别,在数量上存在着包含关系,如图 1-2 所示。

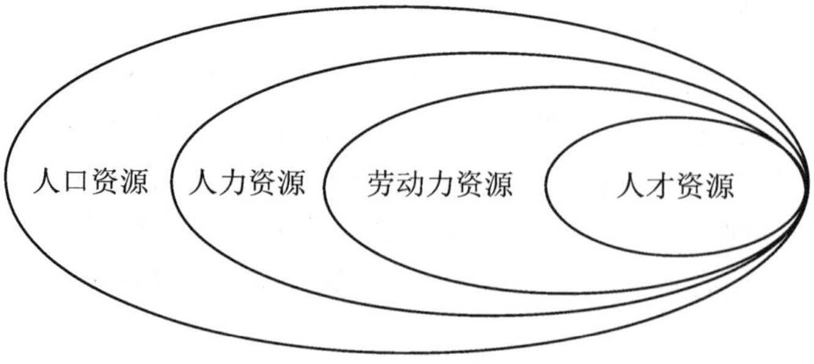


图 1-2 人口、人力、劳动力与人才四大资源间的关系图

## （二）人力资本

西方人力资本理论真正形成于20世纪50年代，随后得到广泛传播，并成为当代重要的经济理论之一。人力资本理论开辟了关于人的生产能力分析的崭新思路，在该理论分析框架之下，劳动力不再是经济增长的外生变量和生产发展的客体要素，而是经济增长的内生变量和生产发展的主体要素。人力资本理论的形成，确立了人力资源在现代经济发展中的地位和作用，并为现代人力资源开发奠定了坚实的理论基础。

**1. 人力资本的概念**

人力资本概念最早由美国经济学家沃尔什在1935年提出，而从事人力资本理论研究最著名的人物是美国经济学家舒尔茨与贝克尔，其中，舒尔茨因对人力资本理论做出了重大贡献，因此获得1979年诺贝尔经济学奖，也被称为"人力资本理论之父"。在其1963年发表的《教育的经济价值》(《The Economic Value of Education》)一书中，舒尔茨指出："教育的经济价值是这样体现的：人们通过对自身的投资来提高其作为生产者和消费者的能力，而学校教育则是对人力资本的最大投资。这一命题的含义是：人们所拥有的经济价值中的绝大部分并不是与生俱来的，也并不是进入校门之时就已经具备的；换言之，后天教育对个人经济价值增值的影响非同小可。其能量之大，可在根本上改变通常的储蓄与资本形成的现行标准，它们亦改变了工资结构及劳动与财产收入的相对数额。人们长期以来在经济增长、工资结构变化和个人收入变化的原因等方面所存在的困惑，经过引进人力资本概念后，便可迎刃而解。"

由此，本书认为，人力资本是指通过对人或人力资源进行开发性投资所形成的，凝结于劳动者体内的，并能带来价值增值的知识、技能、品性、资历、经验和健康等的总和。通常，它具体表现为人的素质和能力。

人力资本主要包含以下几层含义：

(1) 人力资本是活的资本，它凝结于劳动者体内，表现为人的智能（智力、知识、技能）、体能，其中真正反映人力资本实质内涵的是劳动者的智能。

(2) 人力资本直接由投资费用转化而来，没有费用投资于劳动者，就没有人力资本的形成。这种投资，在货币形态上可以表现为保健费用支出、教育费用支出和迁移费用支出等。

(3) 人力资本必须与物质资源要素结合才能实现价值的转移和增值。这是人力资本独特的本质功能。

(4) 人力资本体现着一定的产权关系。作为一种投资行为的结果，人力资本不可避免地存在着权属关系，它包含着人力资本的占有、使用及收益分配等产权关系。

**2. 人力资本的特征**

人力资本具有一般资本的共性，但是与物质资本相比，它呈现出以下自有特征：

(1) 不可剥离性。人力资本存在于人体之中，它与人体不可分离。这就决定了人力资本不可能如物质资本那样直接转让、买卖（人身隶属、依附情形除外）和继承。

(2) 无形性。人力资本以一种无形的形式存在，只能通过生产劳动的实践来体现。如果人不从事实际的生产劳动，人力资本无法被看到、感知或发挥作用，就只能说他们具有潜在的人力资本。

(3) 时效性。人力资本的形成和使用都有时间限制。人力资本并非与生俱来，它的形成需要一个过程:体能随着人的成长逐渐增强,而智力、知识和技能的提高则需要接受数年的教育。

(4) 收益性。人力资本对经济增长的作用大于物质资本。舒尔茨认为,人力资本经济价值的上升,使劳动相对于土地和其他资本的作用日益扩大,很可能会带来新的制度变革。发达国家经济增长的实际情况表明,相对于物质资本,人力资本能更有效地推动经济发展。

(5) 潜在创造性。人力资本是经济发展的核心资本,也是一切资本中最为宝贵的资本,原因在于人力资本具有无限的创造力。人力资本能够通过不断地学习和实践创造新的知识、技能和创新,推动经济的创新和进步,是社会进步和繁荣的重要推动力量,为经济的可持续发展提供了源源不断的动力。

(6) 累积性。人力资本往往是经过长期教育投资、逐步积累而形成的,作为一种资本存量,它还可以通过继续教育持续积累扩大;同时,跟物质资本使用的耗损原理一样,人力资本使用也会发生损耗现象,但有所不同的是,它可以通过消费生活资料、利用闲暇时间以及接受教育培训等方式得到积累补充。

(7) 个体差异性。人力资本是蕴藏于人体内的智能、体能,它与人体的不可剥离性,决定它必会受人的个人特质等诸多因素的影响,从而产生个体的人力资本的差异。不同个体有各自不同的成长环境、背景和历程,于此之中也形成了各自稳定的心理、意识等品质特征,从而使个人之间的人力资本存量有别。

**3. 人力资本与人力资源的联系与区别**

人力资本与人力资源是既有密切联系又有区别的两个不同概念。

两者的联系表现在:一是从研究对象来看,它们都以"人力"作为研究对象,相关理论经过发展自成体系;二是从理论发展渊源来看,先有人力资本概念及其理论,后有人力资源概念及其理论,人力资源是对人力资本内涵的继承、延伸和深化;三是从理论体系构成来看,人力资本理论是人力资源理论体系的基础和重要组成部分。

两者的区别主要体现在以下几个方面:

(1) 理论视角不同。人力资本主要研究存在于人体中的能力和知识的资本形式,强调以某种代价所获得的能力或技能的价值,付出的代价会在人力资本的使用中,得到更大的价值回报。人力资源将人力作为财富的源泉来看待。从人的潜能与财富之间的关系角度来研究问题,是更广泛意义上的人力问题研究。强调人力作为生产要素在生产过程中的生产创造能力,它在生产过程中可以创造产品、财富,促进经济发展。

(2) 内容侧重不同。人力资本强调投资付出的代价及其收回,研究人力的价值和增值的速度和幅度,强调劳动力素质,所关注的焦点是收益问题(即投资是否划算以及收益率的高低)。人力资源除人力资本涉及的内容外,还要分析人力资源的形成、开发、使用、配置、管理等多种规律和形式,揭示人力资源在经济社会生活中的基本作用。

(3) 量的规定性不同。与一般资本和资源相似,人力资本兼有流量和存量概念特点,人力资源则是一个存量概念。从投资活动结果角度来看,人力资本与存量核算相关联,表现为投资活动的沉积或积累,亦即人的知识的增多、技能的增强,以及健康情况的改善等。从生产活动的角度看,人力资本又往往是与流量核算相联系的,表现为产出量的变化和劳动者体能的损耗、经验的不断积累及技能的不断提高等。人力资源则主要是指存量含义,是指一定时间、一定空间内人所具有的现实和潜在的体力、智力和技能的总和,是劳动力人口质和量的统一，其存量表现为质和量两者之乘积。

（4）范围不同。广义的人力资源包括自然性人力资源与资本性人力资源。所谓自然性人力资源，是指未经过任何开发的遗传素质与个体；而资本性人力资源是指经过教育、培训、健康与迁移等投资而形成的人力资源。人力资本是指所投入的物质资本在人身上所凝结的人力资源，是可以投入经济活动并带来新价值的资本性人力资源。所以，人力资本存在于人力资源之中。

## 第二节　人力资源管理的基本问题

### 一、人力资源管理的含义、内容与目标

#### （一）人力资源管理的含义

继彼得·德鲁克1954年首次提出"人力资源"概念之后，1958年社会学家怀特·巴克将人力资源管理(human resource management，HRM)视为组织的一种普通的管理职能，从而首次提出了人力资源管理的概念。随后，国内外众多学者对人力资源管理概念进行了诸多的阐释和界定，归纳起来有五类：

**1. 基于管理目的**

即从人力资源管理的目的出发，认为组织是借助其来实现组织的目标。例如：

（1）人力资源管理就是通过各种技术与方法，有效地运用人力资源来达成组织目标的活动。

（2）人力资源管理就是通过各种管理功能，促使人力资源的有效运用，以达成组织的目标。

（3）人力资源管理是利用人力资源实现组织的目标。

**2. 基于管理过程或职能**

即把人力资源管理看成一个活动过程。例如：

（1）人力资源管理是负责组织人员的招聘、甄选、训练及报酬等功能的活动，以达成个人与组织的目标。

（2）人力资源管理是用来提供和协调组织中的人力资源的活动。

（3）人力资源管理是对人力资源的取得、开发、保持和利用等方面所进行的计划、组织、指挥和控制的活动。

**3. 基于管理主体**

即认为它是人力资源部门或人力资源管理者的工作，持这种观点的人所占的比例不多。例如，人力资源管理指那些专门的人力资源管理职能部门中的专门人员所做的工作。

**4. 基于管理客体**

即从揭示人力资源管理的客体方面解释，认为它就是与人有关的制度和政策等。例如：

（1）人力资源管理是对人力资源进行有效开发、合理配置、充分利用和科学管理的制

度、法令、程序、方法、工具的总和。

(2) 人力资源管理是指影响雇员的行为、态度以及绩效的各种政策、管理实践和制度。

**5. 基于综合视角**

即从目的、过程等方面出发综合地解释,持这种观点所占比重较大。

基于上述分析,本书基于综合视角认为,人力资源管理是组织根据组织战略发展要求,运用现代管理方法,通过规划、招聘、甄选、培训、绩效、薪酬等管理形式,合理整合与利用组织内外相关人力资源,以满足组织当前和未来的发展需求,有效实现组织目标并促进成员个体发展的管理活动的总和。人力资源管理与传统的人事管理不同,后者仅将人力视为一种成本进行单纯管控。而人力资源管理注重人员的有效利用,同时要求最大程度挖掘人员潜力,结合组织和个人需求进行有效开发,以实现最优组织绩效。

人力资源管理广泛应用于各种组织中,本书特指以企业为主体的人力资源管理。

### (二) 人力资源管理活动的内容

人力资源管理活动即人力资源管理的职能活动,它是根据组织和个人发展的目标,在人力资源战略的指导下,以工作分析为基础,以人力资源规划为起点,运用科学的方法,对组织所需要的人力资源进行招聘、培训开发,对员工的绩效、薪酬、职业生涯以及劳动关系等进行管理,实现人力资源的优化配置,最终实现组织目标和员工价值的过程。人力资源管理内容主要包括以下几个方面。

**1. 工作分析**

为了实现企业的战略目标,人力资源管理部门对组织中各个工作职位的特征、规范、要求和流程,以及能够胜任该职位工作人员的素质、知识和技能等要求进行描述,形成工作说明书。工作分析的信息被用来规划和协调几乎所有的人力资源活动,如决定员工的挑选标准,制定培训方案,确定绩效评估标准等。工作分析是人力资源管理的支持性基础环节。

**2. 人力资源规划**

企业根据自身发展战略和经营计划,评估企业的人力资源现状及发展趋势,收集和分析人力资源供给和需求方面的信息和资料,利用科学的方法预测人力资源供给和需求的发展趋势,制定人力资源招聘、调配、培训及发展计划等必要的政策和措施,以使人力资源的供求得到平衡,保证企业目标的实现。

**3. 员工招聘**

员工招聘指企业根据人力资源规划和工作分析的要求,获取所需人力资源的过程。员工招聘是人力资源管理中很重要的一个功能性环节,是基本的职能之一。它主要由招募、甄选、录用、评估等一系列活动所组成。

**4. 培训开发**

企业根据完成岗位任务所需要的知识、技术、能力和工作态度等,针对不同员工的技术水平和素质差异采用不同的训练方式和训练内容,开发员工的潜能,帮助他们胜任工作和将来的职务。培训与开发的主要目的在于通过提高员工的知识技能和素质水平去提高企业的绩效和实现自我的发展。

5. **绩效管理**

绩效管理是通过制定员工的绩效目标，并收集与绩效有关的信息，定期对员工的绩效目标完成情况做出评价和反馈，以改善员工工作绩效并最终提高企业整体绩效的制度化过程。绩效评价结果可以给管理部门提供有关决策的依据，如晋升、降级、解职和提薪等。

6. **薪酬管理**

薪酬管理是人力资源管理中最为敏感、关注度最高、技术性最强的部分，也是企业等组织人力资源管理与开发的基本职能之一。科学合理的工资报酬、福利体系关系到企业中员工队伍的稳定与发展。人力资源管理部门要从员工的知识、技能、资历、职级、岗位及实际表现和工作业绩等方面，来为员工制定具有吸引力的工资报酬、福利标准和制度。

7. **职业生涯管理**

人力资源管理部门和管理人员有责任鼓励和关心员工的个人发展，帮助其制定个人发展计划，并及时进行监督和考察。这样做有利于促进企业的发展，使员工有归属感，进而激发其工作积极性和创造性，提高企业绩效。人力资源管理部门在帮助员工制定个人发展计划时，有必要考察它与企业发展计划的协调一致性。

8. **劳动关系管理**

劳动关系是劳动者与用人组织在劳动过程和经济活动中发生的关系。一个组织的员工关系是否健康融洽，直接关系到人力资源管理与开发活动能否有效开展，关系到组织的人力资源能否正常发挥作用。它包括劳动合同的管理、工会与集体谈判、劳动争议及处理、安全健康等内容。

人力资源管理的各个活动模块并非互相割裂的，是严格按照逻辑时间顺序一步一步进行的。在实践中，每一个活动都需要与企业的战略规划目标保持一致，且都与其他活动互相影响、互相作用。例如，对于绩效管理而言，从做出符合企业目标的人力资源规划，招募到合适有潜能的人才，通过培训与开发将人的能力提升，到通过合理的薪酬政策和员工关系管理将人的工作意愿发挥到最大，每一个内容都与最终的绩效水平息息相关。再比如，招聘到一个在某个工作岗位上没有潜能的人，或者在人格、动机上很难改变和调动的人，那么即使在培训与开发上做了大量的工作，也很难取得预期的效果。

### （三）人力资源管理的目标

基于国内外相关观点概括，本书从最终目标和具体目标这两个层次来理解人力资源管理的目标：

一是在人力资源战略目标之下，人力资源管理还要达成一系列的具体目标，这些具体目标包括：① 保证价值源泉中人力资源的数量和质量。② 为价值创造营建良好的人力资源环境。③ 保证员工价值评价的准确有效。④ 实现员工价值分配的公平合理。二是作为企业管理的一个组成部分，人力资源管理的最终目标是要有助于实现企业的总体目标。

人力资源管理的总体目标和具体目标如图 1-3 所示。

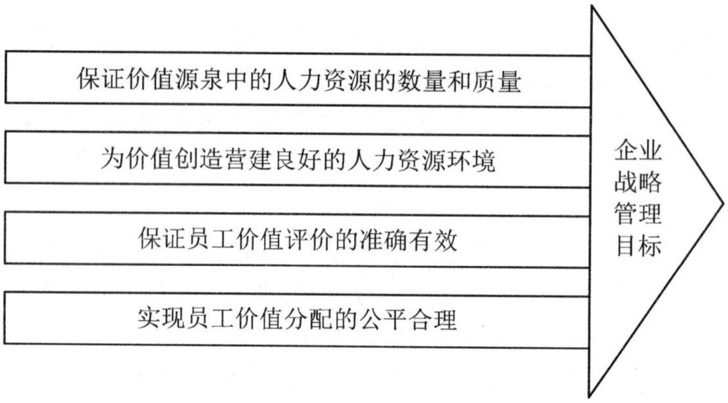


图 1-3 人力资源管理的总体目标和具体目标

## 二、人力资源管理的功能和原理

### （一）人力资源管理的功能

人力资源管理的功能主要体现在四个方面：吸纳、激励、开发和维持，如图 1-4 所示。

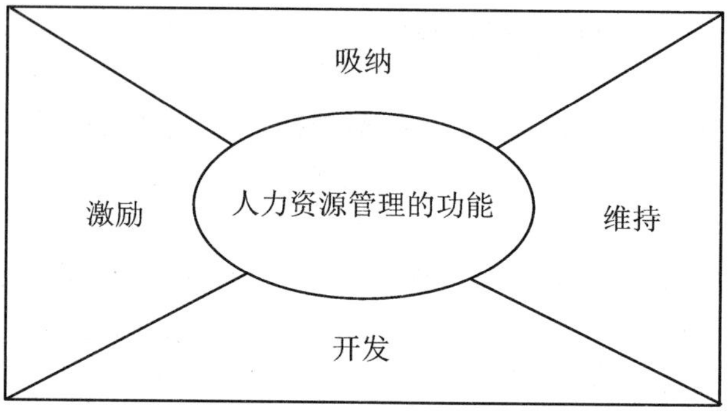


图 1-4 人力资源管理的功能

**1. 吸纳功能**

吸纳功能是指吸引优秀的人才并让其加入本企业。吸纳功能是基础，为其他功能的实现提供了条件。

**2. 激励功能**

激励功能是指让员工在现有的工作岗位上创造出优良的绩效。激励功能是核心，是其他功能发挥作用的最终目的。如果不能激励员工创造出优良的绩效，其他功能的实现就失去了意义。

**3. 开发功能**

开发功能是指让员工保持能够满足当前及未来工作需要的知识和技能。开发功能是手段，只有让员工掌握了相应的工作技能，激励功能的实现才会具备客观条件。

**4. 维持功能**

维持功能是指让已加入的员工继续留在本企业。维持功能是保障，只有将吸纳的人员保留在企业中,开发和激励功能才会有稳定的对象,其作用才可能持久。

在企业的实践过程中,人力资源管理的这四项功能通常被概括为“选、育、用、留”四个字。这里,“选”就相当于吸纳功能,要为企业挑选出合适的人力资源;“育”就相当于开发功能,要不断培育员工,使其工作能力不断提高;“用”就相当于激励功能,要最大限度地使用已有的资源,为企业做出贡献;“留”就相当于维持功能,要采用各种办法将优秀的人力资源保留在企业中。

### (二) 人力资源管理的原理

人力资源管理和其他的管理职能一样,必须遵循相应的管理规律,才能使管理做到科学、有效。为了有效地对企业人力资源进行管理,应掌握以下基本原理:

#### 1. 同素异构原理

同素异构原理引申于化学原理,一般是指事物的成分因空间组合关系和方式的不同,即在结构形式和排列次序上的不同,会产生不同的结果,引起不同的变化。例如,在群体成员的组合上,同样数量和素质的一群人,由于排列组合不同,则产生不同的效应;在生产过程中,同样人数和素质的劳动力因组合方式不同,其劳动效率也不同。

根据这一原理,企业必须建立有效的组织人事调控机制,根据企业生产经营的需要,重视组织内部各种信息的传递和反馈,不断地对组织与人员结构方式进行调整,以保证系统的正常运行。

#### 2. 人岗匹配原理

“人”是指拥有能力、才能的个人,“岗”是指工作岗位、职位,“匹配”是一致性与对称性。人岗匹配原理是指,将具备岗位所需能力的员工安排到相应的工作岗位上,保证岗位的要求与员工的实际能力相一致。企业员工聪明才智发挥得如何,员工的工作效率和成果如何,都与人员使用上的人岗适合度成函数关系。人的能力和岗位适合度越高,人岗匹配就越合理、越适当,即岗得其人、人适其岗,这样不但会带来高效率,而且会促进员工能力的提高和发展,反之亦然。

根据这一原理,企业必须建立以工作岗位分析与评价制度为基础,运用人员素质测评技术等科学方法甄选人才的招聘、选拔、任用机制,从根本上提高人岗适合度,使企业人力资源得到充分开发和利用。

#### 3. 要素有用原理

要素有用原理是指在人力资源开发与管理中,人的特长应该得到充分发挥。首先,管理者应当坚信人人有才。有用即人才,任何一个生理、心理健康的人,都可以在社会中发挥作用;其次,要承认人各有异,人的能力、知识、价值观是有差异的,也是多元化的;再次,要根据每个人的知识、能力、经验等要素,配置到合适的岗位上;最后,作为管理者要善于发现员工的特点,用其所长,避其所短。

#### 4. 互补增值原理

互补是现代人力资源管理的要求,它要求一个群体内部各个成员之间应该是密切配合的关系。人作为个体,不可能十全十美,而作为群体,则可以通过相互结合、取长补短,组合成最佳的结构,更好地发挥协同效应,实现个体不能达到的目标。

在贯彻互补原则时,应当特别注意主客观因素之间的协调与优化。所谓协调,就是要保证群体结构与工作目标相协调,与企业总任务相协调,与生产技术装备、劳动条件和内外部生产环境相协调；所谓优化，就是经过比较分析，选择最优结合方案。互补的形式是多层次、多样化的，如个性互补、体力互补、年龄互补、知识互补、技能互补、组织才干互补、主客观环境和条件互补等。

**5. 激励强化原理**

激励强化是指通过对员工的物质或精神需求予以不同程度的满足或限制，使之产生一种内在的动力，朝着期望的组织目标做出持久的努力，从而达到充分发挥积极性的结果。

人力与物力的一个重要区别是人的主观能动性。在客观因素相同的条件下，主观因素是个人能力发挥的决定性因素。根据相关研究结果，当一个人在工作中充分发挥了积极性、主动性时，他发挥出来的能力可达80%～90%；而在工作中缺乏积极性、主动性的人，他只能发挥出20%～30%的能力。激励可以调动人的主观能动性，强化期望行为，从而显著地提高劳动生产率。

根据这一原理，对人力资源的开发与管理，除了应注意人在量（技术、能力、知识、专长）上的调配之外，更应注意对人的动机的激发，即对人的激励。通过有效激励，使员工认清工作的目标和方向，保持持续不竭的内在动力。各级管理人员应当充分有效地运用各种激励手段，对员工的劳动行为实行有效激励。例如，对员工要有奖有惩、赏罚分明，才能保证各项制度的贯彻实施，才能使每个员工自觉遵守劳动纪律，严守岗位，各司其职，各尽其责。如果干与不干、干好与干坏都一样，那么就不利于鼓励先进、鞭策后进、带动中间，把企业的各项工作搞好。

**6. 公平竞争原理**

公平竞争是指竞争各方从同样的起点，按同样的规则，公平地进行考核、录用和奖惩的竞争方式。人才市场上，各类人员通过竞争而选择职业和单位。在组织内部的任用、提拔和调整上，也主要依靠竞争。在人力资源管理中引进竞争机制，可以较好地实现奖勤罚懒、用人所长、优化组合等目标。若想使竞争机制产生积极的效果，应当坚持“公平竞争，适度竞争，良性竞争”。

**7. 动态优势原理**

动态优势原理是指在动态中用好人、管好人，充分利用和开发员工的潜能和聪明才智。在工作活动中，员工与岗位的适合度是相对的，不适合、不匹配是绝对的。因此，应当注重员工的绩效考评及员工潜能和才智的开发，始终保持人才竞争的优势。从优化组织的角度看，企业员工要有上有下、有升有降、有进有出、不断调整、合理流动，才能充分发挥每个员工的潜力、优势和长处，使企业和员工个人都受益。

**8. 企业文化凝聚原理**

企业文化凝聚原理是指企业以价值观、理念等文化因素把员工凝聚在一起的原理。企业的凝聚力取决于两个方面，一是企业对个体的吸引力或个体对企业的向心力；二是企业内部个体之间的黏结力或吸引力。企业文化是企业的灵魂，具有极强的凝聚力。员工一旦对企业文化认同，就会与企业同甘苦、共命运。所以要加强企业文化的建设，用高尚的企业目标、企业精神、企业风气塑造人才、凝聚队伍，促进企业发展壮大。

**9. 弹性冗余原理**

弹性冗余原理是指在人力资源聘任、使用、解雇、辞退、晋升等过程中要留有充分的余地，应使人力资源整体运行过程具有一定的弹性，当某一决策发生偏差时，留有纠偏和重新决策的余地。弹性冗余原理的主要内容包括：① 确定员工编制时，应留有一定的余地，虚位以待贤才，使组织有吸纳贤才的空间和能力。② 员工使用要适度有弹性。这里包括劳动强度、劳动时间、工作定额等都要适度，使员工能保持旺盛的精力为企业工作。③ 组织目标的确定要有弹性，经过努力无法达到的目标会使员工丧失信心。④ 解雇或辞退员工时，一定要事先做好充分的调查，要核实所有的细节，留有充分的余地，使被辞退的员工心服口服，对其余的员工又能起到教育和警戒的作用。⑤ 员工晋升要有弹性，不成熟的人才可以暂缓晋升，晋升应坚持公开、公平、公正的原则。

## 三、影响人力资源管理的环境因素

人力资源管理的环境，主要是指能够对人力资源管理活动产生影响的各种内外因素的集合。由于组织都是在一定的环境下运作的，而且企业的内外部环境又处于不断变化中，因此企业要想真正做好人力资源管理，首先就必须对其运作的内外部环境因素做出评估，以决定采用何种人力资源管理的战略与战术来适应环境的变化和配合企业的整体经营。

### （一）外部环境因素

**1. 政治因素**

这里所讲的政治因素主要包括国家和区域的政治环境、政府的管理方式以及政府的方针政策等内容。不同的政治因素对人力资源管理的作用方式是不同的。

(1) 政治稳定性。政治环境主要是指政治局面的稳定性，是企业生存的必要条件，动荡的政治环境必然会导致企业无法正常地运转，进而危及企业生存。

(2) 政府监管及政策。政府的管理方式侧重指政府对企业的管理方式，而政府的方针政策也是指政府制定的与企业有关的方针政策，它们能够直接影响甚至决定企业人力资源管理的很多活动。

(3) 工会力量。工会是指工人为了保护自己的权益，自发形成代表自己利益的组织。在大多数国家，工会已经发展成为一种不容忽视的政治力量，在某些国家，工会甚至有了自己的政党。一方面，工会通过自己的努力，可以影响政府相关政策和法律的制定；另一方面，工会通过会员(职工)代表大会的民主管理方式以及不同层次的劳资协商和集体谈判，参与企业人力资源管理的相关决策，从而对企业的人力资源管理活动产生影响。我国2021年修正后的《工会法》明确指出，“工会是中国共产党领导的职工自愿结合的工人阶级群众组织，是中国共产党联系职工群众的桥梁和纽带。中华全国总工会及其各工会组织代表职工的利益，依法维护职工的合法权益。”根据我国《工会法》的相关规定，工会的社会职能主要体现为维护职能、建设职能、参与职能和教育职能。需要说明的是，工会组织在中国、日本等国家中的主要形式是地区工会、产业工会和企业工会，其功能不同于美国等国家的行业工会、工种工会。

**2. 经济因素**

企业本身就是一个经济性组织，因此相比政治因素，经济因素的影响会更加直接。影响企业人力资源管理的经济因素主要有以下三个方面：

(1) 经济体制。经济体制主要有两种形式：计划经济体制和市场经济体制，两种体制下资源配置的方式完全不同。在计划经济体制下，资源的配置通过政府有计划地直接调配实现，企业基本上没有什么决定权和控制权，完全要按照政府的指令行事。人力资源管理同样如此，其很多决策是由政府做出、企业执行，包括人员的进出、薪酬的水平等，所以，企业人力资源管理方式也相对比较简单，更多的是事务性的操作。市场经济体制则不同，在这种体制下市场成为资源配置的主体，价格杠杆发挥着重要的调节作用，企业拥有了相对独立的自主权，政府只是在宏观上进行调控，并不直接干预企业的决策。相应地，人力资源管理的方式也发生了变化，政府不再统一制定各种具体的制度和规定，不再对人力资源进行统一的配置，企业要根据内外部的各种因素自行做出决策，职能性和战略性的工作成为人力资源管理的主体。

（2）经济发展水平。一般来说，整个经济的发展状况和企业未来的前景是紧密联系在一起的，两者具有极强的正相关关系。如果经济繁荣，企业的前景就会向好，人力资源的需求就要相应增加，相反就要相应减少。

（3）劳动力市场状况。外部劳动力市场状况直接决定着企业劳动力的外部供给和企业各个职位具体薪酬水平。当劳动力市场状况紧张时，外部供给就会减少，薪酬水平就要相应提高；反之，外部供给就会增多，薪酬水平也要相应降低。此外，在进行招聘录用、辞退解雇等其他人力资源管理的职能活动时，也要考虑到经济发展以及劳动力市场的状况。例如，在经济快速增长的时期，一般来说，劳动力市场会比较紧张，招聘录用新员工的难度相应会有所增加，这时如果企业解雇或辞退员工，空缺职位就不易填补，会影响企业的正常运转。因此在这种情况下，企业进行解雇或辞退时就应当比较谨慎。

#### 3. 法律法规

企业在日常的经营活动中必须遵守国家有关的法律法规，而法律法规对企业人力资源管理活动的影响就主要体现在它的规范和约束作用上。近年来，保护企业和劳动者合法权益的法律法规体系日益完善，劳动市场主体地位日益平等，这些变化直接影响到企业的人力资源管理活动。目前涉及人力资源的法律法规可以归纳为以下几个方面：劳资关系、劳动合同和契约、工作时间、工作安全和卫生、职业教育和培训、社会保险和福利等。

#### 4. 技术水平

在未来，人力资源管理的最大挑战在于如何使雇员适应加速变化的技术要求。技术更新的加速也促使录用合格的人员变得更为困难。近 20 年迅速发展的信息技术和网络技术，对人力资源管理产生巨大的影响。人们的思想观念、交往方式、工作方式和学习方式，都发生了深刻变化，组织结构也发生了质的变化（如工作团队、学习型组织、企业重组和企业再造等），因此，人力资源管理必须及时做出相应变革。

#### 5. 社会文化

文化因素主要指人们的观念形态，包括价值观念、伦理道德、风俗习惯以及宗教信仰等。对整个社会而言，文化具有重要的社会整合和社会导向作用，它内在地影响着人们的思维方式和行为方式，而且这种影响具有相对的持久性，在短时期内不会发生变化。同时，对不同的国家来说，由于其历史传统、地域环境以及经济发展水平等都存在一定的差异，因此，不同国家的文化也存在一定的区别。因为文化能够影响人们的思维方式和行为方式，会对人力资源管理产生重要影响，所以在不同的文化传统下，人力资源管理的模式也是不同的。

日裔美国学者威廉·奥奇（William G. Ouchi）对日美企业的管理方式进行过比较研究，总结出两国企业在人力资源管理方面的差异。比如，在雇佣制度方面，日本注重终身雇佣制，美国则注重短期雇佣制；在对员工的考核上，日本注重员工的工作态度和工作能力，美国则注重工作成绩;在晋升上,日本多重资历,美国多重能力;在员工关系上,日本人际关系比较浓重,美国人际关系比较冷淡等。

**6. 行业竞争者**

在新经济时代,企业之间的竞争日益激烈,企业对人力资源,尤其是关键性人力资源的争夺已趋于白热化,在这种背景下,竞争对手的人力资源政策将成为企业决定自身人力资源政策时需要考虑的重要因素。在企业所有的人力资源管理活动中,受竞争对手因素影响最大的应当是薪酬管理,企业为了将优秀的人才吸引到自己这里来,就必须提供比竞争对手更为优越的薪酬待遇,从这点上讲,薪酬的外部竞争性比它的内部公平性更有意义,这也是国内很多企业实行薪资保密的一个很重要的原因。

### (二) 内部环境因素

**1. 组织发展战略**

作为组织经营发展的最高纲领,战略对组织各方面的工作都具有重要的指导意义。人力资源管理是组织管理系统的一个子系统,它必须服从和服务于整个组织发展的需要。实践证明,只有将人力资源管理与组织发展战略紧密结合在一起,人力资源管理才具有强大的生命力。

组织发展战略一般有三种类型:成长战略、稳定战略和收缩战略。成长战略又可分为内部成长战略和外部成长战略。内部成长战略是指组织主要依靠自身的资源和积累来实现经营规模或经营领域的扩大;外部成长战略则是指组织借助兼并收购,主要依靠外部的资源来实现经营规模或领域的扩大。稳定战略是指组织保持目前的经营规模或经营领域,既不扩大又不缩小,以实现组织的稳定运行。收缩战略是指组织缩小自己经营的规模或减少自己经营的领域。在不同的发展战略下,组织人力资源管理的各项职能活动重点是不同的,如表1-1所示。

**表 1-1　不同发展战略下人力资源管理活动的重点**

| 人力资源管理活动 | 成长战略 | | 稳定战略 | 收缩战略 |
|---|---|---|---|---|
| | 内部成长战略 | 外部成长战略 | | |
| | 不断增强自身力量 | 兼并/收购公司 | 做好目前的事情 | 紧缩 |
| 招聘配置 | 雇佣和晋升 | 人员重新配置 | 内部调配 | 留住核心人才 |
| 培训开发 | 多样化培训 | 冲突的解决 | 提高现有技术 | 态度和士气的提高 |
| 薪酬管理 | 目标激励 | 管理实践的统一 | 内部公平 | 与公司业绩相联系 |
| 绩效管理 | 结果导向 | 管理实践的统一 | 强调工作质量 | 行为导向 |

在内部成长战略下,企业发展的重点是增强自身的实力,要借助内部的资源来实现企业经营规模或经营领域的扩大,为此企业就需要从外部招聘大量的人员,一方面随着大量新员工的进入,原有的老员工要晋升到合适的位置;另一方面在人员大量变动的情况下,为了使员工更快地适应新的岗位,提供相应的培训就显得非常必要;同时在这一战略下,企业的发展任务比较重,因此员工的薪酬和绩效管理都要与目标和结果联系起来,这样才能更好地激发大家的工作积极性和主动性,实现既定的战略目标。外部成长战略则不同,它实现企业壮

大的途径是兼并或收购其他企业，由于不同的企业拥有不同的制度和文化，因此人力资源管理的各项活动多是以消除差别、整合力量为目标的。

在稳定战略下，企业的规模要保持不变，企业的运行要维持稳定，因此员工队伍也要保持相应的稳定，这对人力资源管理活动来说，就要提供内部公平性较好的薪酬待遇。此外，由于稳定战略关注的重点是企业运行的质量，因此对员工的绩效管理应当强调工作的质量。与此相适应，培训开发要侧重提高员工现有的知识技能水平。

在收缩战略下，企业经营规模或经营领域要缩小，一方面人员必然会产生流动，但是为了企业今后的发展，必须稳定住核心的员工队伍，提高他们的士气；另一方面企业的收入肯定会产生一定的困难，为了减轻支出压力，在薪酬方面应当将员工的收入和公司的业绩挂钩；同时在这一战略下，企业没有了发展的压力，因此对员工的绩效管理也应当转变为行为导向，侧重对员工工作态度的评价。

**2. 企业文化**

企业文化就是指企业在发展过程中逐步形成的企业成员所共同具有的价值观念、道德准则等观念形态的总和。企业文化与人力资源管理密切相关，相辅相成，企业文化对人力资源管理的影响主要表现在它能够影响甚至决定人力资源管理的方式、内容等。企业文化一般都是企业创始人或企业高层领导者价值观念的直接体现，反映了他们对事、对人的基本看法以及基本的价值取向，当这些价值观念在企业成员之间达成共识之后，就形成了企业的文化。而人们的观念意识又决定着他们的行为，因此不同的企业文化必然会导致管理方式的不同，人力资源管理作为管理的主要内容，自然也会受到企业文化的影响。

**3. 高层管理者的管理风格**

与一个组织的文化一样，一个组织的领导者，特别是高层领导的态度、行为、偏好，对保持团队关系、达到组织目标、增进成员交互行为起着关键作用。领导者的风格影响人力资源管理的内容与侧重点。例如，通用电器公司前任总裁杰克·韦尔奇十分重视产品质量，主持推行六西格玛管理，并将“注重质量”应用到对员工的考核、晋升、评级中，实时监测他们的质量管理意识、质量管理方法与技巧。人力资源管理必须适应高层经营者的管理风格，着力选聘注重质量的员工，录用质量管理方面的高手，提拔和晋升在质量管理上做出贡献的员工。

**4. 员工**

面对员工在能力、态度、个人目标和品质方面的不同，人力资源管理者的工作方法也就随之改变，必须针对员工和部门小组的差异而采用适当的方法。在非熟练员工较为集中的基层，其管理者的主要精力要放在任务的技术性方面。在熟练员工较为集中的基层，其管理者的主要精力要放在任务的合作性协调方面，而对技术性细节关注则较少。

**5. 非正式组织**

所谓非正式组织，是人们在共同工作中，由于兴趣、感情或归属等因素而构成的组织体系。它是个人、社会关系的网络，并非由正式组织建立和要求，而是在人际交往中自发而生。在一个单位中，非正式组织是客观存在的，也有很大的影响力，对正式组织既有积极促进的作用，又可能产生消极的影响。因此，人力资源管理者需要对非正式组织的情况进行经常性的了解和阶段性的评估，充分引导和发挥非正式组织的积极作用。

**6. 非人力资源部门**

非人力资源部门对人力资源工作的影响非常重要。管理者必须清楚地认识到个人或部门之间存在相互关系并运用好这些关系，如果想使工作更有效率，就必须与其他部门相互合作。

## 四、人力资源管理部门

### （一）人力资源管理部门的组织结构

人力资源管理部门的结构设置与企业规模密切相关。随着人力资源管理实践的发展，以及人事专职人员和人事专家的不断增加，组织不得不设立专门的部门来进行管理并赋予这个部门相应的职能。但在发展早期，人力资源管理部门更多是以其他的名称出现。例如，1818 年国际收割机公司成立工业关系部；同年，福特汽车公司成立社会部，综合处理员工关系、医疗、福利、安全和法律等方面的问题；库本海默公司成立工业关系部，并设立了分支部门，负责处理员工健康、雇佣、抱怨与训练以及工资与报酬等方面的事务。专门人力资源管理部门的出现是人力资源管理发展过程中重要的里程碑，它使人力资源管理的工作更加趋于专业化，职能的发挥也得到了加强。

人力资源管理部门的组织结构在一定程度上反映了人力资源管理部门的地位，体现了人力资源管理的工作方式，也决定了对人力资源管理人员的岗位需求。人力资源管理部门传统的组织结构往往是按照直线职能制来设置的，也就是说按照人力资源管理的职能设置相应的部门和岗位。

对小型企业来说，由于工作量不大，因此往往未设置独立的人力资源管理部门，而是将这部分职能合并在其他部门中，多数放在行政管理部门，如总经理办公室、综合管理部等部门，但是一般会有专门的人力资源管理人员，如图 1-5 所示。

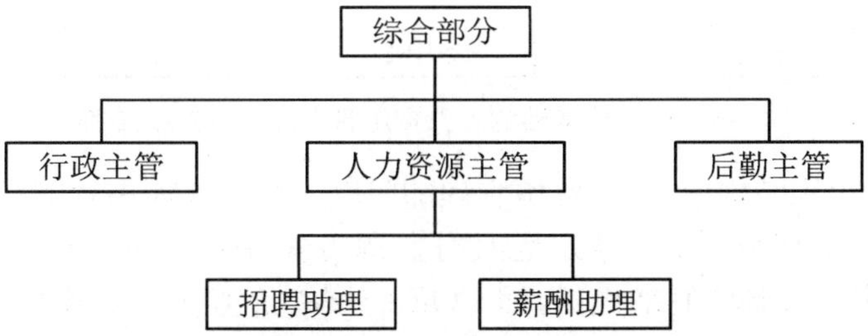


图 1-5　小型企业人力资源管理部门的组织结构

对于大中型和特大型企业来说，人力资源管理部门往往是单独设立的，这又分为两种情况，一种是人力资源管理部门内的管理层次只有一层（如图 1-6 所示），大中型企业人力资源管理部门多是这种结构；另一种是人力资源管理部门内的管理层次有多层（如图 1-7 所示），多为特大型企业采用。

随着流程再造思想的推广和普及以及计算机和网络技术的发展，人力资源管理部门的架构也发生了根本性的变化，产生了一种以客户为导向、以流程为主线的新的 HR 三支柱组织结构形式。这种 HR 三支柱的架构方式，兼有矩阵制、事业部制、网状组织结构的特征。典型的 HR 三支柱结构形式，如图 1-8 所示。

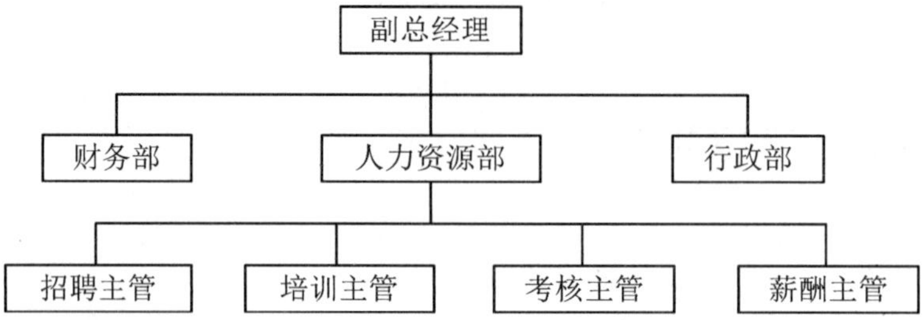


图 1-6　大中型企业人力资源管理部门的组织结构

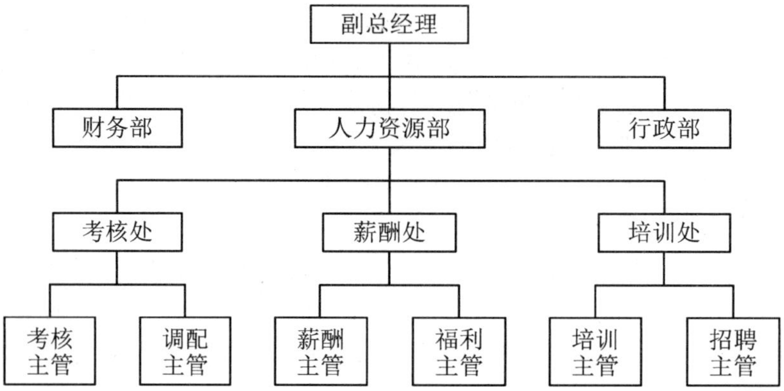


图 1-7　特大型企业人力资源管理部门的组织结构

图 1-8　三支柱基础的人力资源管理部门的组织结构

在这种新型的组织结构中，人力资源管理部门以一种服务提供者的身份出现，内部的工作和人员划分为三个部分：第一部分是人力资源专家中心(Center of Expertise, COE)。COE 可以用人力资源战略价值来概括，即 COE 的核心价值在于服务高管、决策层，为其制定战略。专家中心很好地支持了企业的战略协同，将战略性工作从传统的事务性工作中独立出来。第二部分是人力资源业务伙伴(Human Resource Business Partner, HRBP)。HRBP 可以用业务策略的选择来概括，即 HRBP 利用自己所掌握的专业知识、经验，辅助一线业务负责人对组织、团队、人才进行管理。HRBP 能够加深人力资源管理人员对业务需求的理解，对业务部门起到了良好的支撑作用。第三部分是人力资源共享服务中心(Shared Service Center, SSC)。SSC 可以用人力资源平台与服务的选择来概括，即 SSC 为组织提供一体化、数据化、自助化的 HR 平台支撑。平台能够整合各方资源优势，有效优化人力资源管理流程，简化办事程序，避免资源的无效耗费。尤其是在信息化背景下，通过引入信息化手段，能够实现人力资源工作的标准化，降低综合管理成本。

### （二）人力资源管理者及其职能分工

虽然人力资源管理部门的全部人员都是在从事人力资源管理活动，但这并不意味着人力资源管理的责任都要由他们来全部承担，应该说人力资源管理不仅是人力资源管理部门的责任，而且是所有管理者的共同责任。因为：

第一，人力资源管理部门只有通过调查研究，在充分了解企业状况和各部门需求的基础上制定的各种人力资源管理制度和政策，做出的各种人力资源管理决策，才有助于企业的经营发展。同时要保证制度、政策和决策具有可行性也需要各个部门及时准确地反映情况。

第二，企业的各种人力资源管理制度和政策只有真正落在实处才能发挥效用，而制度和政策的实施单单依靠人力资源管理部门是不够的，还需要各个部门的支持和配合，只有他们积极地在本部门推行，相关的制度和政策才能有效地落实。

第三，人力资源管理的实质是提高员工的工作技能，激发员工的工作热情，从而推动企业目标的实现，因此，人力资源管理工作要贯穿于对员工的日常管理之中，而员工是分散在各个部门中的，所以各个部门的管理者就要承担起一定的责任，在平常的工作中要对员工进行培训和激励。管理者的管理不力，往往会导致人力资源管理功能的失效。例如，有研究表明，大多数员工辞职的原因是对自己的上级尤其是直接上级不满。

虽然人力资源管理是所有管理者的责任，但是他们的工作重点是不同的。人力资源管理部门和非人力资源管理部门在人力资源管理方面的不同责任主要体现在三个对应的关系上：

一是制度制定与执行的关系。人力资源管理部门负责制定相关的制度和政策，非人力资源管理部门来贯彻执行。

二是监控审核与执行申报的关系。人力资源管理部门要对其他部门的人力资源管理制度和政策的执行情况进行指导监控，防止执行过程中发生偏差，同时还要对其他部门申报的有关信息进行审核，从公司整体出发进行平衡，防止部门利益的出现；非人力资源管理部门则要如实地执行相关的制度和政策，及时进行咨询，同时要按时上报各种信息。

三是需求提出和服务提供的关系。非人力资源管理部门根据自己的情况提交有关需求，人力资源管理部门要及时地提供相应的服务，满足他们的要求。

人力资源管理部门和非人力资源管理部门在履行人力资源管理各个职能时的大致分工情况如表 1-2 所示。

企业在实施战略管理过程中，人力资源管理部门不应该消极被动适应，而是应该积极主动地、创造性地服务于企业战略。同时，人力资源管理也是整个企业管理层共同的职责，因此，每位部门经理都必须直面人员的管理问题，部门管理的成功也要求其人力资源管理的成功。

**表 1-2 人力资源管理部门和非人力资源管理部门的职能分工**

| 职　　能 | 人力资源管理部门 | 非人力资源管理部门 |
|---|---|---|
| 工作分析 | · 根据其他部门的信息编制工作说明书<br>· 与其他部门沟通，修订职位说明书 | · 向人力资源部门提供信息<br>· 配合人力资源管理部门修订职位说明书 |
| 人力资源规划 | · 汇总各部门需求计划，综合平衡预测企业的人员需求<br>· 预测企业的人员供给<br>· 拟定平衡供需的计划 | · 向人力资源管理部门提交需求计划 |
| 招聘录用 | · 根据规划确定招聘的时间、范围<br>· 发布招聘信息<br>· 对招聘人员进行初步筛选<br>· 配合其他部门对应聘者测试，确定最终人选<br>· 给新员工办理各种手续 | · 提出人员需求条件<br>· 在人力资源部门配合下最终确定人选 |
| 绩效管理 | · 制定绩效管理的体系，包括考核内容的类别、周期、方式，以及步骤等<br>· 指导各部门确定考核指标的内容和标准<br>· 对管理者进行考核培训<br>· 组织考核的实施<br>· 处理员工对考核的申诉<br>· 保存考核的结果<br>· 根据考核的结果做出相关的决策 | · 具体确定本部门考核指标的内容和标准<br>· 参加考核者的培训<br>· 具体实施本部门的考核<br>· 与员工进行沟通，制定绩效改进计划<br>· 根据考核结果，向人力资源管理部门提出相关建议 |
| 薪酬管理 | · 制定薪酬体系，包括薪酬的结构、发放的方式和确定的标准等<br>· 核算员工的具体薪酬数额<br>· 审核各部门的奖惩建议<br>· 办理各种保险 | · 向人力资源部门提出奖惩建议 |
| 培训开发 | · 制定培训体系，包括培训的形式、培训的项目和培训的责任等<br>· 汇总各部门的需求，平衡并形成公司的培训计划<br>· 组织实施培训计划<br>· 收集反馈意见 | · 向人力资源部门提出培训需求<br>· 参加有关的培训项目<br>· 提出意见 |
| 员工关系管理 | · 制定企业文化建设的方案并组织实施<br>· 建立沟通的渠道<br>· 受理员工的各种意见<br>· 规划员工的职业生涯 | · 具体实施企业文化建设方案<br>· 向人力资源部门提出员工职业生涯发展的建议<br>· 直接处理员工的有关意见 |

# 第三节　人力资源管理的历史演进及趋势

## 一、人力资源管理的历史演进

### （一）国外人力资源管理的演进

从人力资源管理观念与方式变革的角度，本书将国外的人力资源管理发展过程划分为经验管理阶段、科学管理阶段、工业心理学阶段、人本管理阶段、现代人力资源管理阶段和新时期的人力资源管理阶段六个发展阶段。

**1. 经验管理阶段**

经验管理阶段是指18世纪后期到19世纪末。第一次工业革命促进了资本主义工厂制度的兴起，以大规模使用机器为主要特征的现代工业逐渐代替了工厂手工业，工业逐步脱离农业成为第一个独立的产业部门。大量的农村人口涌入城市，工厂开始面临大量的劳工管理问题，这促使了劳动雇佣部门的出现，劳工管理成为工厂管理的一个重要工作，可以视为早期的人力资源管理。当时由于管理者认知水平等受到各方面的限制，并且缺乏相应的管理经验，企业的人力资源管理主要是对工人的生产监督，雇主对工人进行绝对的控制，要求工人遵循自己的看法，更注重生产效率的提高，而不关注工人的其他需求。雇主为了减少成本、增加利润，常常采用增加劳动强度、延长工作时间，甚至克扣工人工资等剥削手段，金钱是唯一的衡量标准和激励手段。这一阶段人力资源管理处于人事管理的萌芽阶段，主要有如下特点：

（1）由于当时需要大量的劳动力，招录雇佣工人就成为人事管理的主要任务。

（2）机器的采用产生了劳动分工，因此人事管理开始着眼于解决工厂内部劳动分工与协作的问题。

（3）由于存在雇佣劳动，因而出现了不做工的监工，人事工作开始有专人管理。管理者的主要任务是负责招工、分配工作、发放工资、强迫和监督工人的劳动。工人的任务就是做工，工人和管理者之间的距离和矛盾日益加大。

在经验管理阶段，由于缺乏科学的管理方法，雇主完全是凭借自己的经验来管理工厂和工人。

**2. 科学管理阶段**

科学管理阶段是指19世纪末至20世纪初，在美国、法国、德国等国兴起的一种管理理论阶段。通常认为，其主要包含弗雷德里克·温斯洛·泰勒(Frederick Winslow Taylor)的科学管理理论、亨利·法约尔(Henri Fayol)的经营管理理论以及马克斯·韦伯(Max Weber)的行政组织理论。作为管理学的基础性理论，它们分别从个人、组织以及社会三个角度解释了一些管理现象，试图解决当时生产率低下、劳资矛盾冲突等问题。即便如此，这三个理论都遵从“人是机器”的基调，即著名的“经济人”假设，重点在于作业管理及研究，应用标准化的机械管理模式。这一时期的人事管理基于招聘、薪酬、福利等实践，有如下几个特点：

（1）劳动计量标准化。开始了对工时、动作的规范化和专业化管理，强调用“最好的方法”去完成任务，建立了劳动定额、劳动定时工作制，开始按标准方法对劳动成果进行计算。

（2）培训常态化。由于劳动计量标准化的实行，能够按标准方法对劳动效果进行计算，这就为标准化的培训提供了条件，使对工人的工作分配与岗位安排更为科学合理。

（3）劳动人事管理专门化。随着管理职能和作业职能的日益分化，出现了劳动人事管理部门，因而其功能也有所强化，负责招募雇佣工人、人员的协调与配置等。

**3. 工业心理学阶段**

工业心理学阶段是指20世纪初至第二次世界大战。20世纪初，与泰勒对效率的极端关注不同，工业心理学更加关注工作和个体的差异，管理学家发现人们在金钱、物质之外还有其他需求。德国心理学家雨果·芒斯特伯格（Hugo Munsterberg，1863—1916）将心理学运用到工业领域，对利用心理测验选拔合格工人的方法进行了研究，同时还对劳动的合理化、疲劳等问题进行了研究，最先提出：心理学能应用于工业以提高劳动生产率，并最早确定工业心理学的范围和方法。哈佛大学的埃尔顿·梅奥教授（Elton Mayo，1880—1949）于1924年至1932年在西方电气公司设在伊利诺伊州西塞罗的霍桑工厂实施了“霍桑试验”，带动了关于组织中人的行为和心理理论的研究，并深刻影响着管理者的管理实践。管理学家运用心理学、社会学等学科知识，从个人、群体及组织的各个方面来分析人的工作行为，不仅关心人的需求、动机和激励因素，而且研究环境的压力、沟通、组织变革和领导方式等。工业心理学强调从人的作用、需求、动机、相互关系和社会环境等方面研究对管理活动的影响，研究如何处理好人与人之间的关系、做好人的工作、协调人的目标、激励人的主动性和积极性，以提高工作效率。在工业心理学的影响下，这一阶段的人事管理思想有如下几个特点：

（1）承认人的社会属性。这一阶段开始萌发了对人性的关注与尊重，承认人除了基本的生存和安全需要外，还有社会的、心理的和精神的更多、更高层次的需求。除了物质和金钱对人有刺激作用外，精神的、情感的关怀也对人有激励作用。

（2）承认非正式组织的存在。非正式组织作为一种未经官方规定的、自然形成的无形的组织，其自然形成的规范对成员的行为有很大的调节作用，它是利益、情感、爱好、信仰、友谊和亲缘的产物。

（3）承认管理的艺术性。将工业心理学引入人事管理，提倡以人为核心改善管理方法，承认针对不同的人要用不同的方法，开始重视工会和民间团体的利益和作用。

这个阶段的成果更多集中在个体心理学和出现了对群体关系以及组织环境和社会环境的关注，虽然群体关系的研究未能在当时实践中发挥充分作用，但总体而言，研究的方向与社会发展是相一致的，所提出的相关措施、实施的职能等，为现代人事管理的出现和发展提供了良好的开端。

**4. 人本管理阶段**

人本管理阶段是指第二次世界大战后至20世纪70年代。这一时期劳资矛盾、人际关系、工作满意度等问题更加突出，出现了重点在于协调企业管理者与工人关系的人际关系运动，参与者们根据梅奥等的研究，坚信冲突不是天生的，而是恶劣管理的结果。一些著名的激励理论随之产生，如亚伯拉罕·马斯洛（Abraham Maslow）提出的需求层次理论和费雷德里克·赫茨伯格（Frederick Herzeberg）提出的双因素理论（又称“激励-保健理论”）。这些理论都强调了满足员工社交需求的重要性，主张通过改善对人的管理，协调人际关系，提高企业的生产效率。真正提出“人力资源管理”概念的学者是怀特·巴克(Wright Bakke)和雷蒙德·迈尔斯(Raymond E. Miles),他们分别提出了人力资源职能理论和人力资源模式理论。巴克认为人力资源管理的职能包含多项内容,如人力行政管理、劳工关系、人际关系以及行政人员开发等;迈尔斯提出了关心员工福利和幸福的重要性,认为为了获得长期的效果,更需要充分开发和利用员工的经验和知识。人力资源管理就此也开始关注到“工作生活质量”(QWL)。

这一阶段的人事管理思想有如下几个特点:

(1) 人事管理规范化。人事管理在内容和职能上都有很大的发展,对薪酬、绩效、劳资关系、福利和培训等职能明显增强,大量企业都设了专门的人事部门,在管理方法上也逐步规范。

(2) 强调均等就业机会。随着对人性的关注与尊重,开始强调均等就业机会,反对性别歧视、年龄歧视、种族歧视和信仰歧视,使更多的人才获得了就业机会。

(3) 人事管理法规出台。1964年美国出台的《民权法案》第七章“公平就业法案”(EEO)对就业中的各种歧视做了规定,标志着人事管理开始进入比较严格和规范的时代,这对人事管理的规范化和向人力资源管理过渡产生了极大的推动作用。

(4) 弹性管理。随着科学技术的发展,人事管理的方式也发生较大变化,弹性管理已进入部分企业和部分特殊岗位。

**5. 现代人力资源管理阶段**

从20世纪70年代至今,管理学科进入了学派林立的“管理丛林”。德鲁克认为“人是我们最大的资产”,组织应使员工富有成就以便激励他们完成工作,并通过完成工作来使组织富有活力。他提出了目标管理,即管理人员应做好目标制定、工作管理、信息沟通、工作成就评估和人的培训培养等管理内容和技巧;以及职务要用客观、科学的方法来描述,即工作分析。与此同时,人本主义学派认为组织应当采用人本管理模式,坚持“以人为中心”和“人是第一资源”,强调员工在组织中的个人作用的同时强调团队的作用,鼓励员工在组织中得到发展,认为个人的发展对组织是有益的;并且主张人力资源管理的重点在于对员工进行开发和利用,强调对员工工作的主动性、积极性、创造性进行充分调动。

由于这些观点逐渐占据了重要地位,传统的人事管理开始向现代人力资源管理转变,人们更多要求管理人性化和个性化,以人为本、柔性管理,并把人作为最稀缺的资源、作为第一生产力来看待。现代人力资源管理与传统的人事管理相比,实现了以下几个重要转变:

(1) 以事为中心的管理转化为以人为中心的管理。在工业时代标准化、大型化、集中化的背景下,传统的人事管理是以事为中心,以任务为中心。现代人力资源管理建立在以高科技为支柱、以智力资源为主要依托的经济形态条件下,知识经济所引起的组织形式的巨变,组织对掌握先进知识和技术的员工的依赖,以及员工在工作场所体现的不同特点和多元化需求等,都要求不断改变人力资源管理的策略和方法,实行以人为中心的管理。

(2) 以管理为主转化为以开发培训为主。现代人力资源管理理论认为,对员工进行的劳动培训,应与员工的个体特征紧密相连,这有助于发展员工的职业技能,体现组织的业务特征和个体的职位特征,反映出个人与组织间的关系。劳动生产率的迅速提高有赖于对核心员工的劳动培训。开发培训在提高现代人的生活水平上发挥的巨大作用,是其他任何管理主张都难以企及的。组织通过开发培训促使员工增加“对个人价值的坚定信赖”,体现出人本主义的精神。

(3) 刚性管理转化为柔性管理。现代人力资源管理鼓励员工自我管理,员工和组织是一种共生共荣、相互依赖的关系,这种心理契约的基础是员工的工作能力和员工的责任,而不是家长式的管理。由于顾客需求的多样化、劳动力资源的多元化和外部环境的复杂化,那些僵化的规则、惯例和结构早已不能适应组织的要求,组织内多以临时性组织方式出现,如项目组、特别工作组以及非正式的工作团队。

**6. 新时期的人力资源管理阶段**

21 世纪以来,随着互联网技术、新经济的发展以及外部环境的急剧变化,人力资源管理不再局限于一个专业的职能,开始强调对企业战略成功以及企业绩效负责,同时注重对人的价值的关注。

根据彭剑锋的总结,具体而言,该阶段有以下五个方面的特点:一是知识化,人力资源管理注重将员工的个人智慧转化为组织的知识资源,从强调员工管理的"留人""留心"转向"留智"的智慧资源管理阶段,解决组织知识的获取、应用与创新问题;二是核心化,通过人力资源专业服务与运营管理的合理外包,凸显人力资源管理中组织人才能力发展与组织能力发展这两大核心职能;三是价值化,人力资源管理强调组织中的每个人都成为价值创造者,通过价值评价与价值分配激发员工潜能和创造力,提升人力资源价值创造能力;四是流程化,通过以客户为核心构建人力资源价值,人力资源管理从权力驱动转向客户价值驱动;五是平台化,基于互联网与信息化,人力资源管理实现集中化、政治化、平台化与智能化伙伴式管理。

## (二) 中国人力资源管理的演进

中国的人力资源管理发展与国外的人力资源管理发展一样,与政治、经济、法律、社会环境等多方面的因素密不可分。参考赵曙明等学者对于中国人力资源管理阶段的划分,本书将中国人力资源管理历史的发展划分为如下三个时期:

**1. 劳动人事管理阶段(1949—1978 年)**

西方的人力资源管理发展从市场经济下的企业人力资源管理中演变而来,属于市场经济下雇主和劳动者相互选择的雇佣形式。与西方人力资源管理发展历程不同的是,在新中国成立初期,面对当时人才供不应求,尤其是对专业技术人员的需求难以得到满足的情况,我国针对企业实行了"统包统配"的人力资源计划和调配体制,对企业人力资源的管理采取了计划和行政命令的形式,形成了具有时代特色的"铁饭碗"用工制度。

我国人力资源管理制度的发展受时代影响,且由于工业、经济等条件的落后和限制,相关的人力资源管理发展也受到限制。这一时期,我国企业处于高度集中的计划经济体制下的劳动人事管理阶段。劳动人事管理既不同于现代的人力资源管理概念,也与西方企业管理意义上的"人事管理"存在差异,更接近现在的国家公务员概念。

**2. 人力资源管理的起步阶段(1978—1995 年)**

从 1978 年改革开放开始,我国对原有计划经济体制进行改革,经济、社会、文化、企业管理等各方面均得到空前发展,传统的劳动人事管理已经向西方企业管理意义上的"人事管理"转变,但是人力资源管理并未得到大规模的实践应用。20 世纪 80 年代初期,由于长期处在计划经济体制下形成的"铁饭碗"用工制度仍占据主导地位,人事管理工作主要表现为日常文书记录、人事档案管理等,且相应的岗位缺乏考核激励机制,劳动合同也流于形式,并未发挥其所具备的作用、价值和意义。

1992 年，社会主义市场经济目标确立，我国企业劳动人事管理也伴随着市场化进程逐步发生变革。此时，不论是从宏观行政层面，还是从微观企业管理层面来看，西方的人力资源管理理念开始更多地产生影响。我国开始从劳动人事管理和人才管理转到人力资源管理，并演化为人力资源开发和利用以及人力资源模块的全流程管理。但是此时，我国人力资源管理系统并未完善，企业内部权力和责任存在模糊性，还处于探索运用西方人力资源管理理论来解决中国本土企业发展问题的阶段。

**3. 现代人力资源管理阶段(1995 年至今)**

在与社会主义市场经济体制相适应的现代企业制度下，我国人事制度开始了系列重要改革，人力资源管理也进行了变革、发展和创新，并由此被广泛应用。

从 1995 年开始，随着国有企业改革以及我国首部《劳动法》正式生效，结束了多年来的固定用工制度、劳动合同工制度等法律政策，一方面从法律上保障了劳动者的权益不受侵害，另一方面又从制度上保证了企业的用工自主权。在各项政策的支持和保障下，越来越多的企业家和管理者将人力资源管理理论应用到企业的管理实践当中，为企业发展提供了更加科学的指导。

随着国际化、市场化、专业化水平不断提升，企业面临的竞争形势越发激烈，现代人力资源管理理念也在这一阶段得到迅速发展。人力资源作为核心资源越发受到企业重视，人力资源管理概念被充分普及，人力资源管理部门职能愈加丰富，一大批专业的人力资源管理人员成长起来，一些重要的人力资源管理工具和方法得到推广和应用。人力资源管理从事务性向战略性转变，人力资源管理工作也从单一零散的技术朝着系统化的方向发展。人力资源管理与企业绩效之间的关系备受关注，企业也越发重视人才培养，建立了较为成熟的招聘制度、人才测评制度、薪酬考核制度以及激励制度，人力资源管理和开发水平有了显著提升。

综观人力资源管理发展的历史变迁，不难发现，中外人力资源管理的发展均经历了从人事管理到人力资源管理，再到现代战略人力资源管理的阶段，并且注重自下而上地思考战略的可能性，更多地关注员工高层次、个性化的需求等，通过增强员工的主观能动性来提高部门任务绩效和组织绩效。随着中国产业化升级加速，网络经济、知识经济、体验经济的共同发展，必然带来对各类人才需求的大幅增长，也让工作内容的边界越来越模糊，继而充分调动员工的主观能动性，更加有效地利用自身的不同素质和知识来创造价值、提高绩效。

## 二、人力资源管理发展的新趋势

在经济全球化和知识化的背景下，人力资源开发战略的重要意义更加突出，人力资源发展理论研究也得到不断深化，在管理观念、实践应用上，呈现出一些新趋向，也必然会对组织管理产生重大影响。结合人力资源管理理论的发展和现今人力资源管理面临的新特点，本书认为人力资源管理发展主要有以下新的趋势。

### (一) 战略性人力资源管理(SHRM)价值凸显

在数字化时代，人工智能技术取代了许多人力资源管理的例行和基础工作，人力资源的真正价值就需要通过与组织的战略实施系统紧密配合来展现。新时代企业运营的复杂性和工作情境的快速变化要求人力资源管理的高效应对，从而帮助企业在市场中获得竞争优势，凸显了战略性人力资源管理的重要性。与其他所有管理职能一样，人力资源管理职能在改善员工的技能以及组织盈利性方面也扮演着至关重要的角色。现代人力资源管理已经被看成是一种“利润中心”,而不仅仅是一种“成本中心”。

战略性人力资源管理中的核心概念是战略匹配或战略契合,即一个组织的人力资源管理活动必须具有两个方面的一致性:首先是人力资源管理战略与外部环境和组织战略之间的一致性,也称外部契合或垂直一致性,它强调组织的人力资源管理必须与组织战略保持完全的一致;其次是人力资源管理职能的内部一致性,也称内部契合或水平一致性,它强调组织内部的各种人力资源管理政策和实践之间必须保持高度的内部一致性,相互之间形成一种良性的匹配、互动关系。

战略性人力资源管理已经成为企业战略不可或缺的有机组成部分,它包括企业通过人来达到组织目标的各方面内容。由于人力资本是获取竞争优势的重要资源,同时战略也需要人来执行,因此,组织最高管理层在制定战略时必须认真考虑人的因素。战略性人力资源管理将组织的注意力集中于改变结构和文化、提升组织效率和业绩、开发特殊能力以及管理变革。其目的是通过确保组织获取具有良好技能并得到充分激励的员工,使组织获得可持续的竞争优势,从而形成组织的战略能力,依靠人来实现战略目标,同时依靠核心人力资源赢得竞争优势。

### (二) 人力资源价值链管理与人力资本增值引发关注

数字化与智能化时代,人力资本日益成为企业价值创造的主导要素,人的创新创业成为企业持续成长的新动能,许多传统工作及传统的人力资源管理职能将逐渐被人工智能取代,而员工的时间和精力可以越来越多地放在创造性和自我提升的地方。由此,人力资源管理的核心变为如何通过人力资源价值链的管理,即人力资源在企业中的价值创造、价值评价和价值分配一体化的环节,来达到人力资本价值的实现及其价值的增值。

这一趋势将带来三大变化:第一,更加尊重人的价值与人的价值创造。基于对人性的洞悉及对人的价值的尊重构建人力资源机制,以人为本不是简单地以人性为本,而是以价值创造者为本。同时,通过人力资源管理机制与制度创新激发人的价值创造的潜能与动力,让组织始终充满价值创造的活力。第二,更加强调人力资源管理的效能,关注人力资本的投入与产出,关注如何计量人力资本对企业业务增长的贡献度、如何衡量人力资本价值增值、人力资源效能的构成与影响因素、效能提升的方法与途径。人力资源管理的核心目标就是通过激活员工价值创造活力,让每个员工实现自身的发展。通过不断提升人力资源管理的效能,激活每个个体的价值创造潜能,实现人力资本价值增值。第三,更加强调人力资本价值回报和激励,关注人力资源管理价值链循环的管理观念,致力于形成全力创造价值、科学评价价值、合理分配价值的三位一体的价值管理循环系统。随着组织和人的发展,知识型员工成为企业价值创造的主体,对人力资本的认可就是要人才得到合理的价值回报和激励。这三大变化,使得组织不断强调人力资源价值链管理与人力资本价值增值管理。

### (三) 三支柱结构的人力资源管理不断深化

在新的组织内外部环境和组织架构的变化背景下,为了取得发展和竞争的目标,企业的人力资源管理需要建立起新的思维和能力体系。人力资源管理部门要考虑如何适应企业的战略需求、业务发展的诉求和人才竞争的要求。1997 年戴维·尤里奇(Dave Ulrich)提出 HR 三支柱模型,将人力资源管理的主要职责划分为 COE(专家中心)、HRBP(人力资源业务伙伴)和SSC(共享服务中心)三个部分。HR三支柱模式的提出,试图让人力资源部真正地从较低层次的职能管理升华为战略管理层次,影响了绝大多数世界500强的人力资源管理实践。中国企业人力资源管理在实践HR三支柱的过程中对其进行了创新,触发了HR三支柱不断地升级与重构,如把HRBP功能从激励转化为赋能,增加整合变革中心,建立四支柱结构等。

### (四) 数字化的人力资源管理加速转型

人工智能技术在中国已经得到了加速应用,数字经济将成为未来中国经济增长的新动能,数据将成为企业竞争力及商业模式创新的核心战略资产。人工智能技术提升了数据挖掘分析的实时性和预测的准确性,机器学习的效能远远超过人类,这些技术变革既是对人力资源管理的冲击,同时也为人力资源管理赋能。企业人力资源管理在数字化浪潮中探索组织与人才机制的创新,显得尤为重要。因此,对人力资源管理体系进行数字化转型,成为促进企业发展的必然举措。未来组织数字化的创新体现在以下几个方面:

**1. 数据驱动的决策**

通过数字化技术的应用,人力资源管理部门可以更准确地收集、分析员工数据,从而基于数据做出更科学的决策,如人才招聘、绩效评估、培训需求等,提高决策的准确性和效率。

**2. 个性化员工体验**

数字化工具可以为员工提供个性化的服务和体验,如员工自助系统、在线培训平台等,不仅可以提高员工满意度,而且增强了员工的参与感和归属感。

**3. 聚焦战略性任务**

通过数字化技术的支持,人力资源管理部门可以将更多的精力投入战略性任务中,如人才战略规划、组织文化建设等,为企业长期发展提供更大的价值。

### (五) 学习型组织的建立是增强企业竞争力的关键

彼得·圣吉(Peter Senge)对企业组织做了大量研究后发现,在许多团体中,组织成员的能力并未得到充分发挥和利用。彼得·圣吉提出的学习型组织理论的研究目标是创造一个能够设法使所有成员全身心投入,并可以不断学习、成长的组织。核心思想是通过自我超越、改善心智模式、建立共同愿景、团队学习、系统思考五项修炼来建立学习型组织。建立学习型组织的关键就是通过组织学习来有效地开发组织的人力资源。这就对企业提出了新的要求:一要树立全球观。经济全球化在很大程度上更新了人们的观念,改变了人们的行为,要适应这些变化,企业必须树立全球观。二要满足员工高层次的需求。知识工作者在企业中的数量和比例越来越大,而且他们也是维持企业生存与发展的最重要的资源。对知识工作者的激励,应该把重心转移到以满足较高层次的需要,即社交、自尊、自我实现需要的精神激励上去。三要将企业的发展与员工的职业生涯发展有机地结合起来。为适应全球化的市场竞争和开拓新的企业经营战略,企业必须从传统的“控制”型管理走向现代的“指导与激励”型管理,更注重组织的发展和员工的工作生活质量,更注重企业和员工的创新精神和创造能力。

### (六) 人力资源管理中的劳动关系更加多元化

共享经济加速了灵活就业的兴起,互联网、数字化正在改变原有的劳动组织形式。从公司治理的角度看,领导者的任务不再是培养能人,而是发掘员工已有的才华,并创造出让其产生和成长的环境。核心知识员工和企业家日益成为企业价值创造的主导因素，这将改变过去货币资本和人力资本之间“零和博弈”的关系。原来是货币资本雇佣人力资本，而现在是两者相互雇佣。在这样的背景下，事业合伙人的机制得到组织人力资源管理的青睐，即通过一种利用资本和智力的资本合作，以快速降低企业成本、快速应对市场变化，形成企业与个人共享、共创、共担关系。因而，劳动关系的多元化会更多地体现在劳动组织形式的多元化、用工方式的灵活化和更多的人力资源外包等方面。

## 讨论案例

### 中国航天科技集团的人力资源管理

开端于20世纪50年代的中国航天事业从零起步，60余年来，以中国航天科技集团为代表的中国航天事业后发至上，使中国成功跻身世界航天大国行列，并向航天强国迈进。

进入21世纪后，中国航天事业的辉煌实际上是在一批少帅军团的指挥下完成的。航天事业发展的关键在于人才，创造航天辉煌事业的航天人才同样为世人所瞩目。作为中国高层次创新人才队伍建设的成功典范，中国航天科技集团认为“人才是航天事业的发动机，航天事业是人才成功的推进剂”。

为什么来自五湖四海、有着不同生活背景的人能聚集在航天事业旗帜下，融入航天企业文化中，把个人安身立命和价值实现与组织的价值、事业的成功统一起来，默默奋斗，拼搏不息？为什么航天企业组织里能培养出一批航天“元勋”和在各个领域担当领军人物的“将帅”之才、两院院士、大国工匠呢？

对于以中国航天科技集团为代表的人才成长之道与人才管理经验，可以从系统、组织和人的角度去研究，高度提炼地总结出以下特色之处：

第一，坚持人才优先，统筹战略谋划。坚持把人才发展战略与集团公司发展战略接轨，使人才队伍建设目标与集团公司总体发展目标相适应、相配套、相衔接。在制定人才发展规划过程中，强化顶层设计和战略引领，统筹谋划未来5～10年人才队伍建设的目标和任务。研究制定并组织实施了高层次人才集聚计划、创新型人才开发计划、科技领军人才培养计划等重大人才计划，为研制生产、航天技术应用等各个领域培育和集聚了一大批核心骨干人才。同时，在人才的培养和发展中，坚持分层分类、差异化管理的思路，针对四大主业人才以及工艺、标准化、产品化队伍的不同特点，研究制定不同的人才队伍建设指导意见和管理办法，不断提升人才工作的科学化、制度化和规范化水平。

第二，完善选任机制，营造清风正气。中国航天科技集团健全了以《2011—2020年领导班子和领军人才建设规划纲要》为核心，以企事业单位、公司和型号领导人员3项管理规定为主干，20余项涵盖任免、交流、考核、监督等内容的管理办法为支撑的制度体系。在选人用人中强化正确的用人导向，根据大型研究院、专业公司、直属单位以及总部机关领导岗位的不同特点，突出能力、素质和作风要求，发挥组织选拔、竞争性选拔、市场化选聘等多种选拔方式的优势，注重干部选拔工作的实效性。

第三，依托重大工程，造就领军人才。注重以工程项目为牵引，在型号研制中早发现、早识别那些专业基础好、发展潜力大、创新能力强的科技领军人才苗子，打破年龄和资历限制，把他们推举到型号领导岗位上担当重任。通过定量考核与定性考核相结合、型号过程考核与结果相结合、任务完成情况与个人表现相结合的“三结合”考核方式，促进领军人才的成长成才。借助项目平台，特别是借助重大工程平台，打造年轻创新团队。

第四，拓宽引才渠道，构筑人才高地。中国航天不断完善高校毕业生、社会成熟人才和海外人才“三位一体”的引才模式。研究制定技术领域核心人才需求指南，与猎头公司、人才中介机构合作，采取网络招聘、专场招聘等方式，大力引进紧缺人才、核心骨干人才和关键岗位特殊人才，并形成了成熟人才引进的常态机制。在落实国家级人才政策措施、大力引进拔尖人才的同时，通过实施海外高层次人才引进计划，组织海外名校人才招聘，不断扩大对外影响力，抓住有利时机引进全球顶尖高校的高端人才。

第五，强化考核激励，激发创造活力。中国航天全面建立了与业绩贡献紧密挂钩的岗位绩效工资制度，领导人员年薪、职工收入与业绩考核结果紧密挂钩，坚持收入分配向一线骨干倾斜、向优秀人才倾斜。单独核拨工资总额以支持推行骨干津贴制度，保证核心骨干人才薪酬水平在行业和市场中的领先优势。型号两总的收入和型号任务完成情况直接挂钩，表现突出的型号两总收入可超过所在单位的主要领导。突破学历、资历限制，对亟须紧缺特殊人才实行谈判工资制。设立100万元的“航天功勋奖”、20万元的“航天创新奖”等集团公司重大荣誉奖励，以表彰、激励在科研生产、经营开发和改革发展中做出突出贡献的优秀人才。对于骨干人才实行政治荣誉优先、物质奖励优先、推荐专家优先、培训深造优先、职称评聘优先的“五优先”。

中国航天在过去取得了辉煌成就，在未来也要继续迎接挑战。本质上而言，中国航天科技集团既担负国家航天事业重担，又要承担企业组织的经营发展和社会责任；在国有企业深化改革、事业单位向企业的转型发展关头，又面临着互联网、智能化、数字化等技术发展的种种冲击；从社会层面而言，受内部环境因素影响，正处于相对封闭向开放转变阶段，组织管理和文化价值观正在适应这种转变，各种新现象新问题涌现出来。处于新的发展节点，现实问题难免更为复杂。

这并不是中国航天科技集团一家企业要面临的问题，而是中国企业或者说国有企业普遍面临的问题，即：处于新的发展时点上，企业如何既能传承过去的成功经验又能快速适应新的发展环境，把控好转型发展节奏……

（案例来源：案例由网络资料改编，仅供教学使用。）

**讨论与思考**

1. 结合案例说明，中国航天科技集团的成功要素中包含哪些人力资源管理内容？

2. 根据人力资源管理发展的演进，你觉得中国航天科技集团在过去的60多年中人力资源管理发生了哪些变化？

3. 目前，中国航天事业人力资源管理可能面临的新挑战有哪些？

## 复习思考题

1. 作为一种特殊的资源，人力资源有哪些特征？
2. 人力资源管理的基本原理包括哪几个方面？
3. 人力资源管理部门的组织结构是什么样的？
4. 人力资源管理的参与者有哪些？他们是如何分工的？
5. 人力资源管理在国内外有哪些发展阶段？
6. 人力资源管理目前的发展趋势有哪些？

# 自 测 题

## 一、选择题

1. “人力资源”概念是由美国著名管理大师(　　)在其《管理的实践》(1954 年)一书中提出的。

A. 梅奥　B. 沃尔什　C. 德鲁克　D. 舒尔茨

2. 人力资源与自然资源相比,其明显特征有(　　)。

A. 具有能动性　B. 具有时效性　C. 具有再生性

D. 具有社会性　E. 具有双重性　F. 可变性

3. 人力资源管理的理论基础是(　　)。

A. 人性假设　B. 开发管理　C. 传统人事管理　D. 以人为本

4. 劳动者素质包括(　　)。

A. 身体素质　B. 智能素质　C. 心理素质　D. 情绪素质

5. 人力资源管理的功能包括(　　)。

A. 吸纳功能　B. 激励功能　C. 开发功能　D. 维持功能

6. 人力资源管理的直接参与者有(　　)。

A. 高层管理者　B. 直线管理者

C. 中层管理者　D. 被管理的员工本人

7. 不属于戴维·尤里奇提出的 HR 三支柱模型的是(　　)。

A. COE(专家中心)　B. HRBP(人力资源业务伙伴)

C. SSC(共享服务中心)　D. OD(企业发展中心)

## 二、填空题

1. 人力资源管理的功能主要体现在__________、__________、__________、__________四个方面。

2. 人力资源管理不仅是__________的责任,而且是所有管理者的共同责任。

3. 从西方管理的历史发展角度,把人力资源管理的发展过程划分为________、________、________、________、________、________六个发展阶段。

4. HR 三支柱是一种人力资源组织架构方式,包含了________、________、________、三个维度。

# 第二章　人力资源战略与规划

学习目标

1. 理解人力资源战略的含义与特点；
2. 掌握人力资源战略的类型与制定程序；
3. 理解人力资源规划的含义、基本问题与内容；
4. 掌握人力资源规划的类型；
5. 了解人力资源规划的过程；
6. 了解人力资源需求与供给的预测方法；
7. 掌握人力资源供需失衡的调整措施。

## 第一节　人力资源战略

随着企业组织结构越来越向扁平化、柔性化、无边界化等方向发展，人力资源管理的战略价值日益上升，逐渐发展为一种战略性人力资源管理，即围绕企业整体战略目标开展人力资源管理。

### 一、人力资源战略概述

#### （一）人力资源战略的含义

人力资源战略是指企业根据内部和外部环境分析，确定企业目标，制定出企业的人力资源管理目标，进而通过各种人力资源管理职能活动实现企业目标和人力资源目标的过程。人力资源战略是实现企业战略的有力支撑与有效保障，其对企业人力资源开发与管理活动具有重要的指导作用。

#### （二）人力资源战略的特点

纵观人力资源战略在企业经营过程中的地位，人力资源战略具有全局性、长远性、根本性和适应性等特点。

1. 全局性

人力资源管理既是企业全过程的管理,也是对企业全员的管理。人力资源战略首先应该关注对企业总体战略的支撑作用,其次还要关注对企业人力资源主体发展的指导作用。企业人力资源战略的核心在于以全局发展的要求为出发点,着眼企业人力资源的未来,增强和保持企业人力资源竞争的优势。

2. 长远性

人力资源战略关注的重点是企业人力资源的长期发展和对企业经营战略的长期影响。人力资源战略制定的关键在于对人力资源管理的系统分析、预测企业人力资源未来发展环境和趋势、制定人力资源长远发展蓝图等方面。

3. 根本性

人力资源战略是企业管理中极为重要、根本的方面之一。在企业的诸多要素中,"人"是第一要素,企业的一切活动都是由人来完成的。资金实力与设施水平反映的是企业目前的规模,而人力资源的数量与质量则决定着企业未来的前途。企业通过正确制定人力资源战略,可以让员工充分发挥其聪明才智,使企业不断创新和发展。

4. 适应性

人力资源战略作为企业整体战略的重要组成部分,必须具备高度的适应性。这种适应性不仅体现在对外部环境变化的快速响应,也包括对内部条件与资源的有效调配。企业所面临的外部社会经济环境复杂多变,以及内部资源的多样性,往往会带来各种未知的压力、挑战和威胁。因此,企业必须重视人力资源战略的灵活管理和特殊问题的应对能力,从而有效抵御潜在风险,确保企业的持续发展和竞争力。

### (三) 人力资源战略的作用

人力资源战略的作用主要体现在以下几个方面:

1. 指导人力资源管理活动

人力资源战略对人力资源管理活动具有重要指导意义。人力资源战略可以帮助企业根据市场环境的变化与自身的发展需要,建立适合企业特点的人力资源开发与管理的方法,如根据市场变化趋势,确定人力资源的规划;根据员工期望建立与时代相适应的激励机制;根据科学技术的发展趋势,有针对性地对员工进行培训与开发,提高员工的素质与能力。

2. 推动企业人力资本扩展

拓展人力资本的一个主要工作就是要充分利用内部人员的能力,吸引外部优秀人才。作为企业的战略贡献者,人力资源管理工作必须要保证各个工作岗位所需的人员供给,保证这些人员具有胜任岗位所需的能力。人力资源战略的实施可以使员工在保持潜能开发中与企业同步发展。

3. 促进企业经营绩效提高

企业中的人力资源是设计、生产和提供产品和服务,为顾客和企业创造价值的关键。人力资源战略的重要目标之一就是提高员工工作绩效,人力资源管理同管理资金、技术和其他稀缺资源等一样,需要从战略高度进行管理,甚至必须更为超前。

4. 获取企业持续竞争优势

从长期来看,为了在日益激烈的市场竞争中立于不败之地,企业必须获取和维持相对于其他竞争者的某种优势，这也正是企业战略的重要目标所在。人力资源战略作为企业战略的重要组成部分，每一项具体的实践活动都会影响企业竞争优势的获得。这些活动包括有人力资源规划、工作分析、员工招聘、培训与开发、绩效管理、薪酬管理、职业生涯管理、劳动关系管理等。

## 二、人力资源战略的类型

按照企业对员工管理方式的不同，人力资源战略可划分为以下三种：

### （一）诱引战略

诱引战略主要是通过丰厚的薪酬制度去诱引和培养人才，从而形成一支稳定的高素质的员工队伍。值得一提的是，由于薪酬较高势必会增加人工成本，为了控制人工成本，企业在实行高薪酬的诱引战略时，往往需要严格控制员工数量，所吸引的员工也通常是技能高度专业化，招聘和培训的费用会相对较低。采用诱引战略的企业，其企业战略通常以低成本来取得竞争优势，其生产技术一般较为稳定。

### （二）投资战略

投资战略主要是通过聘用数量较多的员工，形成一个人才储备库，从而提高企业人力资源的灵活性。这种战略重视员工的培训和开发，并且注意培育良好的劳动关系。采用投资战略的企业期望与员工建立长期的工作关系，因此这类企业十分重视员工，视员工为投资对象。采用投资战略的企业，其企业战略通常是以创新型产品取胜，且生产技术一般较为复杂。

### （三）参与战略

参与战略谋求员工有较大的权力和决策参与机会，使员工在工作中有自主权，管理人员更像教练一样为员工提供必要的咨询和帮助。采取这种战略的企业非常注重团队建设、自我管理和授权管理。企业在对员工的培训上也较重视员工的沟通技巧、解决问题的方法、团队工作能力等的训练。采用参与战略的企业，其企业战略则通常是以高品质来取得优势。

## 三、人力资源战略与企业战略

在企业战略制定和实施过程中，人力资源管理是一项核心管理活动。因此，人力资源战略与企业战略的关系备受关注，而关注的焦点就是如何使人力资源战略与企业战略相匹配。人力资源战略与企业战略的匹配，可以帮助企业利用市场机会提升实力，从而获得持续竞争优势，助力实现企业战略目标。

人力资源战略和企业战略之间的匹配是获得持续竞争优势，实现企业战略目标的核心所在。戈梅斯（Gomes）和麦加（Majia）等人提出了与波特的竞争战略相对应的三种人力资源战略。① 当企业采用成本领先战略时，主要是通过低成本来获取竞争优势，所以需要严格控制成本和加大预算力度。此时的人力资源战略应当强调有效性、低成本市场、高度结构化的程序来降低不确定性。因此，企业比较适合采用诱引型的人力资源战略。② 当企业采用差异化战略时，主要是通过产品或服务的独特性来获得竞争优势。这种战略的特点是具有较强的营销能力、强调产品的设计和研发，公司以产品质量著称。此时的人力资源战略则强调弹性和创新性、以团队为基础的培训和考评、差别化的薪酬策略等。因此，企业比较适用投资战略或参与战略。③ 当企业采用集中化战略时，其特点是低成本战略和差异化战略的综合。因此，相匹配的人力资源战略将是上述各种人力资源战略的结合。

## 四、人力资源战略的制定

### （一）人力资源战略的制定程序

**1. 环境分析**

制定人力资源战略的第一步是仔细分析企业的内部与外部环境。外部环境分析就是通过分析企业的运营环境来辨认其所面临的机会与威胁，主要包括有行业与竞争对手分析、劳动力分析、社会文化与政策法规分析等。内部分析就是识别企业自身的优势和劣势，主要包括企业可获取资源的数量与质量、企业战略与企业文化、员工期望三个方面。

**2. 战略制定**

制定人力资源战略，首先需要确定人力资源战略的总体目标。人力资源战略的总体目标是根据企业发展的战略目标、人力资源现状与趋势以及员工的期望综合确定的。人力资源总体目标是对企业内部未来人力资源所要达到的数量与结构、素质与能力、员工士气与工作态度、企业文化与价值观念、人力资源政策与措施、人力资源开发与管理的方式、途径和成本等提出更高层次的要求。人力资源战略总体目标确定后，还需要层层分解和落实到部门和个人。

**3. 战略实施**

人力资源战略实施过程中最重要的工作是日常的人力资源开发与管理工作。它将人力资源战略与人力资源规划落到实处，检查战略与规划实施的进度与质量，对人力资源战略实施的方法提出改进意见，从而提升员工满意度和工作绩效。人力资源战略实施过程中的另一项重要工作是协调和平衡组织与个人之间的利益关系。过分强调组织利益则员工必然会产生不满；过分强调个体利益则会给组织的长期生存与发展带来不利影响，如果不能妥善处理这个问题，则会给人力资源战略实施带来困难。

**4. 战略评估**

受信息的不完全性和人力资源战略制定者认知水平的限制，人力资源战略的评价与反馈环节必不可少。同时还由于企业内外环境的快速变化，人力资源战略也需不断地进行调整与修改，这是一个制定、调整、再制定、再调整的反复且长期的过程。人力资源战略评估是在战略实施过程中寻找战略与现实的差异，发现战略的不足之处，及时调整战略。人力资源战略评估具体可分为五个阶段，包括了确定评价内容、建立评价标准、衡量实际业绩、将实际业绩与标准进行比较、根据实际业绩与标准要求的差距情况决定是否需要采取适当的校正行动。

### （二）人力资源战略的制定方法

**1．双向计划过程**

与其他业务战略一样，人力资源战略的制定也需要经历自上而下和自下而上的过程。在制定人力资源战略时，自上而下的方法通常由公司层向部门层传递，目的是提供战略框架；而自下而上的方法则由各部门向上提交建议，由公司进行审议，目的是设计具体行动。这两种方法并不是相互排斥的，而是相互补充的。在大多数情况下，企业会结合这两种方法，以期达到最佳效果。

**2．并列关联过程**

人力资源战略的制定可能与企业战略的制定过程同时进行。在每个阶段，人力资源战略与企业战略相互影响，汲取企业战略的理念，同时为企业战略提供思路。通过这种方式，人力资源战略不仅没有使企业战略的制定过程变得复杂，反而更加突出人力资源问题的重要性。

**3．独立制定过程**

独立制定过程中，人力资源战略的准备及思考过程都与总体企业战略没有必然的时间关系。它可能与企业战略计划同时制定，也可能在企业战略计划之前制定，或者在企业战略计划完成后制定。在没有其他选择的情况下，这种方法的优势在于能够自主地制定一套人力资源战略，并据此去指导企业的人力资源规划、政策和各项实践活动。

# 第二节　人力资源规划概述

古语有云："凡事预则立，不预则废。"人力资源规划作为人力资源管理工作的首要环节，有助于降低企业面向未来的不确定性。

## 一、人力资源规划的含义

### （一）人力资源规划的概念

人力资源规划是指在企业发展战略和经营规划的指导下进行人员的供需平衡分析，以满足企业在不同发展时期对人员的需求，为企业的发展提供数量适当、质量合格的人力资源保障，其最终目的是实现企业战略目标和长期利益。

理解这一概念应注意以下几点：

**1．企业进行的人力资源规划是一种预测**

企业要实现可持续发展，人力资源的更新和开发是非常重要的。随着时间和环境的不断改变，企业需要及时预判内部人力资源需求，以协调人力资源的供求平衡。因此，人力资源规划是一个动态持续的过程。

**2．人力资源规划的主要工作是预测供需关系**

预测人力资源的供需关系是进行规划工作的前提。对人力资源供需关系的预测必须以既往的经验为基础并借助科学的手段展开。人力资源供需关系预测的结果可以为企业今后制定政策和措施提供指导,帮助企业实现人力资源供需平衡。

**3. 人力资源规划必须和企业的战略相匹配**

企业开展人力资源管理工作是为实现组织目标而服务的。因此,人力资源规划工作也必将服务于组织目标。人力资源规划与企业战略的匹配,可以帮助企业及时抓住市场机会,提升企业实力,从而获得持续的竞争优势,更好地实现企业战略目标。

### (二)人力资源规划的基本问题

人力资源规划是制定人力资源管理行动方针的过程,从实质上看就是确定目标和目标实现方式的决策过程。因此,制定人力资源规划必须回答以下几个基本问题:

**1. 我们所处的环境怎样**

通过回答这一问题,我们可以充分了解组织所处的内外部环境。企业面临的外部环境主要包括政治、经济、技术、社会环境等。而内部环境则主要包括组织自身和员工个人方面的因素。通过对组织内外部环境进行考察,可以确定当前组织的人力资源管理状态。

**2. 我们的目标是什么**

回答这一问题的目的在于通过明确人力资源管理的战略目标,找出现状与目标之间的差距,并根据其中最大和最重要的差距来确定人力资源规划的具体目标。确定目标时需考虑前提条件的可变性、具体的衡量标准等因素。

**3. 我们怎样才能实现目标**

为了缩小现状与目标之间的差距,需要合理配置有限的组织资源用于人力资源管理工作,这是企业人力资源管理的主要内容。人力资源规划要求企业能够在多种行动方针中择优选择,同时把一系列方针整合起来,形成完备的管理体系。

**4. 我们做得如何**

在依照规划实施人力资源管理活动之后,企业需要考察组织是否已经完成既定目标。通常情况下,规划时设定的目标即为最终的成果评价标准。该问题完成以后,即可再次回到人力资源规划的第一个问题上,并重新制定新一轮规划。

## 二、人力资源规划的内容

人力资源规划包括人力资源总体规划和人力资源业务规划两个方面的内容。

### (一)人力资源总体规划

人力资源总体规划,是对计划期内目标的总体描述。它包括预测的需求和供给分别是多少,做出这些预测的依据是什么,供给和需求的比较结果是什么,企业平衡供需的指导原则和总体政策是什么。

人力资源总体规划中最主要的内容包括:① 对比供给和需求的分析结果;② 制定规划期内企业对各种人力资源的需求与人力资源配置的总体框架;③ 确定人力资源投资预算。

### (二)人力资源业务规划

人力资源业务规划是对总体规划的分解和具体内容描述。主要包括人员补充计划、人员配置计划、人员接替和提升计划、人员培训与开发计划、工资激励计划、员工关系计划和退休解聘计划等内容。每一项业务规划的有效实施都是总体规划得以实现的重要保证。人力资源业务规划的内容如表 2-1 所示。

**表 2-1　人力资源业务规划的内容**

| 规划名称 | 目　标 | 政　策 | 预　算 |
|---|---|---|---|
| 人员补充计划 | 类型、数量、层次对人员素质结构的改善 | 人员的资格标准、人员的来源范围、人员的起点待遇 | 招聘选拔费用 |
| 人员配置计划 | 部门编制、人力资源结构优化、职位匹配、职位轮换 | 任职条件、职位轮换的范围和时间 | 按使用规模、类别和人员状况决定薪酬预算 |
| 人员接替和提升计划 | 后备人员数量保持、人员结构的改善 | 选拔标准、提升比例、未来提升人员的安置 | 职位变动引起的工资变动 |
| 培训与开发计划 | 培训的数量和类型、提供内部的供给、提高工作效率 | 培训计划的安排、培训时间和效果的保证 | 培训开发的总成本 |
| 工资激励计划 | 劳动供给增加、士气提高、绩效改善 | 工资政策、激励政策、激励方式 | 增加工资、奖金数额 |
| 员工关系计划 | 提高工作效率、员工关系改善、离职率降低 | 民主管理、加强沟通 | 法律诉讼费用 |
| 退休解聘计划 | 劳动力成本降低、生产率提高 | 退休政策及解聘程序 | 安置费用 |

## 三、人力资源规划的类型

人力资源规划可以依据不同标准划分为不同的类型，企业应根据自己的实际需要进行灵活选择。

### （一）按照规划实施的层面划分

按照规划实施的层面划分，人力资源规划分为战略层规划、战术层规划和作业层规划。

战略层人力资源规划是与企业长期战略相适应的人力资源规划，其作用在于确立组织的基本目标以及基本政策。战略层人力资源规划的内容主要涉及企业未来人力资源的大体需求与供给、人力资源的结构和素质层级以及与预测有关的人力资源政策和策略等。

战术层人力资源规划是将战略规划中的目标转变为确切的内容，并且规定达到各种目标的具体时间。战术层人力资源规划是在战略规划指导下制定的，时间期限较短，预测的准确率较高，对社会经济变化趋势的把握比较准确，一般以年度为单位制定。

作业层人力资源规划是对一系列操作实务的规划。具体包括人员审核、招聘、提升与调动、组织变革、培训与发展、工资与福利、劳动关系等操作的具体行动方案。战术层人力资源规划在时间和工作程序方面的落实需要由具体的作业层人力资源规划去完成。

### （二）按照规划的范围划分

按照规划的范围划分，人力资源规划分为整体人力资源规划和部门人力资源规划。

整体人力资源规划是在整个企业范围内进行的规划，一般具有多个目标和多方面内容的计划。涉及对象关联到整个组织的人力资源管理活动，包括企业的人员招聘、培训、考核、激励等。要使这些活动形成一个有机的整体，就必须对它们进行整体规划。

部门人力资源规划是各个业务部门的人力资源管理活动计划，包括各种职能部门制定的职能计划，如技术部门的人员补充计划、销售部门的培训计划等。部门规划是在整体规划的基础上制定的，它的内容专一性强，是整体规划中的子计划。

### （三）按照规划的时间划分

按照规划的时间划分，人力资源规划分为短期、中期和长期的人力资源规划。

短期人力资源规划一般是指一年及一年以内，具有操作性的人力资源规划。中期人力资源规划是指一年以上五年以内，具有指导性和战术性的人力资源规划。长期的人力资源规划是指五年或五年以上，具有指导性和战略性的人力资源规划。对有些企业来说，长期规划、中期规划、短期规划的时间也许更长些，而有些企业的时间会更短些。

企业人力资源规划的期限取决于企业所面临环境的不确定程度。人力资源规划期限与经营环境之间的关系如表 2-2 所示。

**表 2-2　人力资源规划期限与经营环境之间的关系**

| 短　期　规　划 | 长　期　规　划 |
|---|---|
| · 不确定性与不稳定性<br>· 组织面临诸多竞争<br>· 快速变化的社会、经济环境<br>· 不稳定的产品（服务）需求与劳务需求 | · 确定性与稳定性<br>· 组织居于强有力的市场竞争地位<br>· 渐进变化的社会、政治环境<br>· 相对稳定的产品（服务）需求与劳务需求 |

## 四、人力资源规划的作用

在现代社会激烈的竞争环境下，人力资源的流动和转移日益频繁。现代企业管理中人力资源规划的统筹作用显得尤为重要。具体来说，人力资源规划的作用包括以下几个方面：

### （一）有利于优化企业内部人力资源的配置

人力资源规划是在对企业人力资源状况的全面分析和评价的基础上进行的，通过对企业人力资源的总量、类别和年龄结构、相对充裕度等要素的分析和评价，判断组织内部是否存在人才浪费和低效利用等现象，从而改善企业人员的素质和结构。

### （二）有利于提高企业应对环境变化的适应能力

现代管理强调动态变化，强调企业对环境的适应能力。在人力资源方面，经济蓬勃发展可能导致企业出现人力资源紧张匮乏的局面；而经济萧条，又可能导致企业出现人才浪费、机构臃肿的局面。人力资源规划既包括对企业现有的人员结构进行研究，又包括对企业内部、外部环境进行分析和预测，还包括提出相应的政策和措施。通过人力资源规划，企业能够及时调整和优化人员结构，从而更好地适应环境的变化，以保证可持续发展。

### （三）有利于满足企业成员的个人需求

企业中员工的个人需求不仅包括物质层面，还包括精神层面。人力资源规划会充分考虑员工个人的职业生涯发展，并制定相应的政策和措施，其中包括员工的职业发展通道、工作转换政策、培训进修政策等。员工在了解这些政策和措施后，会更加努力追求企业所赋予他的任务和目标。看到职业上升的希望，员工才拥有持续进步的动力；看到工作内容的丰富多彩，员工才不易感到枯燥和疲惫。

### （四）有利于控制企业的人力成本

人力资源规划对预测中长期的人力成本具有重要作用。人力成本中最大的支出是员工工资，而工资总额在很大程度上取决于企业中的人员分布状况。人员分布状况是指组织中的人员在不同职务、不同级别上的数量状况。在预测企业未来发展的基础上，有计划地逐步调整人员的分布状况，把人力成本控制在合理的范围内则显得十分重要。

## 五、人力资源规划的过程

人力资源规划工作，是一个从收集信息、分析问题、再到提出解决问题的方案，并加以实施的过程。人力资源规划的最终目的是通过人员管理获得和保持企业竞争优势。

人力资源规划过程可以分成四个阶段：准备阶段、预测阶段、实施阶段、评估阶段，如图2-1所示。

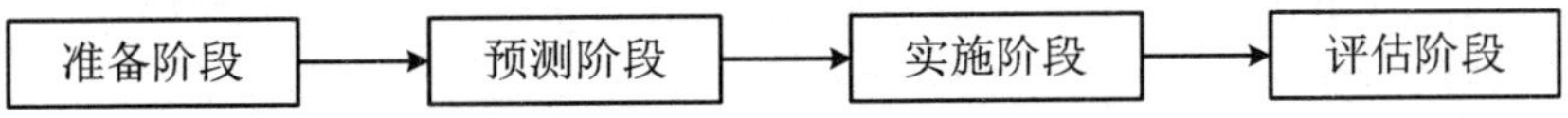


图2-1　人力资源规划过程

### （一）准备阶段

准备阶段需要收集的信息，包括外部环境信息和企业内部信息。

**1. 外部环境信息**

（1）经济环境。经济环境的影响主要体现在经济形势和劳动力市场的供求关系两个方面。一方面，宏观经济形势对企业的影响巨大，企业在进行人力资源规划时必须考虑所处经济社会的宏观经济形势，在整体趋势上保证人力资源规划的正确性。另一方面，劳动力市场上各种人才供求关系对企业获得各种人才的成本、难易程度都有较大的影响。

（2）人口环境。人口环境因素主要包括社会或本地区的人口规模、劳动力的质量和素质结构等特征。在制定人力资源规划时，要考虑劳动力年龄因素对人力资源规划的影响。不同年龄段的员工有着不同的追求，在收入、价值观念、工作方式等方面存在一定的差异。企业人力资源规划可以通过对年龄因素的分析，确定获得人力资源的适当方式和方法。

（3）科技环境。科学技术对企业人力资源规划的影响是全方位的。新技术的引进与新机器设备的应用导致企业对低技能的员工的需求量减少，对高技能的员工的需求量增加。这种变化使企业的人力资源需要与供应发生结构性变化，造成动态的不平衡。因此，企业在人力资源规划时，必须高度重视这一点。

(4) 政治与法律因素。影响人力资源活动的政治环境因素主要包括政治体制、经济管理体制、政企关系等。对于大企业，尤其是国际公司而言，在制定人力资源规划时，考虑政治体制因素是其开展规划工作的基础。影响人力资源活动的法律因素主要包括政府发布的工时制度、最低工资标准、职业卫生、劳动保护、安全生产等相关法律法规。

(5) 社会文化因素。社会文化折射出的是广大人民群众的基本信念和价值观，对人力资源管理也具有一定的间接影响。企业在制定人力资源规划时，要考虑当地的社会与文化环境因素，尤其是国际企业在国际化与本土化相结合的经营战略下，人力资源规划以及人力资源管理其他的各个环节更要充分地考虑各个国家和不同地区之间的社会与文化的差异性。

(6) 企业的行业属性。企业的行业属性不同，企业的产品组合结构、生产的自动化程度、产品的销售方式等内容不同，相应地，企业对所需要的人力资源数量和质量的要求也不同。例如，对于传统的生产型企业而言，生产技术和手段都比较规范和程序化，人员招聘来源多以掌握熟练技术的工人为主，而对现代的高科技企业来说，则需要技术创新型的高技术开发人员。

**2. 企业内部信息**

(1) 企业的发展战略。企业在确定发展战略目标时，就要制定相应的措施来保证企业发展目标的实现。企业生产规模扩大、产品结构调整或升级、采用新生产工艺等，会造成企业人力资源结构的调整，因此在制定企业人力资源规划时要着重考虑企业的发展战略，以确保人力资源符合企业战略目标的要求。

(2) 企业文化。毋庸置疑，企业文化对企业的发展有着重要的影响。优秀且适宜的企业文化可以增强企业的凝聚力和员工的进取精神、提高企业员工队伍的稳定性，同时也有利于人力资源规划的制定。

(3) 企业人力资源管理体系及其信息化。企业原本的人力资源管理体系对于人力资源的规划发挥着重要作用，包括人力资源的数量、质量和结构，以及人力资源战略规划、培训与开发制度、薪酬与激励制度和员工职业生涯规划等方面。此外，现代人力资源管理还要求企业有效利用计算机技术进行人力资源信息的管理。通过建立专属的人力资源信息系统，企业能够为人力资源结构分析提供必要的数据支持。

### （二）预测阶段

在充分掌握信息的基础上选择使用有效的方法，对企业在未来某一时期的人力资源供给和需求进行预测，是人力资源规划中技术性较强的环节。预测时，既可通过主观经验判断，又可采用各种统计方法及相关预测模型。

### （三）实施阶段

根据供给和需求预测的比较结果，企业应通过人力资源的总体规划和业务规划，制定并实施平衡供需的措施，以满足人力资源的需求。在这一过程中，人力资源规划的制定与实施是紧密相连的。规划实施的关键在于，必须具备实现既定目标的组织保障。除了分派负责执行的具体人员外，还需确保实现这些目标所需的权力和资源到位。

#### （四）评估阶段

对人力资源规划实施的效果评估是整个规划过程的最后一步。由于预测无法做到完全正确，人力资源规划也不是一成不变的，而是一个动态的系统。在实施的过程中，应根据内外部环境的变化来修正供给和需求的预测结果，并调整平衡供需的措施。同时，需对预测的结果及制定的措施进行评估，衡量预测的准确性和措施的有效性，找出其中存在的问题以及有益的经验，为以后的规划提供参考和帮助。

## 第三节　人力资源需求与供给预测

在人力资源规划中，人力资源需求预测是关键的要素之一，它是制定各种战略、计划、方案的基础，在人力资源规划中占据核心地位。

### 一、人力资源需求预测

#### （一）人力资源需求预测的含义

人力资源需求预测就是指以组织的战略目标和人力资源战略为出发点，综合考虑各种因素的影响，对企业在未来某一特定时期内所需要的人力资源的数量、质量以及结构进行估计。这里所指的需求是在不考虑企业现有人力资源状况和变动情况下的需求，即完全需求。

#### （二）人力资源需求分析

企业人力资源需求的影响因素大体可分为企业外部环境因素、企业内部环境因素和人力资源自身因素。

**1. 企业外部环境因素**

（1）经济环境。在经济全球化的今天，企业越来越多地参与到世界范围的竞争中，各国经济状况都可能对一国企业的人力资源需求和配置产生直接或间接的影响。例如，区域性的经济危机、经济周期的变化等。虽然经济因素对人力资源需求的影响较大，但由于其可测性较差，只能据此做一些宏观层面的分析。

（2）社会、政治和法律环境。主要包括社会习惯、法律法规和国家政策等方面因素。社会政治环境因素，如政局动荡会影响人力资源需求，进而影响企业的人力资源规划。法律法规因素，如包括劳动法在内的诸多社会保障法规的变更会引起人员流动及供求的变化，进而也会影响人力资源规划。

（3）劳动力市场。员工的能力高低在很大程度上决定着企业能否顺利实现自己的目标，因此劳动力市场是人力资源管理必须考虑的一个重要的外部环境因素。劳动力市场的随时变化，会引起企业劳动力供给的变化。在此变化中，企业内部的变化也会影响管理者处理其劳动力问题的方式。

(4) 技术革新与进步。市场竞争推动着技术进步、创新和升级换代，通常也伴随着对低技能工人需求量的减少，对高技能工人需求量的增加。信息技术和生物技术革命既会直接影响企业的人力资源需求，又会通过人们对企业产品或服务需求的改变而对企业人力资源需求产生间接影响。

(5) 市场竞争者。一方面，竞争者之间可能相互争夺人才从而直接影响企业的人力资源配置和需求；另一方面，竞争对手的易变性可能会导致社会对企业产品或劳动力需求的变化，而这种对产品或劳动力的需求变化必然引起企业对人力资源需求的变化。

**2. 企业内部环境因素**

(1) 企业战略。企业的战略目标规划为企业规定了发展方向和目标，决定了企业的发展需要什么人来完成。由于战略的实施一般需要较长的时间，因此在制定企业战略时，既要考虑现有的人员状况，又要为未来的发展储备人才。是进行内部培训还是进行外部招聘，这些都需要提前规划与准备。战略一旦制定，就会对企业未来的人力资源需求和配置产生决定性影响。因此，企业战略规划决定着企业人力资源规划，并会对人力资源需求预测提出相应要求。

(2) 企业的经营状况。高效率的组织为了满足企业快速发展的需要，可能需要的人员数量较少但是质量要求较高。组织经营效率低下，则需要分析现有人员的配备是否合理，甚至涉及减员问题。与企业的经营状况有关并能对其人力资源需求产生影响的指标具体有：组织的工作任务(如销售量和销售额)、完成工作量的决定因素、企业的财务预算等。例如，企业想要生产量或销售量增加一倍，那么完成工作所需要的人数必然也相应增加，但不能简单地增加同样的倍数，而是要考虑企业的生产率和管理效率等因素。

(3) 企业的管理水平和组织结构。企业的管理水平是指组织和管理生产经营活动的技术和方法所达到的先进程度，管理水平取决于管理人员的素质。若管理水平较高，企业则可以充分利用现有人员，但与此同时其对高水平管理人员的需求也就相对较大。组织结构对人力资源需求也会产生影响。随着现代组织结构越来越趋向于扁平化，其内部员工升迁的机会也相应减少，同一级别的管理人员供给就会相对过剩。此外，组织结构对人力资源需求的影响，还体现在要求员工有更高的素质、能学习适应新角色等方面。

**3. 人力资源自身因素**

人员需求的变化也可能是由于人力资源自身的因素造成的。人力资源需求预测不仅仅是面向未来的人才预测，更是为了合理利用和开发现有的人力资源。通过分析企业现有人员能否满足企业增加产量、提高效率的需要以及能否适应市场竞争的需要等，从而对企业人力资源需求进行预判。此外，还要考虑组织中人员因为辞职或终止合同而发生的流动比例或流动频率等因素。

### (三) 人力资源需求预测方法

企业人力资源需求的预测方法可被分为定性预测方法和定量预测方法两大类。定性预测方法主要包括主观判断法和德尔菲(Delphi)法，定量预测方法主要包括趋势分析法、比率预测法和回归预测法。下面对各类方法分别予以介绍。

**1. 主观判断法**

主观判断法是最为简便的一种方法，由管理者凭借既往的工作经验和直觉，对未来所需要的人力资源进行预估。在实际操作中,一般先由各个部门的负责人根据本部门未来一定时期内工作量的情况,预测本部门的人力资源需求,然后再汇总给企业最高领导层进行调整和决策,以确定组织最终的人力资源需求。该方法适用于规模较小或者经营环境稳定、人员流动不大的企业。使用主观判断法的前提是管理者必须拥有丰富的经验,这样才能提高预测结果的准确性。

**2. 德尔菲法**

德尔菲法也被称为专家预测法,是指邀请专门领域的专家或有经验的管理者,针对某一问题进行预测,并最终达成一致意见的结构化方法。这里提到的专家主要指对所研究的问题有深入了解的、有发言权的人员,他们既可以来自组织内部,也可以来自组织外部。

德尔菲法具有以下几个特征:① 吸取并综合了众多专家的意见,有效避免了个人预测时存在的片面性。② 采用匿名形式进行,更加方便专家们做出独立判断,避免了从众行为的发生。③ 采取多轮预测的方式促使专家们的意见趋于统一,具有较高的准确性。

在实施德尔菲法时,第一步是整理相关的背景资料并设计调查问卷;第二步是将背景资料和调查问卷发给专家填写,由专家进行判断和预测并阐述理由;第三步是回收调查问卷,汇总各位专家的预测结果与意见,并将这些结果和意见反馈给各位专家,继续进行第二轮预测。此后重复第二步和第三步操作,以形成多轮预测。当专家们的意见趋于一致时,方可结束调查,最终的预测结果将以文字或图表的形式呈现。

**3. 回归预测法**

回归预测法是一种运用数学中回归原理对人力资源需求进行预测的方法。基本思路是找出与人力资源需求关系密切的因素,并依据过去的相关资料确定它们之间的数量关系,从而建立回归方程。然后再根据这些因素的变化以及确定的回归方程来预测未来的人力资源需求。使用回归预测法的关键是要找出与人力资源需求高度相关的变量,这样建立的回归方程才能具有较强的预测效果。在该方法中,通常将人力资源需求量作为因变量(用 $Y$ 表示),将影响因素作为自变量(用 $X$ 表示)。

例如,某家医院使用回归预测法预测明年所需的护士数量。首先需要找出影响护士需求量的关键因素。经过对相关数据进行统计分析后发现病床数与护士的需求量之间的相关性较强。接着继续分析它们之间到底存在何种关系。医院人力资源部经理收集了本医院和其他医院病床数、护士数的数据,如表 2-3 所示。

**表 2-3　病床数以及护士数的数据**

(单位:人)

| 病床数 | 200 | 300 | 400 | 500 | 600 | 700 | 800 |
|---|---|---|---|---|---|---|---|
| 护士数 | 180 | 270 | 345 | 460 | 550 | 620 | 710 |

将病床数设为自变量 $X$,护士数设为因变量 $Y$,两者之间的线性关系可以表示为

$$Y = a + bX$$

其中:

$$a = \frac{\sum Y}{n} - b\frac{\sum X}{n}$$

$$b = \frac{n\sum XY - \sum X\sum Y}{n\sum X^2 - \left(\sum X\right)^2}$$

代入数据计算，得出

$$a = 2.321, \quad b = 0.891$$

则回归方程为

$$Y = 2.321 + 0.891X$$

如果医院准备明年将病床数增加到 1000 个，则需要的护士人数为

$$Y = 2.321 + 0.891 \times 1000 = 893.321 \approx 894(\text{人})$$

事实上，在多数情况下，人力资源的需求数量并不是由单一因素所决定的，而是由多个主要因素共同决定，这时则需要用到多元线性回归法来进行预测。这里就不再展开详细介绍。

**4. 趋势分析法**

趋势分析法是指根据企业过去几年的人员数量，通过分析未来的变化趋势，从而预测企业在未来某一时间段内的人力资源需求量。该方法以时间或产量为自变量来预测人力资源数量的变化，属于回归预测的一种。

例如，某公司过去 10 年的人力资源数量，如表 2-4 所示。假设今后公司仍保持这种发展趋势，试预测今后第三年、第五年所需的人数。

**表 2-4 某公司过去 10 年的人力资源数量**

（单位：人）

| 年度 | 1 | 2 | 3 | 4 | 5 | 6 | 7 | 8 | 9 | 10 |
|---|---|---|---|---|---|---|---|---|---|---|
| 人数 | 500 | 480 | 490 | 510 | 520 | 540 | 560 | 550 | 580 | 620 |

首先我们要根据过去几年人员的数量来分析它的变化趋势，如果假设是一种线性变化，人数是变量 $Y$，年度是变量 $X$，那么根据下面的公式可以分别计算出 $a$ 和 $b$。

根据公式：

$$Y = a + bX$$

其中：

$$a = \frac{\sum Y}{n} - b\frac{\sum X}{n}$$

$$b = \frac{n\sum XY - \sum X \sum Y}{n\sum X^2 - (\sum X)^2}$$

代入数据计算，得出

$$a = 465.98, \quad b = 12.55$$

则回归方程为

$$Y = 465.98 + 12.55X$$

则未来第三年所需的人员数为

$$Y = 465.98 + 12.55 \times (10 + 3) = 629.13 \approx 630(\text{人})$$

同理，未来第五年所需人员数为 655 人。

**5. 比率预测法**

比例预测法是假设企业的人力资源需求量和某一因素呈比例关系。以产量为例，假设产量和人力资源需求量之间的关系为

$$\frac{y_t}{m_t}=\frac{y_0}{m_0}$$

式中，$y_t$ 为未来 $t$ 时刻的产出水平；$m_t$ 为要预测的未来 $t$ 时刻的人员需求量，$y_0$ 为目前的产出水平；$m_0$ 为目前的人员实际需求量。

根据以上假设，可以得出未来 $t$ 时刻的人员需求量 $m_t$ 为

$$m_t=\frac{y_t}{y_0}\times m_0=\frac{m_0}{y_0}\times y_t$$

例如，2024 年某公司 30 名销售人员所完成的销售额是 900 万元。假定企业 2025 年的计划是将销售额提高 180 万元，达到 1080 万元，那么需要增加多少销售人员？

解法如下：

$$m_t=\frac{y_t}{y_0}\times m_0=\frac{1080}{900}\times 30=36(\text{人})$$

$$36-30=6(\text{人})$$

即 2025 年要增加 6 名销售人员。

按上述方法求解的前提是假定人力资源需求量和某一因素的比例是固定的，而实际情况是这一关系常常随劳动生产率等因素的变化而变化。如果将这一变化考虑进去，则上述人员需求量的模型可修正为下式：

$$m_t=\frac{m_0}{y_0}\times y_t+\left(\frac{m_0}{y_0}-\frac{m_{-1}}{y_{-1}}\right)\times y_t$$

式中，$y_{-1}$为前一期的产出水平；$m_{-1}$为前一期的人员需求量。

例如，2025 年 $t=0$，2024 年 $t=-1$，现在预测 2026 年($m_{2026}$)的人员需求量。已知：$m_0=1000$ 人，$m_{-1}=900$ 人；$y_0=100000$ 吨，$y_{-1}=80000$ 吨，$y_{2026}=110000$ 吨。求 2026 年的人员需求量，即 $m_{2026}$的值。

根据预测模型公式：

$$\begin{aligned}m_{2026}&=\frac{m_0}{y_0}\times y_{2026}+\left(\frac{m_0}{y_0}-\frac{m_{-1}}{y_{-1}}\right)\times y_{2026}\\&=\frac{1000}{100000}\times 110000+\left(\frac{1000}{100000}-\frac{900}{80000}\right)\times 110000\\&=962.5(\text{人})\end{aligned}$$

$$1000-962.5=37.5\approx 38(\text{人})$$

从预测结果可以看出，由于企业生产率发生变化，2026 年所需的员工人数比 2025 年少 37.5 人，即 38 人。

## 二、人力资源供给预测

### （一）人力资源供给预测的概念

人力资源的供给预测是指对在未来某一特定时期内能够供给企业的人力资源的数量、质量以及结构进行估计。通常来说，人力资源的供给包含内部供给和外部供给两种来源，内部供给是指从组织内部的劳动力市场提供人力资源；外部供给则是指从企业外部的劳动力市场提供人力资源。相比人力资源内部供给，企业对人力资源外部供给的可控程度较低。

因此，企业对人力资源供给的预测更侧重于对内部供给的预测。

### （二）组织内部人力资源供给预测

**1．内部供给分析**

（1）现有人力资源的分析。人力资源不同于其他资源，即使外部条件都保持不变，人力资源自身的自然变化也会影响到未来的供给，例如退休、生育等。因此，在预测未来人力资源的供给时，需要对现有的人力资源状况进行分析。主要包括收集和掌握企业现有员工的岗位分布、知识水平、技能水平、工种、年龄构成、性别、身体状况等信息。

（2）人员流动的分析。在进行人员流动分析时，假定人员的质量不发生变化，人员的流动主要包括两种：一种是人员由企业流出。人员由企业流出会造成企业内部人力资源供给数量的减少，主要的流出原因包括主动辞职、被动辞退、自然流失（死亡或伤残）等；另一种是人员在企业内部的流动，即晋升、降职、平调等。针对这种流动的分析应具体到部门、职位层次或职位类别来进行。这种流动虽然并未对企业整体的人力资源供给产生影响，但对组织内部的供给结构却有一定影响。分析企业内部的人员流动时，不仅要分析实际发生的流动，还要分析潜在的流动，即分析现有人员在组织内部调换职位的可能性，这也可以帮助预测潜在的内部供给。同分析实际人员流动一样，分析潜在的人员流动时也要针对具体的部门、职位层次或职位类别来进行。分析潜在流动性的主要依据有绩效考核的评价结果、员工工作业绩和工作能力等。

（3）人员质量的分析。人员质量的变化会影响内部的供给，质量的变动主要表现为生产效率的变化。在其他条件不变时，生产效率提高，内部的人力资源供给相应就增加；反之内部的供给就减少。影响人员质量的因素有很多，包括工资的增加、技能的培训等。对人员质量的分析不仅要分析显性的，还要分析隐性的。例如，虽然员工的实际生产效率在加班加点时没有发生改变，但由于工作时间的延长，相应地每个人完成的工作量就增多了，这同样也增加了内部的供给，类似情况还有工作分享、缩短工作时间，等等。

同人力资源的需求分析一样，上述每一项人力资源的供给分析同样也是在假定其他因素不变的前提下进行的。如果是多个因素共同作用，产生的结果则可能会有所不同。

**2．人力资源内部供给预测方法**

（1）技能清单法。技能清单是一种用表格形式反映员工工作能力特征的方法，这些特征包括员工的培训背景、工作经历、持有的资格证书以及工作能力评价等内容。技能清单是对员工竞争力的一个反映，可以用来帮助预测潜在的人力资源供给。技能清单主要服务于晋升人选的确定、职位调动的决策、对特殊项目的工作分配、培训以及职业生涯规划等。表 2-5 展示了技能清单的一种形式。

（2）人员替换法。人员替换法是利用人员替换图来预测组织内的人力资源供给。人员替换图的作用是记录每位内部员工的当前工作绩效、可提升程度的高低或调动的可能性以及所需要的训练。人员替换图的内容主要包括部门、职位、绩效和发展潜力等，如图 2-2 所示。

通过考察人员替换图，企业可以了解组织内部哪些人可能成为某一职位的候选人，这样方便对每一位候选人展开进一步的跟踪与观察。人员替换法是假定每个工作职位均处于空缺状态，而该职位下的每位员工均为该职位的潜在供给者。举例来看，假设某公司中某部门的组织结构如图 2-2 所示，该部门有 X、Y、Z、M、N 五个职位，分别由甲、乙、丙、丁、戊这五个人任职。每个职位后面的方框中都记录了目前从事该职位的员工能够调动的岗位以及适应新岗位所需花费的时间；而下面的方框中则记录了该员工可以晋升的职位以及晋升所需的时间。对甲而言，他还可以选择从事A职位的工作，完全适应该职位需要0.3年；此外，他还有机会晋升至B职位，晋升至该职位需要1年时间。对丁而言，他可以从事E职位的工作，并且能够立即适应新职位；此外他还可以晋升至Y职位，但需要2年的时间。由图例还可以看出，戊既不能调动，又不能晋升。

**表 2-5　技能清单示例**

<table>
<tr><td colspan="2">姓名：</td><td colspan="2">职位：</td><td colspan="2">部门：</td></tr>
<tr><td colspan="2">出生年月：</td><td colspan="2">婚姻状况：</td><td colspan="2">到职日期：</td></tr>
<tr><td rowspan="4">教育背景</td><td>类别</td><td>学校</td><td>毕业日期</td><td colspan="2">主修科目</td></tr>
<tr><td>大学</td><td></td><td></td><td colspan="2"></td></tr>
<tr><td>硕士</td><td></td><td></td><td colspan="2"></td></tr>
<tr><td>博士</td><td></td><td></td><td colspan="2"></td></tr>
<tr><td rowspan="2">技能</td><td colspan="2">技能种类</td><td colspan="3">所获证书</td></tr>
<tr><td colspan="2"></td><td colspan="3"></td></tr>
<tr><td rowspan="3">训练背景</td><td colspan="2">训练主题</td><td>训练机构</td><td colspan="2">训练时间</td></tr>
<tr><td colspan="2"></td><td></td><td colspan="2"></td></tr>
<tr><td colspan="2"></td><td></td><td colspan="2"></td></tr>
<tr><td rowspan="4">志向</td><td colspan="3">你是否愿意担任其他类型的工作？</td><td>是</td><td>否</td></tr>
<tr><td colspan="3">你是否愿意到其他部门去工作？</td><td>是</td><td>否</td></tr>
<tr><td colspan="3">你是否接受工作轮换以丰富工作经验？</td><td>是</td><td>否</td></tr>
<tr><td colspan="3">如有可能，你愿意承担哪种工作？</td><td colspan="2"></td></tr>
<tr><td rowspan="2">你认为自己需要接受何种训练</td><td colspan="5">改善目前的技能和绩效：</td></tr>
<tr><td colspan="5">晋升所需要的经验和能力：</td></tr>
<tr><td colspan="3">你认为自己现在可以接受哪种工作指派？</td><td colspan="3"></td></tr>
</table>

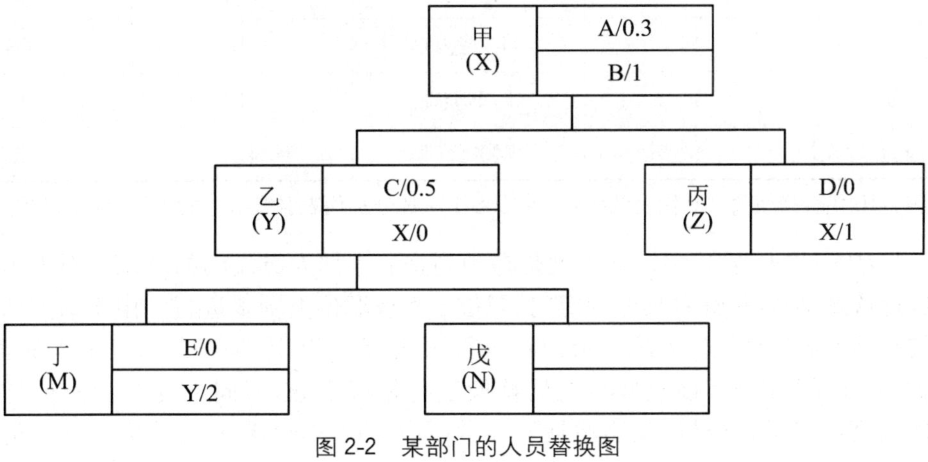


图 2-2　某部门的人员替换图

人员替换法的工作原理是当员工的绩效过低，就将其降职或辞退；而当员工的绩效高，就将其提拔。因降职或晋升所造成的职位空缺，由下一级职位的工作人员来填补。以此类推，直到最基层职位出现空缺，则从外部招聘来填补。

(3) 人员继承法。人员继承法在本质上与人员替换法并无很大差别，只是更加灵活。人员替换法在操作时是直接从本部门中的下层职员中挑选，而人员继承法则不一定非要在本部门中进行人员的挑选。采用人员继承法时，职位候选人的范围将扩大至整个组织。同时，甄选的标准也不再局限于工作绩效，将会更多地考虑候选者是否具备胜任该职位的能力与素养。表 2-6 将人员替换法与人员继承法进行了对比。表 2-7 是人员继承表的一个实例。

**表 2-6 人员替换法与人员继承法的比较**

| 比较因素 | 人 员 替 换 法 | 人 员 继 承 法 |
|---|---|---|
| 时间 | 0～12 月 | 12～36 月 |
| 拟晋升者 | 绩效最佳的候选人 | 最有潜力的候选人 |
| 计划的重点 | 发现本单位或本部门(直系)继承人 | 发现能胜任各种职位的人才 |
| 行动计划 | 非正式的报告 | 每个人均有各自的计划与目标 |
| 灵活性 | 受限制于人力资源规划，实际操作时灵活性较大 | 人力资源规划本身就比较灵活，更多考虑员工多方面的发展 |
| 所必需的经验 | 每个管理者必须具备本职工作经验和人事管理经验 | 管理者们共同讨论后做出决策，个人不必具备各方面的经验 |
| 候选人的评估 | 观察候选人在现职工作一段时期的绩效 | 评估候选人各方面的工作能力 |

**表 2-7 人员继承表**

| 职位名称：总经理 | | | | |
|---|---|---|---|---|
| 姓 名 | 晋升顺序 | 现职 | 绩效 | 晋升潜力 |
| 王 丽 | 1 | 销售经理 | HP | PN |
| 李 渝 | 2 | 生产经理 | HP | PS |
| 胡明琦 | 3 | 人事经理 | HP | PL |
| 朱国为 | 4 | 财务经理 | LP | R |

注：表中 HP 代表高绩效；LP 代表低绩效；PN、PS、PL、R 分别代表晋升潜力的等级，从高到低。

(4) 人力资源“水池”模型。该模型是在预测企业内部人员流动的基础上对人力资源内部供给进行预测，通常是针对具体的部门、职位层次或职位类别来进行。由于该方法是在现有人员的基础上通过计算流入量和流出量进行预测，类似于计算一个水池未来的蓄水量，因此被称为“水池”模型。该模型与人员替换法有相似之处，不同之处在于人员替换法是从员工的角度出发进行分析，预测的是一种潜在供给；“水池”模型则是从职位的角度出发进行分析，预测的是未来某一时间段内的现实供给。下面通过举例来讲解“水池”模型的应用。

如图 2-3 所示，首先分析每一层级职位的人员流动情况，可以依托下列公式来进行预测：

未来的供给量＝现有的人员数量＋流入人员的数量－流出人员的数量

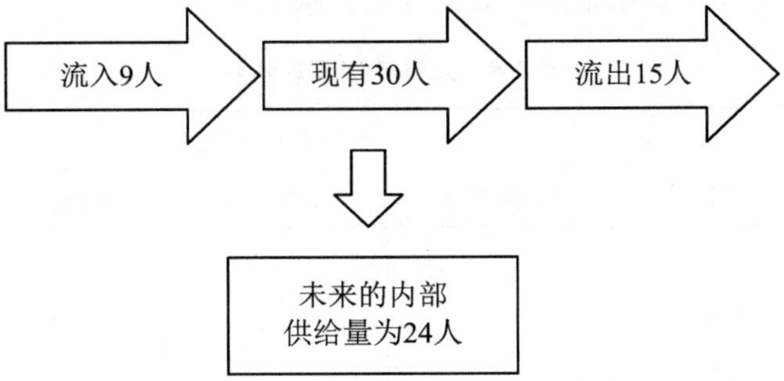


图 2-3　某一层级职位的内部人力资源供给图

对每一层级的职位而言，人员流入的原因有平行调入、上级职位降职和下级职位晋升，流出的原因有向上级职位晋升、向下级职位降职、平行调出和离职。对所有层次的职位分析完之后，将它们合并在一张图中，就可以得出企业未来各个层级职位的内部供给量以及总供给量，如图 2-4 所示。

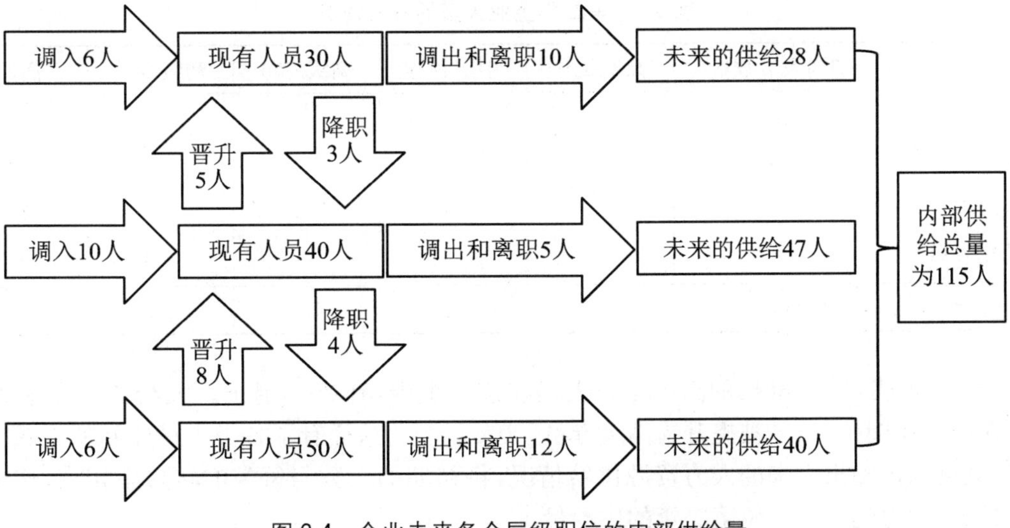


图 2-4　企业未来各个层级职位的内部供给量

(5) 马尔可夫模型。马尔可夫模型是用来预测等时间间隔点上(一般为 1 年)各类人员分布状况的一种动态预测技术。作为从统计学中借鉴过来的一种定量预测方法，其基本思想是通过找出过去人力资源流动的比例，从而预测未来人力资源供给的情况。

马尔可夫模型是假设组织过去和未来的员工流动情况及流动比率(概率)会大致相同，即马尔可夫模型只适用于未来人力资源变动情况与过去的人员变动情况相似情境，否则预测结果将出现较大误差。马尔可夫模型主要考察员工的流动规律，包括员工流动模式和员工流动比率。员工流动模式主要指员工从某一状态转移到另一状态所遵循的程序。员工流动比率是指一段时间内员工转移的人数占该时间段起始时刻总人数的百分比，预测得出的未来流动比率是一个概率值。下面以某会计师事务所的人事变动来举例说明该模型的应用。

第一步，做出人员矩阵表（如表 2-8 所示）。表中的数值表示员工在两个工作之间调动的平均概率（以小数表示），即人员转移率。一般以 5～10 年为周期来估计年平均百分比。周期越长，根据过去人员变动所推测的人员变动就越准确。

**表 2-8　人员转移率矩阵表**

| | 人员调动的概率 | | | | |
|---|---|---|---|---|---|
| | 高层领导 | 中层领导 | 高级专员 | 初级专员 | 离职 |
| 高层领导 | 0.80 | | | | 0.20 |
| 中层领导 | 0.10 | 0.70 | | | 0.20 |
| 高级专员 | | 0.05 | 0.80 | 0.05 | 0.10 |
| 初级专员 | | | 0.15 | 0.65 | 0.20 |

第二步，确定初期各个岗位的人员数量。根据资料已知人员分布情况。

第三步，根据初期岗位人员数和各个岗位的变动概率，确定各个岗位的人员变动数量，做出人员供给预测表（如表 2-9 所示）。

**表 2-9　第二年企业人员的分布情况**

| | 初期人员数量 | 高层领导 | 中层领导 | 高级专员 | 初级专员 | 离职 |
|---|---|---|---|---|---|---|
| 高层领导 | 40 | 32 | | | | 8 |
| 中层领导 | 80 | 8 | 56 | | | 16 |
| 高级专员 | 120 | | 6 | 96 | 6 | 12 |
| 初级专员 | 160 | | | 24 | 104 | 32 |
| 预计的人员供给量 | | 40 | 62 | 120 | 110 | 68 |

表 2-8 表明，平均 80％的高层领导人仍在该组织内，有 20％退出。大约 65％的初级专员留在原工作岗位，15％被提升为高级专员，20％离职。这样有了各类人员原始的人数和转移率，就可以预测出未来的人力资源供给情况，将初期的人数与每类的转移率相乘，然后再纵向相加，就得到每类职位第二年的供给量。

表 2-9 表明，如果规划期与过去的人员变动情况相同，假设规划期内人员的规模不变，根据现有人员数量和人员变动率就可以确定未来在企业内部可以供给的人员为：高层领导（40 人），高级专员（120 人），保证供给数量不变，也就是这两类人员可以满足供给，但中层领导（62 人）缺少 18 人，初级专员（110 人）缺少 50 人。我们通过表 2-8 就可以预测每一相同岗位的人员供给数量和供给满足程度。

值得注意的是，马尔可夫模型只是考察了内部人员的流动状况，并未回答“什么人可以成为职位候选人”这个问题。因此，使用该模型时还需注意与主观分析、观察相结合，相互补充才能更加完善地解决问题。此外，马尔可夫模型是建立在历史数据之上的，其结论的正确性和可行性还有待进一步探讨和研究,使用时应特别注意排除其他因素的干扰。

### (三) 组织外部人力资源供给预测

#### 1. 外部供给分析

长期来看,任何企业都需要面对招录新员工的问题。这一需求无论是由于内部减员的原因,还是企业生产规模的扩大、多元化经营以及国际化经营等因素,企业都必须从外部劳动力市场获取必要的人才,以补充和扩充内部队伍。

外部人力资源供给的来源主要包括失业人员、各类学校毕业生、转业退伍军人、进城务工人员等。由于在多数情况下,外部供给并不能由企业直接掌握和控制。因此,针对外部供给的分析主要是对影响供给的因素进行判断,以便对外部供给的有效性和变化趋势做出预测。具体来说,影响人力资源外部供给的因素主要包括以下几点:

(1) 人口因素。人口结构会影响人力资源外部供给,人口结构的变化会改变劳动力的年龄结构,这将导致雇主重新评估其招聘方针,评估的结果将会直接影响后续对招聘对象的选择。此外,人口结构的改变也体现在性别方面,外部劳动力市场中男女比例的改变同样会要求组织需根据相应的变化,调整适宜的招聘、薪酬和培训战略。

(2) 地理因素。人力资源外部供给还受到地理因素的影响。外部劳动力市场范围的划定在空间上并没有一个明确的地理界线,必要之时雇主也会选择从较远的地区或较广的范围内招聘合适的人员。然而,从应聘者的角度来看,其选择进入跨区域的劳动力市场时将面临更多的限制和挑战。

(3) 员工因素。员工因素是人力资源外部供给中不可忽略的一项因素。相较于拥有丰富工作经历和经验的"职场老人",高校应届毕业生或者是组织任期较短的"职场新人"则更容易为选择工作而迁移。此外,员工所具备的文化素养、技术能力和个人资质等也将影响外部劳动力的供给。

(4) 企业自身吸引力因素。企业自身的吸引力会影响外部的供给。当企业对人们的吸引力比较强,人们都会愿意到这里来工作,供给量也就会比较多;相反,如果企业不具有吸引力,人们都不愿意到这里来工作,那么供给量就会减少。当企业不属于人们择业时的首选行业,外部供给量自然就较少,反之就较多。在分析企业的吸引力时,不仅要看绝对的水平,还要看相对的水平,也就是与竞争对手相比的吸引力如何,这对于吸引专业性较强的人力资源来说更有意义。

#### 2. 人力资源外部供给预测方法

(1) 市场调查预测法。该方法是通过企业人力资源管理者组织或亲自参与市场调查的方式,在掌握第一手劳动力市场信息资料的基础上,对劳动力市场发展规律进行分析、总结并推算和预判其未来发展趋势的一种外部供给预测方法。市场调查预测法注重调查过程中采集的客观的真实数据,可以在一定程度上降低主观程度和片面程度。在市场调查过程中可使用的调查方法主要包括:文献查阅法、询问法、直接观察法、会议调查法和实验法。

市场调查的程序主要包括五个阶段,分别涉及:① 明确调查的目的和任务,此阶段是市场调查程序中的第一步。② 现状分析,此阶段主要进行初步的市场动态分析。③ 预调查,调查人员需要在预调查阶段积累开展正式调查所必须具备的知识和经验。④ 正式调查,正式调查是市场调查全过程的核心阶段。⑤数据整理和分析,前一阶段调查过程中获取的真实数据只有经过这一阶段的处理才能转变为有效的数据。

(2) 相关因素预测法。相关因素预测法是指通过分析挖掘影响劳动力市场供给的主要因素,从而探究这些主要因素对劳动力市场的影响程度。通常情况下,影响外部劳动力市场供给的主要因素包括组织因素和劳动生产率等。相关因素预测法属于经验预测方法的范畴,为了提高其预测的精准度和可参考性,有时会在前期的基础上继续从事定量预测,如线性回归预测等。

# 第四节　人力资源需求与供给平衡

人力资源规划的最终目的是要实现企业人力资源供给和需求的平衡,因此在预测出人力资源的供给和需求之后,需要对两者进行比较,并根据对比结果做出相应调整。

## 一、人力资源供需平衡的含义

人力资源供需平衡是指企业通过采取增减人员或调整人员结构等措施,使企业人力资源由供需不平衡转变为供需平衡的状态。人力资源供需平衡是企业人力资源规划的目的,前面章节所论述的人力资源需求预测和供给预测实际上就是围绕人力资源供需平衡展开的。企业实现人力资源供需平衡的过程同样也是组织提高人力资源利用率,降低人力资源成本,实现企业发展目标的过程。

## 二、人力资源供需平衡的分析

人力资源需求与人力资源供给可能相等,也有可能不相等。如果人力资源的需求和供给相等,则被称为人力资源供需平衡;如果供需不相等,则称为人力资源供需失衡。一般而言,在企业的发展过程中,人力资源的需求与供给不可能始终处于平衡状态。实际上,处于人力资源供需失衡状态几乎是绝大部分企业面临的常态。企业人力资源需求预测和供给预测的结果经过分析和对比之后,存在以下四种关系:

(1) 供给和需求在数量、质量以及结构方面都基本相等。表现为企业未来的人力资源需求和供给将基本维持平衡。这对企业而言是一种相对理想的结果,在现实中发生的概率极低。

(2) 供给和需求在总量上平衡,但在结构上不匹配。表现为企业未来的人力资源需求和供给在总量上达到了平衡,但在结构和层次上存在着不平衡。这是一种较为普遍的现象,也被称为结构性供需失衡。

(3) 供给大于需求。表现为企业未来的人力资源出现过剩情况,绝对的人力资源过剩情况主要发生在企业经营萎缩时期。

(4) 供给小于需求。表现为企业未来的人力资源出现供给不足,主要发生在企业经营规模扩大和新领域的开拓时期,这一时期对人员的需求量较为旺盛。

## 三、人力资源供需失衡的调整

### （一）人力资源供需结构性失衡的调整措施

当预测企业的人力资源会出现结构性失衡时，企业通常采用下列措施以保证人力资源供需平衡：

**1. 进行内部员工的重新配置**

主要包括晋升、调动、降职等，以弥补空缺的职位并满足相应的人力资源需求。

**2. 对员工展开有针对性的培训**

有效培训可以帮助员工及早胜任空缺职位的工作。

**3. 进行人员的置换**

即释放部分企业不需要的人员，补充企业需要的人员，以调整人员的结构。

### （二）人力资源供过于求的调整措施

在人员过剩的情况下，解决供过于求的调整措施如下：

**1. 扩大企业经营规模**

即开拓新的增长点，以刺激对人力资源的需求。

**2. 永久性的裁员**

这种方法虽然比较直接，但通常也会给社会带来某些不安定因素，因此常常会受限于政府出台的相关政策文件。此外，裁员作为一种短期行为，虽然可以降低劳动力成本，但同时也会降低员工士气，造成一些负面影响。

**3. 鼓励员工提前退休**

对接近退休年龄的员工以优惠的政策，让他们提前离开单位。通过退休激励计划，一方面可以减少老年员工较高的人工成本；另一方面也可以为年轻员工的发展提供机会。因此，提前退休计划是调节人力资源供大于求的有效措施。值得一提的是，由于老年员工具有丰富的工作经验，企业也不能忽视了该项计划可能会造成的损失。

**4. 缩短工作时间**

即通过使员工工作不充分并相应降低工资来降低人工成本。例如，用多名员工来分担过去一人就可以完成的工作，并相应地减少工资。该方法主张企业和员工共同分担困难，间接减少了供给，同时也避免了将员工直接推向社会。

### （三）人力资源供不应求的调整措施

当企业预测将要面临供不应求的局面，可采取的调整措施如下：

**1. 进行内部招聘**

内部招聘是企业在面临人力资源供不应求时优先考虑的方法，主要指在企业出现岗位空缺时，通过平调、升职和降职等手段优先聘用组织内部人员来填补空缺职位的一种方法。该方法不仅可以帮助企业节约招聘成本，还可以丰富员工的工作内容，从而提高工作积极性。

### 2. 进行外部招聘

作为一种常用方法，这里提到的外部招聘包括了对退休人员的返聘。外部招聘法操作起来较为直接且灵活，既可以雇用全职人员也可以雇用兼职人员，具体视企业自身情况而定。

### 3. 提高工作效率

这是一种较为有效地增加供给的方法。提高工作效率的方法有很多，包括改进生产技术、增加工资、进行技能培训以及调整工作方式等。

### 4. 延长工作时间

即让员工加班加点。这种方法适用于人员短缺不严重且员工自愿的情况，适度加班加点将有效缓解人员短缺的压力，而过度加班加点则会造成员工的反对。

### 5. 业务外包

这种方法主要是将企业的非核心岗位或业务分离出去，相当于变相减少了企业对人力资源的需求。

## 讨论案例

### XHA 保险公司的人力资源规划

在我国众多保险公司中，XHA 保险公司于 1996 年成立。经过二十余年的发展，XHA 保险公司已经成为我国保险行业的翘楚，该公司的人力资源规划体系也逐渐完善。但不可忽视的是，XHA 保险公司与业界其他公司一样普遍面临着人才大量流失，销售类人员招聘困难，一线销售员工缺岗严重的问题。

为了保证正常运营，XHA 保险公司在人力资源战略未发生重大转移的前提下，人力资源规划部门只能采取头痛医头、脚痛医脚的笨办法，无形中造成整个人力资源系统的失衡，使人力资源规划陷入恶性循环，严重影响公司的可持续发展。由于受到经营指标的限制，公司的各种政策一直无法实施，人力资源规划管理的问题不断暴露出来。如何最大限度地提升人力资源规划的效能并有效地降低人力成本投入成为保险行业的一大课题，这也是 XHA 保险公司面临的要点问题。

为此，XHA 保险公司特意委托国内某知名高校人力资源研究中心的课题组为其制定全新的人力资源规划方案。课题组经过数月对 XHA 保险公司人力资源供给预测及平衡的分析，最终从人才招聘、人才培养以及信息化建设等多个方面对 XHA 保险公司下一个五年的人力资源需求进行了全新规划。以下是新规划包含的部分内容：

一、员工配置计划

人员配置计划阐述了企业每个职位的人员数量，人员的职位变动，职位人员空缺数量等。制定人员配置计划的目的是描述企业未来的人员数量和素质构成。按照 XHA 保险公司的战略发展目标，在公司人力资源配置现状的基础上制定了相应的人员配置计划。结合 XHA 保险公司的人员供给预测，实行岗位轮换制度。中、基层管理人员是按照 10%～15% 的比重进行轮换；普通员工是按照 3%～5%的比重轮换。这项工作是由人力资源部和其他部门的负责人拟定轮岗人员的名单，再由每个部门或分支机构的专人进行工作的指导和考核。对于轮换工作的人员，每半年要进行一次考核，考核的内容包括工作能力、工作态度、发展潜力等，考核的结果报给人力资源部进行相关备案工作。

二、员工补充计划

1. 重视员工培养,提供充足的高质量人才

(1) 制定"鸿鹄"人才培养计划。"鸿鹄"人才培养计划的目标是通过培训,统一公司发展思想,传授业务增长的理论知识和操作方法,通过长期监测受训者业务实操效果,选拔基层管理层后备人才。

(2) 制定基层管理层的周学习计划。基层管理层人才培养计划的目标是通过每周典范分享,交流学习,提升管理技能,为选拔中层管理层的后备人员打造人才库。

2. 拓展外部渠道,保障外部人员供给

在开展招聘工作的时候,可以在以下四类目标人才领域内投入较多的时间和精力:

(1) 网络招聘。开辟多个网络招聘平台,同时增加企业招聘信息曝光度。

(2) 社会招聘。重点关注的是有丰富从业经验,且认同 XHA 保险公司企业文化的优秀人才。

(3) 校园招聘。也就是面向大学招聘优质应届毕业生,为人才储备和开发提供人员保障。

(4) 同业引进,重点引进高学历、诚信度高、从业经验丰富的销售管理人员。

三、员工晋升计划

优化升级各类别人员发展通道,为员工打造更宽广的发展途径和空间,从而起到正向激励和留住人才的作用。

1. 管理层人员晋升通道

经理助理→副经理→经理→总经理助理→副总经理→总经理。

2. 销售人员晋升通道

路径 A. 往专家方向发展。销售(1～3 级)→专家(1～2 级)→资深专家(1～2 级);

路径 B. 往管理方向发展。储备干部→经理助理→副经理→经理→总助→副总→总经理。

3. 职能人员晋升通道

评优评星、通报表扬、发放奖金。

4. 服务支持人员晋升通道

服务支持(1～3 级)→专家(1～2 级)→资深专家→管理层。

此外,人力资源规划方案的实施离不开公司的良好保障。课题组还从组织管理、制度保障、人力资源信息信托系统的建立等方面提出了建议,以确保未来的规划方案今后能够顺利落地……

(资料来源:李政霖. XHA 保险公司人力资源规划研究[D]. 西安:西安理工大学,2020.)

**讨论与思考**

1. XHA 保险公司财务部的小王认为公司委托课题组制定下一个五年的人力资源规划是既耗费精力又浪费钱财的行为,你是怎么看待这个观点的?

2. 课题组在帮助 XHA 保险公司制定这份规划时遵循了哪些原则?

3. 想要保证这份规划的落地实施,XHA 保险公司还应在哪些方面提供保障和做出努力?

## 复习思考题

1. 什么是人力资源规划？对企业而言，人力资源规划有何作用和贡献？
2. 影响人力资源规划的因素有哪些？分别包含哪些内容？
3. 人力资源需求预测和供给预测的方法分别有哪些？
4. 人力资源供需失衡的状态有哪几种？分别有哪些可应对的调整措施？

## 自　测　题

**一、选择题**

1. (　　)对人力资源开发与管理活动具有重要的指导作用，是企业战略的重要组成部分，也是实现企业战略的有效保障。

A. 人力资源管理　　B. 人力资源计划
C. 人力资源战略　　D. 人力资源开发

2. 采用成本领先战略的企业适合采取(　　)。

A. 诱引型人力资源战略　　B. 投资型或参与型人力资源战略
C. 激励型人力资源战略　　D. 发展型人力资源战略

3. 人力资源战略制定的起点是(　　)。

A. 确定人力资源战略的总体目标　　B. 环境分析
C. 明确各业务单位人力资源战略目标　　D. 明确各业务单位员工期望

4. 人力资源短期规划期限为(　　)。

A. 3～5 年　　B. 5 年以上
C. 1～3 年　　D. 1 年及其以内

5. 影响企业人力资源需求的外部环境因素不包括(　　)。

A. 劳动力市场的结构　　B. 企业文化氛围的营造
C. 劳动者的择业意识　　D. 竞争对手的人力资源情况

6. 企业人力资源需求定量预测的方法不包括(　　)。

A. 趋势分析法　　B. 回归分析法
C. 德尔菲法　　D. 比率预测法

7. 企业内部人力资源供给预测方法不包括(　　)。

A. 比率预测法　　B. 人员接替法
C. 技能清单　　D. 马尔可夫法

8. 从职位出发进行分析，在预测企业内部人员流动的基础上来预测未来某一时间人力资源的内部供给的人力资源供给预测方法是(　　)。

A. 人员接替法　　B. 技能清单
C. 人力资源“水池”模型　　D. 马尔可夫法

9. 企业在分析内部人力资源供给量时无须考虑的因素包括(　　)。

A. 薪酬　　B. 退休
C. 平调　　D. 晋升

10. 针对企业人力资源供过于求的情况，不应采用的主要措施为(　　)。

A. 提高工人的劳动生产率

B. 鼓励员工提前退休

C. 适当减少员工的工作时间，降低员工的工资水平

D. 鼓励员工自谋职业

## 二、填空题

1. 制定组织人力资源规划的基础是__________。

2. 人力资源规划过程分成__________、__________、__________、__________四个阶段。

3. 企业人力资源需求的影响因素有__________、__________、__________。

4. 人力资源内部供给预测方法有技能清单法、__________、__________和__________。

# 第三章　工 作 分 析

学习目标

1. 理解工作分析的基本内涵、主要内容和相关术语；
2. 理解工作分析与人力资源管理其他职能的关系；
3. 掌握工作分析的流程；
4. 了解工作说明书的内容；
5. 理解工作说明书的编制方法；
6. 掌握工作分析的相关方法；
7. 了解工作设计的内容与基本方法。

## 第一节　工作分析概述

### 一、工作分析的基本内涵

#### （一）工作分析的概念

工作分析(Job Analysis)，又称职位分析，是人力资源管理活动中一项基础性的工作。从静态角度看，工作分析是一种全面了解某一工作信息的科学手段；从动态角度看，工作分析是分析者采用科学的技术手段，收集、比较、筛选工作的相关信息，并就工作岗位的基本职责和任职要求等做出具体、规范的描述与说明，以服务于组织发展战略及人力资源管理活动。

关于如何界定工作分析，国内外学者开展了丰富的讨论研究，形成以下代表性的观点，如表3-1所示。

综合以上概念，本书认为工作分析是全面了解、获取与工作有关的详细信息的过程，也是对组织中某个特定的工作内容和工作规范(任职资格)的描述和研究过程，即制定工作描述和工作规范的系统过程。通常来说，这一过程包括以下七个方面(6W1H)的内容：

表 3-1 工作分析概念界定

| 相关学者 | 定义 |
| --- | --- |
| 蒂芬和麦考密克(Tiffin,Mc Cormick) | 工作分析是针对某种目的,借助某种手段来收集和分析与工作相关的各种信息的过程 |
| 戈培德和艾奇逊(Ghorpade,Atchison) | 工作分析是一项旨在通过搜集、分析、整合有关工作方面的信息,为组织计划、组织设计、人力资源管理和其他管理职能提供基础性服务的管理活动 |
| 付亚和 | 工作分析是指采用科学的方法或技术全面了解一项工作或提取关于一项工作的全面信息的活动 |
| 萧鸣政 | 工作分析作为一种活动,其主体是工作分析者,客体是整个组织体系,对象是工作,包括战略目标、组织结构、部门职能、岗(职)位的工作内容、工作责任、工作技能、工作强度、工作环境、工作心理、工作方法、工作标准、工作时间及其在组织中的运作关系 |
| 董克用 | 工作分析是对组织职位的工作内容和工作规范进行描述,以帮助相关人员理解该职位的过程 |

资料来源:万希.工作分析:人力资源管理的基石[M].北京:电子工业出版社,2017.

What,工作内容是什么?需要做些什么?即某一职位的工作活动和工作责任。

Who,由谁负责,由谁实施?即对该职位所需人才的必备要求,包括身体素质、知识技能、教育培训、过往经验及人格特征等。

Where,工作在哪里做?即开展工作所需的自然环境、社会环境、心理环境和工作的危险性。

When,工作时长,何时开始,何时结束?即开展工作的时间安排和频率设置。

Why,工作目的,为什么做?即该工作在组织中发挥的作用和需要实现的工作目标。

For who,服务对象,为谁做?主要包括工作的请示汇报对象、工作的信息提供对象、工作结果提交对象及监督与指挥对象。

How,工作方式,工作如何完成?即任职者需要通过何种手段、何种程序完成特定的工作任务。

基于上述七个方面,工作分析主要解决以下两个问题:

第一,某一职位是做什么事情的?这一问题与职位上的工作活动有关,包括职位名称、工作职责、工作任务、工作场所、工作时间、工作条件等。

第二,什么样的人来做这些事情最合适?这一问题与所从事职位的人的资格有关,包括工作经验、学历、年龄、能力特征和心理要求等。

### (二)工作分析的主要内容

一般来说,工作分析的内容主要包括对工作活动、工作中人的行为、工作中所使用的机器、工具及设备、工作的绩效标准、工作背景、工作对人的要求等要素进行的分析。

#### 1. 工作活动

工作活动涉及工作任务、工作内容、工作程序和方法,具体包括承担工作的人必须进行的与工作有关的活动有哪些，承担工作的人应如何来执行工作中所包括的每项活动，为什么要执行这些活动以及何时执行这些活动。

### 2. 工作中人的行为

工作中人的行为包括该项工作对承担工作的人有什么样的要求，如需要消耗多少能量、要行走多远的路途等。

### 3. 工作中所使用的机器、工具及设备

工作中所使用的机器、工具及设备包括在工作过程中生产什么样的产品、加工什么样的材料、接触或需要运用何种知识（如生物或法律方面的知识）以及需要提供何种服务（如咨询或修理）等。

### 4. 工作的绩效标准

工作的绩效标准包括工作的质量、数量和工作的每一方面所耗费的时间等，以确定对从事该工作的人进行评价的标准。

### 5. 工作背景

工作背景包括工作的物理环境、安全环境、组织形式、社会环境以及工作中将获得何种经济激励和非经济激励。

（1）工作的物理环境。包括工作场所的温度、湿度、照明、噪声、震动、异味、粉尘、污秽、气压、放射等。

（2）工作的安全环境。包括工作环境的危险性、危害性、危害程度、发生频率、劳动强度指数、工作压力、职业病、工业卫生等安全因素。

（3）工作的组织形式。包括工作的制约与被制约关系、协作关系、升迁与调换关系。

（4）工作的社会环境。包括工作所在地的生活环境、工作的孤独程度、工作的单调性程度、工作团体的情况、社会心理气氛、同事的特征及相互关系、各部门之间的关系等。

（5）经济与非经济激励。包括工资结构、支付工资的方法、福利待遇、该工作在组织中的正式位置、晋升的机会、工作的季节性、进修与学习的机会等。

### 6. 工作对人的要求

工作对人的要求包括从事某项工作的人必须具备的知识、经验、能力、心理素质等。

（1）必备知识。即工作执行人员所应具备的基本知识技能，主要包括：最低学历要求；对有关政策、法令、工作准则及规定的通晓程度；对设备、材料性能、安全技术、工艺过程和操作方法、工具选择等有关知识的最低要求。

（2）必备经验。即工作执行人员的基本经验要求，主要包括：相关工作经历要求；专门训练和职业证书要求；有关工艺规程、操作规程、工作完成方法等实际经验。

（3）必备能力。即工作执行人员根据前两项分析内容确定的注意力、决策力、创造力、组织力、判断力、智力、适应性等。

（4）必备心理素质。即工作执行人员的职业兴趣、职业个性、运动心理能力、气质性向等。

结合以上内容，为了更加直观地了解工作分析，可以用一个系统模型把它表示出来，如图 3-1 所示。

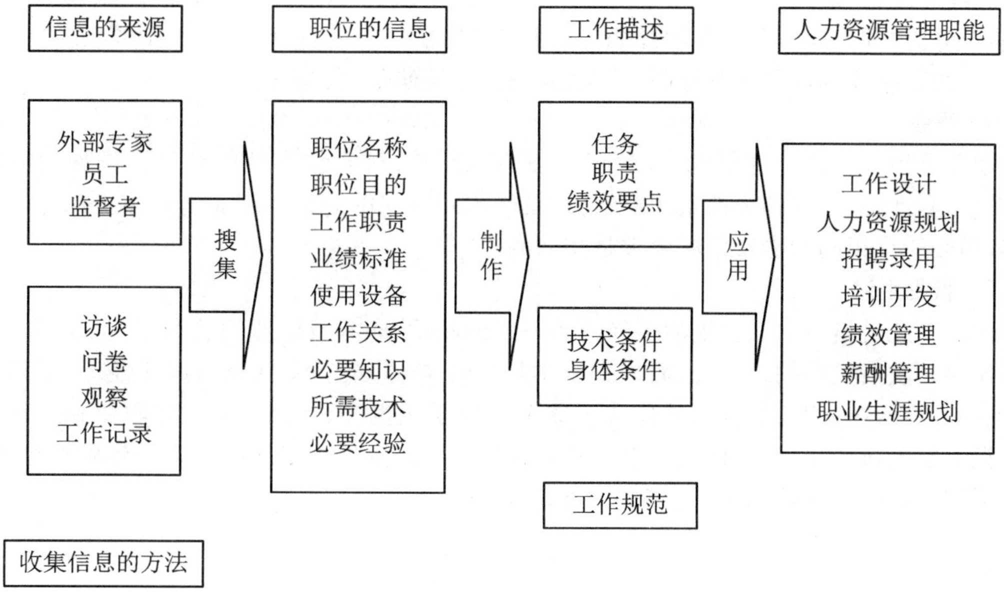


图 3-1　工作分析的系统模型

## 二、工作分析的相关术语

### （一）基本术语

**1. 工作要素**

工作要素是指工作中不能再继续分解的最小动作单位。例如，教师上课时，讲解课件、写板书、提问等都是工作要素。

**2. 工作任务**

工作任务是指工作活动中为达成特定目的形成的工作要素的集合。工作任务可由一个或多个工作要素组成。例如，推销员推销一款产品是一项工作任务，要达到推销的目的，推销员需要做到了解产品信息、流畅地向顾客推销产品、顺利完成交易动作、提供相应的售卖服务等工作要素，换言之，销售任务即是这个工作要素的集合。

**3. 职责**

职责是指任职者所承担的一项或多项相互联系的任务集合。例如，人事管理人员的职责之一是进行工资调查，这一职责由以下任务所组成：设计调查问卷，把问卷发给调查对象，收回调查问卷，分析调查结果，将结果表格化并加以解释，把调查结果反馈给调查对象等。

**4. 职位**

职位通常也称工作岗位，是在一定时期内组织要求个体完成的一项或多项职责。职位一般与职员相对应，即一个职位由一名相应的人员担任，因而一个组织中职位的数量应等于其成员的数量。

**5. 职务**

职务是一组重要职责相似或相同的职位。与职位不同，职务与职员并非一一对应。例如，“总经理助理”是一个职务，这一职务通常由几个人承担；再比如，在我国国家公务员体系中，职务分为“领导职务”和“非领导职务”，其中“领导职务”包括国家级正副职、省部级正副职、厅局级正副职等，而“非领导职务”包括巡视员、调研员、科员等。

**6. 职业**

职业是指一类职位的集合。职业具有跨行业、跨部门、综合性的特征。例如，教师、律师、医生、会计师、工程师等都是职业划分，虽然不同组织中的某一职业的具体工作可能不尽相同，但其所承担的职责及任职要求是相似的。

**7. 职业生涯**

职业生涯是指一个人在生活中经历的一系列职位、职务或职业的总和。例如，某人刚参加工作时是政府机关的公务员，后来去了学校担任老师，最后又到公司担任经理，于是公务员、老师、经理这种职业的变动就构成了这个人的职业生涯。再如，某人的职业和工作单位虽然没有发生过变化，但是他从办事员开始，经过主管、副经理、经理，一直干到副总经理，于是一系列职位的变动就构成了这个人的职业生涯。

### （二）职位分类

职位分类是指以客观存在的事实为根据，将企业中所有的职位按照工作性质在横向上分为若干职组、职系；然后从纵向上按任务的繁简难易程度、责任大小、任职资格分为若干职级、职等，对每一职位给予准确的定义和描述，制作工作说明书，以此作为聘任人员管理的依据。

**1. 职系**

职系是指职责繁简难易、轻重大小及所需资格条件并不相同，但工作性质充分相似的所有职位集合。例如，人事行政、社会行政、财税行政、保险行政等属于不同的职系。

**2. 职组**

职组也叫职群，是指若干工作性质相近的所有职系的集合。例如，人事行政和社会行政可以归入普通行政职组，而财税行政和保险行政则并入专业行政职组。

**3. 职级**

职级是指同一职系中职责繁简、难易、轻重及任职条件十分相似的所有职位的集合。例如，中学一级数学教师与小学高级数学教师属于同一职级，中学一级语文教师与中学一级英语教师属于同一职级。

**4. 职等**

职等是指不同职系之间，职责的繁简难易、轻重大小以及任职条件要求充分相似的所有职位的集合。例如，大学讲师和工厂的工程师属于同一职等。

职级的划分在于对同一性质工作程度的差异进行区分，而职等的划分则是在于比较不同性质工作之间的程度差异。

表 3-2 为我国部分专业技术职务的简表，从中可以了解职组、职系、职级、职等之间的关系。

**表 3.1　表 3-2　部分专业技术职务中的职组、职系、职级、职等之间的关系**

| 职　级 | 职　组 | 职　等　（　职　系　） | | | | |
| --- | --- | --- | --- | --- | --- | --- |
| | | Ⅴ(员级) | Ⅳ(助级) | Ⅲ(中级) | Ⅱ(副高职) | Ⅰ(正高职) |
| 高等教育 | 教师 | | 助教 | 讲师 | 副教授 | 教授 |
| | 科研人员 | | 助理工程师 | 工程师 | 高级工程师 | |
| | 实验人员 | 实验员 | 助理实验师 | 实验师 | 高级实验师 | |
| | 图书档案 | 管理员 | 助理馆员 | 馆员 | 副研究馆员 | 研究馆员 |
| 科学研究 | 研究人员 | | 研究实习员 | 助理研究员 | 副研究员 | 研究员 |
| 企业 | 工程技术 | 技术员 | 助理工程师 | 工程师 | 高级工程师 | 正高工 |
| | 会计 | 会计员 | 助理会计师 | 会计师 | 高级会计师 | |
| | 统计 | 统计员 | 助理统计员 | 统计员 | 高级统计师 | |
| | 管理 | 经济员 | 助理经济师 | 经济师 | 高级经济师 | |
| 农业 | 技术人员 | 技术员 | 助理农艺师 | 农艺师 | 高级农艺师 | |
| 医疗卫生 | 医疗保健 | 医士 | 医师 | 主治医师 | 副主任医师 | 主任医师 |
| | 护理 | 护士 | 护师 | 主管护师 | 副主任护师 | 主任护师 |
| | 药剂 | 药士 | 药师 | 主管药师 | 副主任药师 | 主任药师 |
| | 其他 | 技士 | 技师 | 主管技师 | 副主任技师 | 主任技师 |
| 出版 | 编辑 | | 助理编辑 | 编辑 | 副编审 | 编审 |
| | 技术编辑 | 技术设计员 | 助理技术编辑 | 技术编辑 | | |
| | 校对 | 三级校对 | 二级校对 | 一级校对 | | |

资料来源：中国人力资源开发网。

## 三、工作分析与人力资源管理其他职能的关系

工作分析对人力资源管理具有十分重要的作用。如图 3-2 所示，纵观人力资源管理的整个流程，各个环节都需要工作分析的成果进行支撑。

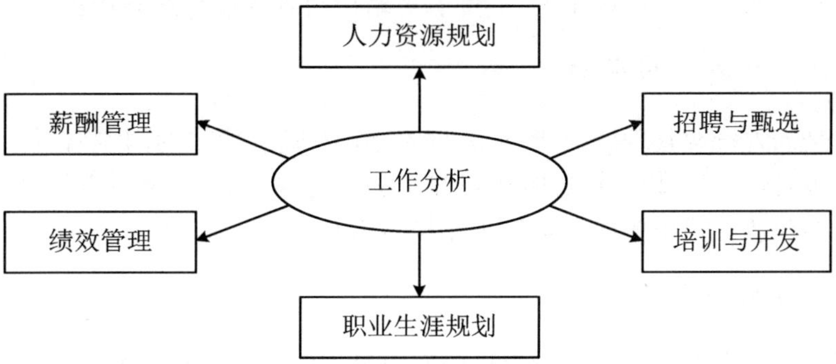


图 3-2　工作分析的地位和作用

### （一）工作分析与人力资源规划

人力资源规划是对组织人员的流入、流出进行预测且做出相应准备和调整的过程。人力资源规划的目的是尽可能有效地配置人力资源，从而实现组织目标。工作分析是人力资源规划的基础，能够为人力资源规划工作的开展提供专业的信息支撑。工作分析在人力资源规划中的作用主要体现在以下几个方面：

**1. 预测人力资源需求**

为了完成人力资源质量、数量、层级结构等方面的预测，需要对特定职位所需的知识、技能、经验、工作环境等各种要素进行全面的分析，这需要工作分析产生的结果予以支持。

**2. 预测人力资源供给**

人力资源规划需要对未来一段时间内组织内外部可以提供的从业人员的质量、数量及结构进行预测，以满足企业为实现目标而产生的人员需求。为此，企业首先要对内部员工的部门分布、技能水平、年龄结构等进行系统分析。

**3. 人力资源供需调节**

人力资源规划需要遵循供需平衡的原则。在平衡供需的过程中，管理者需要考虑诸多问题，如：所预测的人力资源供需之间是否存在不平衡？在某些岗位和年龄层中是否存在流动性问题？组织是否存在需要废弃或需要革新的职业？组织中是否存在关键岗位的缺失问题等，这需要建立在科学、系统的工作分析之上。

### （二）工作分析与招聘甄选

人员招聘与甄选是人力资源管理的首要环节和基础活动。招聘和甄选活动并非发生在真空之中——它们都需要在理解和运用工作分析结果的基础上展开。比如，一条简洁明了的招聘信息需要清晰地表述出招聘岗位的职务名称、工作概要、工作职责及任职资格。而以上内容都可以在一份完整准确的工作说明书中发现答案。再比如，在人员甄选的过程中，面对众多的求职者，如何选出合适的人选呢？这就需要将求职者的能力素质与工作说明书中要求的岗位胜任力进行比对来甄选。

### （三）工作分析与培训开发

培训与开发的根本目的是帮助员工获得、巩固及更新工作所必需的专业知识和技能，以提升员工的职位胜任力。工作分析的结果能够使培训与开发活动更具针对性。优秀的工作分析能够为其对应的岗位提供精密的“刻度”，对培训内容的设计很有帮助。

### （四）工作分析与绩效管理

绩效管理是人力资源管理的关键环节。影响组织成员绩效的因素各异，由此产生的绩效考核指标繁多，科学、细致的考核指标来源于对工作岗位的全面分析和细致描述。可以说，公正、有效的绩效管理需要以清晰的工作描述为基础。

### （五）工作分析与薪酬管理

薪酬管理是组织根据所有员工所提供的服务来确定他们应当得到的报酬总额以及薪酬结构和形式的过程。薪酬管理要求平衡员工和组织利益，故而对任何组织而言都是相对棘手的问题——企业的薪酬管理系统要同时达到公平性、有效性和合法性的目标，有一定的难度。

工作分析信息对于评价工作的价值以及确定恰当的薪酬具有至关重要的作用。企业员工劳动报酬的高低主要取决于工作的性质、技术繁简难易程度、工作负荷、责任大小和劳动条件等，在对各个职位的相对价值进行衡量之后完成职位分级等工作。

#### （六）工作分析与职业生涯规划

工作分析为个人职业发展规划提供了帮助。工作说明书对上岗人员的知识、技能、经验与能力做出了明确的规定。同时，在工作过程中对绩效标准的传达使员工明确了组织的期望。通过对照工作说明书，可以改进自身行为，使员工体验到成就感、责任感。此外，工作说明书还明确了职位上升的空间，便于员工个人根据组织的目标来拟定个人的发展规划。

## 第二节　工作分析的具体实施

工作分析的过程可以分为五个阶段：准备阶段、调查阶段、分析阶段、完成阶段、应用和反馈阶段，如图 3-3 所示。

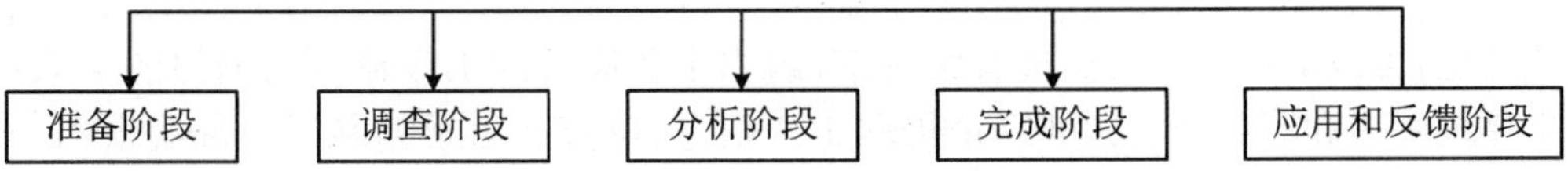


图 3-3　工作分析的过程

### 一、准备阶段

#### （一）明确工作分析目的

工作分析的目的直接决定了需要搜集何种类型的信息，以及使用何种方法来搜集这些信息。在进行工作分析前，首先要明确此次工作分析的目的，从而做到有的放矢。

#### （二）制定工作分析的实施计划

明确了工作分析的目的后，需要制定相应的工作计划。通常来说，一份详细的工作分析实施计划包括：工作分析的目的与意义、工作分析准备收集的信息、工作分析项目的实施者、工作分析的程序、工作分析的时间、工作分析的方法、工作分析的参与者、工作分析所提供的结果和工作分析结果的审核与评价者。

#### （三）组建工作分析小组

工作分析的顺利进行需要有较高的专业知识和技能要求做保证。企业在进行工作分析时，通常选择工作分析人员并成立工作分析小组来对整个工作分析的过程和结果负责。

工作分析小组一般由以下三类人员组成：一是企业高层领导；二是工作分析人员，主要是人力资源管理专业人员和熟悉本部门情况的人员；三是外部专家和顾问，他们具有这方面的丰富经验和专门技术，可以防止工作分析的过程出现偏差，有利于结果的客观公正和科学合理。在成立专门工作分析小组的同时，还要明确小组成员各自的职责。

### （四）培训工作分析小组成员

在工作分析小组成立之后，需要对小组成员开展工作分析的相关培训。培训时，主要由外部专家和顾问对工作分析的意义、使用方法的特点进行讲解，对项目用语的标准含义、施测指导语、施测过程的引导和控制进行统一规定，回答成员的疑问，并对有歧义的地方进行讨论和确定。在培训过程中，应提供给每位分析人员有关操作的书面材料，此外还要组织他们实际分析一份他们熟悉的、与正式分析无关的工作，如篮球运动员、电视播音员等，以帮助工作分析人员更好地使用工作分析方法和处理分析过程中出现的各种问题。

### （五）收集、分析有关的背景资料

背景资料包括企业组织结构图、岗位配置图、工作流程图、原有的工作说明书和职业分类标准等。有效利用这些背景资料，不仅有助于工作分析人员快速了解组织现状，更重要的是可以在很大程度上降低工作信息搜集的难度和工作量。比如，组织结构图可以显示出当前工作与组织中其他工作的关系以及它在整个组织中所处的地位；岗位配置图能清晰地反映组织中现有岗位的人员配置情况；工作流程图可以提供比组织结构图更详细的有关工作方面的信息，可以清晰地反映在现有条件下，组织中各岗位的工作输入与输出的关系；而原有的工作说明书和职业分类标准则是提取工作信息、审查并重新编制工作说明书的一个很好的起点。

### （六）确定工作信息收集的范围与内容

根据工作分析的目的，确定工作信息收集的范围与内容，包括选择哪些信息源、找哪些人访谈、看哪些现场、记录哪些活动、调阅哪些资料等。

### （七）选择收集工作信息的方法

工作分析所需的工作信息收集方法有多种，在选择工作分析的方法时，要考虑所分析职位的不同特点、实际条件的限制和工作分析方法与人员的相互匹配性。一般来说，在工作分析中很少只使用单独一种信息收集方法来作为支撑，应灵活运用各种调查方法，如面谈法、问卷法、观察法、实验法、关键事件法等，加以组合，取长补短，以求更好地获得各种所需要的工作信息。

## 二、调查阶段

### （一）取得相关人员的理解

在进行工作分析的过程中，必然要同大量的工作任职者和管理者产生联系，因此取得他们的理解和支持是非常必要和重要的。在开始实施工作分析时，可以通过召开员工会议由工作分析小组以宣讲的形式与所涉及的人员进行沟通，以消除员工的恐惧感和戒备心理，获得他们的积极配合。

### （二）收集工作的相关信息

工作分析所需要收集的信息一般包括：工作的范围与主要内容、工作的具体职责、胜任工作所需的相关知识、胜任工作所需的相关技能、工作要求的灵巧与正确程度、工作要求具备的相关经验、与工作设备相关的操作技能、必要的年龄限制、所需的教育程度、技能的培养要求、见习期要求、与组织内其他工作之间的关系、作业身体姿态、有关作业环境的信息、作业对身体的影响、劳动强度和特殊心理品质要求等。

## 三、分析阶段

分析阶段是工作分析的第三个阶段，主要任务是利用各种方法对所收集到的有关工作特征和人员特征的信息进行统计、分析、研究和归类。具体工作如下：

### （一）整理信息

将收集到的信息按照工作说明书的各项要求进行归类整理，看是否有遗漏的项目，如果有则返回到上一阶段，继续进行调查。

### （二）仔细审核收集到的各种信息

工作分析小组将所获得的信息送交领导人或委托人进行审查确认，并与从事这些工作的人员以及他们的直接主管对信息的准确性进行核对，确保信息的正确与完整，同时给工作的承担者提供审查和修改工作描述的机会，确保信息被所有相关人员了解。

### （三）创造性地分析信息

以当前的工作为依据对具体的工作信息进行归纳、整理、分类等处理，得到组织中具体某一工作的任务清单，从中寻找有关工作和工作人员的关键成分，并以这些关键成分为基础对工作责任、任职资格等做出进一步的分析，根据编制工作说明书的要求得出各类经过加工分析的规范信息。

## 四、完成阶段

完成阶段是工作分析的第四个阶段，此阶段的任务就是根据规范和信息编制出一份完整的工作说明书。具体工作如下：

### （一）草拟工作说明书

根据工作分析规范和经过分析处理的信息形成工作说明书初稿。

### （二）修改工作说明书

将草拟的工作说明书与实际工作对比，并召集工作分析所涉及的全体人员，给每位分发一份工作说明书初稿，仔细认真地讨论工作。

主要讨论说明书是否完整、准确，根据对比和讨论结果决定是否修正和如何修正，甚至是否需要进行再次调查研究。若需要，则重复第二、第三阶段的工作，尤其是特别重要的岗位可能要做多次修订。

### （三）形成最终工作说明书

根据最终的修订结果，确定一份详细的、准确的工作说明书，以标准化的形式将工作说明书编制成文。

### （四）评估工作分析

对工作分析这项工作本身进行总结评估，找出其中成功的经验和存在的问题，并将工作说明书归档保存，为今后的工作分析提供借鉴和信息基础，以利于今后更好地开展工作分析活动。

## 五、应用和反馈阶段

应用和反馈阶段是工作分析的最后一个阶段，主要任务是将工作分析的结果应用于人力资源管理以及企业管理的相关方面，真正发挥工作分析的基础性作用，并注意收集应用的反馈信息，不断完善工作说明书。具体工作如下：

### （一）工作说明书的应用

工作说明书是由专业人员编制的，而它的使用者是实际从事具体工作的人员。在进行工作说明书的使用培训时，一方面要让使用者了解工作说明书的意义与内容，了解工作说明书中各个部分的含义；另一方面要让使用者了解如何在工作中运用工作说明书。

### （二）工作说明书的评价

工作说明书形成后，需要予以正确的评价，以保证对其的合理使用。在对工作分析的结果评价中，应该明确阐明工作分析所带来的效益情况以及制定和实施工作分析活动中所有花费的投入产出比，分析工作分析的目的是否实现，是否解决了人力资源管理中需要解决的有关问题。

### （三）工作说明书的反馈与调整

工作说明书的反馈与调整将始终贯穿于组织的经营与管理活动之中。随着组织内外部环境的发展变化，一些原有的工作任务会消失，一些新的工作任务会产生，许多工作现有的性质、内涵和外延都会发生变化。因此，应根据工作说明书在实际使用过程中得到的反馈信息，经常对工作说明书的内容进行调整和修订，使工作说明书越来越适应实际工作的需要。

# 第三节　工作说明书的内容与编制

## 一、工作说明书的概念和内容

### （一）工作说明书

工作说明书是以标准的格式对职位的工作及任职者的资格条件进行规范化的描述文件，是工作分析的成果文件之一。工作说明书的内容包括两个部分，即工作描述和工作规范。其中，工作描述主要涉及工作执行者实际在做什么、如何做以及在什么条件下做等有关内容；工作规范又称任职资格，说明执行者为了圆满完成工作所必需具备的知识、能力、技术及其他要求。这两部分并非简单地罗列，而是通过客观的内在逻辑形成一个完整的系统，这一系统就通过工作说明书表达出来。

### （二）工作描述

工作描述具体说明了某一工作的物质特点和环境特点，反映职位的工作情况，说明职位的特点（如表 3-3 所示）。

**表 3-3　某公司办公室文秘的工作描述**

| |
|---|
| 职位名称：办公室文秘<br>职位代号：B-113<br>所属部门：办公室 |
| 职位概要：<br>在办公室主任的领导下，完成事务性和行政性职责。 |
| 职位内容：<br>具体包括处理各种函件、通知、公告的起草、打印和收发；收集、汇总办公室工作中所需的数据资料，并加以编辑和分类；接待办公室的来客；速记会议发言，等等。 |
| 职位环境：<br>90％以上的工作时间在室内，一般不受天气影响，但可能受气温影响，温度适中，无有害气体，无噪声，工作地点在本市。 |
| 社会环境：<br>办公室有 6 名工作人员，直接上级是办公室主任，经常要到公司其他各部门进行文件分发和资料收集的活动。 |
| 职业条件：<br>基本工资每月 2800 元，岗位津贴每月 200 元。每周工作 5 天，法定假日放假；一年有 5 天公休假，每年有一次进修机会。 |

工作描述无统一标准。规范的工作描述主要包括以下几个方面：

**1. 工作标识**

工作标识包括职位的名称、编号、职位所属部门或班组、职位地位、工作说明书的编制日期、编制人与审核人，以及文件确认时间等项目。

职位名称主要是说明某项工作的专门名称或代号，目的是便于对各种职位进行识别登记、分类以及确定组织内外的各种工作关系。职位名称要求简明扼要，符合通常习惯，同时做到能标识工作的责任及其在组织中所属的地位或部门，此外还要进行名称美化。例如“一级工程师”“营销系统总经理”等就是较好的职位名称，而秘书、部门经理则不够明确；形象设计师和家庭理财顾问比理发师和保险推销员更有吸引力。职位编号是为了方便工作的管理，企业可以根据自己的实际情况来决定应包含的信息。如某企业有一个职位的编号是“HR0306”，其中 HR 表示人力资源部，03 表示主管级，06 表示人力资源部全部员工的顺序编号。

**2. 工作概要**

工作概要即是用一句或几句比较简练的话来说明这项工作的总体性质、工作内容、工作价值和要实现的目的，要让一个对这项工作毫无了解的人一看工作概要就知道它大概要承担哪些职责。例如，人力资源部经理的工作概要可描述为“负责建立健全人力资源管理系统，制定人力资源发展战略和各项人力资源匹配政策，为集团各业务系统提供优秀的员工，建立良好的工作氛围和企业文化”。

**3. 工作内容**

工作内容主要是对所要完成的工作任务、责任、使用的原材料和机器设备、工作流程、与其他人的正式工作关系，接受监督以及进行监督的性质和内容等方面进行的描述。应尽量避免在工作内容中出现笼统的描述，比如“执行需要完成的其他任务”。虽然这样的描述可以对主管人员分派工作提供更大的灵活度，但如果工作内容没有明确而清晰地写进工作说明书，只是用“所分配的其他任务”一类的文字，就很容易为回避责任找到一种托词，这使得对职位的性质以及员工需要完成的工作的叙述出现有意无意的漏洞。

**4. 工作条件**

通常来说，工作条件包括对工作地点的温度、湿度、光线、噪声、安全条件、地理位置、室内或室外等工作条件和物理环境的说明。

**5. 工作的社会环境**

工作群体中的人数，每个人的个人资料（如年龄、性别、品格等），完成工作所要求的人际交往的数量和程度，各部门之间的关系，工作地点内外的文化设施，社会风俗的影响程度等统归于社会环境的范畴。

**6. 工作权限**

工作权限包括工作人员决策的权限和行政人事权限、对其他人员实施监督权以及审批财务经费和预算的权限等。

**7. 工作的绩效标准**

绩效标准是指完成某些任务或工作量所要达到的标准。这部分内容说明企业期望员工在执行工作说明书中的每一项任务时所达到的标准或要求。比如，要确定绩效标准，只要把下面的话补充完整就可以了：“如果你……，我会对你的工作很满意。”对工作说明书中的每一项职责和任务都能按照这句话指引叙述完整，自然就会形成一套比较完整的绩效标准。

8. **职业条件**

职业条件包括对工作时数、工资结构、支付工资的方法、福利待遇、该工作在组织中的正式位置、晋升的机会、工作的季节性、进修与学习的机会等方面的描述。

### (三) 工作规范

工作规范说明某项职位的任职者必须具备的生理和心理条件,反映了职位对承担这些工作活动的人的要求,主要是指人们为了完成这些工作活动所必须具备的知识、技能和其他特征。

编制工作规范的原则是工作说明书的另一重要组成部分。在学习如何编制工作规范之前,应了解编制工作规范必须注意的几个问题:

第一,必须遵循工作分析的职位原则,即工作分析关注工作或者职位本身而非任职者本人。要以工作为依据,制定切实的任职资格,即列出的任何资格条件必须与工作有关。

第二,工作规范要符合法律条文,严禁种族、宗教、性别、年龄和身体残疾方面的歧视。

第三,切记工作规范应当是对职位本身的要求而非任职者的要求。

第四,所列出的任职资格一般是履行工作职责的最低要求,即必备资格,它是雇用员工的最低标准。为了顺应工作说明书新的发展趋势,也可以遵循适度偏高原则,在必备资格的基础上,列出期望具备的资格或者任职者能出色胜任本职位的资格,即期望资格,这可为任职者的发展指明方向。

一份完整全面的工作规范一般包括以下项目:教育程度要求、资格证书要求、工作经验要求、培训要求、知识要求、技能要求和心理品质要求等。

(1) 教育程度要求。教育程度要求包括两部分内容:学历要求和专业要求。学历要求是指胜任该职位所需的最低学历要求,比如中专、大专、本科、硕士研究生和博士研究生等。专业要求是指任职者需要具备什么样的专业知识和技能才能胜任该职位工作。核心职位或行业性、专业性要求极高的职位要明确规定专业范围,如财务人员所学专业必须是会计专业,播音员所学专业可以是新闻学、传播学和媒体创意等专业。

(2) 资格证书要求。资格证书要求是指国家或行业规定的任职者必须持有的执业资格证书。例如,汽车修理厂要求汽车修理技师持有相应的技术资格等级证书。

(3) 工作经验要求。工作经验指该工作的任职者要有什么样的经验。由于不同组织、不同职位对经验的要求不尽相同,描述工作经验可以从三个方面入手,即社会工作经验、管理工作经验和专业工作经验。这样的分类可以比较全面地体现职位的行业性、专业性特点。

(4) 培训要求。培训要求一般包括:每年需要的培训时间、培训内容及方式。现代培训体系往往针对不同的职位层级设计培训方式、内容及培训时间。比如,针对基础职位的职位知识与技能培训、企业基础技术与产品知识培训;针对中层管理人员的管理技能培训;针对中高层管理人员的经营管理理念培训。因此,在确定某一职位的培训内容时,往往可以根据其在组织中所处的职位层级来确定需要什么层次的培训。

(5) 知识要求。对任职者的知识要求可以分级来描述:与工作相关的基础理论知识;专业知识;相关的政策法规知识及其他。此外,由于每项工作所要求的知识掌握程度不同,在工作规范中可以采用分级描述的方式来反映对知识掌握程度的要求。例如,可以采用“精通”“通晓”“掌握”“具有”“懂得”“了解”这六个层次的动词。

(6) 技能要求。工作技能是指对与工作相关的工具、技术和方法的运用。通常关注几个对所有职位均通用的技能,包括计算机使用技能、公文写作技能、外语运用技能等。

(7) 心理品质要求。心理品质要求分析是根据职位的性质和特点,对员工心理素质及其发展程度的要求所进行的综合分析。按照心理学的解释,心理是感觉、知觉、记忆、思维、情感、意志、气质、性格和能力等心理现象的总称。素质是人先天的解剖生理特点,主要包括人的神经系统、脑的特性,以及感觉和运动器官方面的特点。

## 二、工作说明书的编制

### (一) 编制工作说明书的注意事项

编制工作说明书是一项重要的工作,需要严谨认真地完成。要注意以下几个问题:

**1. 内容清晰明确**

应用准确的文字清晰地描述出工作说明书的每一项要素。为了增强可读性,应尽量避免使用生僻词语和容易引起歧义的词语。

**2. 明确职权范围**

根据所收集信息的分析结果,清楚准确地指出每个职位的职权范围。

**3. 表述具体完整**

不能为了追求简明而使语言过于抽象,尤其是关于职责与知识、能力、技术的描述,必须具体完整。

**4. 语言简明扼要**

应在清晰准确的前提下尽量使用简明的语言,不拖沓冗长。

**5. 核对结果文件**

在工作说明书成型以后,不能认为所有工作都已经结束了,还要将工作说明书与之前所收集信息的分析结果对照,由组织内部的相关工作人员对其进行审核与反馈,经过反复修改确认无误后,编制工作才算完成。

### (二) 工作说明书的编制示例

工作说明书的内容可依据工作分析的目的进行调整,可繁可简,格式也不统一,以下通过范例来介绍工作说明书的一般格式(如表 3-4 所示)。

**表 3-4 工作说明书范例:人力资源部经理的工作说明书**

| 职位名称 | 人力资源部经理 | 职位编码 | AR-01 |
|---|---|---|---|
| 所属部门 | 人力资源部 | 直接上级 | 人事行政总监 |
| 职级 | | 薪酬幅度 | |
| 批准人 | | 批准日期 | |
| 工作描述 | | | |
| 一、工作概要<br>在公司经营方针和人事行政总监的领导下,根据相关管理制度和业务流程要求,通过履行下列工作职责,对公司的人力资源管理活动进行计划、组织、协调与控制。 | | | |

续表

| |
|---|
| 二、组织关系<br>1. 接受人力资源总监和公司总经理、副总理的领导；<br>2. 管理人力资源部的招聘主管，培训主管及员工；<br>3. 协助公司内部其他部门的工作，进行业务指导和提供咨询。 |
| 三、工作内容<br>1. 根据公司中长期计划，拟订本部门工作计划；<br>2. 根据部门工作计划拟定具体方案；<br>3. 编制部门财务预算提请人事行政总监审核；<br>4. 核决人事主管和培训主管拟订的短期工作计划；<br>5. 指导下属员工处理重要的、困难的管理或专业性问题；<br>6. 提出本部门人事安排的调整建议，提请人事行政总监审核；<br>7. 协调本部门与其他部门的工作；<br>8. 监督、指导下属进行工作分析、工作评价，并审核其编制的工作说明书；<br>9. 根据公司战略，设计组织结构并划分部门职责，预测公司的中长期人力资源需求。<br>………… |
| 四、任职资格<br>1. 教育背景：企业管理、人力资源管理、公共关系学、组织行为学、中文和行政管理等专业。<br>2. 培训经历：受过管理学、管理技能开发、档案管理、会务组织、公共关系、社会学、决策和领导科学、人力资源管理和财务管理等知识的培训。<br>3. 经验：有 6 年及以上的相关工作经验，熟悉现代企业管理模式并具备相关实践经验。<br>4. 技能与素质：<br>(1) 较强的管理能力，对现代企业行政管理流程、手段和模式有比较深入的认识，具备先进的人力资源管理理念和技术方法。<br>(2) 良好的中英文写作、口语表达和阅读能力，熟练使用办公软件，熟练使用操作办公自动化设备。<br>(3) 具备较强的逻辑思维能力、观察能力和应变能力。<br>(4) 擅长与人沟通和交往，富有亲和力和说服力；精通授权和激励的艺术。 |
| 五、职位关系<br>可能晋升为人事总监或其他需要类似任职条件的更高等级经理职位；<br>可以调任行政或总务部经理，但须具有必要的教育程度、培训经验和任职经历。 |

| 编制人员 | | 批准人员 | |
|---|---|---|---|
| 编修日期 | | 批准日期 | |
| 备注： | | | |

## 第四节　工作分析的方法

工作分析的方法就是收集与工作分析有关的信息资料的方法。在实践中，进行工作分析的方法多种多样，在不同的情境之中，工作分析需要与其相适应的方法作为技术支撑。

依据不同的划分标准，工作分析方法有不同的分类。本节将从工作分析的一般方法、任职者导向的工作分析方法和职位导向的工作分析方法三个类别对工作分析的方法进行区分和阐释。

## 一、工作分析的一般方法

工作分析的一般方法主要是指一些传统的、在各种调查研究活动中通用的基础方法，包括观察法、访谈法、问卷调查法和工作日志法等。这类方法通常适用于较为简单的、粗略的工作分析，且带有一定的主观色彩。

### （一）观察法

观察法是工作分析人员到现场实地去查看员工的实际操作情况，并予以记录、分析、归纳，并整理为适用的文字资料的方法。

在使用观察法的过程中，分析人员应注意的是，研究的目的是工作而不是个人的特性。这种信息的获得通常是以标准格式记录的，如表 3-5 所示。

**表 3-5　工作分析观察提纲（部分）**

| | | |
|---|---|---|
| 基本信息 | 被观察者姓名： | 观察日期： |
| | 观察者姓名： | 观察时间： |
| | 工作类型： | 观察内容： |

具体问题：

1. 什么时候开始正式工作？
2. 上午工作多少小时？
3. 上午休息几次？
4. 第一次休息时间从________到________。
5. 第二次休息时间从________到________。
6. 上午完成产品多少件？
7. 平均多长时间完成一件产品？
8. 与同事交谈几次？
9. 每次交谈约多长时间？
10. 室内温度。
11. 上午抽了几支烟？
12. 上午喝了几次水？
13. 什么时候开始午休？
14. 出了多少次品？
15. 搬了多少次原材料？
16. 工作场地噪声分贝是多少？

综述：

使用观察法收集工作分析信息时，除了必须有一份详细的观察提纲以外还应该注意：

一是被观察的工作应相对稳定，观察职位的内容、程序、工作要求等在短时间内不会发生明显的变化。

二是适用于大量的、标准化的、周期短的以体力活动完成的工作。不适用于脑力劳动成分较高的工作或处理紧急情况的间歇性工作，如律师、教师、急救站的护士等。

三是观察人员应具备较为丰富的操作经验和相关知识。

### （二）访谈法

访谈法又称面谈法。是由工作分析人员通过与有关人员或小组进行面对面的交谈，获取与工作有关的信息。

为了确保访谈的质量，达成所需的目标，分析人员应在访谈之前拟定好访谈提纲（如表3-6所示）。一份完整的访谈提纲通常应包括但不限于表3-6中列举的六个方面。

**表3-6　访谈提纲**

| |
|---|
| 一、职位目标<br>1. ××职位的工作目标是什么？<br>2. ××职位预期要实现什么样的成果？<br>3. 职位的具体职责和任职资格是什么？ |
| 二、职位的作用<br>1. ××职位在组织中承担什么样的作用？<br>2. ××职位服务于哪一个部门？哪些职位与其同属一个部门？ |
| 三、内外关系<br>1. ××职位与组织中的哪个/哪些职位工作联系最密切？<br>2. ××职位与组织外部的哪个组织/哪些个人业务往来密切？<br>3. ××职位与上司、下属之间的关系和联系怎样？ |
| 四、工作中的问题<br>1. 你认为××工作面临哪些挑战？<br>2. 当前××职位需要解决的最大问题是什么？<br>3. 你对××职位最满意和最不满的地方是什么？<br>4. 你对哪些工作有自主权？哪些工作是你认为自主权不足的？ |
| 五、工作成果<br>1. 你的工作中取得了哪些成果？其中，你认为最重要的一项或几项是什么？<br>2. 衡量你工作成果的惯用标准是什么？ |
| 六、职位要求<br>1. ××职位要求任职者具备哪些专业技术？请按重要程度列出。<br>2. ××职位要求任职者具备哪些知识？请按重要程度列出。<br>3. ××职位要求任职者具备哪些能力？请按重要程度列出。<br>4. ××职位对任职者的职业道德要求是什么？<br>5. 你认为××职位的任职者应当具备哪些人格特质？ |

在实施访谈的过程中，还应注意以下几个问题：

一是尊重任职者，接待要热情，态度要诚恳，用语要适当。

二是营造良好的气氛,使工作者感到轻松愉快。

三是分析人员应该启发和引导,对重大原则问题应避免发表个人看法和观点。

## (三)问卷法

问卷法是以问卷形式调查工作的任务和职责。问卷调查法主要采用两种形式的问卷,即一般工作分析问卷和指定工作分析问卷。

**1. 一般工作分析问卷**

一般工作分析问卷法适合于各种工作,问卷内容具有普遍性。表 3-7 就是一份一般工作分析问卷。

**表 3-7 一般工作分析问卷**

| | |
|---|---|
| 姓名: | 工作名称: |
| 部门: | 工作编号: |
| 主管姓名: | 主管职位: |
| 1. 任务综述(请简单说明你的主要工作) | |
| 2. 特定资格要求(说明你所任职的岗位所需的学历、证书及许可) | |
| 3. 设备<br>设备工具:<br>设备使用时长(平均每周使用小时数): | |
| 4. 日常工作任务(尽可能多地描述你的日常工作,并根据工作的重要性及每项工作花费的时间由高到低排列) | |
| 5. 工作接触(请列出由于工作原因而发生联系的部门和人员,并按照联系频率从高到低排列) | |
| 6. 决策(请说明你的日常工作中包含哪些决策) | |
| 7. 文件管理(请列出需要你负责报告或保存的文件,并说明文件应交给谁) | |

续表

| |
|---|
| 8. 工作条件(请说明你的工作环境和工作条件) |
| 9. 任职资格(请描述胜任本工作所需达到的基本要求)<br>教育程度:<br>专业特长:<br>工作经历:<br>工作年限:<br>特殊培训与资格:<br>特殊技能: |
| 10. 其他信息(请补充以上项目中没有涉及的,但你认为对本职务很重要的信息) |
| 填表人:　　　　　　　　填表日期: |

2. 指定工作分析问卷

指定工作分析问卷适合于某一种指定的工作,问卷内容具有特殊性,一份问卷只适合一种工作。表3-8所示为推销员工作分析问卷(节选)。

**表3-8　推销员工作分析问卷(节选)**

请说明以下职责在你工作中的重要性(最重要的打10分,最不重要的打0分)。

| 项　　目 | 评　分 | 说　　明 |
|---|---|---|
| 和客户保持联系 | | |
| 接待好每一个顾客 | | |
| 详细介绍产品的性能 | | |
| 正确记住各种产品的价格 | | |
| 拒绝客户不正当的送礼 | | |
| 掌握必要的销售知识 | | |
| 参加在职培训 | | |
| 准备好各种推销工具 | | |
| 在各种场合推销本企业产品 | | |
| 向经理汇报工作 | | |
| 每天锻炼身体 | | |
| 和同事保持良好的关系 | | |
| 不怕吃苦 | | |

### （四）工作日志法

工作日志法是要求特定的组织成员在一段时间内实时记录自己每天工作的实际内容，形成某一职位一段时间内发生的工作活动的全景描述，使工作分析人员能根据工作日志的内容进行分析的方法。工作日志法作为一种收集原始工作信息的方法，可以为其他方法提供信息支持。当缺乏工作文献时，工作日志法的优势尤为明显。

工作日志法所获得的信息可靠性很高，适用于获取有关工作职责、工作内容、工作关系、劳动强度等方面的信息，所需费用也较低。但这种方法适用范围较小，不适用于工作循环周期较长、工作状态不稳定的职位，且信息整理量大，归纳工作烦琐。有可能由于工作执行者填写时的疏忽，在一定程度上影响工作的正常进行。

工作日志法的基本依据是：从事某一工作的人对这一工作的情况与要求最清楚。但是这种方法可能存在误差，要求事后对记录分析结果进行必要的检查。检查工作可以由工作者的直接上级来矫正。这种方法对高水平、复杂工作的分析，显得比较经济且有效。

工作日志法示例如表 3-9 所示。

**表 3-9 工作日志示例**

姓名： 所在部门： 填写时间：

| 工作项目记录 | 完成状况 | 待解决问题 | 工作时间量（分钟） |
| --- | --- | --- | --- |
| | | | |
| | | | |
| | | | |
| | | | |
| | | | |
| | | | |
| | | | |
| | | | |
| | | | |
| | | | |
| | | | |
| 今日工作总结 | | | |
| 明日工作计划 | | | |
| 建议或说明事项 | | | |

### （五）几种工作分析方法的优缺点及适用情形

不同的工作分析方法有其优缺点及其适用范围（见表 3-10）。需要注意的是，在人力资源管理的实际操作中，管理者们往往需要综合地使用各种分析方法，以确保分析结果的科学、全面。

**表 3-10 几种工作分析方法的优缺点及适用情形**

<table>
<tr><th>方 法</th><th colspan="2">优 缺 点</th><th>适用情形</th></tr>
<tr><td rowspan="2">观察法</td><td>优点</td><td>观察人员能深入和全面地了解工作信息</td><td rowspan="2">适用于周期短、重复性强、易于观察的以体力活动为主的工作；不适用于突发性、偶然性工作及脑力工作</td></tr>
<tr><td>缺点</td><td>1. 分析人员难以控制可能影响工作活动的外部变量，造成观察结果的不准确；<br>2. 适用对象有局限性；<br>3. 观察的结果难于用数量表示，大部分以文字形式表示，不利于统计分析；<br>4. 观察的样本数通常较少，观察研究的样本比问卷的样本少，而且观察所需要的时间较长，因此影响所收集信息资料的全面性和时效性</td></tr>
<tr><td rowspan="2">访谈法</td><td>优点</td><td>1. 工作者本身也是自己行为的观察者，因此，他可以提供常常不易观察到的情况，既包括标准和非标准的资料，也包括体力和脑力劳动的资料；<br>2. 分析人员能够深入了解被访者，加强组织沟通；<br>3. 弹性化程度高，不拘于形式，有利于充分挖掘信息</td><td rowspan="2">适用于脑力劳动为主的工作和紧急性、间歇性的工作；不适用于以身体活动为主的工作</td></tr>
<tr><td>缺点</td><td>1. 分析人员对某一职位的工作固有的观念会影响其对分析结果的正确判断，而任职者可能出于自身利益的考虑，采取不合作的态度或有意无意地夸大自己所从事工作的重要性、复杂性，导致工作信息失真；<br>2. 若分析人员和被调查者相互不信任，应用该方法具有一定的危险性；<br>3. 访谈法不适合作为信息收集的方法，需要与其他方法一起使用</td></tr>
<tr><td rowspan="2">问卷法</td><td>优点</td><td>1. 收集工作分析信息速度快，任职者可以在工作之余填写调查表，避免耽误生产实践；<br>2. 调查面较其他方法广，在任职者很多的情况下，分析者可以对所有任职者进行调查；<br>3. 用问卷法调查所得的结果可以数量化，并由计算机处理，因而，可以进行多种方式、多种用途的分析</td><td rowspan="2">适用任职者人数较多，稳定性较强的工作；不适用于范围较小或灵活性较高的职位</td></tr>
<tr><td>缺点</td><td>1. 设计调查表耗时多，费用高；<br>2. 如果分析者对问卷中容易引起歧义的部分不亲自解释和说明，可能会导致分析者和被试者产生不一致的理解，影响调查结果的真实性；<br>3. 在获得任职者的积极配合方面尚有欠缺</td></tr>
<tr><td rowspan="2">工作<br>日志法</td><td>优点</td><td>1. 对工作可以充分地了解；<br>2. 采取逐日记录的方式，能够避免遗漏；<br>3. 收集的数据详尽</td><td rowspan="2">适用于短期内可以掌握的工作或者工作内容比较简单的工作；不适用需要进行大量训练和危险的工作</td></tr>
<tr><td>缺点</td><td>1. 调查结果受被访者诚信程度影响；<br>2. 费时、费成本且干扰工作</td></tr>
</table>

## 二、任职者导向的工作分析方法

### （一）职位分析问卷法

**1. 职位分析问卷法的概念**

职位分析问卷法(Position Analysis Questionnaire,PAQ),是一种结构严谨的工作分析方法,是目前最普遍和流行的人员导向工作分析系统。它于1972年由普渡大学教授麦考密克(E. J. Mc Cormick)、詹纳雷特(P. R. Jeanneret)和米查姆(R. C. Mecham)设计开发。设计者的初衷在于开发一种通用的、以统计分析为基础的方法来建立某职位的能力模型,同时运用统计推理进行职位间的比较,以确定相对报酬。目前,国外已将其应用范围拓展到职业生涯规划、培训等领域,以建立企业的职位信息库。

**2. 职位分析问卷法的内容**

PAQ包含194个项目,其中187项被用来分析完成工作过程中员工活动的特征(工作元素),另外7项涉及薪酬问题,所有的项目被划分为信息投入、脑力过程、体力过程、人际关系、工作环境、其他特征6个类别,PAQ给出每一个项目的定义和相应的等级代码(如表3-11所示)。PAQ可以用于分析商业、工业企业以及公共部门中的各种职位。

**表3-11 PAQ工作元素的分类**

| 类　别 | 内　容 | 举　例 | 工作元素数目 |
|---|---|---|---|
| 信息投入 | 员工在工作中从何处得到信息?如何得到? | 如何获得文字和视觉信息 | 35 |
| 脑力过程 | 工作中如何推理、决策、规划?信息如何处理? | 解决问题的推理难度 | 14 |
| 体力过程 | 工作需要哪些体力活动?需要哪些工具、仪器设备? | 使用键盘式仪器、装配线 | 49 |
| 人际关系 | 工作中与哪些有关人员有关系? | 指导他人或与公众、顾客接触 | 36 |
| 工作环境 | 工作中物理环境与社会环境是什么? | 是否在高温环境或与内部其他人员冲突的环境下工作 | 19 |
| 其他特征 | 与工作相关的其他的活动、条件或特征是什么? | 工作时间安排、报酬方法、职务要求 | 41 |

研究者认为,在以上6个类别中,前三类(信息投入、脑力过程、体力过程)被认为是与传统的行为模式相对应的,即行为过程由信息输入(S)、信息处理与决策(O)和动作与反应(R)组成(如图3-4所示)。

对于以上的各个维度,PAQ给出了6个评分标准:

(1) 信息使用度——员工使用该项目的程度。

(2) 耗费时间——员工做事情所耗费的时间比例。

(3) 适用性——某个项目是否可用于该工作。

(4) 对工作的重要程度——该项活动对执行工作的重要性。

(5) 发生的可能性——工作中身体遭受伤害的可能性。

(6) 特殊计分——用于 PAQ 中特别项目的专用量表。

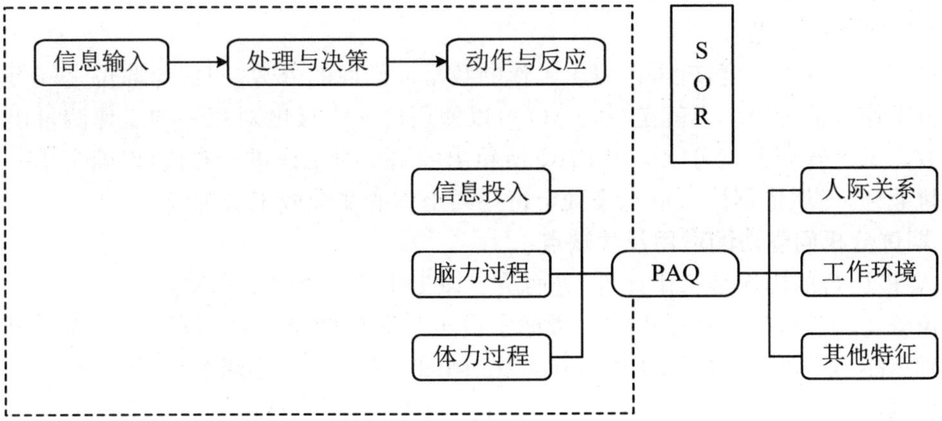


图 3-4 PAQ 的构成

使用 PAQ 时,用 6 个评估因素对所需要分析的职务一一进行核查。核查每项因素时,都应对照这一因素细分的各项要求,按照 PAQ 给出的计分标准,确定某职务在职务要素上的得分(具体示例如表 3-12 所示)。

**表 3-12 PAQ 职位分析问卷(部分)**

使用程度:NA:不曾使用;1:极少;2:少;3:中等;4:重要;5:不重要

1 信息投入

1.1 工作信息来源(请根据任职者使用的程度,审核下列项目中各种来源的信息)

1.1.1 工作信息的可见来源

1.1.1.1 __4__ 书面资料(书、报告、文章、说明书等)

1.1.1.2 __2__ 计量性资料(与数量有关的资料,如图表、报表、清单等)

1.1.1.3 __1__ 图画性资料(如图形、设计图、X 光片、地图、描图等)

1.1.1.4 __1__ 模型及相关器具(如模板、钢板、模型等)

1.1.1.5 __2__ 可见陈列物(计量表、速度计、钟表、划线工具等)

1.1.1.6 __5__ 测量器具(尺、天平、温度计、量杯等)

1.1.1.7 __4__ 计机械器具(工具、机械、设备等)

1.1.1.8 __3__ 使用中的物料(工作中、修理中和使用中的零件、材料和物体等)

1.1.1.9 __4__ 尚未使用的物料(未经过处理的零件、材料和物体等)

1.1.1.10 __3__ 大自然特色(风景、田野、地质样品、植物等)

1.1.1.11 __2__ 人为环境特色(建筑物、水库、公路等,经过观察或检查以成为工作资料的来源)

从表 3-12 可见,书面资料被评定为第 4 等级,这说明书面材料在被分析的工作中使用得相当频繁。

一旦填完所有工作项的问卷,就能够以 5 个尺度去衡量所有工作。这 5 个基本尺度分别是：

（1）决策、沟通与社交能力。

（2）执行技术性工作的能力。

（3）身体灵活度。

（4）操作设备与器具的技能。

（5）处理资料的能力。

根据这5个基本尺度，就可以得出工作的数量性剖面的分数，职位与职位之间可相互比较和划分工作组的等级。也就是说，PAQ可以使用这5个尺度对每一项工作测量出一个量化的分数。于是管理者就可以运用PAQ所给出的结果对工作进行对比，以确定哪一种工作更富有挑战性，然后依据这一信息来确定每一项工作的奖金或工资等级。

#### 3. 职位分析问卷法的适用及优缺点

PAQ最适合的用途是工作评价，进而决定该工作的工资等级和奖金。

职位分析问卷法的优点在于同时考虑了员工与职位两个变量因素，并将各种职位所需要的基础技能与基础行为以标准化的方式罗列出来，从而为人事调查、薪酬标准制定等提供依据；大多数职位皆可由5个基本尺度对工作进行等级划分，对于每一项工作可以分配到一个量化的分数，因此PAQ可将职位分为不同的等级。由于PAQ可得出每一个(或每一类)职位的技能数值与等级，因此它还可以用来进行职位评价及人员甄选；PAQ不需修改就可用于不同组织中的不同职位，使得比较各组织间的工作更加容易，也使得职位分析更加准确与合理。

职位分析问卷法的缺点表现在以下三个方面：第一，由于问卷没有对职位的特定工作进行描述，因此，职位行为的共同性就使得任务间的差异较模糊，所以不能描述实际工作中特定的、具体的任务活动；第二，可读性不强，只有具备一定文化水平的人才能理解其中的项目，适用范围产生限制；第三，花费很多时间，成本很高，程序非常烦琐。

### （二）基于胜任特征模型的工作分析方法

#### 1. 胜任特征的概念及内涵

胜任(Competency)这个概念最早由哈佛大学教授戴维·麦克利兰(David McClelland)于1973年正式提出，他也被称为“胜任特征模型之父”。

要正确理解胜任特征的几层含义：首先，胜任特征含有对个体或组织的基本要求和卓越要求。作为个体，应该具备完成工作岗位任务要求的能力，而作为组织，应该具备使组织目标得以顺利实现的能力。其次，胜任特征能够判别绩效优异与绩效平平，区分出表现较好和较差的个体或组织，即具有可衡量性和可比较性。最后，胜任特征是潜在的、深层次的，不是指年龄、性别、知识等外显因素，指明胜任特征是对个体或组织的卓越要求。

胜任特征模型可以用一个冰山模型表示出来(见图3-5)。知识即个体所拥有的特定领域的信息、发现信息的能力、能否用知识指导自己的行为；技能即完成特定生理或心理任务的能力；自我概念是个体的态度、价值观或自我形象；特质是个体的生理特征和对情景或信息的一致性反应；动机即个体行为的内在动力。其中，知识和技能是可以看得见的，相对较为表层的、外显的个人特征，漂浮在水上；而自我概念、特质、动机则是个性中较为隐蔽、深层和中心的部分，隐藏在水下，而内隐特征是决定人们行为表现的关键因素。麦克利兰认为，水上冰山部分(知识和技能)是基准性特征，是对胜任者基础素质的要求，但它不能把表现优异者与表现平平者准确区别开来；水下冰山部分可以统称为鉴别性特征，是区分优异者和平平者的关键因素。

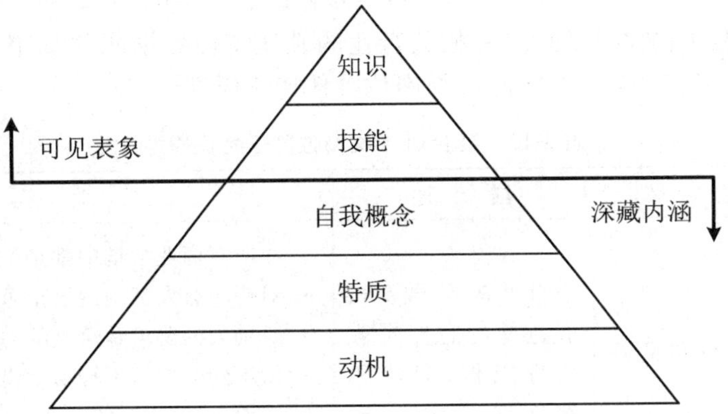


图 3-5　胜任特征的冰山模型

因此，胜任特征模型是指采用科学的研究方法，显著区分某类人群中绩效优异者和绩效平平者，经过反复比较分析，最终确立起来的与绩效高度相关的胜任特征结构模型。

**2. 构建胜任特征模型的基本步骤**

(1) 定义绩效标准。绩效标准一般采用工作岗位分析和专家小组讨论的办法来确定，即运用工作分析的各种工具与方法来明确工作岗位的具体要求，提炼出能够鉴别业绩优秀员工与业绩一般员工的标准。专家小组讨论则是由优秀的领导者、人力资源部和人力资源专家组成，围绕某一研究对象——工作任务、责任和绩效标准，以及期望优秀领导表现的胜任特征行为和特点进行讨论，经过反复论证，最终得出大家一致认可的结论。如果客观绩效指标不容易获得或经费不允许，一个简单的方法就是采用上级提名。这种由上级领导直接给出工作绩效标准的方法虽然比较主观，但对于优秀的领导层也是一种简便可行的方法。企业可以根据自身规模、目标、资源等条件，选择合适的定义绩效标准的方法。

(2) 选取绩效标准分析样本。根据工作岗位的要求，在从事某类岗位工作的绩效优秀和绩效平平的员工中，随机抽取一定数量的人员进行调查。

(3) 获取绩效标准样本有关胜任特征的数据资料。可以采用行为事件访谈法、专家小组法、问卷调查法和观察法等来获取绩效标准样本有关胜任特征的数据资料。一般用行为事件访谈法居多，这是一种开放式的行为回顾调查技术，类似于绩效考评中的关键事件法。它要求被访谈者列出他们在管理工作中发生的关键事件，包括成功事件、不成功事件或负面事件，并且让被访谈者详尽地描述整个事件的起因、过程、结果、时间、相关人物、涉及的范围以及影响的层面等。同时，也要求被访谈者描述自己当时的思路、想法或感受。例如，什么原因使被访谈者产生类似的想法以及当时是如何做的，采取什么样的途径、手段、方式、方法和措施，经过哪些具体努力才最终达成自己的目标等。在访谈结束时，最好让被访谈者自己总结一下导致事件成功或不成功的原因。

(4) 建立胜任特征模型。首先，进行一系列高层访谈，了解公司的战略方向、组织结构和主要业务流程等。同时，组织专家小组围绕所要研究岗位的工作职责、绩效目标和行为表现等内容进行深入讨论。其次，通过对行为事件访谈报告内容进行编码、分析，记录各项胜任特征在包括中出现的频次。接下来对优秀组和普通组的要素指标发生频次和相关程度的统计指标进行比较，找出两组的共性和差异特征。根据不同的主题进行特征归类，并根据频次的集中程度，估计各类特征组的大概权重。再次，对上述工作进行归纳并得出胜任特征雏形，然后针对优秀员工的行为事件访谈，作进一步修改、补充和完善。对所收集的数据、信息及意见等进行分类、归纳和整理，参考相关行业的胜任特征数据库并基于建模经验，最后得出胜任特征模型。表 3-13 是某企业 A 类岗位胜任特征模型。

**表 3-13 某企业 A 类岗位胜任特征模型**

| 素质 | 定义 | 描述 | 行为范例 |
| --- | --- | --- | --- |
| 诚实正直 | 日常言行中保持公平和良好的道德操守 | 正直可靠，用诚实和有道德的态度对待管理工作、同伴和客户 | · 在所有商业活动中都是诚信正直的<br>· 对待所有人都是诚信正直的<br>· 对别人的要求是恰当的<br>· 做不到的事情不轻易承诺<br>· 言而有信，承诺的事情一定做到<br>· 在他人心目中有很高的个人信誉 |
| 学习能力 | 通过培训，努力拓展自己的知识面和专业技能，鼓励他人发展 | 在工作和生活中都能够持续努力提升自己的知识和专业技能，通过自己的榜样作用，带动他人也成为终身学习者 | · 渴望学习新知识<br>· 定期努力学习新技术或新技能，拓展知识面<br>· 经常参加培训，完成正规学校的系列课程或其他类似的学习活动<br>· 在组织中寻找良师或知识丰富的人并向他们学习<br>· 接受可以使自己进步或发展的工作和任务<br>· 鼓励和支持他人在工作和生活中学习与成长 |
| 执行力 | 对个人处理的事件保持高度责任感 | 勇于承担责任，在较少指导下也能够有效工作，独当一面 | · 敢于承担责任<br>· 较少指导也能够有效工作<br>· 工作可靠，可以信赖<br>· 坚持不懈地完成计划<br>· 正确完成本岗位分内的工作<br>· 产出高水平的工作成果 |
| 创新能力 | 有独到的见解，提出解决问题的新方略，提高效益，增进产出 | 能带来创造性的观点和解决问题的新思路、新方法，对现有方式质疑，努力寻找新途径、新方法以解决工作中的难题 | · 用创新现象的方式进行思考<br>· 对现有做法质疑，努力寻找新方法加以解决<br>· 用长远的眼光看待战术问题，并强调达成战略目标的方法<br>· 提出可行性方法或解决方案 |

### 3. 验证胜任特征模型

验证胜任特征模型可以采用回归法或其他相关的验证方法，采用已有的优秀绩效与一般绩效的有关标准或数据进行检验，关键在于企业选取什么样的绩效标准来进行验证。验证模型可以采取三种模式来确认其有效性：① 研究人员可以搜集绩效优异与绩效平平者的第二个效标样本，再次用行为事件访谈法来收集数据，分析建立的胜任素质模型能否区分第二个效标样本，即考察交叉效度；② 根据胜任素质模型编制评价量表，来评价第二个绩效标准样本，并在上述胜任素质模型中的关键胜任素质，考察绩效优异者和绩效平平者在评价结果上是否有显著差异，即考察构想效度；③ 使用行为事件访谈法测验，按所提取的胜任素质模型中的胜任素质进行人员选聘，或是根据胜任素质模型对相关人员进行培训，然后跟踪这些人，考察他们在以后的工作中是否表现更出色，即考察预测效度。

### （三）工作要素法

#### 1. 工作要素法的概念和特性

（1）概念。工作要素法（Job Element Analysis，JEA）是美国工作分析专家普莫里夫（E. S. Promiff）研究开发出来的一种开放式的人员导向性的工作分析方法。这种方法的主要目的是促成工作中某些特定行为的达成以及提供采取这些行为的依据。因此，JEA 指向的分析对象通常是具有相似特征的工作而非某一特定的工作岗位。

一般情况下，JEA 所涉及的工作要素包括如下几类：

① 知识——专业知识的掌握程度、外语水平和知识面的宽窄等。

② 技术——计算机的运用技术、驾驶技术和设备操作技术等。

③ 能力——口头表达能力、判断能力和管理能力等。

④ 工作习惯——爱岗敬业程度、承担超负荷工作的意愿和工作时间的不规律等。

⑤ 个性特征——自信、主动性、独立性、外向和内向等。

（2）特性。第一，JEA 具有开放性。JEA 分析的主题和要素通过由专家组商议、界定、描述和评估的而非通过固定的量表和规范产生的，在操作过程中有较强的灵活性和开放性。第二，JEA 具有人员导向性。知识、技术、能力、愿望、兴趣和个性特征等都是 JEA 所关注的工作要素，这些要素并非指向具体的工作，而是指向组织成员个人，由“人”对“人”来进行评价，具有明显的人员导向性。

JEA 的操作流程如图 3-7 所示。

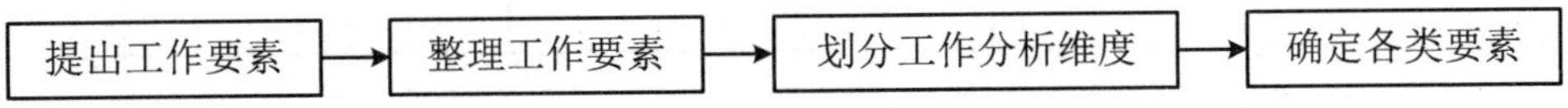


图 3-7　JEA 的操作流程

#### 2. 工作要素法的操作流程

（1）提出工作要素。在这个环节中，专家组成员通常采用头脑风暴法产生他们认为合适的工作要素。工作要素的提出应该以达成目标工作所需的知识、技术、能力和个人特征为根据。在这个过程中，专家组需要综合、反复地考虑各种要素，以确保各项工作要素目标的总和是目标工作的总目标。

（2）整理工作要素。在收集完工作要素之后，专家组需要对工作要素资料准确地归类和筛选。归类是指将相同或者相近的工作要素整合在一起的过程。专家组成员需根据各工作要素的内容和特征归在同一个类别下并赋予对应的名称。通过对工作要素资料进行归类和筛选，形成初步的工作分析的维度和子维度。随着本阶段的结束，也就形成了一个工作要素清单（如表 3-14 所示）。

（3）划分工作分析维度，确定各类要素。在形成工作要素清单后，专家组成员需结合工作要素表，通过计算机软件进行数据处理，由此得到进一步划分工作分析的维度和子维度的依据，得到从事该工作的员工需要具备的最低要求要素、优秀要求要素及无用要素，形成一个用于统计量化的工作要素表(如表 3-15 所示)。

**表 3-14 专业技术工人的工作要素清单**

| |
|---|
| 专业知识和技能、记忆能力、应变能力、自我调节能力、自我控制能力、组织能力、判断能力、团队协作能力、沟通表达能力、逻辑思维能力、成就动机、信息接收能力、快速思维能力、想象力、决策能力、亲和力、创造力、敏感性、手工操作能力、体力、健康的体魄、独立性、团队合作性、毅力、自信、责任感、领先计划、内向、外向、果断、理解能力、职业道德、创新精神、好奇、承担起负荷工作、学习的能力、多方面考虑问题的能力、时间管理能力、外语运用、计算机运用、调查研究能力、沟通能力、高学历、应付高压力工作的能力、谦虚、同时处理多个问题的能力、冒险意识强、社交能力、推理能力、忍耐力…… |

**表 3-15 工作要素表示例**

| 工作要素 | 评估区 | | | | 数据处理区 | | |
|---|---|---|---|---|---|---|---|
| | B | S | T | P | IT | TV | TR |
| 心理控制与调节能力<br>应对困难与挫折能力<br>变化适应能力<br>忍耐力<br>激励能力<br>判断能力<br>职业道德<br>口头表达能力<br>智力<br>逻辑思维能力<br>…… | | | | | | | |

表 3-15 中各评估指标的含义为:

B:最低要求要素,表示勉强合格的员工应该具备该要素的程度。

S:优秀员工要求要素,表示该要素在区分优秀员工时的重要程度。

T:评估问题或麻烦出现可能性的要素,表示忽略该要素时问题或麻烦出现的可能性。

P:评估要素在实际中的可行性。

IT:表示某一子维度在对求职者进行区分时的重要性。

TV:表示某一要素对该类工作的求职者的区分价值。

TR:表示工作的培训要素,即与优秀绩效密切相关的、求职者和勉强合格的员工不具备的、但不具备也不会引起严重问题或麻烦的要素。

(4) 确定工作分析维度。在这一般步骤中,专家组成员首先需要根据各自的标准,运用工作要素表对各个工作要素进行独立地评估,确定工作分析的维度。之后,专家组成员再通过集合小组讨论的办法,将各子维度归类到不同的分析维度下最终确定工作分析的维度和子维度。

**3. 工作要素法的优缺点**

(1) 优点。一是 JEA 是一种开放式的工作分析技术,可以有针对性地确定特定领域工作的显著行为及特征要素，更加准确、高效、全面。二是 JEA 对工作要素的转化通过公式进行处理，操作方法更加客观、严谨。三是在人员选择以及对相关人员进行操作培训的过程中具有普适性。其分析结果中的最低要求要素为人员选择提供了可靠的依据，得出的培训要素也为企业确定员工培训需求找到了重要的来源。

(2) 缺点。一是不同的判定人员具有不同的认知水平和观点，这就导致大量工作要素的出现。二是在这些工作要素中，有些工作要素可有可无或者不具有针对性等，均没有价值，不符合要求，导致了无用成本的增加。三是处理起来繁杂困难，增加了处理工作要素的工作量、时间和人员数量。四是评分过程复杂，工作分析人员需要经过相关正规的培训，才能有序开展工作。五是对工作要素的确定完全由专业分析人员凭借自己的判断，每个人均有各自的看法。

## 三、职位导向的工作分析方法

### (一) 管理工作描述问卷法

#### 1. 管理工作描述问卷法的概念

管理工作描述问卷法(Management Position Description Questionnaire，MPDQ)是托诺(W. W. Tornow)和平托(P. R. Pinto)于 1976 年针对具有特殊性的管理工作而专门设计的一种分析方法，该方法正式成型于 1984 年，与 PAQ 的分析方法有一定的相似之处。管理工作描述问卷法是指利用工作清单专门针对管理职位分析而设计的一种工作分析方法，该方法以工作为中心，对管理者的工作进行定量化测试，测试内容涉及管理者所关心的问题、所承担的责任、所受的限制以及管理者的工作所具备的各种特征。

#### 2. 管理工作描述问卷法的内容

管理工作描述问卷，主要由 15 个部分、274 项工作行为组成(如表 3-16 所示)。

**表 3-16　MPDQ 维度示例**

| 序号 | 主 要 部 分 | 项　目　释　义 | 题数 |
|---|---|---|---|
| 1 | 一般信息 | 描述性信息，如工作代码、预算权限、主要职责等 | 16 |
| 2 | 决策 | 决策背景与决策活动 | 27 |
| 3 | 计划和组织 | 战略计划的制定和执行 | 27 |
| 4 | 行政 | 对管理者的文件处理、写作、记录、公文管理等活动进行评估 | 21 |
| 5 | 控制 | 跟踪、控制和分析组织各项商业活动的运作 | 17 |
| 6 | 督导 | 监督、指导下属相关的活动和行为 | 24 |
| 7 | 咨询与创新 | 技术型专家的行为 | 20 |
| 8 | 联系 | 内部联系与外部联系 | 16 |
| 9 | 协作 | 描述在工作内部联系时的行为 | 18 |
| 10 | 表现力 | 外部活动如营销活动、谈判活动和广告宣传等活动中的表现 | 21 |
| 11 | 监控商业指标 | 包括财务、经济和市场方面的指标监控行为 | 19 |

续表

| 序号 | 主要部分 | 项目释义 | 题数 |
| --- | --- | --- | --- |
| 12 | 综合评定 | 评估上述活动的时间占比及重要程度 | 10 |
| 13 | 知识、技能和能力 | 判断完成工作所需的各项知识、技能和能力的熟练程度 | 31 |
| 14 | 组织层级结构 | 在组织中所处的位置，描述上级、下级和同级 | 0 |
| 15 | 评价反馈 | 反馈对问卷的看法 | 7 |
| 总计 | | | 274 |

在使用MPDQ时，工作分析人员以上述的每一个维度为基础并按照0～4等级来分析和评估管理工作。表3-17是对“控制”维度的评估。

**表3-17　MPDQ管理工作描述问卷(部分)**

| | |
| --- | --- |
| 指导语：<br>第一步——评定重要性<br>指出每项活动对你职位的重要性程度，然后按0～4记分，写在每个项目后面的空白处。记住，考虑的是该活动和其他职位活动相比的重要程度和发生次数。<br>维度：控制<br>1. 审阅提交的计划以和组织的目标和策略保持一致。<br>2. 追踪并调整工作活动的进度，以保证按时完成目标或合同。<br>3. 为项目、计划和工作活动制定阶段目标、最后期限，并将职责分派到人。<br>4. 监督产品的质量或者服务效率。<br>5. 对部门的发展和效率设计评估标准。 | 第二步——评论<br>在下面的空白处写下你认为在该维度中还应包括的其他工作： |

### 3. 管理工作描述问卷法的优缺点

管理工作描述问卷法的优点是考虑了两个特殊问题：一是管理者常使工作内容适应自己的管理风格，而不是使自己适应承担的管理工作，面谈时总谈自己做的，忘了应该做的；二是管理工作具有非程序化的特点，常随着时间变化而变化，弥补了PAQ问卷难以对管理职位进行分析的不足。

管理工作描述问卷法的缺点是在分析技术、专业等其他职位时显得不够具体，受工作及工作技术的限制，灵活性差；耗时太长，工作效率较低。

## (二) 关键事件记录法

### 1. 关键事件记录法的含义

关键事件记录法(CIT)源自第二次世界大战时由军队开发出来的关键事件技术，这种技术在当时是识别各军事环境下导致人力绩效的关键性因素的手段。

关键事件记录法是一种由工作分析专家、管理者或工作人员在大量收集与工作相关信息的基础上详细记录其中关键事件以及具体分析其岗位特征、要求的方法。关键事件是指使工作成功或失败的关键性的特征或事件，一个正确的关键事件编制应该具备四个特征：特定而明确的；集中描述工作所展现出来的可观察到的行为；简单描述行为发生的背景；能够说明行为的结果。关键主体记录的内容包括导致事件发生的原因、有效和无效行为的特征现象、行为的后果、员工能否支配和控制上述后果等。

### 2. 关键事件记录法的操作步骤

关键事件记录法的实际操作步骤如下：

(1) 把每一关键事件打印在卡片上。

(2) 让多位有经验的工作分析者对所有卡片进行分类，分类的标准可以统一，也可以不统一，对那些分类有争议的事件要讨论，直到取得一致意见。

(3) 对类别予以明确的概括和定义(如表3-18所示)，将所有放在一起的8个关键事件概括为"准确、整洁的质量控制能力"。

(4) 进行资格条件比较。从关键事件的分类与概括中，可能得出数个任职资格条件，通过赋予不同的权重对这些任职资格条件的重要程度进行排序。

运用关键事件法还需注意以下事项：

一是调查的期限不宜过短；

二是关键事件的数量应足以说明问题，事件数目不能太少；

三是正反两方面的事件要兼顾，不得偏颇。

**表3-18　打字员的能力概括(示例)**

| 分析客体：打字员 |
| --- |
| 关键事件：<br>1. 注意打印稿中不正确的地方，检查并改正它。<br>2. 修饰每侧都是方边的稿件，使它看起来像打印版。<br>3. 检查并纠正即将邮出的打印文件。<br>4. 当怀疑有不适合的打印时，查阅有关手册。<br>5. 经常将图表放错位置。<br>6. 由于粗心，以颠倒的次序打印，在字号大小、位置及其他专业数据等关键信息上出错。<br>7. 当对某个字的正误无绝对把握时，不愿意查字典而让顾客自己校对。<br>8. 打印排版错误，以致必须重打600～800字。 |
| 概括命名：打字员准确、整洁的质量控制能力 |

### 3. 关键事件记录法的优缺点

关键事件记录法记录的行为可被观察与测量，所以对工作行为的描述和行为标准的确立更加准确，能更好地确定每一行为的利益和作用。但收集的信息有限，忽视了某些不显著的工作行为，不能提供有关工作职责、工作任务、工作环境等相关信息，需要花大量时间去收集那些"关键事件"，并加以概括和分类。

## (三) 功能性职位分析法

### 1. 功能性职位分析法的概念与内容

功能性职位分析法(Functional Job Analysis，FJA)是由美国培训与职业服务中心研究出的一种以工作为中心的分析方法。它的核心是将每一项工作按照员工工作时对信息、人、事的处理方式进行等级划分(如表3-19所示)，并在此基础上归纳出任职说明书、绩效标准、培训要求等。

表 3-19 职位承担者基本职能

| 信息 | | 人 | | 事务 | |
|---|---|---|---|---|---|
| 分数 | 功能 | 分数 | 功能 | 分数 | 功能 |
| 0 | 综合 | 0 | 教导 | 0 | 装配 |
| 1 | 协调 | 1 | 谈判 | 1 | 精确操作 |
| 2 | 分析 | 2 | 教育指导 | 2 | 操作控制 |
| 3 | 编辑 | 3 | 监督 | 3 | 驾驶操作 |
| 4 | 计算 | 4 | 转移注意力 | 4 | 操纵 |
| 5 | 复制 | 5 | 劝说 | 5 | 照料 |
| 6 | 比较 | 6 | 发出口头信息 | 6 | 送进移出 |
| | | 7 | 服务 | 7 | 驾驶 |
| | | 8 | 接受指导帮助 | | |

每项功能描述一种广泛的行动，它概括出在与信息、人和事发生关系时工作者做什么。在信息、人、事务三个范畴中，每一类的工作者功能的安排是有结构的，都按其复杂程度和重要性分为不同等级，数值越小，代表的等级越高；数值越大，代表的等级越低。运用这种方法进行职务分析，各种工作都会得出数值，可以决定薪酬和职位等级。

法因(Sindey A. Fine)对职能职位分析做了某些修改和详细说明，其中包括对任务描述写法的特殊规定，从而使包含在工作活动中的工作者功能更加具体。其基本观点是：

(1)“完成什么”和“做了什么”不尽相同，即某一工作的最终结果与工作过程中的行为之间存在偏差。为了对这两个概念进行区分，FJA 往往会用“为了”“目的是”“达成”等具有目的导向的特定的动词来描述工作任务，如：打字员的工作任务是“利用计算机设备进行文字录入，目的是形成待打印或发送的文字文件”。

(2) 以职能作为分析工作的核心，认为几乎任何工作的活动都涉及三个范畴：人、事和信息，只是相关的程度有所不同。

(3) 功能可以有层次区分，高层功能可以包括底层功能。

(4) 任何工作或活动均可以依此三个范畴界定其所属的功能层次。

FJA 的结果主要运用于工作描述，此外还可为建立工作操作标准提供基础以及应用于工作设计等很多方面。

**2. 功能性职位分析法的操作步骤**

(1) 准备阶段。这一阶段分析人员首先需要整合现有的工作信息，在此基础上成立专家组，召开专家会议，确定 FJA 的任务描述方向、列出各项任务指标、识别关键任务，最终形成 FJA 的任务陈述图。

(2) 任务描述。工作任务是 FJA 的基本分析单元，在分析过程中，专家组会对每一项工作任务按照“行为—过程—结果”进行研究分析，修订整理成任务陈述图。

(3) 确定职务职能等级。在这一环节，专家组将通过 FJA 职能等级表(如表 3-20 所示)讨论和确定某一工作任务所属的职能等级。

表 3-20 FJA 职能等级表(示例)

| 职能等级 | 人员 | | 事务 | | 信息 | |
|---|---|---|---|---|---|---|
| | 编码 | 描述 | 编码 | 描述 | 编码 | 描述 |
| 高级 | 7 | 谈判 | 4A | 精确操作 | 6 | 综合 |
| | 6 | 管理 | 4B | 操作控制 2 | 5 | 协调 |
| | 5 | 咨询 | | | 4 | 分析 |
| 中级 | 4A | 指导 | 3A | 熟练操作 | 3A | 编辑 |
| | 4B | 处理 | | | | |
| | 3A | 教导 | 3B | 操作控制 1 | 3B | 复制 |
| | 3B | 劝导 | | | | |
| 初级 | 2 | 服务 | 2 | 处理 | 2 | 抄写 |
| | 1 | 接受帮助 | 1 | 维护 | 1 | 比较 |

(4) 提炼绩效标准和培训要求。专家组在完成任务描述、确定任务职能等级后,明确某一职位所需具备的任职要求,并在此基础上提炼出集体的绩效标准和培训要求。

**3. 职能工作分析方法的优缺点**

FJA 的优点在于通过职能等级评估可以反映出工作者处理各种关系时自主决策空间;但其具体操作起来十分复杂,难以把握,并不适用于所有的工作分析人员。

# 第五节 工 作 设 计

工作分析与工作设计之间有着密切而直接的联系。工作分析的目的是明确工作岗位所要完成的任务以及完成这些任务所需要的人的特点。工作设计的目的是明确工作的内容和方法,明确能够满足技术上和组织上所要求的工作与员工的社会和个人方面所要求的工作之间的关系。因此,工作设计需要说明工作应该如何做才能既最大限度地提高组织的效率和劳动生产率,又能够最大限度地满足员工个人成长和增加个人福利的要求。工作设计的前提是对工作要求、人员要求和个人能力的充分了解。

## 一、工作设计的内涵

### (一) 工作设计的含义

工作设计是指为了有效地达到组织目标,合理有效地处理人与工作的关系而采取的、对与满足工作者个人需要有关的工作内容、工作职能和工作关系的特别处理。工作设计是管理者的一个重要课题。因为,工作设计对激发员工的工作动机、增强员工的工作满意感以及提高工作效率都有重大影响。从激励理论的角度看,工作设计对内在于奖酬的设计。因为,激励理论认为,在员工需求向高层次发展时,他们的积极性主要来自工作本身相关的因素,工作设计得当就能满足员工的内在需要。

根据赫茨伯格的双因素理论,促使员工在工作中产生满意或良好感觉的因素与产生不满或厌恶感觉的因素是不同的。前者往往和工作内容本身联系在一起,后者则和工作环境或条件相联系。他把前者称为激励因素,后者称为保健因素。赫茨伯格指出,激励因素的改善,或者说这类需要的满足,往往能给员工以很大程度的激励,有助于充分地、有效地、持久地调动他们的积极性;而保健因素的满足不能直接起激励作用,只能防止员工产生不满情绪。因此,对企业来说,应努力在满足激励因素方面下功夫。双因素理论的提出,推动了“工作再设计”运动,其中心思想是工作丰富化。

### (二) 工作设计的内容

工作设计主要有以下 6 个方面的内容:

**1. 工作内容**

它包括确定工作一般性质的几个维度,主要有多样性、自主性、复杂性、难度与整体性(即做一件工作的全部过程)。

**2. 工作职能**

它是指做每件工作的基本要求与方法,包括工作责任、工作权限、信息沟通方式、工作方法以及协作配合等方面。

**3. 工作关系**

它是指个人在工作中发生的人与人之间的关系,包括在工作中与其他人相互联系及交往的范围、建立友谊的机会以及工作班组中的相互协作和配合等方面。

**4. 工作结果**

它是指工作的绩效与效果的高低。它包括标志工作的完成所要达到的具体标准(如产品的产量、质量和效益等),以及工作者的工作感受与反应(如满意感、出勤率、缺勤率和离职率等)。

**5. 结果反馈**

它包括两个方面:一是对工作本身的客观反馈;二是别人对工作结果的反馈,如同事、上级和下级对工作的评价。

**6. 任职者的反应**

它是指任职者对工作本身以及组织对工作结果奖惩的态度,包括工作满意度、出勤率和离职率。

### (三) 工作设计的影响因素

成功有效的工作设计,必须综合考虑各种因素,需要对工作进行周密的、有目的地计划安排。既要考虑员工的具体素质、能力及各个方面的因素,又要考虑本组织的管理方式、劳动条件、工作环境、政策机制等因素。

**1. 员工因素**

人是组织活动中最基本的要素,员工需求的变化是工作设计不断更新的一个重要因素。随着社会文化教育水平和经济发展水平的提高,人们的需求层次不断提高,除了一定的经济收益外,员工还希望自己在工作中能够得到锻炼和发展。只有重视员工的要求,开发和引导其兴趣,创造员工成长发展的条件和环境,才能激发员工的工作热情,增强组织吸引力,留住人才。因此,工作设计时要尽可能地使工作特征与要求适合员工个人的特征,使员工能在工作中发挥潜能。

**2. 组织因素**

工作设计最基本的目的是提高组织效率,增加产出。工作设计离不开组织对工作的要求,具体应注意:工作设计的内容应包含组织所有的生产经营活动,以保证组织生产经营总目标的顺利有效实现;全部岗位构成的责任体系应该能够保证组织总目标的实现;工作设计应该有助于发挥员工的个人能力,提高组织效率。

**3. 环境因素**

环境因素包括两个方面:第一,人力资源。工作设计必须从现实情况出发,不能仅凭主观愿望,而要考虑工作设计与人力资源的实际水平相一致。例如,如果一个地区人力资源素质整体不高,工作内容的设计应当相对简单。第二,社会期望。不同的员工其需求层次是不同的,这就要求在工作设计时考虑一些人性方面的东西,这样才能真正发挥工作设计的作用。

## 二、工作设计的方法

工作设计的方法主要有激励型工作设计方法、机械型工作设计方法、生物型工作设计方法和知觉运动型工作设计方法。

### (一) 激励型工作设计方法

激励型工作设计方法强调的是可能会对工作承担者的心理价值以及激励潜力产生影响的那些工作特征,并且它把态度变量(比如满意度、内在激励、工作参与以及像出勤、绩效这样的行为变量)看成工作设计的最重要结果。

**1. 工作特征描述**

激励型工作设计方法对工作特征的描述包括:① 自主性:这种工作允许承担者在工作时间、工作顺序、工作方法、工作程序、质量控制以及其他类型的决策方面拥有自由、独立或者相互行事的决策权吗? ② 内在工作反馈:工作活动本身能够提供有关工作绩效有效性(用质量和数量来衡量)的直接而清晰的信息吗? ③ 外在工作反馈:组织中的其他人(管理人员和同事)提供有关工作绩效的有效性(用质量和数量来衡量)方面的信息吗? ④ 社会互动:工作本身能够提供积极的社会互动(比如团队工作或者同事协助)吗? ⑤ 任务/目标清晰度:工作的责任、任务和活动清楚吗? ⑥ 任务多样性:工作的责任、任务和活动具有多样性吗? ⑦ 任务一致性:工作要求承担者完成一项具有一定整体性和具有可辨认性的工作吗? 它是否给任职者提供一个从头到尾完成工作的机会? ⑧ 能力/技能水平要求:工作要求较高水平的知识、技能和能力吗? ⑨ 能力/技能多样性:工作要求承担者具备多种不同类型的知识、技能和能力吗? ⑩ 任务重要性:同组织中的其他工作相比,这种工作是否具有显著性和重要性? ⑪ 成长/学习:工作是否提供学习以及在能力和熟练程度方面成长的机会?

**2. 设计方案**

激励型工作设计方法提出的设计方案往往强调通过工作扩大化、工作丰富化等方式来提高工作的复杂性,它同时还强调要围绕社会技术系统来进行工作的构建。

(1) 工作扩大化。它是指工作的横向扩大,即扩大员工的工作范围或领域,增加工作的内容，以改变员工对常规性的、重复性的简单工作感到单调乏味的状况，改善工作和生活质量。工作扩大化可以提高员工工作的兴趣，从而提高劳动生产率。工作扩大化希望增加每个人工作任务的种类，从而使他们能够完成一项完整工作的大部分程序，感受工作的意义和挑战，提高工作积极性。

（2）工作丰富化。它是指工作的纵向扩大，增加工人在工作计划、决策参与、进度控制乃至考评奖励方面的内容，使其介入工作的管理之中，增强其工作自主性，以获得成就感、责任感和得到认可的满足感。如对生产第一线的工人，使其负责制定作业计划、检验产品、决定设备保养和维修等工作，从而满足员工个人发展和自我实现的需求。工作丰富化较工作扩大化更注重工作的内涵和性质，更注重高级心理需求的满足；而工作扩大化则侧重于一般工作范围或领域的扩展和比较低级的心理需求的满足。

（3）工作职务轮换。将员工定期地从一种工作岗位轮换到另一种工作岗位，以使员工对不同的工作有更多的了解，并改变员工长期从事一种单一工作的枯燥乏味的感觉，达到提高生产效率的目的。工作轮换还有一些其他的好处：增加分配工作任务的灵活性，如派人顶替缺勤的员工、支援瓶颈岗位等。由于员工相互交换工作岗位，可以体会不同工作岗位的难处，有利于相互理解、相互体谅，结果使整个生产运作系统更完善、更和谐、效率更高。

强调激励的工作设计方法通常倾向于强调提高工作的激励潜力。工作扩大化、工作丰富化以及工作职务轮换等管理实践都可以在激励型的工作设计方法中找到自己的渊源。虽然针对这些工作设计方法所进行的大多数研究表明，它们提高了员工的满意度和绩效质量，但是它们并非总能够带来绩效数量的增加。

### （二）机械型工作设计方法

机械型工作设计方法起源于古典工业经济学，强调要找到一种能够使得效率达到最大化的最简单方式来设计工作。在大多数情况下，降低工作的复杂程度来提高人的效率，让工作变得尽量简单，从而使任何人只要经过快速培训就能够很容易地完成它。

机械型工作设计方法对工作特征的描述为：① 工作专门化：从工作目的或者工作活动的角度来说，工作是否高度专门化。② 工具和程序的专门化：从目的方面来看，在这种工作中所使用的工具、程序、原材料等是否高度专门化。③ 任务简单化：工作所要求的技能相对减少，同时所要求的培训时间也相对较短。④ 单一性活动：工作要求任职者在同一时间内只从事一项任务，它是否不要求任职者同时或者紧接着完成多项活动。⑤ 工作简单化：工作所要求的技能相对较少，同时所要求的培训时间也相对较短。⑥ 重复性：工作要求在职者是否反复不断地执行相同的一种或多种活动。⑦ 空闲时间：在工作的各种活动之间是否只有很少的空闲时间。⑧ 自动化：工作中的许多活动是否都实现了自动化或者能够得到自动化设备。

### （三）生物型工作设计方法

生物型工作设计方法主要源于人类工程学。该方法的目标是以人体工作的方式为中心来对物理工作环境进行结构性安排，从而将工人身体的紧张程度降到最低。因此，它侧重于关注对工人身体疲劳度、痛苦以及健康抱怨等方面。

生物型工作设计方法对工作特征的描述为：① 力量：工作要求非常小的肌肉力量吗？② 抬举力：工作要求相当小的抬举力以及（或）只要求任职者举起相当轻的物体吗？③ 耐

力:工作只要求相当弱的肌肉忍耐力吗? ④ 座位位置:工作中的座位安排恰如其分吗(有足够的机会坐下,有舒适的座椅以及良好的坐姿支持等)? ⑤ 体格差异:从间隙距离、伸手距离、眼的高度以及腿的放置空间等方面来看,工作场所能够容纳各种不同体格的人吗? ⑥ 手腕运动:工作允许人的手腕伸直而没有过多的运动吗? ⑦ 噪声:工作场所中没有过多的噪声吗? ⑧ 气候:从湿度和温度的角度来看,工作场所中的气候舒适吗? 没有过多的灰尘和烟雾吗? ⑨工作间隔:根据工作的要求,任职者有充分的工作间隔时间吗? ⑩ 轮班工作:工作不要求任职者从事轮班工作或者过多加班工作吗?

生物型工作设计方法常被运用于对体力要求比较高的工作设计中,其目的是降低某些工作的体力要求以使每个人都能够完成该项工作。也可以通过对机器和技术进行再设计,比如调整计算机键盘的高度来最大限度地减少体力,防止职业病(比如腕部血管综合征)。生物型工作设计方法运用较广,如办公室座椅和桌子的设计符合人体工作姿势,该设计可降低办公室工作人员的职业病。

### (四) 知觉运动型工作设计方法

知觉运动型工作设计方法侧重于人类的心理能力和心理局限。这种工作设计方法通过降低工作对信息加工的要求来改善工作的可靠性、安全性以及使用者的反应,以确保工作的要求不会超过人的心理承受能力和心理局限。使用该方法进行工作设计时,设计者应以能力最差的人所能够达到的能力水平为基准,以使能力最差的人可完成工作作为标准进行工作设计。与机械型工作设计方法类似,这种方法一般也起到了降低工作认知度的效果。

知觉运动型工作设计方法对工作特征的描述为:① 照明:工作场所中的照明充分并且不刺眼吗? ② 显示:工作中所使用的显示器、量器、仪表以及计算机化的设备容易阅读和理解吗? ③ 程序:工作中所使用的计算机化的设备中的应用程序容易学会和应用吗? ④ 其他设备:工作中使用的所有其他设备(各种类型的)都容易学会并使用吗? ⑤ 打印式工作材料:工作中所使用的打印式工作材料容易阅读和理解吗? ⑥ 工作场所布局:工作场所的布置能够使工作者在完成工作的过程中很好地看到和听到吗? ⑦ 信息投入要求:完成工作所需要的注意力非常少吗? ⑧ 信息产出要求:从活动和沟通两个方面来说,员工必须从工作中获得的信息产出非常少吗? ⑨ 信息处理要求:从思考问题和解决问题的角度来说,在工作中必须加工的信息数量非常少吗? ⑩ 记忆要求:在工作中必须记住的信息数量非常少吗? ⑪ 压力:工作中需要承受的压力相对较少吗? ⑫ 厌烦:对工作产生厌烦的可能性非常小吗?

以上各种不同的工作设计方法都有其特殊的用途,针对组织中不同的工作,可以适当选择不同的方法。因为不同的设计方法会产生不同的工作结果。选择不同的工作设计方法可能会产生相应的结果(如表 3-21 所示)。

总之,进行工作设计时,了解使用不同的工作方法可能产生的优势与不足非常重要。管理者如果希望按照某种能够使任职者和组织者的积极性都达到最大化的方式来进行工作设计,那么就需要对这些工作设计方法有充分的认识,掌握每一种方法之间的成本和收益,使之达到适当平衡,从而为组织谋取竞争优势。

**表 3-21　不同工作设计方法的结果总结**

| 工作设计方法 | 积极的结果 | 消极的结果 |
|---|---|---|
| 激励型方法 | 更高的工作满意度<br>更高的激励性<br>更高的工作参与度<br>更高的工作绩效<br>更低的缺勤率 | 更多的培训时间<br>更低的利用率<br>更高的错误概率<br>精神负担和压抑出现的可能性更大 |
| 机械型方法 | 更高的利用率<br>更低的错误率<br>精神负担的压力出现的可能性降低 | 更低的工作满意度<br>更少的培训时间<br>更低的激励性<br>更高的缺勤率 |
| 生物型方法 | 更少的体力支出<br>更低的身体疲劳度<br>更少的健康抱怨<br>更少的医疗事故<br>更低的缺勤率<br>更高的工作满意度 | 由于设备或工作环境的变化带来更高的财务成本 |
| 知觉运动型方法 | 出现差错的可能性降低<br>发生事故的可能性降低<br>较低的激励性<br>精神负担和压力出现的可能性降低<br>更少的培训时间<br>更高的利用率 | 较低的工作满意度 |

## 讨论案例

### A 公司的工作分析如何开展?

A 公司是我国中部省份的一家房地产开发公司。近年来,由于房产需求强劲,公司飞速发展,规模持续扩大,员工人数大量增加,成为一家中型房地产开发公司。与此同时,公司的组织和人力资源管理问题逐渐凸显。为此,人力资源部着手进行人力资源管理的变革,变革从进行工作分析、确定职位价值开始。人力资源部首先寻找进行工作分析的工具与技术。在阅读了国内流行的工作分析书籍之后,人力资源部工作人员从中选取了一份工作分析问卷,作为收集职位信息的工具。然后,将问卷发放到各部门经理手中,同时在公司的内部网上发了一份关于开展问卷调查的通知,要求各部门员工予以配合。据反映,问卷下发到各部门之后,一直搁置在各部门经理手中,并没有发下去。很多部门直到人力资源部开始催收时才把问卷发到每个人手中。同时,由于大家都很忙,很多人在拿到问卷之后没有仔细思考,草草填写完事。还有很多人在外地出差,或者任务缠身,自己无法填写,而由同事代笔。此外,据一些较为重视这次调查的员工反映,大家都不了解这次问卷调查的意图,也不理解问卷中那些生疏的术语(如职责、工作目的)。很多人想就疑难问题向人力资源部咨询,可是不知道该找谁。因此，在回答问卷时大家只能根据自己的理解来填写，无法把握填写的规范和标准。一个星期之后，人力资源部收回了问卷。但他们发现，问卷填写情况不太理想，有一部分问卷填写不全，有一部分问卷答非所问，还有一部分问卷根本没有收上来。调查的结果难以发挥应有的作用。

与此同时，人力资源部也着手选取一些职位进行访谈。但在试着与几个职位的员工交谈之后，发现效果也不好。因为在人力资源部能够对部门经理访谈的人只有人力资源部经理一人，主管和一般员工都无法与其他部门经理进行沟通。由于经理们都很忙，把双方凑在一块实属不易。因此，两个星期中只访谈了两位部门经理。人力资源部的几位主管负责对经理级以下的员工进行访谈，但访谈中出现的情况出人意料。大部分时间是被访谈人在发牢骚，指责公司的管理问题，抱怨自己的待遇低等。而在谈到与职位分析相关的内容时，被访谈人往往又言辞闪烁，顾左右而言他，似乎对人力资源部的这次访谈不太信任。

（案例来源：由网络资料改编，仅供教学使用。）

**讨论与思考**

1. A公司在工作分析中存在哪些问题？
2. 如果你是该公司的人力资源部主管，你会怎样做？

## 复习思考题

1. 工作分析的步骤有哪些，都是如何完成的？
2. 通用的工作分析方法有哪些？试比较它们的优缺点。
3. 试比较分析PAQ和MPDQ两种工作分析方法的异同。
4. 工作说明书由哪些部分构成，如何编制？
5. 工作设计有哪几种方法，这几种方法分别有什么特点？

## 自 测 题

**一、选择题**

1. 大学讲师和工厂的工程师属于同一(　　)。

A. 职系　B. 职组　C. 职级　D. 职等

2. 下列哪一个工作分析的方法使用范围较小，不适用于工作循环周期较长、工作状态不稳定的职位，并且信息整理量大，归纳工作烦琐(　　)。

A. 观察法　B. 访谈法　C. 问卷法　D. 工作日志法

3. 以下不是工作分析方法的是(　　)。

A. 问卷调查法　B. 德尔菲法
C. 观察法　D. 工作日志法

4. 下列关于关键事件法的叙述，不正确的是(　　)。

A. 对事不对人　B. 以事实为依据
C. 考虑行为的情景　D. 能做定量分析

5. 工作分析小组成员不包括(　　)。

A. 企业高层领导　B. 工作分析人员

C. 外部专家和顾问　　　　D. 财务分析人员

6. 下列哪一项不是职位分析问卷的缺点(　　)。

A. 不能描述实际工作中特定的具体的任务活动

B. 可读性不强

C. 花费很多时间，成本很高

D. 程序比较简单

7. 下列不属于工作要素法的特点的是(　　)。

A. 工作要素法在操作过程中较强的灵活性和开放性

B. 工作要素法具有明显的人员导向性

C. 工作要素法的公式化处理方式使得该方法更为客观严谨

D. 工作要素法的使用门槛低，不需要对相关分析人员进行培训

8. 职位分析问卷包括多少个项目(　　)。

A. 194　　B. 274　　C. 6　　D. 15

**二、填空题**

1. 工作分析可分为________、________、________、________、应用和反馈阶段五个阶段。

2. 根据胜任特征模型，“冰山”之下的内隐特征包括________、________和________三个方面。

3. 职位分析问卷法的调查项目包括________、________、________、人际关系、工作环境和其他特征六个类别。

4. FJA 的核心是将每一项工作按照员工工作时对________、________和事的处理方式进行等级划分的分析方法。

# 第四章　员 工 招 聘

学习目标

1. 理解员工招聘的概念、原则与意义；
2. 了解影响招聘的内外部因素；
3. 熟悉招聘的总体流程；
4. 掌握人员招募的来源与主要方法；
5. 掌握人员甄选的程序与方法；
6. 了解人员录用的一般程序；
7. 熟悉招聘评估的内容。

## 第一节　员工招聘概述

招聘，古已有之。我国古代历史上“求贤”“求才”的典故不胜枚举。战国时燕昭王的“千金市骨”、两汉时期的“萧何月下追韩信”以及“三顾茅庐”等典故，都体现了古代对人才的极度重视和渴求，这些故事至今仍为稀缺人才招聘提供了宝贵的启示和典范。韩愈《杂说》曰：“世有伯乐，然后有千里马。千里马常有，而伯乐不常有。”现在通常用“伯乐”来比喻善于发现、推荐、使用人才的人。但是，招聘作为一种科学管理活动，仅可上溯至泰勒的科学管理时代。应该说，大规模的招聘活动是伴随着资本主义工业化大生产对人力资源大量和集中的需求而出现的，因此欧美国家在人员相关招聘技术方面的研究利用相对较早。

从现代人力资源管理的角度而言，吸引并选拔优秀的人才已成为企业生存和发展的关键，即人力资源管理的吸纳功能越发显得重要，而这项功能正是通过招聘活动来实现的。因此，有效开展招聘活动，根据工作分析把所需要的人才在合适的时候放在合适的岗位上，是企业成功的关键因素之一。

### 一、招聘的意义

#### （一）招聘的概念

美国著名学者亚瑟·小舍曼（Arthur W. Sherman Jr.）、乔治·勃兰德（George W.

Bohlander)等在其所著的《人力资源管理》一书中认为，招聘是寻求和鼓励潜在的应征者申请现有的或预期的空缺职位的过程。在这一过程中，组织应致力于使应征者得到工作要求和职位机遇的全面信息。某一项工作要由组织内部还是外部来承担，取决于人员的可用性、组织的人力资源政策和工作的要求。美国学者乔治·米尔科维奇(George T. Milkovich)在其所著的《人力资源管理》中将招聘定义为：招聘是确认和吸引大量候选者的过程，从中挑选可接受雇佣要求的人。

虽然学者们关于招聘的定义有不同的表述方式，但都有共同之处：首先，招聘是人力资源管理的基础，它关系到组织的生存和发展；其次，招聘是一个过程，这个过程包括吸引应聘者、对应聘者进行筛选、录用等环节；最后，企业应根据职位需求、应聘者的素质条件、企业的人力资源政策等进行人员选拔、招聘工作。

综上所述，本书认为，招聘是指在企业总体发展战略规划的指导下，制定相应的职位空缺计划，采取科学的方法，寻找、吸引具备资格的个人前来应聘，从中选出适宜人员予以录用的管理过程。

### （二）招聘的原则

人员招聘是确保组织生存与发展的一项重要的人力资源管理活动。在招聘过程中，应遵循以下原则：

**1. 公开、公平、竞争原则**

招聘信息需公开，让符合条件、有意愿的人都能参与到选拔中。对于应聘者不能刻意制造不平等的限制或条件，不能性别歧视、民族歧视或对弱势群体、残疾人歧视。在招聘时要明确考核程序、考核方法、选拔标准，为每位应聘者提供公平竞争的机会，在比较和竞争中选择最符合岗位需求的人才。

**2. 人岗匹配原则**

人岗匹配有两方面的含义：一是岗位要求与个人素质要匹配，因为每个工作岗位都有其特定的要求，个人要想胜任某项工作必须具备一定的知识、技能、品德和相关心理特征，不能大材小用或小材大用；二是工作的报酬与个人的能力要匹配，这样雇员才有工作积极性。因此，对企业而言，其招聘目标可能并不是要招聘到最优秀的人才，而是招聘到最匹配的人才。

**3. 全面原则**

应从知识、能力、品德、经验、业绩、态度和潜能等多个方面对应聘者进行全面考察和综合评价，来判断其是否能胜任岗位要求。只有全面地对应聘者进行评价，才能真正找到符合企业需要的人才。

**4. 高质量基础上的效率优先原则**

招聘要讲究效率，要在有限的人力、物力资源限制下，根据不同的招聘要求灵活运用适当的招聘方式、选择适当的招聘渠道，用尽可能低的招聘成本录用高质量、合适的员工。

### （三）招聘的意义

招聘工作的有效实施不仅对人力资源管理本身，而且对整个企业也具有非常重要的意义。这主要表现在以下几个方面：

**1. 提高企业的竞争力**

优秀的人力资源是企业的核心竞争力，而招聘工作是人力资源输入的起点，招聘工作的质量直接决定着人力资源输入的质量，影响着企业其他环节各项活动的开展。优秀的人才能为企业带来巨大的效益，为企业蓬勃稳定发展奠定坚实的基础。

**2. 避免不必要的人员流失**

招聘活动是影响企业人员流动的重要因素之一。一方面，招聘过程中信息传递的真实与否，关系到应聘者进入企业后的直接感受好坏与否。如果企业向外部传递的信息不真实，应聘者进入企业后发现实际情况与期望不符，会产生失落感，从而降低工作满意度，导致较高的人员流动率。另一方面，招聘中是否能正确识别应聘者的能力及素质，关系着员工是否能做好工作。如果员工不能胜任岗位要求，可能造成不必要的人员流动。

**3. 降低人力资源管理成本**

作为人力资源管理的一项基本职能，招聘活动的成本是人力资源管理成本的重要组成部分，招聘活动的有效进行能够大大降低它的成本，从而降低人力资源管理的成本。此外，有效的招聘可使组织招到更能胜任岗位工作的员工，一定程度上可减少额外的培训成本。

**4. 树立良好企业形象**

招聘，尤其是外部招聘，本身就是企业向外部传播企业文化和社会影响力的一个过程。无论是企业向外部发布的招聘信息中关于企业自身情况、文化、产品的介绍，还是企业的招聘人员在面对外部应聘者时所展示的专业化形象和优良的工作作风，都有助于让外界更多地了解企业，提高企业知名度，树立良好的社会形象。

## 二、招聘的总体流程

招聘工作是一个系统而连续的程序化操作过程，涉及人力资源部门及企业内部各个用人部门。为了使员工招聘工作科学化、规范化，应当按一定程序组织招聘工作，这对招聘人数较多或招聘任务较重的企业尤其重要。

从广义上讲，员工招聘包括招聘准备、招聘实施和招聘评估三个阶段。狭义的招聘即指实施阶段，主要包括招募、甄选和录用三个步骤。

### （一）准备阶段

准备阶段的主要任务包括确定招聘需求、明确招聘目标、制定招聘计划和招聘策略等。

员工招聘一般需要具备两个前提条件。一是人力资源规划，从人力资源规划中得到的人力资源净需求预测决定了预计招聘的职位与部门、数量、时限、类型等因素。二是工作描述与工作说明书，它们为录用提供了主要的参考依据，同时也为应聘者提供了关于该工作的详细信息。确定招聘需求工作需要以人力资源规划和工作分析为前提和基础，通过人力资源规划和工作分析这两项前期工作来明确招聘需求和招聘目标。具体步骤为：首先，由企业统一的人力资源规划或由各部门根据长期或短期的实际工作需要提出人员需求，包括所需人员的职位类型、数量及具体要求；然后，由人力资源部门对人员需求及资料进行审定和综合平衡，对有关费用进行评估，提出是否受理的具体建议，报送主管领导审批。

经上级批准确定人员需求后，人力资源部门需制定招聘工作计划，为人员招聘录用工作提供客观的依据、科学的规范和实用的方法，避免人员招聘录用过程的盲目性和随意性。招聘计划一般主要包括以下几个方面的内容：人员需求清单、招聘信息发布的时间和渠道、招聘人选、录用标准、招聘费用预算及招聘工作时间表等。其中，重点需明确以下几项内容：

1. 计划录用人数及类型

各用人部门按照自己部门所产生的职位空缺向人力资源部门提出用人申请，根据部门人员需求，在企业人力资源规划的限制和约束下，确定计划录用的员工数量及岗位类型。各年度的录用人数应确保企业人力资源构成的合理性，尤其是在年龄、知识、能力结构上要符合组织运作和发展的需要。录用人数的确定，还要兼顾录用后员工的配置、晋升等问题。

2. 从候选人应聘到录用之间的时间间隔

有效的招聘计划应该估算从候选人应聘到最终录用之间的时间间隔。随着劳动力市场条件的变化，这些数据也要相应地发生变化。

3. 录用标准

录用人员标准有基本标准和关键标准两大类。基本标准是确定其能不能做这项工作，而关键标准是确定其能不能做好这项工作。两者相互补充，层层递进。制定好这两个标准，企业才能按锁配钥匙，找到符合要求的人员，招聘才能成功。

4. 录用来源

确定从哪里录用人员，是从内部招聘还是外部招聘，并根据不同的招聘渠道选择相应的招聘方法。确定录用来源有助于企业有效地把时间花费在某一劳动力市场上。应根据成本及时间间隔数据定期收集、评价招聘来源信息，对各种信息来源进行分类，选择那些最快、最廉价地提供适当人选的渠道作为录用来源。

5. 招聘费用预算

企业可以根据自己的实际情况，按照所采取的招聘方式、招聘对象、招聘人数的多少等因素具体来决定招聘费用预算。招聘费用除了参与招聘工作的有关人员的工资以外，还需要考虑广告费、考核费、差旅费、电话费和通信费等费用，保证招聘工作的正常进行。

6. 招聘策略

招聘策略是招聘计划的具体体现，是为实现招聘计划而采取的具体策略。在招聘中，必须结合企业的实际情况和招聘对象的特点，选择合适的招聘策略。招聘策略包括招聘人员配置策略、招聘范围设定策略、招聘时间确定策略等。

(1) 招聘人员配置策略。企业招聘过程质量的高低，特别是招聘人员的专业化程度、个人素质与形象会影响应聘者对企业的看法。因此，组建一支优秀的招聘队伍，对招聘工作的有效开展至关重要。在组建招聘人员队伍时，应选择具有良好个人品质和修养、多方面能力和知识的人作为招聘人员。还要注意队伍成员在知识、能力、气质和性别等方面的互补性。此外，用人部门经理也应参加到招聘工作中，因为部门经理是未来员工的直接上级，更加了解相应岗位的具体要求。

(2) 招聘范围设定策略。招聘的范围是指企业要在多大的地域范围内进行招聘活动。从招聘的效果考虑，范围越大，效果相应也会越好，但是随着范围的扩大，企业的招聘成本也会增加，因此招聘的范围应当适度，既不能太大又不能太小。

企业在确定招聘范围时，通常需要考虑以下两个重要因素：一是空缺职位的类型。一般来说，层次较高或性质特殊的职位，需要在较大的范围内进行招聘；而层次较低或者比较普通的职位，在较小的范围内进行招聘即可。二是企业当地的劳动力市场状况。如果当地的劳动力市场比较紧张，相关职位的人员供给比较少，那么招聘的范围就要扩大；相反，当劳动力市场宽松时，在本地进行招聘就可以满足需求。

(3) 招聘时间确定策略。从出现招聘需求、制定招聘计划、开展招聘工作至最终选拔录用、培训上岗，整个过程需要耗费一定时间。为了避免因缺少人员而影响正常运转的现象，企业要合理地确定自己的招聘时间，以保证职位空缺的及时填补。

招聘时间选择最常用的方法是时间流失数据法（Time Lapse Data，TLD），该方法显示了招聘过程中关键决策点的平均时间间隔，通过计算这些时间间隔来确定招聘的时间。使用这种方法确定招聘时间时，也要考虑两个因素：整个招聘录用的阶段数量和每个阶段的时间间隔。阶段越多，每个阶段的间隔时间越长，招聘开始的时间就应该越早。

### （二）实施阶段

招聘工作的实施是整个招聘活动的核心，先后经历招募、甄选、录用三个步骤。

**1. 人员招募**

根据招聘计划所确定的用人条件和标准进行决策，采用适宜的招聘渠道和相应的招聘方法，发布招聘信息，吸引合适的应聘者，以达到适当的效果。有效的人员招募将会使企业有较为充分的人员选择余地，避免出现因应聘人数过少而降低录用标准，或因不符合要求的应聘者过多而影响工作效率。同时，也可使应聘者更好地了解企业，减少因盲目加入而给企业和个人造成不必要的损失。

**2. 人员甄选**

企业采用各种测试方式，对候选人的任职资格和对工作的胜任程度，即与职务的匹配程度进行系统地、客观地测量和评价，为录用决策提供依据。对候选人的选拔和评价可以分成几轮，将对职位所需必要条件的测试放在前面，将不具备必要条件或在必要条件上表现较差的候选人淘汰，然后再对其他任职资格进行评价。

**3. 人员录用**

录用是依据选择的结果做出录用决策并进行安置的活动，主要包括确定拟录用人员、入职体检、背景调查、录用决策、办理录用手续等内容。在这个阶段，招聘者和求职者都要做出自己的决策，通过双选达成个人和工作的最终匹配。

### （三）评估阶段

要了解招聘工作是否达到预期目的、效果如何，就需要对招聘工作进行评估。对招聘活动的评估主要包括两个方面：一是对照招聘计划对实际招聘录用的结果（数量和质量两个方面）进行评价总结；二是对招聘工作的效率进行评估，以便发现招聘中的问题，有利于企业不断改进招聘方式，以指导下一轮招聘工作高质量地进行。

## 三、影响招聘活动的因素

在现实中，招聘活动的实施是受到多种因素影响的，为了保证招聘工作的效果，必须对这些因素有所了解。归纳起来，影响招聘活动的因素主要有外部因素和内部因素两大类。

### （一）外部影响因素

**1. 经济制度与经济状况**

经济制度对招聘活动的影响主要表现在对人力资源供需的调节机制上。例如，计划经济体制下人力资源的调配主要通过国家计划统一实施，企业缺乏选人用人的自主权，而这种完全处在被动地位的企业,也不可能存在真正意义上的招聘活动。在市场经济体制下,企业的人力资源调配主要通过市场机制来调节,这时招聘的意义就开始显现出来。经济状况对招聘活动的影响主要表现在企业的招聘需求和招聘成本等方面。

**2. 国家的法律法规与政策**

由于法律法规的本质是规定人们不能做什么事情,因此在一般意义上,国家的法律法规对企业的招聘活动具有限制作用,它往往规定了企业招聘活动的外部边界。例如,我国的《劳动法》《劳动合同法》中关于劳动关系的确立、变更、解除等相关规定,规范了劳动用工行为,对企业的招聘活动起到了约束作用。此外,国家对一些产业、行业的扶持与限制,特殊人才政策等都对招聘活动产生重要影响。

**3. 外部劳动力市场**

由于招聘特别是外部招聘,主要是在外部劳动力市场进行的,因此市场的供求状况会影响招聘的效果,当劳动力市场的供给小于需求时,企业吸引人员就会比较困难;相反,当劳动力市场的供给大于需求时,企业吸引人员就会比较容易。在分析外部劳动力市场的影响时,一般要针对具体的职位层次或职位类别来进行。例如,现在技术工人和专业人才的市场比较紧缺,企业招聘这类人员时就比较困难,往往要投入大量的人力、物力。

**4. 社会文化与教育状况**

社会文化背景及企业所在地的教育状况也会对企业的招聘活动产生影响。特定的社会文化影响下,人们的择业观念往往差异很大,而这些观念则直接影响其教育的方向和未来职业的选择。例如,受长期"官本位"意识、"学而优则仕"等观念的影响,很多人期望以后从事的职位是"劳心"的白领,而不愿成为"劳力"的蓝领。这就导致了技工学校的高质量生源严重短缺,反映到企业的招聘活动中则表现为高级技工的招聘难度增大。此外,很多受教育程度较高的劳动者在择业时会优先考虑北京、上海等一线城市,导致一些三四线小城市企业在招聘高水平人才时的吸引力不足。

### (二) 内部影响因素

**1. 企业自身实力**

一般来说,企业实力越强、规模越大、福利待遇越好、社会声誉越好,企业空缺职位对应聘者的吸引力就越大,在招聘活动中可选择的求职者就越多,企业的话语权就越大。

**2. 企业的招聘预算**

招聘预算对招聘活动有着重要的影响。充足的招聘资金可以使企业选择更多的招聘方法、扩大招聘的范围,如花大量的费用进行广告宣传、选择影响力比较大的媒体;相反,有限的招聘资金会使企业招聘时的选择大大减少,这会对招聘效果产生不利的影响。

**3. 企业的政策**

企业的相关政策对于招聘活动有着直接的影响。企业在进行招聘时一般有内部招聘和外部招聘两种渠道,至于选择哪个渠道来填补空缺职位,往往取决于企业的政策。有些企业可能倾向于外部招聘,而有些企业则倾向于内部招聘。此外,在外部招聘中,企业的政策也会影响招聘方法的选择,有些企业愿意在学校进行招聘,而有些企业则愿意在社会上进行招聘。

**4. 企业文化**

良好的企业文化,有利于吸引到更多优秀的人才。在招聘中,企业更倾向于选择与企业价值观相符的应聘者,求职者也倾向于选择那些拥有自己所认可的企业文化的企业。一个开放、包容、有活力的企业文化往往对求职者有较大的吸引力。

# 第二节　人 员 招 募

## 一、人员招募的含义与程序

### (一) 人员招募的含义

企业在制定了较为详细的招聘计划之后,下一步就需要进行人员招募,即通过各种方法尽可能多地吸引应聘者前来应聘。

有效的人员招募将会使企业有较为充分的人员选择余地,避免出现因应聘人数过少而降低录用标准,或不符合要求的应聘者过多而影响工作效率;同时也可使应聘者更好地了解企业,减少因盲目加入而给企业和个人造成不必要的损失。

### (二) 人员招募的程序

人员招募主要包括两个步骤:一是发布招聘信息,二是接待应聘者,获取企业所需的应聘者相关资料。

**1. 发布招聘信息**

企业的招聘计划决定了招聘信息发布的范围、渠道、方式和时间。一份设计成功的招聘信息应该将企业的客观信息有效地传送到可能的求职者手中,吸引那些具有企业所要求的知识、能力和经验的应聘者主动求职。

完整的招聘信息至少应包括以下内容:

(1) 工作岗位的名称。

(2) 有关工作职责的简单而明确的阐述。

(3) 说明完成工作所需的技巧、能力、知识和经验。

(4) 工作条件。

(5) 工作报酬和享受的福利等。

(6) 申请的时间和地点。

(7) 如何申请,是否要寄送简历、填申请表及面试等。

发布招聘信息时应注意:

第一,招聘信息应客观实际,不要过分夸大企业的实力或许诺难以兑现的高额工资报酬。如果工作岗位的现实难以满足受聘人员的初始期望,过分"推销"工作或企业可能导致受聘人员的不满和跳槽,这不仅给应聘者造成了时间和机会的损失,也会使企业连带付出较高的代价,最终对双方都不利。

第二,应根据招募对象可能的范围来确定招聘信息发布的范围。虽然发布信息的面越广,接收到该信息的人就越多,应聘者也就越多,这样可能招聘到合适人选的概率就越大,但相应的招聘费用也会增加。为了提高招聘信息发布的有效性，应注意招募对象的层次性，根据招聘岗位的要求与特点，向特定的人员发布招聘信息。

第三，在条件允许的情况下，招聘信息应尽早发布，这样有利于缩短招聘进程，而且有利于让更多的人获取信息，增加应聘人数。

**2. 收集应聘者信息，获取企业所需的应聘者相关资料**

应聘者在获取招募信息后，可以通过多种方式向招聘单位提出应聘申请，如通过电子邮件、网上申请、线下报名等。在招聘工作中，通常采用的是让应聘者填写并提交申请表的形式，获取应聘者的个人信息。申请表可以提高初次筛选的效率，还可以考核选拔过程的有效性。不同的单位在招聘中使用的申请表所含项目是不同的，而且不同职位的申请表内容设计也有一定的区别，如表 4-1 所示。

**表 4-1 某公司应聘人员报名表**

<table>
<tr><td>姓　名</td><td></td><td>性　别</td><td></td><td>出生年月</td><td></td><td rowspan="4">近期免冠照片</td></tr>
<tr><td>现 居 地</td><td></td><td>民　族</td><td></td><td>应聘岗位</td><td></td></tr>
<tr><td>政治面貌</td><td></td><td>健康状况</td><td></td><td>是否接受岗位调剂</td><td></td></tr>
<tr><td>婚　否</td><td></td><td>最高学历及学位</td><td></td><td>期望薪资</td><td></td></tr>
<tr><td>毕业院校</td><td colspan="3"></td><td>所学专业</td><td colspan="2"></td></tr>
<tr><td>身份证号码</td><td colspan="3"></td><td>家庭详细地址</td><td colspan="2"></td></tr>
<tr><td>外语水平</td><td colspan="3"></td><td>特长爱好</td><td colspan="2"></td></tr>
<tr><td>联系电话</td><td colspan="3"></td><td>电子邮箱</td><td colspan="2"></td></tr>
<tr><td rowspan="4">家庭成员基本情况</td><td>与本人关系</td><td>姓　名</td><td colspan="2">政治面貌</td><td colspan="2">工作单位及联系方式</td></tr>
<tr><td></td><td></td><td colspan="2"></td><td colspan="2"></td></tr>
<tr><td></td><td></td><td colspan="2"></td><td colspan="2"></td></tr>
<tr><td></td><td></td><td colspan="2"></td><td colspan="2"></td></tr>
<tr><td>学习及工作经历</td><td colspan="6"></td></tr>
<tr><td>相关获奖及技能证书</td><td colspan="6"></td></tr>
<tr><td>工作业绩</td><td colspan="6"></td></tr>
<tr><td colspan="7">本人承诺：以上所填信息真实、准确，如有不实之处、个人弄虚作假、填写错误，被取消考试或聘用资格，本人愿意承担由此造成的一切后果。<br>签名(手写)：　　　　年　　月　　日</td></tr>
</table>

一般来说，应聘申请表应包含以下信息：

(1) 应聘者希望申请的职位，是否接受岗位调剂。

(2) 个人基本信息，如姓名、性别、出生日期、现居地、健康状况、婚姻状况、联系方式、个人照片等。

(3) 学习与工作经历、相关获奖及技能证书、工作业绩等。

(4) 主要家庭成员情况，包括家庭成员姓名及关系、政治面貌、工作单位等。

(5) 期望薪资。

必要时，可要求应聘者将身份证复印件，学历、学位证书，技能、职称证书，业绩成果证明等作为附件一并提交报送。此外，申请表的设计还要注意遵守有关法律和政策。

## 二、人员招募的来源

企业人员的补充可分为内部招募和外部招募两个来源。这两种渠道相辅相成，共同为企业获取人员提供支持与保障。

### (一) 内部招募

内部招募是指通过内部晋升、工作调换、工作轮换等多种方法和手段，从企业内部人力资源储备中选拔出合适的人员补充到空缺或新增岗位的活动中。

**1. 内部招募的优势**

(1) 准确性高。从招聘的有效性和可信度来看，由于对内部员工有比较充分的了解，管理者对内部员工的过往业绩、工作态度、性格、工作动机及发展潜能等方面也有比较客观、准确的认识，用人风险较小，招聘成功率较高。

(2) 适应较快。从运作模式看，内部员工更了解本企业的运营模式，熟悉企业文化及人际关系，与从外部招募的新员工相比，能更快地进入角色，适应新的工作岗位。

(3) 激励性强。从激励方面来分析，内部招募能够给员工提供发展的机会，有利于员工职业生涯发展，强化员工为企业工作的动机，增强员工对企业的责任感和忠诚度。尤其是在管理人员招募中，晋升式的内部招募会形成较好的示范作用，在企业内部树立榜样，鼓舞员工士气，形成积极进取、良性竞争的氛围。

(4) 费用较低。内部招募可以节约大量的费用，如广告费用、招聘人员与应聘人员的差旅费等，同时还可以省去一些不必要的培训项目，减少了企业因岗位空缺而造成的间接损失。此外，内部招募的员工在企业中已工作一定时间，对企业各方面有一定的认同，避免了招聘不当造成的人员流动而带来的间接损失。

**2. 内部招募的不足**

虽然内部招募有上述的许多优势，但其本身也存在着明显的不足，主要表现在以下一些方面：

(1) 因处理不公、方法不当或员工个人原因，可能会在企业中造成矛盾与冲突。内部招聘需要竞争，而竞争的结果必然有成功与失败，并且失败占多数。竞争失败的员工可能会心灰意冷、士气低下，不利于企业的内部团结。内部选拔还可能导致部门之间出现“挖人才”的现象，不利于内部之间的团结协作。

(2) 容易导致近亲繁殖，抑制创新。同一组织内的员工有相同的文化背景，可能会产生团体思维现象，抑制了个体创新，尤其是当企业内部重要岗位主要由基层员工逐级升任，就可能会因缺乏新观念的输入，逐渐产生一种趋于僵化的思维意识，这将不利于企业的长期发展。

此外，新上任者面对的是以前的同事，难以建立起领导声望。

### （二）外部招募

外部招募，是从企业外部获得所需人员。在企业的产品和技术更新换代快而导致来不及培养内部人才适应新的技术需要，或企业内出现职位空缺而没有适合的内部应聘者，抑或内部人力不能满足招聘人数的情形下，就需要从企业外部招聘。

**1. 外部招募的优势**

（1）带来新思想和新方法。从外部招募来的员工对现有的企业文化有一种崭新的、大胆的视角，不受固有思维约束，能给企业带来新思想和新观念，激发企业活力。

（2）有利于招聘一流人才。外部招募的人员来源广，选择余地很大，能招聘到许多优秀人才，尤其是一些稀缺的复合型人才，可以一定程度上节省内部培训费用。

（3）树立形象的作用。外部招募也是一种很有效的对外宣传方式，企业可以借此在其员工、客户和其他外界人士中树立良好的形象。

（4）能激发现有员工的积极性。外部招募人才可以在无形中给企业原有员工施加压力，形成危机意识，激发斗志和潜能，从而产生“鲶鱼效应”。

另外，外部招募受现有人际关系的影响也相对较小。

**2. 外部招募的不足**

（1）筛选难度大、时间长。仅凭借简历信息和一些人员甄选方法的应用，很难全面、深入地了解应聘者的能力、性格、态度和兴趣等素质，从而无法准确预测他们在未来的工作岗位上能否达到企业所期望的要求。此外，外部招募来的应聘者需要经过一系列甄选过程，耗时较长。

（2）进入角色慢。从外部招募来的员工需要花费较长的时间来进行培训和定位，才能了解企业的工作流程和运作方式，增加了培训成本。外来人员还可能出现“水土不服”的现象，无法适应新的环境。

（3）招募成本大。外部招募需要通过媒体或中介机构发布信息，这一般需要支付相关费用，而且由于外界应聘人员相对较多，后续的挑选过程也非常烦琐，不仅耗费巨大的人力、财力，还占用了很多的时间，增加了招募成本。

（4）决策风险大。外部招募往往只通过几次短时间的接触来判断候选人是否符合本企业空缺岗位的要求，而不像内部招聘那样经过长期的接触和考察。所以，很可能因为一些外部的因素而做出不准确的判断，进而增加决策的风险。外部招募还可能使企业沦为外聘员工的“跳板”，甚至会泄露企业的一些商业机密等敏感信息。

（5）影响内部员工的积极性。如果企业中有胜任的人未被选用或提拔，外部“空降兵”占用内部员工的晋升和发展机会，可能会影响内部员工的积极性。

正是因为内部招募与外部招募各有优势，也各有不足之处，企业应根据自身实际及岗位需求来选择合适的招募来源。一般来说，当企业内拥有充足的人力资源储备、内部人员质量能满足组织发展需要、内部风气较好时可考虑采用内部招募。当企业处于快速成长期，内部员工数量与质量无法满足组织自身发展需要，或企业亟须新思想、新技术、新方法、新观念的输入来激发组织内部活力时，可考虑采用外部招募。实践中，大多数企业采用内外部招募相结合的方式来获取所需的人力资源。

## 三、人员招募的主要方法

### （一）内部招募方法

**1. 工作公告法**

公告法是企业内部招募员工最常用的一种方法。人力资源部门在确定了空缺岗位的性质、职责及其所要求的条件等情况后，通过布告栏、内部邮件、内部短信、官网通知和内部刊物等载体向全体员工公布空缺职位信息，吸引符合条件的员工申请参选。发布的公告中应说明空缺岗位的性质、工作内容、任职资格、上级职位、工作时间和薪资待遇等。

公告法的优点在于让企业内更多的人员了解此类信息，为企业员工职业生涯的发展提供更多的机会，可以使员工脱离原来不满意的工作环境，也促使主管们更加有效地管理员工，以防本部门员工的流失。但由于企业内部人员有限，仅使用公告法招募人员有可能因缺乏合格候选人而导致职位较长时间空缺，影响企业正常运营。而员工也可能由于盲目地变换工作而丧失原有的优势。

**2. 档案记录法**

档案记录法是指通过查询员工个人档案资料，了解员工在教育、培训、经验、技能、绩效等方面的信息，从中筛选出符合空缺岗位要求的人员。使用这种方法进行人员招募时要注意两个问题：一是档案资料的信息必须真实可靠、全面详细，还要及时更新，这样才能保证挑选人员的质量；二是确定出人选后，应征求本人意见，看其是否愿意调整岗位。随着信息技术与网络的发展，现在很多企业建立了人力资源信息系统，对员工信息进行动态化和规范化的管理，这也大大提高了运用档案记录法进行内部招募的效率和效果。

**3. 推荐法**

推荐法可用于内部招募，也可用于外部招募。它是由本企业员工根据企业的需要推荐其熟悉的合适人员，供用人部门和人力资源部门进行选择和考核。由于推荐人对用人单位及被推荐者的情况都比较了解，使得被推荐者更容易获得企业与岗位的信息，便于其决策，也使企业更容易了解被推荐者，因而这种方法较为有效，成功的概率较大。它的缺点在于这种推荐会比较主观，容易受个人因素的影响，可能会推荐自己的亲信而不是一个胜任的人选。

一般来说，内部招募的具体措施包括以下几点：

一是内部晋升。内部晋升是指从企业内部提升员工填补更高层次的职位空缺。通过内部晋升能够促进企业内部人力资源的垂直流动。当企业内部出现岗位空缺时，特别是管理岗位空缺时，人力资源部门可以结合内部管理人员推荐意见，根据员工的人事档案，在内部发掘合适的候选人。内部晋升的员工对企业业务工作、人际关系等较为熟悉，能较快适应新的岗位。同时，这种方式给员工提供了升职的机会，能激发员工的工作积极性与进取心。

二是工作轮换。工作轮换又称轮岗，是指有计划地将员工进行横向的岗位调动。通过这种方法可以在填补一些空缺岗位的同时，减少员工长期从事某一特定岗位的倦怠感，让员工有机会了解不同岗位的工作，培养多方面的工作能力，为未来的晋升提前做好准备。工作轮换也是一种常见的管理人员培训方法。

三是内部公开招募。内部公开招募是指面向企业内全体成员公开空缺岗位信息，吸引对此岗位感兴趣并符合基本要求的内部员工参与竞聘。这种方式有利于发掘企业内部优秀员工，公开、公平的竞争方式也有利于使员工产生组织公平感，增加对竞聘结果的认可。为了保证正常的工作秩序，一般来说，员工应聘内部职位必须经原主管同意，以便后续工作安排与交接。且为了保证内部公开招募的质量，参加内部招募的员工同样也需要经过选拔评价，符合资格才能录用。

### （二）外部招募方法

#### 1. 网络招聘

当前，越来越多的企业借助互联网承担起公司人力资源管理与开发的多项职能，网络招聘已成为雇主招聘的主要方式。根据艾瑞咨询公司发布的《2022 年中国网络招聘行业市场发展研究报告》显示，2021 年中国网络市场招聘规模为 160 亿元，较 2020 年增长 48.2%，预计未来三年将保持中高速增长。

网络招聘依赖互联网技术搭建的先进的信息平台，通过平台可实现信息发布、简历投递、简历筛选、人才搜寻、面试邀约、信息登记和双向交流等多种功能，且信息覆盖面广，信息传播速度较快，能突破线下招聘中时间与空间的限制，极大地提高了招聘单位和应聘者的工作效率，降低了招聘成本。但网络招聘也存在无效、虚假信息较多、简历筛选难度较大、信息安全难以保障等问题。随着技术的进步，大数据、AI 技术在招聘中的应用越来越广，人才算法、人才模型、人才雷达等技术模型的开发与应用在很大程度上解决了网络招聘中数据筛选难、岗位匹配难等问题。此外，各类招聘平台也越来越重视网络安全及个性化服务，一定程度上可以克服网络招聘的弊端。

一般来说，网络招聘的实现渠道有以下几种：

(1) 在专业招聘网站、招聘 App 进行招聘。可以在譬如前程无忧、Boss 直聘、智联招聘、中华英才网、猎聘网和 58 同城等专业招聘网站或 App 上招募人员。这些平台服务专业，用户数量较多，且招聘功能齐全，部分招聘网站开发了相应的手机 App，使招聘工作更加实时化、移动化、便捷化。

(2) 在公司的主页或官网上发布招聘信息。这种方式既达到了广告宣传的目的，又能使来访问的求职人员在了解企业的实际状况后有针对性地选择应聘岗位。除了大型知名企业，一些中小企业也纷纷建立自己的网站，并发布招聘信息。为了提高网络招聘的效率，很多大型企业会在官网设置应聘系统，构建招聘信息发布、求职者职位申请、筛选测试、结果反馈一体化的招聘模式。

(3) 注册成为专业人才网站的会员。在人才网站上发布招聘信息，收集求职者的资料，查询合适的人才信息。由于人才网站上资料库的容量大，日访问量高，所以企业往往能较快地招聘到合适的人才。我国专业人才市场网站第一阵营为具有全国性影响力的大型综合人才网站；第二阵营为具有区域或行业影响力的人才网站，以及地方和行业人才网站。

(4) 在社交平台发布招聘信息。随着社交媒体的广泛应用，利用微博、微信、抖音等社交媒体平台发布招聘信息开始成为新趋势，这种方式下招聘者与求职者互动性更强，招募成本也相对较低。

#### 2. 借助中介

随着人才流动的日益普遍，各类人才交流中心、职业介绍所、劳动就业服务中心等就业中介机构应运而生。这些机构承担着双重角色：既为单位择人，也为求职者择业。借助这些机构，单位与求职者均可获得大量的信息，同时也可以传播各自的信息。

（1）职业介绍所与劳动就业服务中心。几乎每个城市都有人才交流中心，或私营的职业介绍机构，常年为企事业单位服务。同时，还会举办各类人才交流会、洽谈会等，搭建起用人单位与求职者之间的桥梁。这种方式的优点是介绍速度较快、费用较低。但目前职业中介机构良莠不齐，服务质量无法保证。一般来说，企业在没有专门的人力资源管理部门或空缺岗位人员需求比较紧急、招聘难度较大时，会考虑借助就业服务机构完成招聘工作。

（2）招聘会。招聘会是指由一些机构或政府相关部门组织的，为企业招聘和求职者择业提供服务的活动。在招聘会中，单位和应聘者可以直接进行接洽和交流，可信度较高，有时现场即可确定初选意向，能节省单位和应聘者的时间。但招聘会上往往应聘者众多，洽谈环境差，挑选范围受限制。通过这种方式招募人员时，宣传材料的制作、展位的布置、招聘人员的选择对招聘效果有着重要影响。随着人才交流市场的日益完善，招聘会呈现出向专业化方向发展的趋势，比如有中高级人才洽谈会、应届生双向选择会等。

（3）猎头公司。猎头公司是指为企业寻找高级人才的服务机构。它一方面为企业寻找有经验和特殊才能的高级人才，另一方面也为各类高级人才寻找合适的工作。猎头服务的一大特点就是推荐的人才素质相对较高。对企业发展十分重要的高级人才和尖端人才，用传统的渠道往往很难获取，猎头公司可以多渠道收集中高级人才信息并对其进行全方位的调查，精准匹配企业用人需求。当今社会，猎头公司早已成为企业获取高级人才和高级人才流动的主要渠道之一。但市场中的猎头公司资质及专业程度参差不齐，且服务费用较高，企业在选择猎头服务时需慎重选择背景与声望较好的公司，明确服务内容及费用标准，确保实现招聘目标。

**3. 校园招聘**

校园招聘是指用人单位的招聘人员通过在高校就业网站上发布招聘信息、进校开展招聘宣讲会、参加毕业生双选会等形式直接招募高校毕业生。高校每年都有大量应届毕业生，这些学生受过系统的高等教育，学习能力及可塑性相对较强，用工成本相对较低，能够为企业发展注入新鲜血液。因此，校园招聘是企业补充新生代人力资源的重要方式。当企业在初级岗位上有空缺或拥有自己的内部人才培养计划时，从高校招聘员工是一种经常被采用的战略方法。很多企业通过校企共建实习基地、定向培养计划等方式与高校就业部门保持长期的联系，以便获取稳定的优质毕业生供给。近些年，为促进高校毕业生就业，政府部门通过建立高校毕业生网上求职平台、出台相关就业政策等举措，为企业校园招聘创造良好的条件。

但校园招聘也有其明显不足之处，应届毕业生通常缺乏实际工作经历，对工作、职位和薪资待遇容易产生不切实际的期望，且在应聘时往往有脚踏几条船、骑驴找马的现象，稳定性较差。

**4. 内部员工推荐**

内部员工推荐是指当企业出现岗位空缺时，企业内部的员工可以推荐他们认为合适的人选应聘。在这种方式下，通过推荐人的牵线搭桥，应聘者与企业双方都能获取一定的对方的信息，有助于提高双方需求契合度，从而提高招聘成功率。很多企业为了获取稀缺人才，会通过设置激励措施来鼓励内部员工为企业推荐优秀人才。但这种方法可能会在企业内部形成裙带关系，不利于一些管理政策的推行。

在运用以上外部招募方法时，企业一般都需要在相应的平台上对外发布招聘信息和广告，在向外界传递空缺岗位信息的同时，宣传企业形象与产品，以吸引对这些空缺岗位感兴趣的潜在人选应聘，同时扩大企业知名度。发布广告要注意两个关键问题：一是广告媒体如何选择，二是广告内容如何设计。一般来说，可选择的广告媒体很多，传统媒体如广播、电视、报纸和杂志，这些媒体在网络和信息技术不发达的时代是发布招聘广告的主流方式；现代媒体如招聘网站、企业官网、社交平台等，这些都是当今时代常用的招聘广告媒体。

在设计招聘广告时，广告内容不仅需要告知潜在应聘者招聘企业能提供的岗位及岗位要求、应聘方式等，还应具有吸引力，能引发相关人员的注意与兴趣。总的来说，招聘广告应该根据 AIDA 原则来，即注意（Attention）、兴趣（Interest）、愿望（Desire）和行动（Action）进行设计。首先，招聘广告的排版、表现形式等应能引起求职者的注意；其次，空缺岗位的性质、工作内容、工作地点等要能引起求职者的兴趣；此外，广告上关于工作待遇、发展前景等信息要能引起求职者申请工作的愿望；最后，广告中应适当加入一些鼓动性的语言，鼓励求职者积极采取行动前来主动应聘。

# 第三节 人员甄选

企业通过内外招募等方式吸引到应聘者后，下一步就是进行人员甄选，判断哪些候选人与空缺职位的要求相匹配，并在此基础上做出雇用决策。

## 一、人员甄选概述

### （一）人员甄选的含义

人员甄选，即人员选拔，它是指通过运用一定的工具和手段对已经招募到的求职者进行鉴别和考察，区分他们的人格特点与知识技能水平，预测他们未来的工作绩效，从而最终挑选出企业所需要的、恰当的职位空缺填补者。斯蒂芬·罗宾斯（Stephen P. Robbins）认为，甄选过程的本质就是一项预测行动，即需要预测出哪一位应聘者在被组织雇佣之后将会取得成功，哪一位应聘者符合组织对员工的评估标准。

准确地理解人员甄选的含义，要把握以下几个要点：

（1）甄选应包括两个方面的工作：一是评价应聘者的知识、能力、品德和个性；二是预测应聘者未来在企业中的绩效。很多企业在员工甄选时将注意力过多地集中在前者，往往忽视了后者，其实后者关乎企业的实际招聘效果。

（2）甄选要以空缺职位所要求的任职资格条件为依据来进行，只有那些符合职位要求的应聘者才是企业所需要的。

（3）甄选是由人力资源部门和直线部门共同完成的，最终的录用决策要综合考虑多方面评价结果。

### （二）人员甄选的内容

候选者的任职资格和对工作的胜任程度主要取决于他们所具备的与工作相关的知识、

技能、品德修养、个性特点、行为特征和个人价值观取向等因素。因此,人员甄选是对候选者这几个方面的因素进行测量和评价。

**1. 知识**

知识是系统化的信息,可分为普通知识和专业知识。普通知识也就是一般所说的常识,而专业知识是指特定职位所要求的特定的知识。在人员甄选过程中,专业知识通常占据主要地位。可以通过应聘者所拥有的文凭和一些专业证书判断其专业知识的掌握程度,还可通过笔试、专业测试等多种方式考察其专业知识的广度和深度。

**2. 能力**

能力是引起个体绩效差异的持久性个人心理特征。能力通常分为一般能力与特殊能力。一般能力是指在不同活动中表现出来的一些共同能力,比如有记忆能力、想象能力、观察能力和注意能力等。这些能力是完成任何一种工作都不可缺少的能力。特殊能力是指在某些特殊活动中所表现出来的能力,例如,设计师需要具有良好的空间知觉能力及色彩辨别能力,管理者需要具有较强的人际交往能力和分析能力,销售人员需要具有较好的口头表达能力等。

**3. 品德**

"才者,德之资也;德者,才之帅也。"良好的品德修养是人的立身之本,也是做好工作的重要前提。在人员甄选时,可以通过应聘者对待某件事情的态度和评论某件事情的方式来间接判断一个人的德行,避免有才无德的人进入企业而带来的隐患和危害。

**4. 个性**

个性是指人的一组相对稳定的特征,这些特征决定着特定的个人在各种不同情况下的行为表现。个性与工作绩效密切相关。例如,性格急躁的人不适合做耐心的精细工作,而性格内向、不擅长与人打交道的人不适合做公关工作。

**5. 动力因素**

员工要取得良好的工作绩效,不仅取决于他的知识和能力水平,还取决于是否有努力工作的动力。员工的工作动力来自企业的激励系统,但这套系统能够起作用,与员工切身需求密切相关,如对金钱的渴望、对较高社会地位的向往、对事业成功的追求等。企业在招聘员工时需对应聘者求职的动力因素进行鉴别测试。

### (三) 人员甄选的程序

为了保证人员甄选的效果,需要按照上面所提到的几项标准和内容,人员甄选一般来说要按照下面的程序进行:首先评价应聘者的工作申请表和简历;然后进行各项选拔测试与面试;接下来审核应聘者材料的真实性;再接着就要进行体检;对一些关键性岗位,需进行必要的背景调查;应聘者被录用后还要经过试用期的考察;最后做出正式录用决策。具体程序如图 4-1 所示。

一个有效的甄选系统应达到以下几项标准:

**1. 甄选程序标准化**

甄选程序应尽量标准、规范,保证每位参加同类甄选的应聘者都经历同样数量和类型的筛选与测试。

**2. 测评顺序科学化**

从成本角度出发,甄选程序应以有效的顺序排列。在进行人员甄选时,可以考虑将成本较低的测评手段放在前面，而将成本较高的测评手段放在后面。这样可以使一部分候选人在一些成本较低的测评手段上就被淘汰，通过减少参加成本较高的测评人数来控制成本。

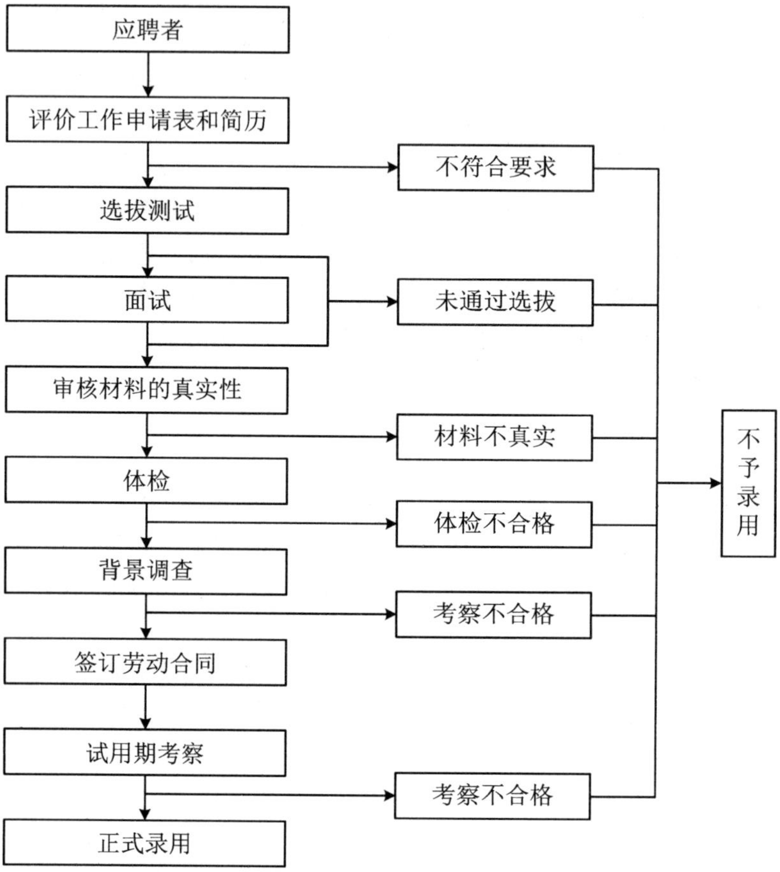


图 4-1 人员甄选程序示意图

**3. 决策点明确化**

决策点指那些能明确做出淘汰或保留的时点，如笔试成绩、体检结果等。甄选的程序要能够提供明确的决策点，关于应聘者通过决策点所必须具备的资格，管理者应有明确的标准。通过在每个决策点上淘汰不合要求的应聘者，将更多的时间和精力放在考察那些更有可能符合职位要求的应聘者身上。

**4. 信息获取高效化**

一个有效的甄选系统不仅要充分提供可以确定应聘者是否胜任空缺职位的信息，而且还要保证能从应聘者那里收集到与决策有关的充足信息，并且甄选程序应尽量避免获取应聘者相关信息时出现不必要的重复。应对参与甄选人员的职责做出清晰的界定，防止不同的评价人员分别与应聘者面谈时提出同样的问题，却同时忽略了能突出应聘者背景情况的重要信息。

## 二、人员甄选的方法

人员甄选常采用初步筛选、笔试、面试、心理测试和评价等方法对应聘者的知识、能力、个性和动力因素进行评价，判断其是否胜任工作。

### （一）初步筛选

对求职者进行的最初筛选是通过简历或应聘人员登记表来完成的。由于不同求职者制作的简历存在差异，不利于筛选和比较。因此，越来越多的企业都会制作职位申请表或报名表，让求职者填写，不仅能够得到企业所需要的信息，还可以提高筛选效率。

在初步筛选的过程中可从申请表格填写的认真、完整程度判断应聘者的态度，从简历内容前后的逻辑关系判断其是否存在虚假信息以及简历的可信度。同时，应关注与空缺岗位相关的问题，如应聘者以往经历中所任职务、技能、知识与应聘岗位之间的联系，教育背景是否符合申请条件，是否经常变换工作而这种变化却缺少合理的解释等。在筛选时，要注意分析其离职的原因和求职的动机，对那些频繁离职人员加以关注。

此外，由于个人资料和招聘申请表所反映的信息不够全面，决策人员有时会凭个人的经验与主观臆断来决定参加复试的人选，带有一定的盲目性，经常会产生漏选的现象。因此，初选工作在费用和时间允许的情况下应坚持面广的原则，尽量让更多的人员参加复试。

### （二）笔试

**1. 笔试的含义**

笔试是指让应聘者在试卷上用笔解答事先拟好的试题，然后根据应聘者解答的正确程度予以评定成绩的一种选择方法。这种方法主要通过测试应聘者的基础知识和素质能力的差异，来判断该应聘者对招聘岗位的适应性。对基础知识和素质能力的测试，一般包括两个层次，即一般知识和能力与专业知识和能力。一般知识和能力包括一个人的社会文化知识、智商、语言理解能力、数字才能、推理能力、理解速度和记忆能力等。专业知识和能力，即与应聘岗位相关的知识和能力，如财务会计知识、管理知识、人际关系能力、观察能力等。

笔试的优点在于，一次考试能提出十几道甚至上百道试题，由于考试题目较多，可以增加对知识、技能和能力的考察信度和效度；可以对大规模的应聘者同时进行筛选，花较少的时间达到较高的效率；对应聘者来说，心理压力较小，容易发挥正常水平；同时，成绩评定也比较客观。正是由于上述优点，笔试至今仍是用人单位经常使用的选择人员的重要方法。

笔试的缺点在于，不能直接与应聘者见面，不能全面考察应聘者的工作态度、品德修养、管理能力、口头表达能力和操作能力等。因此，还需要采用其他甄选方法进行补充。一般来说，在人员招聘中，笔试往往作为应聘者的初次竞争，成绩合格者才能继续参加面试或下一轮的竞争。

**2. 笔试实施过程中应注意的问题**

（1）科学命题。命题是笔试的首要问题，命题恰当与否，决定着考核的效度高低。无论是以招聘管理人员和科技人员为目的的论述式笔试，还是以招收工人和职员为目的的测验式笔试，其命题必须既能考核求职者的文化程度，又能体现出空缺职位的工作特点和特殊要求。在命题时需难易适中，在条件允许的情况下，可请相关专家参与命题，以保证试题的科学性和专业性。

(2) 提前确定评分细则。各个试题的分值应与其考核内容的重要性及考题难度成正比,若分值分配不当,则总分数不能有效地反映受测者的真实水平。

(3) 客观、公正阅卷。应防止阅卷人看到答卷人的姓名,阅卷人应采用流水阅卷,共同讨论打分的宽严尺度,并建立严格的成绩复核制度和处罚徇私舞弊者的纪律等。

### (三) 面试

**1. 面试的含义**

面试是指通过应聘者与面试者之间面对面的交流和沟通,从而对应聘者做出评价的方法。在现代社会,用人单位越来越注重员工的实际能力与工作潜力,因此,面试在人员选择环节中占有非常重要的地位,是用人单位最常用的、必不可少的测试手段。

在面试过程中,代表用人单位的面试考官与应聘者直接交谈,根据应聘者对所提问题的回答情况,了解其个人基本情况,考察其相关知识的掌握程度,以及语言表达能力、逻辑思维能力等;根据应聘者在面试过程中的行为表现,观察其衣着外貌、风度气质和现场的应变能力,判断应聘者是否符合应聘岗位的标准和要求。在面试过程中,考官可以通过连续发问,及时弄清楚应聘者在回答中表述不清的问题,从而提高考察的深度与清晰度,并减少应聘者说谎、欺骗、作弊等行为。同时,面试也能使应聘者了解自己在该单位未来的发展前景,并将个人期望与现实情况进行对比,找到最好的结合点。

**2. 面试的类型**

(1) 根据面试的结构化程度,可分为结构化面试、非结构化面试和半结构化面试。

结构化面试是在面试之前已经有一个固定的框架或问题清单,面试考官根据框架控制整个面试的进行,按照设计好的问题和有关细节逐一发问,严格按照这个框架对每个应聘者分别作相同的提问。这种面试的优点是对所有应聘者按统一标准进行,可以提供结构与形式相同的信息,便于分析和比较,减少主观性,同时有利于提高面试的效率,且对面试考官的要求较低。缺点是谈话方式过于程式化,难以随机应变,所收集信息的范围受到限制。

非结构化面试是指面试中无固定的模式和固定的问题,面试考官根据岗位情况以及应聘者实际反应,随机应变地提出问题,与应聘者进行交流。这种面试的主要目的在于给应聘者充分发挥自己能力与潜力的机会,通过观察应聘者的知识面、价值观、谈吐和风度,了解其表达能力、思维能力、判断力、理解能力、应变能力和组织能力等。这种方式优点是灵活自由,问题因人而异,有些考官所提问题的真实意图比较隐蔽,可得到较为深入的信息。但这种面试具有较大的随意性,对考官的知识、经验、能力、谈话技巧等有较高的要求,而且这种方法缺乏统一的标准,易产生主观偏差。

半结构化面试介于结构化面试和非结构化面试之间。面试中既有固定的流程、题目和参考的标准答案,考官也可以根据实际情况提出问题,进行追问,获得想要的信息。这种方式具有较强的适应性,在实践中被广泛应用。

(2) 根据面试所达到的效果,面试可分为初步面试和诊断面试。

初步面试用来增进用人单位与应聘者的相互了解,在这个过程中应聘者对其书面材料进行补充(如对技能、经历等进行说明),企业对其求职动机进行了解,并向应聘者介绍企业情况,解释岗位招募的原因及要求。初步面试类似于面谈,比较简单、随意。

诊断面试则是对经初步面试筛选合格的应聘者进行实际能力与潜力的测试,目的在于招聘单位与应聘者双方补充深层次的信息，如应聘者的表达能力、交际能力、应变能力、思维能力、企业的发展前景、个人的发展机遇等。这种面试往往由用人部门主导，人力资源部门参与，面试结果对企业的录用决策及应聘者能否加入企业至关重要。

(3) 根据面试内容的侧重点，面试可分为压力面试、情景面试、行为描述面试。

压力面试的目标是考察应聘者在面对压力时如何做出反应，鉴别其压力承受能力。主试者提出一系列直接、尖锐甚至具有挑衅性的问题，考察应聘者在压力情境下的逻辑思维能力、情绪控制能力、语言表达能力、灵活应变能力等。例如，当一位顾客关系经理职位候选人有礼貌地提出他在过去的两年里从事了四项工作时，主试者告诉他，频繁的工作变化反映了不负责任和不成熟的行为。若求职者对工作变换为什么是必要的做出合理的解释，就可以开始其他话题。相反，若求职者表示出愤怒和不信任，就可以将它看作在压力环境下承受力弱的表现。

情景面试的基本内容是确定能够代表职位的具体活动，使用这些信息设计面试问题，要求求职者回答在具体情境下如何行动。例如，有这样一道情境面试题："一位顾客来店里取回他的手表。他的手表本应在一周前就修好，但现在仍未从修理厂返回。于是，这位顾客非常生气。你会如何处理这种情况?"这种面试方法可将应聘者置于特定情境，更全面、真实、充分地了解应聘者的实际能力。

行为描述面试是指通过对应聘者过去行为的了解来预测其未来工作表现的面试方法。一般来说，面试考官通过行为面试要了解两方面信息：一是应聘者过去的工作经历，判断他选择在本企业发展的原因，预测他未来在本企业中发展所采取的行为模式；二是了解他对特定行为所采取的行为模式，并将其行为模式与空缺岗位所期望的行为模式进行比较分析，以此来了解应聘者的能力，判断应聘者能否胜任空缺岗位。

**3. 面试的基本程序**

面试是一种操作难度较高的测评形式，为提升面试质量与效果，在实施中应掌握面试的程序和技巧。一般情况下，面试通常包括以下几个基本阶段：

(1) 面试前的准备阶段。在这一阶段，面试组织者要做好面试场地的准备、面试官的选择、面试类型及流程的确定、面试问题的准备、面试评分表格制作、面试时间与地点的确定和通知等。面试官要充分了解职位信息，包括职位工作内容、任职要求、岗位相关专业知识、晋升和发展机会、薪酬福利等，须提前查阅候选人简历，并明确面试重点，以便提问时有的放矢。同时，应熟知企业基本情况，如企业规模、行业地位等，以便向符合要求的应聘者介绍企业情况。

(2) 面试导入阶段。面试时应从应聘者可以预料到的问题开始发问，如工作经历、文化程度等，然后再过渡到其他问题，以消除应聘者的紧张情绪。在这个阶段中，可采用一些需要简短回答的封闭式问题，如"路上堵车吗?""我们这个地方容易找吗?""请简单介绍下你自己。"通过提出面试者有所准备或较好回答的问题来营造和谐的面试气氛，为后续的面试沟通做好准备。

(3) 正式面试阶段。在这一阶段面试官可以采用灵活的提问和多样化的形式交流信息，以便深入观察和了解应聘者。其中，着重收集关于被面试者核心胜任力的信息。可要求被面试者讲述一些关于核心胜任力的事例，面试者将基于这些事实做出基本的判断，对被面试者的各项关键胜任能力做出评价，并主要依据这一阶段的信息在面试结束后对被面试者做出录用决定。此外，还应该察言观色，密切注意应聘者的行为与反应，对所提的问题、问题间的交换、问话时机以及对方的答复都要多加注意。所提问题可根据简历或应聘申请表中发现的疑点，先易后难，逐一提出。

(4) 结束面试阶段。面试结束之前，在面试考官确定问完了所有预计的问题之后，应该给应聘者一个机会，询问应聘者是否有问题要问，是否有加以补充或修正之处。不管录用还是不录用，均应在友好的气氛中结束面试。如果对某一对象是否录用有分歧意见时，不必急于下结论，还可安排第二次面试。同时，要整理好面试记录表。

(5) 面试评价阶段。面试结束后，应根据面试记录表对应聘人员进行评估。评估可采用评语式评估，也可采用评分式评估。评语式评估的特点是可对应聘者的不同侧面进行深入的评价，能反映出每个应聘者的特征，但缺点是应聘者之间不能进行横向比较。评分式评估则是对每个应聘者相同的方面进行比较，其特点正好与评语式评估相反。

**4. 面试时应注意的问题**

(1) 选择合适的面试地点。面试地点恰当与否是决定应聘者能否充分展示才能的重要场所，所以面试地点的选择在面试中非常重要，尽量做到位置便利、环境整洁、独立安静，保证面试过程不被打扰。

(2) 避免无计划的面谈。无计划的面谈，表现在事先准备工作不充分，对应聘者情况掌握不充分或不准确，面谈目的不清晰，过程杂乱无章，语言颠三倒四，沟通障碍丛生，这些都是招聘大忌。为了避免无计划的面谈，一定要做好面试前的准备工作。

(3) 营造良好的气氛。注意在面试过程中营造良好的氛围。为了使应聘者能在最短的时间内调整情绪，缓和紧张气氛，在面试开始阶段，从一些轻松的话题谈起；在面试出现僵局时，应及时化解，随时主动保持与应聘者进行轻松自如的交流。

(4) 鼓励应聘者多谈。面试是了解应聘者的过程，因此考官应当鼓励应聘者多谈，切忌反客为主。另外，在与应聘者交谈过程中，考官常可以用调整语音、语调的技巧来调动应聘者的积极性。

(5) 避免情绪化。考官在面试中应始终保持客观公正的态度，避免情绪化。面谈中的一切不当行为都会破坏应聘者的心理，面试考官个人的偏见会在一定程度上影响他正确地挑选应聘者。考官的偏见一般有以下几种：第一，首因效应。即面试考官根据开始几分钟，甚至是面试前从资料(如笔试、个人简历等)中得到的印象对应聘者做出评价。第二，对比效应。即面试考官相对于前一个接受面试的应聘者来评价目前正在接受面试的应聘者的倾向。如第一个应聘者的表现一般，而第二个应聘者表现出色，则第二个应聘者得到的评价可能会比他本应得到的评价更高。第三，晕轮效应。即以点带面，从某一优点或缺陷出发去评价应聘者其他方面，如过分强调应聘者的不利因素，以致不能全面了解这个人。第四，录用压力。当上级对招聘结果有定额要求时，面试考官对应聘者的评价就会偏高，或由于招聘时间紧迫，为完成招聘任务，不得不加快速度，急于求成。所以，考官敷衍了事的态度和先入为主的看法，都要坚决克服。

(6) 注意面试的提问技巧。面试过程中，提问的问题不在于多，而在于精，要善于灵活运用多种提问方式，提出不同类型的面试题目。面试题目可分为行为型问题、情境型问题、智能型问题和意愿型问题等。

(7) 注意非言语信息。在面试中，除了要关注借助言语传递的信息，还要充分关注非言语的信息。在非言语沟通中要把握好表情、目光、手势与姿态。要将非言语信息与具体环境、应聘者表现相结合，探究其内在深意。常见的非言语信息所表达的含义如表 4-2 所示。

表 4-2　非言语信息的含义

| 非言语信息 | 典 型 含 义 |
|---|---|
| 目光接触 | 友好、真诚、自信、果断 |
| 不做目光接触 | 冷淡、紧张、害怕、说谎、缺乏安全感 |
| 摇头 | 不赞同、不相信、震惊 |
| 哈欠 | 厌倦 |
| 搔头 | 迷惑不解、不相信 |
| 微笑 | 满意、理解、鼓励 |
| 咬嘴唇 | 紧张、害怕、焦虑 |
| 踮脚 | 紧张、不耐烦、自负 |
| 双臂交叉在胸前 | 生气、不同意、防卫、进攻 |
| 抬一下眉毛 | 怀疑、吃惊 |
| 眯眼睛 | 不同意、反感、生气 |
| 鼻孔张大 | 生气、受挫 |

### （四）心理测试

心理测试是指在控制的情境下，向应试者提供一组标准化的刺激，以所引起的反应作为代表行为的样本，从而对其个人的行为做出评价的方法。由于心理测试的难度较大、专业性较强，用人单位应选择专业的心理测试人员，或委托专业的人才机构和心理学研究机构进行测试。一般地说，心理测试主要包括人格测试、职业兴趣测试和能力测试等几种类型。

在应用各种心理测试的方法时，应当注意以下几点基本要求：一是要遵循严格的程序，从测试准备到测试实施，到测试结果的评判，都要按照严格的程序和规范开展；二是要注意保护应聘者的隐私，未征得应聘者同意，不能公布应聘者心理测试结果；三是不能将心理测试结果作为唯一的评定依据，可以和面试、笔试等方式同时进行，结合多种方法，做出客观评价。

### （五）评价中心

评价中心又称为评价中心技术，是从多方位、多角度对被测评者的个性特征和行为表现进行标准化评估的一系列测评方法的总称。近几十年来西方企业广泛将该技术应用于选拔和评价高级人才，尤其是中高层管理人员。评价中心技术自 20 世纪 80 年代初开始引入我国，并在我国企业和国家机关的人员招聘与选拔中有了一定程度的应用。

评价中心起源于情景模拟与角色扮演，是根据被试者可能担任的职位，编制一套与该职位实际情况相似的测试项目，将被试者安排在模拟的、逼真的工作环境中，要求被试者处理可能出现的各种问题，用多种方法来测试其心理素质、实际工作能力、潜在能力的一系列方法。

评价中心是以评价管理者素质为中心的测评活动，其表现形式多种多样。从测评的主要方式来看，主要有投射测验、面谈、情景模拟、能力测验等。从评价中心活动的内容来看，主要有公文筐测试、无领导小组讨论、角色扮演、管理游戏、演讲、案例分析、事实判断等形式。其中常见的评价中心技术有以下几种：

1. **公文筐测试**

公文筐测试也称为文件筐测试，是经过多年实践检验的一种有效的管理人员测评方法，是评价中心技术中使用最多的，也被认为是最有效的一种形式。在该方法中，将被试者置于一个模拟的特定的职位或管理岗位环境中，由主试者提供一系列该岗位日常处理的文件，包括但不限于信函、邮件、备忘录、报告、电话记录、上级指示和下级请示等，这些文件模拟了来自上级、下级、组织内部与外部的种类情境，涵盖了日常琐事和重要大事的广泛内容。接着让应聘者在规定的时间和条件下处理完毕，并说明理由和原因。主试者根据被试者处理的质量、效率、轻重缓急的判断，以及处理公文中被试者表现出来的分析判断能力、组织与统筹能力、决策能力、书面表达能力、心理承受能力和自控能力等进行评价。

2. **无领导小组讨论**

无领导小组讨论是指运用松散群体讨论的行为，快速诱发人们的特定行为，并通过对这些行为的定性描述、定量分析及人际比较来判断被评价者素质特征的人事测评方法。它起源于德国，由于效果较好，后来得到广泛的使用。一战后，退役军官将这种方法从军队带出来，并应用到企业的人才选拔上，取得的效果也非常理想。所谓"无领导"，就是说参加讨论的一组被评价者在讨论问题情境中的地位是平等的，不指定哪一个人充当小组的领导者。评价者不参与讨论过程，只是在讨论之前向被评价者介绍要讨论的问题，告知其规定所要达到的目标及时间限制等，至于怎样解决问题则完全由被评价者自己来决定。评价者一般通过现场观察或者通过录像观察对被评价者进行评定，根据被测评者的表现及在讨论中扮演的角色，从主动性、组织能力、领导能力、沟通能力、人际协调能力及创造性思维、集体意识等维度给予被测评者评价。最后，测评组通过开会讨论，交流记录与看法，协商后得出集体评分与鉴定结论。

在无领导小组讨论过程中，一般是对一组人同时进行测试，它将讨论小组（一般由4～6人组成）引入一间只有一张桌子和数把椅子的空房间中，不指定谁充当主持讨论的组长，也不布置议题与议程，只是发给一个简短案例，即介绍一种管理情境，其中隐含着一个或数个待决策和处理的问题，以引导小组展开讨论，让他们通过小组讨论的方式在限定的时间内给出一个决策，评委们则在旁边观察所有应聘者的行为表现并做出评价。

无领导小组讨论能够提供给被评价者一个平等、相互作用的机会。在相互作用的过程中，被评价者的特点会得到淋漓尽致地表现，同时也给评价者提供了在与其他被评价者进行对照比较的背景下对某个被评价者进行评价的机会，从而给予更加全面、合理的评价。同时，无领导小组讨论具有主动的人际互动效应，通过被评价者的交叉讨论和频繁互动，能看到许多纸、笔测验乃至面试所不能检测的能力或者素质，如被评价者在讨论中会无意中显示自己的能力、素质、个性特点等。这有利于捕捉被评价者的人际技能和领导风格，提高被评价者在真实团队中行为表现的预测效度。

3. **角色扮演**

角色扮演是一种用来测评被测评者人际关系处理能力的情景模拟活动。在角色扮演的情景模拟中，测评者设置一系列尖锐的人际矛盾与人际冲突，要求应聘者扮演一定的角色，模拟实际工作情境中的一些活动，去处理各种问题和矛盾。测评者通过对应试者在扮演不同角色时表现出来的行为进行观察和记录，测试应试者的素质或潜能。一般来说，对角色扮演的评价主要放在角色把握能力、人际关系技能和对突发事件的应变能力等方面。

4. **管理游戏**

管理游戏是一种以完成某项实际工作任务为基础的模拟活动，大多通过游戏的形式进行。一般由几个被测评者组成一个小组，分配给小组成员一定的任务，要求被测评者合作解决一些管理中常见的现实问题。管理游戏的情景模拟范围较广，可涉及行政、人事、财务、营销等各类管理工作。管理游戏形式活泼、趣味性强，被测评对象往往参与的积极性较高，能够在过程中自由发挥。但该方法实施起来有一定难度，对环境、道具及测评者本身的要求较高。

# 第四节　人员录用与招聘评估

## 一、人员录用的一般程序

选拔工作结束后，就进入录用决策阶段。前面所进行的所有工作，都是为最后这个录用决策过程做准备的。企业通过人员甄选，做出初步录用决定后，接下来要对这些入选者进行背景调查、健康检查，合格者与企业签订劳动合同。同时，企业应及时通知未被录用的应聘者。

### （一）确定拟录用人员

结合多项测评结果，根据录用标准，按照拟定的录用决策方式，对候选人的胜任能力进行评估和比较，做出初步录用决策，确定拟录用人员名单。在做出初步录用决策时要注意几个问题：招聘的指导思想应该是招聘最合适的而不是最优秀、最全面的员工；录用标准应根据岗位的要求有所侧重，不同的项目应有不同的权重，突出重点；确定初步录用的人选时要留有余地，避免在后续过程中可能出现不符合条件或自愿放弃录用资格的候选人。

### （二）背景调查

背景调查的主要目的是了解应聘者与工作有关的一些背景信息，对应聘者做一个更为全面的了解，也可以对他的诚实性进行考察。背景调查的方法包括打电话访谈、要求提供推荐信等。背景调查可以通过聘请调查代理机构来进行，也可以由招聘人员自主进行。背景调查的主要内容包括以下几个方面：

1. **受教育情况**

受教育情况包括应聘者的学历学位信息、过往培训经历等。有些应聘者可能出现伪造相关证书、粉饰过去经历等。招聘人员可以通过教育部在线学历验证、相应平台证书编号查询等方式验证核实应聘者受教育情况。

2. **工作经历**

除了招聘应届毕业生之外，企业往往把应聘者的工作经历作为一个非常重要的指标。过去工作经历调查侧重了解的是受聘时间、职位和职责、离职原因、薪酬等问题。了解工作经历最好的方式就是向过去的雇主了解,还可以向过去的同事、客户了解情况。

**3. 过去的不良记录**

主要调查应聘者过去是否有违法犯罪或者违纪等不良行为,是否有个人征信问题等不良经济背景。当进行背景调查时,注意把重点放在与应聘者未来工作有关的信息上;尽量从各种不同的渠道验证信息,避免偏见;同时要注意避免侵犯应聘者的个人隐私。

### (三) 健康检查

通过体检来判断应聘者的身体状况能否适应工作的要求,特别是能否满足工作对应聘者身体素质的特殊要求,筛除身体条件不符合要求的候选人,避免因应聘者自身严重疾病或先前工作引发的职业病而带来的隐患与劳动纠纷。体检一般需要委托专业医院进行,费用较高,通常安排在偏后阶段。

### (四) 做出最终录用决策

根据以上考察结果,做出最终录用决策。及时向通过重重筛选的候选人发放录用通知,避免因过长筛选期导致合适候选人另谋他就的情形。

### (五) 签订劳动合同

被录用者携录用通知书和其他材料到企业人事部入职报到,并签订劳动合同。企业在签订劳动合同时,不仅要考虑企业及相关职位的具体情况,还要符合《劳动法》与《劳动合同法》。企业和应聘者双方签字后,合同生效。在履行合同的过程中,只要一方出现违反合同的行为,另一方就可以通过法律保障其利益。

以上过程可根据实际情况适当调整工作顺序,如可将简单的背景调查放置在体检之前,若涉及复杂的背景调查或需耗费较大精力的实地审查等,一般放置在体检之后进行。同时,要注意结果反馈,及时将相关信息、工作安排和考察结果通知候选人。如条件允许,也要及时通知未被录用者,并做好相关答疑与解释,展示良好的企业形象。

## 二、招聘评估

招聘评估是对录用人员的绩效、实际能力和工作潜力的评估,即对录用员工质量的评估,是招聘过程中必不可少的一个环节。随着人力资源市场竞争日趋激烈,为了更精确地评估招聘渠道的吸引力和有效性,改进招聘的甄选方法,降低招聘成本,从而提高招聘工作绩效,提高新聘员工的质量,企业越来越关注招聘定量评估。招聘定量评估包括招聘结果的成效评估和招聘方法的成效评估。其中,招聘结果的成效评估是指招聘成本与效益评估、录用数量与质量评估等;招聘方法的成效评估主要评估招聘方法的信度和效度。

### (一) 成本效益评估

招聘成本效益评估是指对招聘中的费用进行调查与核实,并对照预算进行评价的过程。招聘成本效益评估是鉴定招聘效率的一个重要指标。

**1. 招聘成本**

招聘成本分为招聘总成本与招聘单位成本。招聘总成本即人力资源的获取成本,它由两个部分组成。一部分是直接成本，包括：招募费用、选拔费用、录用员工的家庭安置费用和工作安置费用、其他费用（如招聘人员差旅费、应聘人员招待费等）。另一部分是间接费用，包括：内部提拔费用、工作流动费用等。招聘单位成本是招聘总成本与实际录用人数之比。如果招聘实际费用少，录用人数多，意味着招聘单位成本低；反之，则意味着招聘单位成本高。

**2. 成本效用评估**

成本效用评估是对招聘成本所产生的效果进行的分析。它主要包括：招聘总成本效用分析、招募成本效用分析、人员选拔成本效用分析和人员录用成本效用分析等。其计算公式是

$$\text{总成本效用} = \frac{\text{录用人数}}{\text{招聘总成本}}$$

$$\text{招募成本效用} = \frac{\text{应聘人数}}{\text{招募期间的费用}}$$

$$\text{选拔成本效用} = \frac{\text{被选中人数}}{\text{选拔期间的费用}}$$

$$\text{人员录用效用} = \frac{\text{正式录用人数}}{\text{录用期间的费用}}$$

**3. 招聘收益成本比**

它既是一项经济评价指标，同时也是对招聘工作的有效性进行考核的一项指标。招聘收益成本越高，则说明招聘工作越有效。计算公式为

$$\text{招聘收益成本比} = \frac{\text{所有新员工为组织创造的总价值}}{\text{招聘总成本}} \times 100\%$$

### （二）数量与质量评估

**1. 数量评估**

录用员工数量的评估是对招聘工作有效性检验的一个重要方面。通过数量评估，分析在数量上满足或不满足需求的原因，有利于找出各招聘环节上的薄弱之处，改进招聘工作；同时，通过录用人员数量与招聘计划数量的比较，为人力资源规划的修订提供了依据。判断招聘数量的一个明显方法就是看职位空缺是否得到满足，雇用率是否真正符合招聘计划的设计。

录用人员数量评估主要从录用比、招聘完成比和应聘比三个方面进行。其计算公式为

$$\text{录用比} = \frac{\text{录用人数}}{\text{应聘人数}} \times 100\%$$

$$\text{招聘完成比} = \frac{\text{录用人数}}{\text{计划招聘人数}} \times 100\%$$

$$\text{应聘比} = \frac{\text{应聘人数}}{\text{计划招聘人数}} \times 100\%$$

当招聘完成比大于等于100%时，则说明在数量上完成或超额完成了招聘任务。当招聘完成比小于100%时，说明没有按预定计划数量完成招聘任务。应聘比则说明招募的效果，该比例越大，则招聘信息发布的效果越好。

**2. 质量评估**

录用员工质量的评估是对员工的工作绩效行为、实际能力、工作潜力的评估，它是对招聘的工作成果与方法的有效性检验的另一个重要方面，也是对录用人员在选拔过程中各种

测试与考核的延续。可根据招聘的要求或工作分析中得出的结论，对录用人员进行等级排列来确定其质量，其方法与绩效考核方法相似。当然，录用比和应聘比这两个数据也在一定程度上反映录用人员的质量。

### （三）甄选方法的信度和效度

最后，还需要考虑甄选的信度和效度问题，这是任何一种测试方法都要涉及的两个基本问题。

**1. 信度和效度的含义**

信度是指测试方法得到的测试结果的稳定性和一致性程度。稳定性和一致性程度越高，说明测试方法的信度越高；反之，就意味着测试方法的信度越低。

效度则是指测试方法测量出的所要测量内容的程度，也就是说它在多大程度上能测量出要测的内容。如果测量出要测内容的程度比较高，就说明测试方法的效度比较高；反之，就表明测试方法的效度比较低。

在人员甄选中，效度是指应聘者的测试成绩与今后的工作绩效之间的相关程度，如果在测试中成绩最好的人也是今后实际工作绩效最好的人，同时在测试中成绩最差的人也是今后实际工作绩效最差的人，就说明这一测试方法具有很高的效度。对效度进行研究，可以帮助企业选择正确的指标对应聘者进行选拔。

**2. 信度的检测方法**

（1）再测检验法。对某一应聘者进行测试后，隔一段时间用这种方法再对他们进行测试，两次测试结果的相关程度越高，说明这种测试方法的信度越高。这种检验方法成本较高，应聘者可能会记住第一次的题目导致测试结果不真实。

（2）平行检验法。用两种内容相当的测试方法对同一个应聘者进行测试，两种测试结果的相关程度越高，说明测试方法信度越高。这种方法虽然可以避免再测检验法的部分问题，但是实施的成本依然比较高。

（3）半分检验法。就是把一种测试方法分成两个部分来进行考察，两个部分的结果相关程度越高，说明测试方法的信度越高。例如，可以把测试题目按奇数和偶数分为两部分。

**3. 效度的检测方法**

（1）预测检验法。将应聘者在被雇用之前的测试分数与被雇用之后的实际工作绩效进行比较，两者的相关程度越高，说明测试方法的效度越高。例如，企业使用某种测试方法进行甄选，甲在测试中的分数比乙高，但是录用之后经过一段时间发现，在相同的条件下，乙的工作绩效却比甲好，说明这种测试方法的效度不高。

（2）同步检验法。用某种测试方法对现有员工进行测试，然后将测试结果和这些员工的实际工作绩效进行比较，两者的相关程度越高，说明这种测试方法的效度越高。例如，已知甲的工作绩效比乙好，用某种测试方法对他们进行测试，发现甲的成绩就比乙高，说明这种测试方法的效度比较高。

（3）内容检验法。将测试内容与实际工作绩效进行比较，两者的相关程度越高，说明这种测试方法效度越高。例如录用一名打字员，如果使用打字速度和准确性作为测试方法，那么它的内容效度就比较高；如果用计算机维修技术作为测试方法，它的内容效度就比较低，因为计算机维修技术并不是打字员的工作职责。内容效度的检验主要是采用专家判断的方法，首先专家要在工作分析的基础上，确定从事某一职位所必备的工作行为；其次再判断测试的内容是否能够准确代表这些行为。与前两种方法不同的是,内容检验法不涉及测试的成绩。

## 讨论案例

### 办公室主任人选之争

D种业公司是一家集科研、生产、加工、销售于一体的高新技术农作物种子公司。公司成立于2005年,注册资本1.2亿元,是全国首批获得育繁推一体化经营许可证的企业之一。经过多年的经营,公司实现了由区域性种子企业向全国性种子企业的跨越,在全国成立了4个分公司和6个销售中心,经营范围实现了从水稻向玉米、小麦、瓜类等多种农作物的全方位拓展,先后获得多项专业认证与荣誉。产品销售覆盖湖南、江苏、山东、河南、四川、安徽等多个地区。

公司发展蒸蒸日上,作为现任副总经理的张阳最近却愁眉不展。三个月前,原办公室主任韩力因想要自主创业向公司递交了辞呈,虽然公司高层领导极力挽留,但还是没能改变他的决定。因办公室主任是公司的关键岗位,当时公司亟须找到一位合适的人选代替韩力。但是到底是从内部选拔还是从外部招聘,几位副总想法却不一致。

分管西南事业部的副总孙亭认为他手下的一位市场部副经理王帅很适合这个岗位。王帅工作上灵活主动、雷厉风行,入职五年来业绩一直挺好。但因为不想长期在外地出差,所以早就提出想回总部工作,正好可以借此机会将其调回来。

但另一位副总赵飞却不赞同他的提议:"王帅在市场部工作可能不错,但他为人过于强势,而且个性太过鲜明,上次回总部报销还和财务部副主管吵了起来。办公室主任要做很多协调工作,如果他来当办公室主任,恐怕没过几天,就和其他部门把关系闹僵,以后还怎么开展工作?"

赵飞又接着说道:"我有个大学同学,在其他公司做了6年办公室主任,工作经验丰富,这方面的工作又很熟悉。前段时间和他吃饭,听他说想要跳槽,不如把他挖过来,做好办公室主任绝对没问题!"

"办公室工作涉及公司内部很多核心机密,谁也不能保证从外面招的人是真心想干事还是别有所图,而且外面的人也不熟悉公司情况。再说了,我们公司那么多优秀的人,还怕选不出来一个能胜任这个岗位的吗? 不过这事还是得看张副总的意思,毕竟您才是分管办公室的领导。"公司元老、担任副总年限最久的宋利悠悠地说。

张阳心中确实有两个人选:一个是现任办公室副主任刘梦,刘梦平时做事踏实,为人也很随和,与同事之间关系融洽。如果把她提拔为办公室主任,开展工作时应该更顺利。但办公室有几个资历很老的"老前辈",平时干事能拖则拖,刘梦性格太软,不一定能管得住他们。另一个是分公司生产加工中心副主任李赛,李赛来公司近10年,工作上很有韧劲,思路清晰,每次来总公司开会述职汇报时,表现都很优秀,在每年绩效考核评价中的综合得分也很高,总经理和几位副总对他评价都不错,但近几年一直没有合适的晋升机会。

张阳见大家争论不休,没有把自己的想法提出来。只说:"我参考大家的意见拟定几个候选人,提交给总经理来决定吧!"

当张阳把几位候选人的简历材料放到总经理办公桌时,刚说出自己请示的内容,还没来得及介绍候选人具体情况,总经理手机就响了。总经理摆摆手:"你是分管办公室的副总,这种事情你自己拿主意吧!”

张阳综合权衡之后,最终选择了自己印象很好的李赛。在正式提拔之前的谈话中,李赛对担任公司总部办公室主任一职的意愿并不是很强烈,因为他长期以来主要从事技术类相关工作,对行政工作不熟悉。而且李赛老家在分公司所在地,到了总部意味着异地工作,无法兼顾家里的老人孩子。但张阳觉得,正是公司用人之际,这么好的发展机会很多人求之不得,当下的困难都是可以克服的。在张阳的劝说下,李赛交接完手头工作便到了总部入职。

可是,现在的张阳开始怀疑自己当初的决定。李赛工作认真负责,兢兢业业,能保质保量完成自己交办的工作。但为人内敛,每次公务接待或陪领导出去应酬时都显得有些拘束。而且每到周末就返回老家,有几次周末临时有工作安排都找不到人。总经理已经几次向张阳提出了意见,李赛本人好像也对当前工作和生活状态不太满意,情绪时有波动。

(案例来源:由网络资料改编,仅供教学使用。)

**讨论与思考**

1. 请分析该公司本次人员招聘中存在的问题。
2. 如果你是张阳,会如何进行选择?为什么?

## 复习思考题

1. 什么是招聘?招聘要遵循什么原则?
2. 招聘的总体流程是什么?
3. 人员招募的来源有哪些?这些渠道各自有什么优缺点?
4. 常用的人员招募方法有哪些?
5. 人员甄选的方法有哪些?
6. 招聘评估主要包括哪些方面?如何计算?

## 自 测 题

### 一、选择题

1. 狭义的招聘即指(　　),主要包括招募、甄选和录用三个步骤。

   A. 准备阶段　B. 计划阶段　C. 实施阶段　D. 评估阶段

2. (　　)不属于外部招募方法。

   A. 档案记录法　B. 网络招聘　C. 校园招募　D. 借助中介

3. 在(　　)中无固定的模式和固定的问题,面试考官根据岗位情况及应聘者实际反应,随机应变地提出问题。

   A. 半结构化面试　B. 非结构化面试　C. 结构化面试　D. 全结构化面试

4. 关于内部招募优缺点的描述,正确的是(　　)。

   A. 可得到更多的人才　B. 容易导致“近亲繁殖”

   C. 可以带来新的活力和观念　D. 岗位的适应调整时间长

5. 面试方法中的评价中心技术不包括(　　)。

   A. 无领导小组讨论　B. 公文处理

   C. 财务分析　D. 角色扮演

## 二、填空题

1. 招聘的原则主要包括：__________、__________、__________和__________。
2. 员工招募的来源主要包括__________和__________两种。
3. 外部招募的优势主要包括：__________、__________、__________和__________。
4. 人员甄选的主要内容包括：__________、__________、__________、__________和__________。
5. __________是指对招聘中的费用进行调查与核实，并对照预算进行评价的过程。

# 第五章　员工培训与开发

学习目标

1. 了解培训与开发的区别；
2. 了解战略性培训与开发；
3. 掌握培训与开发的的实施模型；
4. 熟悉培训需求分析的主要内容及方法；
5. 熟悉培训的方案设计及实施；
6. 掌握培训效果评估的主要方法与方案设计；
7. 掌握培训反馈中投资回报率的计算；
8. 了解员工开发的主要方法。

## 第一节　培训与开发概述

人力资源战略的最终落脚点是通过培训与开发来发挥人力资源优势，通过提升员工的能力实现员工与企业的同步成长。人力资源培训与开发是企业发展的需要，也是员工个人成长与自我实现的需要。

### 一、培训与开发的概念及区别

#### （一）培训与开发的概念

培训与开发是人力资源管理的重要内容，是指根据组织目标，采用各种方式对员工实施有目的、有计划的系统培养和训练的学习行为，以促使员工不断更新知识、开拓技能、改进态度、提高工作绩效，确保员工能够按照预期的标准或水平完成本职工作或更高级别的工作，从而提高组织效率，实现组织目标。培训和开发的实践旨在通过提高雇员们的知识和技能去改进组织的绩效。

#### （二）培训与开发的区别

在人力资源管理领域，培训与开发这两个词通常同时出现或者交替使用。实际上两者是有一定差异的。

员工培训是指组织为开展业务及培育人才的需要，采用各种方式对员工进行有目的、有计划的培养和训练的管理活动。

员工开发则强调和关注为未来工作任务做准备，旨在帮助员工获得在未来工作（晋升或者岗位轮换后）中所需要的知识、技能、能力、态度和积极性，是依据员工需求与组织发展要求对员工潜能开发与职业发展进行系统设计与规划的过程。由于开发活动是以未来为导向的，所以在开发过程中所学习的内容并不一定与员工当前所从事的工作有关。

培训与开发的区别主要体现在以下几个方面：

一是培训侧重于近期目标，重心放在提高员工当前工作的绩效，从而开发员工的技术性技巧，以使他们掌握基本的工作知识、方法、步骤和过程；开发则侧重于培养提高员工的有关素质（如创造性、综合性、抽象推理和个人发展等），帮助员工为企业的其他职位做准备，提高其面向未来职业的能力，同时帮助员工更好地适应由新技术、工作设计、顾客或产品市场带来的变化。

二是培训通常侧重于提高员工的工作绩效，故员工培训具有一定的强制性；而开发活动只是对认定具有管理潜能的员工才要求其参加。

三是传统观念认为，培训的对象就是员工与技术人员，而开发的对象主要是管理人员。

从上述内容可以看出，培训能够在短期内显著地影响目前的绩效水平，而开发则将伴随员工的未来发展获得回报。表 5-1 归纳了培训与开发之间的区别。

**表 5-1　员工培训与开发比较**

| 比较因素 | 培　　训 | 开　　发 |
|---|---|---|
| 侧重点 | 当前 | 未来 |
| | 着眼于近期目标，即提高员工当前绩效，从而开发员工的技术、技能 | 着眼于培养提高管理人员的有关素质 |
| 目标 | 为当前服务 | 为适应未来变化服务 |
| | 使员工掌握基本的工作知识、方法及步骤 | 帮助员工为企业的其他职位做准备 |
| 参与性 | 强制性 | 自愿 |
| 培训对象 | 员工与技术人员 | 员工、技术及管理人员 |

在 21 世纪，员工要胜任工作应具备综合运用知识的能力。这就要求员工必须学会分享知识，创造性地运用知识来改造产品或向顾客提供服务，并能更好地理解服务或产品开发系统。因此，许多企业树立了高层次战略培训与开发的观念。在企业中营造鼓励持续学习的工作环境，构建学习型组织，使员工不断地学习新的知识，并直接运用于产品或服务质量的改善。在学习型组织中，培训与开发被看作智力资本构建系统的一部分。

## 二、培训与开发的意义

企业在面临全球化、高质量、高效率的工作挑战时，培训显得更为重要。培训使员工的知识、技能与态度明显提高与改善，由此提高企业效益，获得竞争优势。因此，员工培训的重要意义表现在以下几个方面：

### （一）有利于提高员工的职业能力

员工培训的直接目的就是要发展员工的职业能力，使其更好地胜任现在的日常工作及未来的工作任务。在能力培训方面，传统的培训重点一般放在基本技能与高级技能两个层次上，但是未来的工作需要员工具有更广博的知识，培训能使员工具备知识共享、创造性地运用知识来调整产品或服务的能力。同时，培训使员工的工作能力提高，为其取得更好的工作绩效提供了可能，也为员工提供更多职位晋升和收入提高的机会。

### （二）有利于企业获得竞争优势

面对激烈的国际竞争，企业需要越来越多的国际化经营人才，培训可以为企业进军世界市场做好人才储备工作；此外，员工培训还可以提高企业新产品研究开发能力，不断培育高素质的人才，以获得竞争优势。尤其是人类社会正步入以知识经济资源和信息资源为重要依托的新时代，智力资本已成为获取生产力、竞争力的关键因素。企业的竞争不再仅仅依靠自然资源、廉价的劳动力、精良的机器和雄厚的财力，更重要的是依靠人力资本。员工培训是创造智力资本的重要途径。

### （三）有利于改善企业的工作质量

工作质量包括生产过程质量、产品质量与客户服务质量等。培训使员工素质、职业能力提高并增强，将直接提高和改善企业工作质量。培训能改进员工的工作表现，降低成本；增加员工的安全操作知识，提高员工的劳动技能水平；增强员工的岗位责任感，遵守生产安全规定；增强安全管理意识，提高管理者的管理水平。

### （四）有利于提高工作绩效

有效的培训能够帮助员工迅速学习工作所需的各种新技术和新方法，有助于加深员工对组织战略、经营目标以及工作标准的理解，有利于帮助员工更新现有的知识、技能、观念和工作态度，提升员工个人的工作绩效，从而进一步改善组织绩效。

### （五）有利于满足员工高层次的需要

根据马斯洛需求层次论，在现代企业中，员工的工作目的除满足基本的生理安全需要之外，更重要的是为了自身高层次需求——社交需要、尊重需要及自我价值实现需要。通过培训员工掌握新的知识与技能，使其能适应或接受具有挑战性的工作与任务，实现自我成长和自我价值，这不仅使员工在物质上得到满足，而且可以使员工得到精神上的成就感。

### （六）有利于营造优秀的企业文化

良好的组织文化对员工会产生强大的凝聚、规范、引导和激励作用，对组织的发展来说至关重要。组织文化的建设有赖于组织的正式制度，尤其是组织的人力资源管理体系，也需要借助培训活动向员工不断传播和强化组织的价值观和文化。组织可以通过培训来宣传组织的道德标准和对待利益相关者的基本准则，使员工更全面深刻地理解组织的使命和愿景，认同组织的文化和价值观，不断更新观念，自觉与组织的要求保持一致。

## 三、培训与开发的原则

### （一）服务企业战略目标和规划的原则

战略和规划作为企业的最高经营纲领，对企业各方面的工作都具有指导意义。培训与开发作为人力资源管理系统的一个组成部分，自然也要服从企业的战略和规划。培训与开发工作的实施，应当从企业战略的高度出发，绝不能将两者割裂开来，就培训谈培训，这也是很多企业在进行培训与开发时最容易忽视的问题。

服务企业的战略和规划，要求培训与开发不仅要关注眼前的问题，更要立足长远，从未来发展的角度出发进行培训与开发，这样才能保证培训工作的主动性，而不只是充当临时"救火员"的角色。从时间序列的角度来看，现在就是过去的将来，如果企业的培训开发工作总是疲于解决当前的问题，那就说明过去的培训没有立足于将来，导致现在出现问题。

### （二）目标原则

目标对人们的行为具有导向作用，因此在培训开发的过程中也应该贯彻目标原则。在培训之前为受训人员设置明确的目标，不仅有助于培训效果的衡量，而且有助于提高培训的效果，使受训人员在接受培训的过程中具有明确的方向并且具有一定的学习压力。

### （三）差异化原则

培训与开发不同于学历教育，它在普遍性的基础上更强调差异化。这里，差异化原则有两层含义：

一是指内容上的差异化。由于培训的目的是要改善员工的工作业绩，因此培训的内容必须与员工的工作有关，而在企业中每个职位的工作内容都是不一样的，每个员工的工作业绩也是不同的，因此在培训时应当根据员工的实际水平和所处职位确定不同的培训内容，进行个性化的培训，这样的培训开发才更有针对性。差异化原则在有些企业的培训中没有引起足够的重视，虽然也投入了大量资金，但效果并不理想。

二是指人员上的差异化。虽然培训开发要针对全体员工来实施，但这绝不意味着在培训过程中就要平均使用力量。在培训中应当向关键职位进行倾斜，特别是中高层管理人员和技术人员。

### （四）激励原则

为了保证培训开发的效果，在培训过程中还要坚持激励原则，这样才能更好地调动员工的积极性和主动性，以更大的热情参与到培训中来，提高培训的效果。这种激励的内容是广泛的，既包括正向的激励，又包括负向的激励。激励还应当贯穿整个培训的过程，例如，在培训前对员工进行宣传教育，鼓舞员工学习的信心；在培训过程中及时进行反馈，增强员工学习的热情；在培训结束后进行考核，增加员工学习的压力；对培训考核成绩好的予以奖励，对考核成绩差的给予惩罚，这些都属于激励的内容。

### （五）实效原则

培训与开发的目的在于员工个人和企业的绩效改善，因此培训与开发应当讲究实效，不能只注重培训的形式，而忽视培训的内容。培训的内容应当结合实际，要有助于绩效的改善。要注重培训成果的转化，学以致用，培训结束后企业应当创造一切有利条件帮助员工实践培训的内容，将培训和工作结合起来。

### （六）效益原则

企业作为一种盈利性经济性组织，它从事任何活动都是讲究效益的，都要以最小的投入获得最大的收益。因此对于理性的企业来讲，进行培训与开发同样需要坚持效益原则，也就是说在费用一定的情况下，使培训的效果最大化，或者在培训效果一定的情况下，使培训的费用最小化。

## 四、培训的分类

### （一）按照培训对象不同划分

根据培训对象的层次及特点，可以把培训分为新员工培训、在职员工培训。

**1. 新员工培训**

新员工培训是指对刚进入企业的员工进行培训；在职员工培训指对已经在企业中工作的员工进行培训。由于培训对象的不同，这两类培训之间存在比较大的差异。

**2. 在职员工培训**

按照员工所处的层次不同，在职员工培训又可以划分为基层员工培训、中层员工培训和高层员工培训。由于这三类员工在企业中所处的位置不同，承担的职责不同，发挥的作用也不同，因此对他们的培训与开发要区别对待。基层员工培训可以侧重于一般性的技术、知识和方法；中层员工培训可以适当增加有关理论内容；高层员工培训应侧重于学习新理论、新观念、新方法。并且培训的级别越高，所采用的组织形式则越趋于小型化。

### （二）按照培训与工作的关系不同划分

按照培训与工作的关系，可以将培训划分为在职培训、脱产培训和半脱产培训。

**1. 在职培训**

在职培训又称“工作现场培训”，在职培训将培训和工作紧密结合起来，融培训于工作之中，使培训与工作之间产生互动。员工可以从培训中获得更多的工作机会，从而获得工作相关能力的提升。在职培训具有一定的经济性。培训过程中不需要另外添置场所、设备，有时也不需要专职的教师，而是利用现有的人力、物力来实施培训。同时，培训对象不脱离岗位，可以不影响工作和生产。

**2. 脱产培训**

脱产培训即受训者脱离工作岗位，专门接受培训。脱产培训可以在企业内部进行，也可以在企业外部进行。外派培训是脱产培训的一种重要形式。外派培训是指员工接受企业委派，在一定时间内离开工作岗位，在企业以外的机构参加的各种培训。脱产培训主要是针对企业战略和核心业务、核心能力、价值观和关键知识、员工改善绩效所共需的基础知识和基本技能以及其他对企业运营产生重要影响的内容进行的专项培训。这种形式的缺点是需要资金、设备、专职教师、专门场所，成本较高。

**3．半脱产培训**

半脱产培训介于上述两种形式之间，可以在一定程度上克服两者的缺点，吸纳两者的优点，从而较好地兼顾费用和质量。

### （三）按照培训性质不同划分

按照培训的性质不同划分，可以将培训划分为传授性培训和改变性培训。

**1．传授性培训**

传授性培训指那些使员工掌握自己本来所不具备的技能和知识的培训，例如，员工本来不知道如何操作机床，通过培训使其能够进行操作，这种培训就是传授性培训。

**2．改变性培训**

改变性培训是指那些改变员工本来已经具备的技能和知识的培训。例如，员工知道如何操作机床，但是操作的方法有误，通过培训使其掌握正确的操作方法，这种培训就是改变性培训。

### （四）按照培训内容不同划分

按照培训内容的不同，培训又可以划分为知识培训、技能培训、态度培训三大类。

**1．知识培训**

知识培训是指认知学习，认知学习包括记忆、推理、行为规范、图案辨识和规则等方面，这些都是可传授的知识。

**2．技能培训**

技能培训，主要是针对员工的工作内容、处理实际问题技巧方面的能力培训。

**3．态度培训**

态度培训是指与工作态度相关的培训，如价值观、责任感等，其界定较为宽泛，包含内容较多。

此外，按照其他标准，员工培训与开发还可以划分为其他不同类型。需要指出的是，培训与开发类型划分的意义并不完全在于这些类型本身，而在于对培训与开发的深入理解。

## 五、培训的流程

培训流程与人力资源管理流程同属于企业的管理流程，企业培训流程附属于人力资源管理流程，是人力资源管理流程的一部分。如图5-1所示，企业培训流程就是企业实施培训活动的有序排列。

需求确认的目的是确定是否需要培训，哪些方面需要培训。在确认只要通过对现任职人员培训就能消除工作差距或减少工作差距后，就要开始编制培训计划，这是培训准备工作的第一步。教学设计是进入实质性培训的第一步，这个阶段工作的好坏将直接影响受训人员对培训内容的接受程度。在企业培训管理部门的组织下，由培训师实施培训。培训反馈是组织管理中对培训修正、完善和提高的必要手段，是企业组织与管理必不可少的程序，为以后改进培训流程和增强培训效果提供依据。

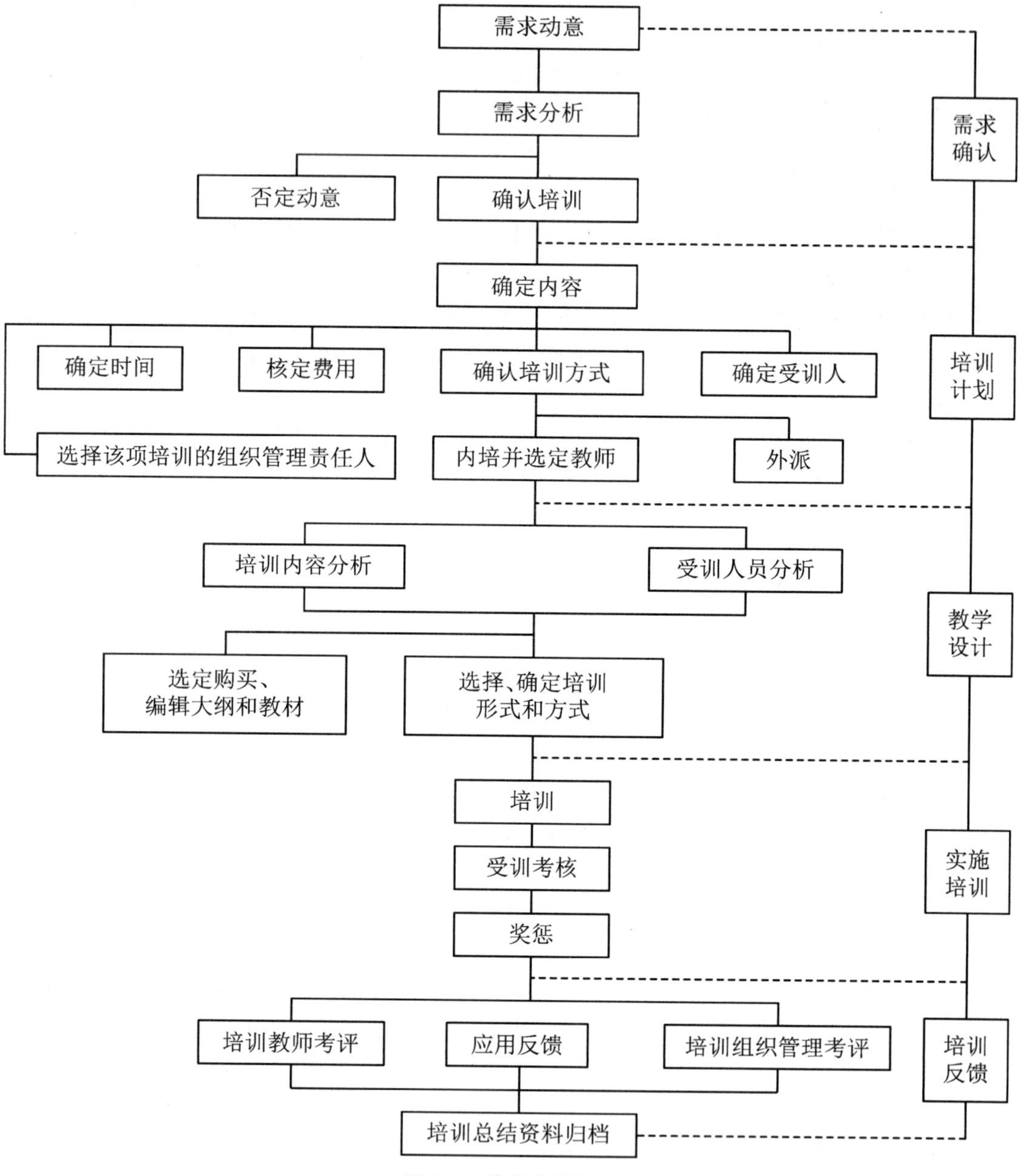


图 5-1 培训流程图

## 六、战略性培训与开发

战略性培训与开发是指与企业经营战略目标相关联，对企业市场竞争力和长期发展具有决定性影响的一种“高杠杆培训”。这种培训要求员工树立整体“一盘棋”的观点，了解整个工作系统总体运作原理和内在有机关联，在此基础上期望员工能够获得“持续学习”的能力，不断运用新知识、新技术，自觉地、积极主动地进行创造性工作，并能与其他成员共享知识、共通信息、精诚合作，最大化实现组织绩效和发展目标。战略性培训与开发是学习型企业的一个基本特点和成功之处。

丹尼尔·温特兰德(Daniel Welland)基于多家企业的个案研究，提出了战略性员工培训模型(Strategic Training of Employees Model，STEM)。该模型指出实施战略性员工培训有三个阶段：宏观组织阶段，微观组织阶段，实施、反馈和评价阶段，并借助4P(产品、地点、促销和价格)来说明如何决定战略性培训的内容。战略性员工培训模型如图5-2所示。

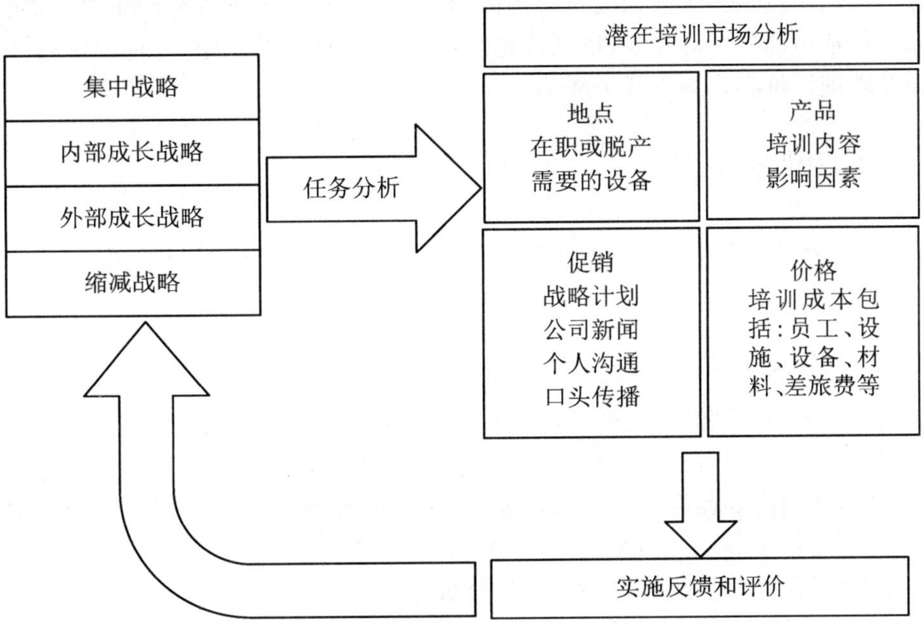


图5-2　战略性员工培训模型

通过对一些公司进行案例研究和实际应用分析，一些学者认为实施战略性培训与开发的组织应注意以下几点：

一是同组织战略的联结和整合。要使培训与开发具有战略性，需要考虑到组织战略和其他因素的影响。

二是具有前瞻性和主动性。战略性培训与开发应主动地分析组织所处的内外环境因素，发现变化并寻找机会，从培训与开发的角度为组织发展提供价值。

三是战略性培训与开发是一个系统过程。战略性培训与开发同组织的具体问题相联系，经过从发现问题、诊断问题、沟通问题、形成培训开发框架到实现培训与开发这样一个过程。系统性还体现在战略性培训与开发应将组织的培训需要、部门的培训需要和个体的培训需要结合起来考虑，以确保培训与开发项目的效果。战略性培训与开发还应该考虑员工的职业发展。

四是整合组织各种资源。有学者提出，虽然有时候培训只涉及某个层面，如中层管理人员，但从战略的角度出发，应该与整个组织中的其他资源配合进行。在这中间，高层管理者的支持和对培训与开发的承诺非常重要，另外也需要每个部门的配合和支持。

五是战略性培训与开发是持续不断的学习过程。一些学者用“战略性培训永不停止”来说明战略性培训与开发同传统培训与开发项目的区别。永不停止意味着培训与开发已经渗透到组织日常工作中去，组织鼓励学习，并努力营造学习的氛围。从这点讲，战略性培训与开发是将组织带入学习型组织的有效途径。

## 第二节　培训与开发的实施模型

有效的培训系统是员工培训的重要保障，精心设计员工培训系统是非常重要的。员工的培训系统包括培训需求的确定、培训计划的制定、教学计划的制定、培训的实施、培训成果的转化以及培训评价和反馈等几个环节。

### 一、培训准备阶段

在员工培训的准备阶段，必须做好两个方面的工作：一是培训需求分析；二是培训目标确定。

#### （一）培训需求分析

培训需求分析是培训活动中的首要环节，它要回答为什么要培训以及培训要达到什么效果的问题。培训需求分析是确立培训目标、设计培训方案、实施培训计划和评估培训效果的基础，包括企业的需要和员工个人的需要，一般以前者为主，但也要引发后者才能使培训有效。

培训需求分析一般包括组织分析、任务分析与个人分析三个方面的内容。培训需求分析是确定是否需要培训的一个过程。图 5-3 表明培训需求分析的原因及其所产生的后果。

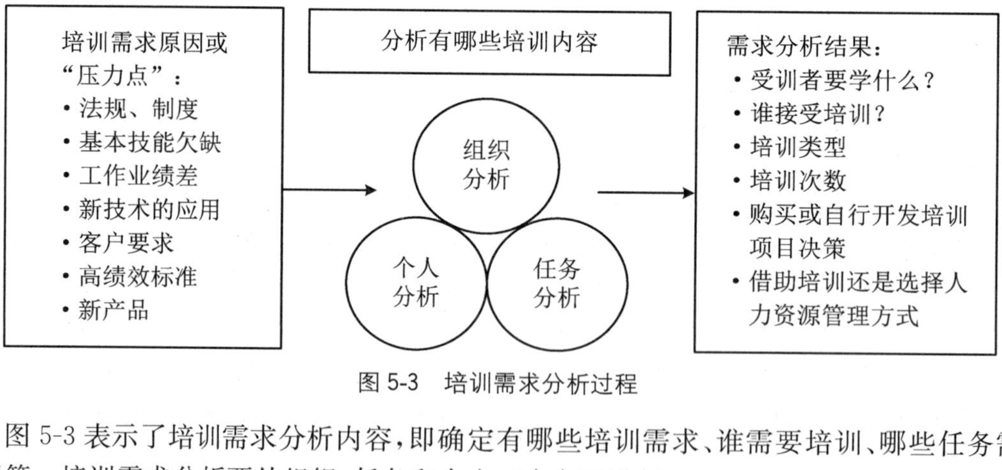


图 5-3　培训需求分析过程

图 5-3 表示了培训需求分析内容，即确定有哪些培训需求、谁需要培训、哪些任务需要培训等。培训需求分析要从组织、任务和个人三个方面进行。

**1. 组织分析**

组织分析是要在企业的经营战略下，决定开展相应的培训，并为其提供可利用的资源，获得企业对培训活动的支持。这里需要分析三个问题：

（1）从战略发展高度分析。从战略发展高度预测企业未来在技术、销售市场及组织结构上可能发生什么变化，对人力资源的数量和质量的需求状况的分析，确定适应企业发展需要的员工能力。表 5-2 反映了不同经营战略与员工培训的重点。

（2）分析管理者对培训活动的支持态度。大量研究表明：管理者对培训的支持态度是非常关键的。培训成功的关键要素在于：受训者的上级、同事对其受训活动要持有积极态度，并同意向受训者提供关于将培训所学的知识运用于工作实践中去的任何资源。如果受训者的上级、同事对其受训不支持，培训效果就严重受限。

**表 5-2　不同经营战略与员工培训关系**

| 战略 | 管理重点 | 实现途径 | 关键工作 | 培　训　内　容 |
|---|---|---|---|---|
| 集中战略 | · 提高市场份额<br>· 介绍运营成本<br>· 开拓市场并维持市场定位 | · 提高产品质量<br>· 提高生产率和革新技术流程<br>· 按需要制造产品或提供服务 | · 技术交流<br>· 现有劳动力开发 | · 团队建设<br>· 交叉培训<br>· 特殊培训项目<br>· 人际交往能力培训<br>· 在职培训 |
| 内部成长战略 | · 市场开发<br>· 革新<br>· 合资 | · 销售现有产品/增加分销渠道<br>· 拓宽全球市场<br>· 调整现有的产品<br>· 创造新的或不同的产品<br>· 通过合伙发展壮大 | · 创造新的工作任务<br>· 革新 | · 支持或促进产品价值的高质量的沟通<br>· 文化培训<br>· 培养创造性思维和综合能力<br>· 工作中的技术能力<br>· 对管理者进行反馈与沟通方面的培训<br>· 冲突调和技巧培训 |
| 外部成长战略 | · 横向联合<br>· 纵向联合<br>· 发展组合 | · 兼并处于产品市场链上相同的经营阶段的公司<br>· 企业经营提供或购买产品业务<br>· 兼并处于不同领域的企业 | · 整合<br>· 富余人员<br>· 重组 | · 判断被兼并企业员工的能力<br>· 联合培训系统<br>· 合并公司的方法和程序<br>· 团队建设 |
| 紧缩投资战略 | · 节约开支<br>· 转产<br>· 剥离<br>· 债务清算 | · 降低成本<br>· 减少资产<br>· 创造利润<br>· 重新制定目标<br>· 卖掉全部资产 | · 效率 | · 革新、目标设置、时间管理、压力管理、交叉培训<br>· 领导技能培训<br>· 人际沟通培训<br>· 向外配置的辅助培训<br>· 寻找工作技能的培训 |

（3）对企业的培训费用、培训时间、与培训相关的专业知识等培训资源的分析。企业可以在现有人员技能水平和预算的基础上，利用内部咨询人员对相关的员工进行培训。如果企业缺乏必要的时间和专业能力，也可以从咨询公司购买培训服务。

**2. 任务分析**

任务分析包括任务确定及对需要在培训中加以强调的知识、技能和行为进行的分析。

任务分析用来帮助员工准确、按时地完成任务。任务分析的结果是有关工作活动的详细描述，包括员工执行任务和完成任务所需的知识、技术和能力的描述。这里对工作任务的分析并不同于工作分析，主要研究怎样具体完成各自所承担的职责和任务，即研究具体任职人的工作行为与期望的行为标准，找出其中的差距，从而确定所需要接受的培训。

**3. 人员分析**

人员分析可帮助培训者确定谁需要培训，即通过分析员工目前绩效水平与预期工作绩效水平来判断是否有进行培训的必要。影响员工绩效水平与学习动机的因素有以下几个方面：

(1) 分析个体特征。即分析员工是否具有完成工作所应具备的知识、技术、能力和态度。

(2) 分析员工工作输入。即分析员工是否得到一些指导，如应该干些什么、怎样干和什么时候干等。如果员工有工作必备的知识、能力、态度和行为方式，但缺少必要的指导，其绩效水平也不会高。

(3) 分析员工工作输出。即分析员工是否了解工作的目标。有时员工不能达到标准要求的业绩表现，其重要的原因之一是员工不知道他们应该达到什么样的绩效水平。

(4) 分析员工工作结果。如果员工不知道业绩表现好会受到一定的奖励，或员工认为奖励不具有激励作用，那么他们就不愿意执行绩效标准，而且团队也不会鼓励员工执行绩效标准。

(5) 分析员工工作反馈。即分析员工是否能得到执行工作中的有关信息。如果员工在工作中没人定期向其反馈工作表现，或者说员工知道怎样做，但不知道自己做得怎样，其绩效水平也会出现问题及缺乏学习动机。只有在以上分析的基础上才能确定具体的培训项目。

**4. 培训需求分析的方法**

培训需求分析可以通过观察员工工作、阅读技术手册及有关工作记录、访问专门的项目专家以及让员工完成有关工作所需的知识、技术、能力和其他特点的调查问卷等方法来完成。

(1) 观察法。观察法是培训者通过对员工工作过程的观察得到有关工作环境的资料，并将需求分析活动对工作的干扰降到最低。它对观察者的水平要求高，员工的工作行为因为被观察而有一定的影响。

(2) 调查问卷法。调查问卷法的费用低廉，培训者可从大量人员那里收集到数据，易于对数据进行归纳总结。但它需要的时间长，有时会出现问卷回收率低或答案不符合要求以及答案不够具体等问题。培训需求调查问卷如表 5-3 所示。

**表 5-3 某公司 2024 年度培训需求调查表**

各位同事：

为做好 2024 年度培训工作，提升员工工作技能和培训满意度，实现公司发展战略，使培训工作真正体现员工所需、公司所需，办公室面向公司全体员工开展 2024 年度培训需求调查，通过沟通了解大家对公司培训工作的看法、实际需求、建议和期望。

调查结果将为制定公司 2024 年度培训计划提供重要参考和依据，调查问卷也为您表达您自己的建设性意见提供了机会，您的意见将有助于实现您对培训的需求，同时也会促进公司培训体系的改进与完善，更重要的是您的积极参与将有助于公司培训的顺利实施，为公司的发展奠定坚实的文化基础。

非常感谢您抽出宝贵的时间来完成这个问卷，感谢您对我们培训工作的支持和帮助。

| | | | |
|---|---|---|---|
| 一、基本信息 | | | |
| 姓名 | | 部门 | |
| 岗位 | | 入职时间 | 年　　月 |
| 二、培训现状调查（请在您认可的答案“□”内打“√”） | | | |
| 1 | 您认为目前公司对培训的重视程度 | □ 很重视　□ 比较重视<br>□ 一般　□ 有待加强 | |
| 2 | 您所在的工段是否有培训计划并按计划开展培训工作？ | □ 有计划，并按计划开展<br>□ 有计划，但没有按计划开展<br>□ 无计划，但有培训开展<br>□ 无计划，也没有培训开展 | |
| 3 | 今年您参加过几次培训课程（包括公司级和部门级培训） | □ 1～2次　□ 3～4次<br>□ 5～6次　□ 7～8次　□ 9～10次 | |
| 4 | 对于今年各级培训中授课老师水平，您认为： | □ 很高　□ 比较高<br>□ 一般　□ 比较低　□ 很低 | |
| 5 | 对于今年各级培训的频率，您认为： | □ 很高　□ 比较高<br>□ 一般　□ 比较低　□ 很低 | |
| 6 | 对于今年各级培训的时间安排，您认为： | □ 很合理　□ 比较合理<br>□ 一般　□ 不太合理　□ 不合理 | |
| 7 | 通过公司各级的培训，您个人感觉收获如何？ | □ 很大　□ 比较大<br>□ 一般　□ 不大　□ 没有收获 | |
| 8 | 您对公司培训的整体感觉如何？ | □ 很满意　□ 比较满意<br>□ 一般　□ 不太满意　□ 很不满意 | |
| 9 | 你认为目前影响培训效果的因素是什么？（可以多选，限三项） | □ 时间安排不太合适<br>□ 课程内容对工作无太大帮助<br>□ 培训师的授课水平有限<br>□ 员工培训意识未跟上<br>□ 形式太单调<br>□ 领导重视不够　□ 其他 | |
| 10 | 您认为目前公司培训需要改进的地方是（可多选，限选3项）： | □ 老师的选择　□ 时间的安排<br>□ 内容的选择　□ 效果的评估<br>□ 培训的形式 | |
| 三、培训需求调查（请在您认可的答案“□”内打“√”，如选择“其他”请在空格内简要描述） | | | |
| 1 | 您认为公司的培训重点应该是（可多选，限选3项）： | □ 企业文化　□ 入职教育　□ 规章制度<br>□ 专业技能　□ 管理技能　□ 营销战略<br>□ 梯队与后备人才培养　□ 其他 | |

**续表**

| | | |
|---|---|---|
| 2 | 您希望参加公司各种培训的频率是: | □ 每周一次 □ 每月两次 □ 每月一次<br>□ 每两个月一次 □ 每季度一次 |
| 3 | 您认为公司培训的讲师来源最好是: | □ 公司内部 □ 部门内部<br>□ 工段内部 □ 其他 |
| 4 | 您最喜欢的培训方式是: | □ 课堂讲授 □ 案例分析 □ 模拟操作<br>□ 音像多媒体 □ 游戏竞赛 □ 研讨会<br>□ 其他 |
| 5 | 您希望培训师的风格是: | □ 知识丰富 □ 口才好<br>□ 生动幽默 □ 理性 |
| 6 | 您希望培训时段安排在: | □ 工作时间 □ 晚上时间<br>□ 周末时间 □ 其他 |
| 7 | 您希望的每次培训时间长度为: | □ 半小时到一小时 □ 一小时到两小时<br>□ 两小时以上 □ 无所谓 |
| 8 | 您个人感觉,在工作中是否存在下列困惑?(请如实填写,可多选!)<br>□ 工作压力大,有时或经常因工作原因情绪低落(考虑引入《压力与情绪管理》)。<br>□ 工作任务个人感觉多,总是感觉忙不过来(考虑引入《时间管理》)。<br>□ 和同事合作时,感觉沟通不够顺畅(考虑引入《团队协作与沟通管理》)。<br>□ 工作中和同事生成意见分歧时,有时不知如何处理,或处理后感觉效果不好(考虑引入《人际关系与冲突管理》)。<br>□ 个人感觉工作已经努力,但目标仍无法完成,或领导有时感到不满意(考虑引入《目标管理与执行力》)。<br>□ 日常活动中,个人的有些行为不知是否恰当,是否合乎礼仪要求(考虑引入《商务礼仪》)。<br>□ 其他(请详细说明)<br>1.<br>2.<br>3. | |
| 9 | 在专业知识、理论方面,结合您个人的职业发展规划,请列出您感觉最需要提高的三个方面:<br>1.<br>2.<br>3. | |
| 四、培训建议(如您对公司的培训有任何好的建议,请您在下表中提出,谢谢!) | | |

(3) 阅读技术手册和记录方法。这种方法有利于收集有关工作程序信息,而且目的性强,尤其是有关新职业和在生产过程中所产生任务信息的收集,但是培训者会因不了解技术术语而难以理解,有些材料也有可能已过时。

(4) 访问专门的项目专家。此方法有利于培训者发现培训需求的具体问题及问题的原因和解决办法,但是也比较费时,而且分析的难度大,也需要访问者的水平高才有效。因此,培训者应综合运用多种方法进行培训需求分析。

(5) 关键事件法。关键事件法要求管理人员记录员工工作行为中的关键事件，包括导致事件发生的原因和背景、员工特别有效或失败的行为、关键行为的后果以及员工自己能否支配或控制行为后果等。进行关键事件分析应注意对记录进行定期的分析，明确员工在能力或知识方面的缺陷，以确定培训需求。

(6) 经验预计法。某些培训需求具有一定的通用性或规律性，可以凭借丰富的管理经验进行预计，在需求发生之前采取对策，防止需求出现时给培训工作带来措手不及的压力，例如，新员工的导向培训、新设备或新程序的引进、提拔或晋升、组织重组和变革等。

(7) 基于胜任力的培训需求分析方法。胜任力是指员工胜任某一工作或任务所需要的个人知识、技能、态度和价值观等。其培训需求分析的主要步骤包括工作描述和个人描述。工作描述即确定履行一个具体工作职责所要求的专业能力；个人描述是指评估职位任职者目前的绩效水平，并由此有效地预测组织未来的培训需求。

### （二）培训目标的确定

培训需求分析结束之后，就要为培训项目确定目标。培训目标就是描述受训者应该能做什么来作为培训的结果，每个培训项目都应当确定自身切实可行的总体目标以及具体目标。著名社会教育学家马丁·特罗(Martin Trow)指出："教学过程中最重要的唯一需要考虑的是设定目标，选择了合适的视角后，全部课程从开始到结束应围绕着目标旋转。"

企业的培训目标主要可以分为三大类：

**1. 增强员工在企业中的角色意识**

员工只有融入企业，才能充分履行其职能。这对新进员工尤为重要。让新员工尽快熟悉企业的各个方面，消除陌生感，在企业与员工之间建立默契和承诺，决定了新员工培训在企业培训工作中的重要作用。

**2. 获得知识、提高技能**

通过培训，提高员工在工作中所必需的知识和技能水平，包括语言、数学、计算机等基本知识以及人际关系技能、专项知识和高层次的整合技能等。

**3. 态度、动机的转变**

通过培训提高员工对公司与工作的认知，改变态度，形成良性动机，进而提高绩效。

## 二、培训实施阶段

在培训实施阶段，企业要完成两项工作：设计培训方案和培训实施。从培训工作的系统来看，培训的成功与员工培训项目设计有很大关系。

### （一）培训方案设计

培训方案设计是培训目标的具体操作化，告诉人们应该做什么、如何做才能完成任务，达到目的。主要内容包括：选择适当的培训项目；确定培训对象；培训项目的负责人，包括组织的负责人和具体培训的负责人；培训的方式与方法；培训地点的选择；根据既定目标，具体确定培训形式、学制、课程设置方案、课程大纲、教科书与参考教材、培训教师、教学方法、考核方法和辅助器材设施等。

制定培训方案必须兼顾企业具体的情况,如行业类型、企业规模、客户要求、技术发展水平与趋势、员工现有水平、政策法规、企业宗旨等,关键的因素之一则是企业领导的价值观和对培训重要性的认识。

### (二) 培训的实施

培训实施是员工培训系统关键的环节。要保证培训的效果与质量,必须把握以下几个方面:

**1. 选择和准备培训场地**

选择什么样的培训场地是确保培训成功的关键。首先,培训场地应具备交通便利、舒适、安静、独立而不受干扰,为受训者提供足够的自由活动空间等特点。其次,培训场地的布置应注意一些细节,检查空调系统以及临近房间、走廊和建筑物之外的噪声;场地的采光、灯光与培训的气氛协调;培训教室结构选择方形,以便于受训者看、听和参与讨论;教室的灯光照明适当;墙壁及地面的颜色要协调,天花板的高度要适当;桌椅高度适当,椅子最好有轮子,可旋转、便于移动等;教室电源插座设置的数量及距离也要适当,便于受训者使用。最后,注意座位的安排,即应根据学员之间及培训教师与学员之间的预期交流的特点来布置座位。一般的,扇形座位及马蹄形座位安排对培训十分有效,不仅便于受训者从任何角度进行观看,也便于受训者从聆听讲座转向分组实践,还便于教室里受训者相互交流,如图 5-4 所示。当然,也可根据培训目的与方法来布置教室,例如,培训主要是获取知识,讲座和视听演示为主要培训方法,那么传统教室的座位安排就比较合适。总之,选择和准备培训场地应以增强培训效果为目的。

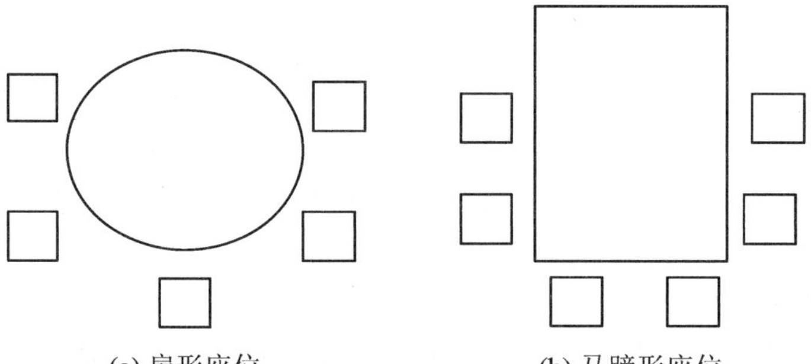

(a) 扇形座位　　(b) 马蹄形座位

图 5-4 培训室座位设计示例

**2. 课程描述**

课程描述是有关培训项目的总体信息,包括培训课程名称、目标学员、课程目标、地点、时间、培训的方法、预先准备的培训设备、培训教师名单以及教材等。

**3. 课程计划**

详细的课程计划非常重要,包括培训期间的各种活动及其先后顺序和管理环节。它有助于保持培训活动的连贯性而不论培训教师是否发生变化;有助于确保培训教师和受训者了解课程和项目目标。课程计划包括课程名称、学习目的、报告的专题、目标听众、培训时间、培训教师的活动、学员活动和其他必要的活动。

**4. 选择培训教师**

员工培训的效果与任课教师有着很大关系。特别是 21 世纪的员工培训,教师已不仅仅是传授知识、态度和技能，而且是受训者职业探索的帮助者。企业应选择那些有教学愿望、表达能力强、有广博的理论知识、丰富的实践经验、扎实的培训技能、热情且受人尊敬的专业培训教师。

**5. 选择培训教材**

培训教材一般由培训教师确定。培训教材应该是对教学内容的概括与总结，包括教学目标、练习、图表、数据以及参考书等。

**6. 确定培训时间**

适应员工培训的特点，应确定合适的培训时间，何时开始、何时结束、每个培训周期的时间等。

## 三、培训的评估和反馈阶段

培训评估和反馈是员工培训系统中的重要环节，它不仅可以监控此次培训是否达到了预期的目的，更重要的是，它还有助于对以后的培训进行改进和优化。培训的评估包括以下步骤：

### （一）确定评估标准

为评估培训项目，必须明确根据什么来判断项目是否有效，即确立培训的结果或标准。柯克帕特里克培训效果评估模型是由唐·柯克帕特里克(Donald L. Kirkpatrick)于 1976 年提出的评估模型，故称为柯氏评估模型，也叫四级评估模型。目前，柯氏评估模型是为人们熟知、应用较为广泛的培训评估模型之一。

**1. 柯氏模型**

这一模型将培训评估的标准分为四个层次的内容，如表 5-4 所示。

**表 5-4　柯克帕特里克四层次评估模型**

| 层次 | 标准 | 重　点 |
| --- | --- | --- |
| 1 | 反应 | 受训者满意程度 |
| 2 | 学习 | 知识、技能、态度、行为方式方面的收获 |
| 3 | 行为 | 工作中行为的改进 |
| 4 | 结果 | 受训者及组织获得的经营业绩 |

柯氏评估模型的主要内容是将培训效果分为 4 个递进的层次：反应层、学习层、行为层、效果层，并且提出在这四个层次上对培训效果进行评估，该模型的主要内容分为以下四个维度。

(1) 反应层(Reaction)评估。反应层评估是指受训人员对培训项目的印象如何，包括对讲师和培训科目、设施、方法、内容、自己收获等方面的看法。反应层评估主要是在培训项目结束时，通过问卷调查来收集受训人员对培训的效果和有用性的反应。这个层次的评估可以作为改进培训内容、培训方式、教学进度等方面的建议或综合评估的参考，但不能作为评估的结果。

(2) 学习层(Learning)评估。学习层评估是目前最常见，也是最常用到的一种评价方式。它是测量受训人员对原理、技能、态度等培训内容的理解和掌握程度。学习层评估可以采用笔试、实地操作和工作模拟等方法来考察。培训组织者可以通过书面考试、操作测试等方法来了解受训人员在培训前后知识以及技能的掌握方面有多大程度的提高。

(3) 行为层(Behavior)评估。行为层的评估指在培训结束后的一段时间里,由受训人员的上级、同事、下属或者客户观察他们的行为在培训前后是否发生变化,是否在工作中运用了培训中学到的知识。这个层次的评估可以包括受训人员的主观感觉、下属和同事对其培训前后行为变化的对比,以及受训人员本人的自评。这通常需要借助一系列的评估表来考察受训人员培训后在实际工作中行为的变化,以判断所学知识、技能对实际工作的影响。行为层是考察培训效果最重要的指标。

(4) 效果层(Result)评估。效果层的评估即判断培训是否能给企业的经营成果带来具体而直接的贡献,这一层次的评估上升到了组织的高度。效果层评估可以通过一系列指标来衡量,如事故率、生产率、员工离职率、次品率、员工士气以及客户满意度等。通过对这些指标的分析,管理层能够了解培训所带来的收益。

**2. 培训项目评估的成果模型**

这些成果包括态度、动机及投资回报率。这样,可以将培训成果分为五大类:认知成果、技能成果、情感成果、绩效成果以及投资回报率,如表 5-5 所示。

**表 5-5 培训结果指标**

| 培训结果指标 | 举　例 |
|---|---|
| 认知成果 | 安全规则,电学原理,绩效评估的步骤,面试技巧等 |
| 技能成果 | 使用某种工具,倾听技能,演讲技能等 |
| 情感成果 | 对培训的满意度,对其他文化的态度,对公司文化的态度等 |
| 绩效成果 | 缺勤,事故有无减少,创新项目是否增加 |
| 投资回报率(ROI) | 经济衡量 |

(1) 认知成果。它可用来判断受训者对培训中强调的原则、事实、技术和程序等的熟悉程度,也是衡量受训者从培训中掌握了哪些知识的指标。通常可用书面测验的方法来评价。

(2) 技能成果。它是用来评价技术或技能以及行为方式的水平,它包括技能的获得与学习(技能学习)及技能在工作中的应用(技能转化)两个方面,两者都可以通过观察来评价。

(3) 情感成果。它包括受训者的态度和动机两个方面的内容。情感结果的一种类型是受训者对培训项目的反应。反应性结果是指受训者对培训设施、培训者以及培训内容的感知。对反应性结果的评价可通过受训者填写问卷获取,这种信息对确定哪些因素有利于学习、哪些因素阻碍学习是很有用的。

(4) 绩效成果。绩效成果包括由于员工流动率或事故发生率的下降导致的成本降低、产量提高及产品质量或顾客服务水平提高。

(5) 投资回报率。它是对培训所产生的货币收益与培训的成本进行的比较,计算企业从培训中所获得的价值(本节后面将详细介绍)。

### (二) 评价方案设计

企业可以采用不同的评价设计来对培训项目进行评价。主要有以下几种:

**1. 培训后测试**

只需收集培训的结果信息。但由于不知道培训前学员的知识和技能水平如何，所以无法判断学员所学到的东西就是培训的效果。

**2. 参训者的预先测验**

让受训者在接受培训之前先进行一次相关的测试，即实验性测试，以更好地引导培训的侧重点，同时也可对培训效果进行评价。

**3. 前测、后测——对照组的设计**

即将一组受训者与非受训者进行比较。对培训结果的信息要在培训之前和之后有针对性地进行收集。如果受训者组的绩效改进大于对比组，则培训有效，如图 5-5 所示。

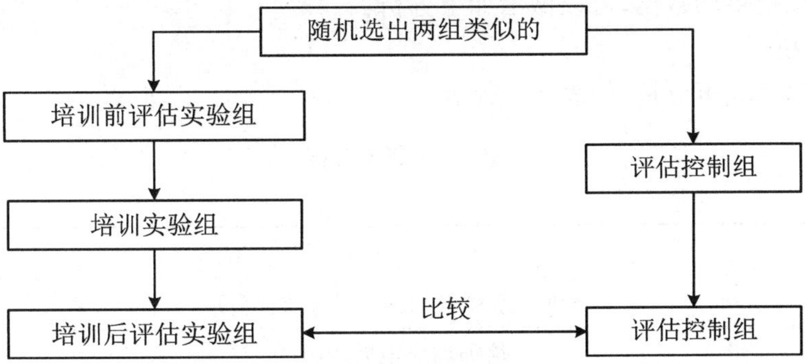


图 5-5　前测、后测——对照组设计

**4. 时间序列分析**

即利用时间序列的方法收集培训前后的信息，以此来判断培训的结果。它经常被用于评价会随着时间发生变化的一些可观察的结果（如事故率、生产率及缺勤率等）。

### （三）培训反馈

员工培训的反馈阶段是员工培训系统中的最后环节。通过对培训效果的具体测定与量化，可以了解员工培训所产生的收益，把握企业的投资回报率，并为企业的培训决策及培训工作的改善提供依据，以更好地进行员工培训与开发。

投资回报率（Return On Investment，ROI）指培训项目的货币收益和培训成本的比较。进行培训项目成本收益分析，计算出培训的投资回报率是培训效果评估的一种最常见的定量分析方法。投资回报率的计算公式为

$$投资回报率=\frac{培训项目收益}{培训项目成本}\times 100\%$$

或者

$$投资净回报率=\frac{培训项目收益-培训项目成本}{培训项目成本}\times 100\%$$

培训成本包括直接成本和间接成本。直接成本包括：参与培训的所有员工如受训者、培训师、咨询人员和项目设计人员的工资和福利；培训使用的材料和设施费用；设备或教室的租金或购买费用，以及交通费用。间接成本包括：一般的办公用品；设施、设备及相关费用；与培训没有直接关系的交通费用和各种支出；与培训没有直接关系的培训部管理人员、行政人员和服务人员工资等。

培训项目的收益是指企业从培训计划中获得的按照价值衡量的实际成果。

例如，某公司专门生产手机专用的滤波器，日产量 200 件（产品单价 20 元/件），现有 60 名工人，6 名一线主管，2 名监督管理人员和 1 名项目主管。该公司在生产经营活动的过程中出现了以下一些问题，如每天生产量的 10%的滤波器因性能测试不符合技术指标要求而报废；生产场所环境管理不善，如半成品堆放区域卫生条件差，影响了半成品质量；工人常与主管或监督发生争执，工人闹情绪以至于缺勤率高等。为了解决这些问题，3 月初公司培训部提出一项旨在提高管理人员管理水平的培训项目，经过主管领导修改批准后，培训项目于 4 月开始实施，并在 5 月初完成。经过一个多月的实践，到 6 月底时，公司产品质量问题和员工情绪等问题得到明显改观，工人的缺勤率明显下降，产品产量每天增加了 40 件。

根据本案例提供的数据，可以做出如下分析：

**1. 成本分析**

该培训项目的成本分析，如表 5-6 所示。

**表 5-6 成本分析**

（单位：元）

| | | |
|---|---|---|
| 直接成本 | 培训项目购买费用（录像带及印刷品） | 8000 |
| | 咨询专家费用（工资、交通及食宿） | 6500 |
| | 培训场地租借费用 | 3000 |
| | 视听设备租借费用 | 1200 |
| 间接成本 | 培训组织者及辅助员工的工资及福利 | 7250 |
| | 受训者的工资及福利（根据离岗时间计算） | 36250 |
| | 因联系培训有关事宜分摊的电话费 | 680 |
| | 企业的总体支持，高层管理时间成本<br>（直接成本＋间接成本）×10% | 6288 |
| 总成本 | 合　　计 | 69168 |

注：年制度工时为 2000，年制度工日为 2000÷8＝250（天），下半年制度工作日为 125 天。

**2. 收益分析**

假定该公司生产的产品全部售出，则该公司每日销售量可以增加 60 件，即

$$200\times10\%+40=60(\text{件})$$

那么在产品单价不变的情况下，则该公司每天新增加乃至下半年新增的收益分别为

$$20\times60=1200(\text{元/天})$$

$$1200\times125=150000(\text{元})$$

则投资回报率为

$$\frac{150000}{69168}\times100\%\approx216.9\%$$

如果扣除培训项目成本后，则投资的净回报率为

$$\frac{(150000-69168)}{69168}\times100\%\approx116.9\%$$

并且，该公司只需用 58 天时间，便可将培训成本收回，即

$$\frac{69168}{1200} \approx 58(\text{天})$$

在培训评估过程中，人们往往忽视对培训评估结果的沟通。一般来说，企业中有四种类型的人必须得到培训评估结果。首先是人力资源开发人员，他们需要这些信息来改进培训项目。只有在得到反馈意见的基础上精益求精，培训项目才能得到提高。其次，管理层是另一个重要的人群，因为他们当中有一些是培训项目决策人，决定着培训项目的未来。评估的基本目的之一就是为其合理地决策提供基础。第三个群体是受训人员，他们应该知道自己的培训效果怎么样，并且将自己的业绩表现与其他人的业绩表现进行比较。这种意见反馈有助于他们继续努力，也有助于将来参加该培训项目学习的人员不断努力。第四个群体是受训人员的直接经理，受训者的培训结果会影响直接经理对其的管理及任用。

# 第三节　培训与开发的方法与类型

## 一、新员工导向培训

新员工导向培训又称为岗前培训、职前培训、入职培训等，是指为新员工提供有关公司和工作的基本背景情况的活动。这种背景信息对员工适应新环境、做好本职工作有着重要的作用。

### （一）新员工导向培训的作用

一个有效的导向培训可使员工尽快适应企业环境，缩短磨合的时间。概括而言，新员工导向培训的作用主要体现在以下四个方面：

**1. 帮助新员工了解和熟悉新的工作环境，尽快适应新的工作环境**

通过员工手册、参观以及一定的技能培训，使新员工明确自己的工作任务、职责、上下级汇报关系，适应新的工作流程，并通过初步参加沟通、团队合作，与老员工充分接触，相互交流，形成良好的人际关系。

**2. 塑造良好的企业形象**

通过新员工导向培训可以为新员工传授一个全新的企业文化，使新员工尽快融入企业文化之中。

**3. 加强员工对企业的认同感，提高员工保留率**

为了使企业的使命得到贯彻，使企业的行动目标得到实现，企业必须将自己的经营理念和价值观念等融入新员工的行为与观念中，使新员工转变角色，从一个局外人转变成为企业真正的一员。

**4. 为人员配置和职业发展提供信息反馈**

在新员工导向培训中，新员工会充分表现自己的多面形象，促使企业加深对新员工的了解，克服在招聘活动中产生的主观偏见，为今后企业的人员配置和员工的职业发展提供信息反馈。

### （二）新员工导向培训的主要内容

新员工导向培训的主要内容包括三个方面：

**1. 公司基本情况及相关制度和政策**

这部分内容包括公司的创业、成长、结构、产品和市场、经营理念、主要设施以及与员工利益密切相关的人事制度和政策，如：工资构成、考核、晋升、培训和职业发展等政策。

**2. 基本礼仪和工作基础知识**

这部分内容对企业特有氛围的形成与维护有着特别的意义，包括：问候、着装、礼仪、报告与协商、与上级或同事的交往方式等。

**3. 部门职责和岗位职责及知识技能**

培训内容包括部门目标以及最新优先事项或项目、与其他部门之间的工作关系、工作岗位的职责与权利、工作的基本流程、日常需要联络的部门及联络途径、设备的使用及保养办法、与岗位及工艺相关的指标及控制方法。

## 二、员工培训的一般方法

### （一）讲座法

讲座法指培训者用语言表达其传授给受训者的内容。讲座的形式多种多样，表5-7描述了不同形式的讲座方法。虽然交互式录像和计算机辅助讲解系统等新技术不断出现，但讲座法仍是员工培训中最普遍的方法。讲座法的成本较低、比较节省时间；有利于系统讲解和接受知识，易于掌握和控制培训进度；有利于更深入地理解难度大的内容，而且可同时对许多人进行教育培训。因此，它可作为其他培训方法的辅助手段，如行为模拟与技术培训。讲座可在培训前向受训者传递有关培训目的、概念模型或关键行为的信息。讲座法的不足在于受训者的参与、反馈与工作实际环境的联系不够密切，会影响学习和培训成果的转化；内容具有强制性，不易引起受训者的注意，信息的沟通效果受教师水平影响大。

**表5-7 不同形式的讲座方法**

| 讲座的形式 | 具体采用的方式 |
|---|---|
| 标准讲座 | 培训者讲，受训者听，并吸取知识 |
| 团体讲座 | 两个或两个以上的培训者讲不同的专题或对同一专题的不同看法 |
| 客座讲座 | 客座发言人按事先约定的时间出席并介绍、讲解主要内容 |
| 座谈小组 | 两个或两个以上的发言人进行信息交流并提问 |
| 学生发言 | 各受训者小组在班上轮流发言 |

### （二）视听培训

在教授大量生产性工作的技能和程序时，可采用某些视听设备。采用摄像设备，培训者与受训者共同观察现场的情况，并对学习目标的进展情况予以迅速地反馈。例如，高尔夫和乒乓球教练经常亲自拍摄学员训练的情况，并让他们观察自己的错误动作。

受训者通过观看录像可以迅速了解培训的每一过程。它可以为拥有不同层次的知识和技能的员工提供个性化指导。视听培训目前较多地应用于帮助员工处理管理难题，如领导力、人际关系等。

## （三）学徒制

在职培训的一个分支领域是学徒制培训。对那些刚开始工作的员工，特别像一些技能行业，如机械师、实验室技术员或电工、管道维修工等多采用“师带徒”的方法。通过这一方法，可以从理论和实践两方面给予指导和经验传授。学徒制是一种兼顾工作与学习的培训方法。该方法通常选择一名有经验的员工对受训者进行关键行为的示范、实践、反馈和强化，以达到培训的目的。这些受训者被称为“学徒”。学徒制培训方法的主要程序如图 5-6 所示。

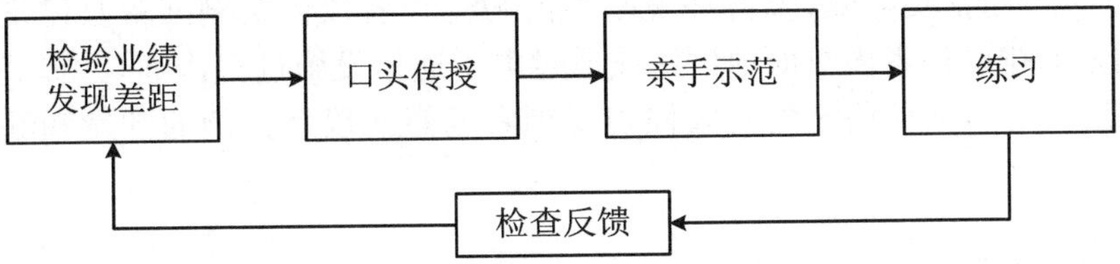


图 5-6　学徒制培训方法的主要程序

学徒制的有效指导原则在于：一是管理者要确认受训者（学徒）具备对某一操作过程的基本知识；二是培训者（有经验的人）让员工演示这一过程的每一步骤，并强调安全事项和关键步骤；三是资深员工给学徒提供执行这一过程的机会，直至每个员工认为其已能安全且准确地完成工作过程。

该方法的主要优点如下：一是受训者（学徒）在学习的同时能获取收入，由于师带徒的培训时间持续长，学徒的工资会随着其技能水平的提高而自动增长；二是培训结束后，受训者往往会被吸纳为全职员工。

其不足之处在于：一是师带徒只对受训者进行某一技艺或工作的培训；二是师带徒培训的员工也会因只接受某种特定的技能而不能获得新技能，而难以适应工作环境的变化。

## （四）情景模拟

情景模拟法是一种通过模拟真实工作场景中的各种情境，帮助学员提高应对实际问题的能力的方法。在情景模拟中，需要设置逼真的模拟环境，使学员能够身临其境地体验实际工作场景中的各种情境，同时通过及时反馈和评估，帮助学员提高应对各种问题的能力。

情景模拟法在实践中涉及多个学科和领域，对学员的要求较高，需要他们综合运用各种知识和技能来解决实际问题。在模拟的工作场景中，学员需要运用管理学、心理学、社会学等多方面的知识来分析问题、解决问题和做出决策。这种综合性的训练方式可以帮助学员培养全局思维和系统思考能力，提高他们的综合素质。并且在情景模拟培训能够提供及时、有效的反馈，让学员知道自己的工作效果和不足之处，从而更好地调整自己的行为和思路。在模拟工作中，导师可以根据学员的表现给予及时的反馈和建议，帮助学员改进自己的工作方法和技能。这种反馈方式比传统的教学方式更加精准和有效，可以提高学员的工作能力和竞争力。

### （五）案例研究

案例研究法是将实际发生过或正在发生的客观存在的真实情境，用一定视听媒介，如文字、录音、录像等所描述出来，让受训者进行分析思考，学会诊断和解决问题以及决策。它特别适用于开发高级智力技能，如分析、综合及评价能力。

在课堂培训中，案例研究是一种非常有效的学习情境。可以从学员的日常工作中提炼实际的案例，经理们可以通过案例学习如何分析（参与），如何综合（合并），从而对管理层决策依据的变量有所认识。总体而言，可以提高决策能力。

该方法的优点：一是提供了一个系统的思考模式，在个案学习过程中，接受培训可得到一些管理方面的知识和原则，树立一些先进的思想观念，有利于受训者参与企业实际问题的解决；二是个案还可以使受训者在问题分析的基础上，提高承担不确定结果风险的能力；三是为使个案研究教学法更有效，学习环境必须能为受训者提供案例准备及讨论案例分析结果的机会；四是安排受训者面对面地讨论或通过电子通信设施进行沟通，并提高受训者个案分析的参与度。因此，案例研究的有效性与受训者的意愿以及案例的开发和编写有密切的关系。

### （六）商业游戏

商业游戏是指受训者在一些仿照商业竞争规则的情景下收集信息并将其进行分析，做出决策的过程。

商业游戏主要用于管理技能开发的培训中。参与者在游戏中所做的决策的类型涉及各个方面的管理活动，包括劳工关系（如集体谈判合同的达成）、市场营销（如新产品的定价）、财务预算（如购买新技术所需的资金筹集）等。游戏能够激发参与者的学习动力，通过把从游戏中学到的内容作为备忘录记录下来并发现：游戏能够帮助团队队员迅速构建信息框架以及培养参与者的团队合作精神；游戏采用团队方式，有利于营造有凝聚力的团队。

### （七）角色扮演

角色扮演是设定一个最接近现状的培训环境，指定受训者扮演角色，借助角色的演练来理解角色的内容，从而提高解决现实问题的能力。通过这种方法，受训者能较快熟悉新的工作环境，了解新的工作业务，掌握必需的工作技能，尽快适应实际工作的要求。角色扮演不同于情景模拟，主要表现为：一是角色扮演提供的情景信息十分有限，而情景模拟所提供的信息通常都很详尽；二是角色扮演注重人际关系反应，寻求更多的信息，解决冲突，而情景模拟注重物理反应（如拉动杠杆、拨个号码）；三是情景模拟受训者的反应结果取决于模型的仿真程度，而在角色扮演中结果取决于受训者的情感与主观反应。

## 三、现代科技培训方法

随着个人电脑和智能手机的普及以及互联网技术的高速发展，基于计算机的培训成为组织培训和个人自我学习的重要途径之一。作为新型培训技术中最基本的一种方法，它主要是指通过设计软件、课程以及借助网络信息共享平台来帮助培训对象进行自主学习。采用这种方法进行培训，培训对象可以基于自身的知识水平及时自主地调整学习进度以及侧重点。

### （一）网络学习

自20世纪末，随着互联网技术的发展和对传统培训形式的不断反思，网络学习培训技术逐渐成为席卷全球的革新浪潮。网络学习被界定为用互联网技术来实施一系列学习解决方案，用来传播知识、提高效率。人才发展协会（ATD）对网络学习的定义是：由网络电子技术支撑或主导实施的教学内容或学习体验。

网络学习有以下三个基本特点：第一，基于互联网的学习，这是网络学习最主要的特征，正是有这样的技术背景，才极大地方便了资料的即时更新、数据的分发和共享以及学员之间的即时交流；第二，运用标准的网络技术，通过计算机把知识传输给最终用户，这里的关键在于运用标准的网络技术，如TCP/IP协议、网页浏览技术等组成的平台；第三，不局限于信息和技能的传授，网络学习的学习方式、内容及结果早已超越了传统学习或培训的内涵与外延，是学习理念的革命。

远程学习是基于互联网培训的一种方式。通常被一些在地域上较为分散的企业用来向员工提供关于新产品、企业政策或程序、技能培训以及专家讲座等方面的信息。远程学习包括电话会议、电视会议、电子文件会议，以及利用互联网进行培训。培训课程的教材和讲解可通过因特网或者一张可读光盘分发给受训者。受训者与培训者可利用电子邮件、电子留言板或电子会议系统进行交互联系。远程学习是参与培训项目的受训者同时进行学习的一种培训方式，为分散在不同地点的员工获得专家培训的机会，为企业节省大笔差旅费。基于互联网的培训要求，使用者熟练搜寻、比较、感知、认同大量信息，有助于帮助员工培养寻找难点、解决问题的能力等。

### （二）虚拟现实法

虚拟现实法是为受训者提供三维学习方式的计算机技术，即通过使用专业设备和观看计算机屏幕上的虚拟模型，让受训者感受模拟环境并同虚拟的要素进行沟通，且利用技术来刺激受训者的多重知觉。在虚拟现实中，受训者获得的知觉信息的数量、对环境传感器的控制力以及受训者对环境的调试能力都会影响“身临其境”的感觉。

虚拟现实技术有三个最基本的特征：沉浸、交互和想象，所有具有自然模拟、逼真体验的技术与方法都可以称为虚拟现实技术。它创建的是一个酷似客观环境且超越客观时空、能沉浸其中又能驾驭其上的和谐人机环境。

## 四、团队建设法

团队建设法就是用以提高团队成员技能和团队有效性的培训方法，培训内容囊括了对团队力量的感知、合作信念的检验以及计划的制定。团队建设法注重提高团队的绩效，建立新的团队或促进不同团队之间的联系。具体而言，团队建设法包括探险性学习、团队培训和行动学习。

### （一）探险性学习

探险性学习也称为野外培训或户外培训，它是利用结构性的室外活动来开发受训者的团队协作和领导技能的一种培训方法。该方法最适合开发与团队效率有关的技能，如自我意识能力、问题解决能力、冲突管理能力和风险承担能力，等等。利用探险性学习的方法，其户外练习应和参与者希望开发的技能类型有关。练习结束后，应由一位有经验的辅导人员组织就学习的内容、练习与工作的关系以及如何将所学知识应用于工作等问题进行讨论。探险性学习的不足在于：它对受训者身体素质的要求高，以及在练习中常常会让受训者之间发生接触，会给组织带来一定风险。

### （二）团队培训

团队培训重在协调为达成共同目标而努力工作的不同个人之间的合作。团队培训方法多种多样，可以利用讲座或录像向受训者传授沟通技能，也可通过角色扮演或仿真模拟给受训者提供讲座中强调的沟通性技能的实践机会。团队培训的主要内容是知识、态度和行为。团队行为是指团队成员必须采取可以让他们进行沟通、协调、适应且能完成任务以实现目标的行动；团队知识是指使团队队员记忆力、头脑，能在意料外的或新的情况下有效运作；团队队员对任务的理解与对彼此的感觉或态度因素有关，同时团队的士气、凝聚力、统一性与团队绩效密切相关。研究表明，受过有效培训的团队能设计一套程序，做到能发现和改正错误、协调收集信息以及相互鼓舞士气。

团队培训的方式有交叉培训、协作培训与团队领导技能培训。交叉培训，即指团队队员熟悉并实践所有人的工作，以便团队队员离开团队后其他成员容易承担其工作。协作培训，即指对团队进行如何确保信息共享和承担决策责任的培训以实现团队绩效的最大化。团队领导技能培训，即指团队管理者或辅助人员接受的培训，包括培训管理者如何解决团队内部冲突，帮助团队协调各项活动或其他技能。

### （三）行动学习

行动学习法，就是通过行动实践进行学习。通常是在一个专门以学习为目标的背景环境中，以团队面临的重要问题作载体，让接受培训的团队共同解决问题并且制定行动计划，然后再由他们自己负责实施该计划，从而达到开发人力资源和促进组织发展的目的。

行动学习系统包含 12 项基本要素：发起者、战略目标、学习过程、参与者建设学习小组、指导、问题导向、资料搜集、资料分析、起草陈述、陈述和反思。行动学习法的重点在于实践，以真实的商业案例角色扮演和团体决策的方式相结合。培训对象在实践中学习分析案例并且与团队成员充分研讨形成解决方案。最后通过陈述和反思来完成行动学习。

一般而言，行动学习包括 6～30 个员工，其中包括顾客和经销商。团队构成可以不断变化。第一种构成是将一位需要解决问题的顾客吸引到团队中；第二种构成是群体中包括牵涉同一个问题的各个部门的代表；第三种构成是群体中的成员来自多个职能部门又都有各自的问题，并且每个人都希望解决各自问题。行动学习法涉及的是员工实际面临的问题，所以可使学习和培训成果的转化达到最大化，有利于发现阻碍团队有效解决问题的一些非正常因素。

## 五、管理开发与培训

管理开发与培训是针对员工管理能力、综合素质提升的一整套培训与开发计划和管理过程的总称，是组织为了提高其生产力和盈利能力，确定和持续追踪高潜能高绩效员工，帮助组织内经理成长和提高的项目。管理开发培训不仅是正式的培训项目和教育，还包括与组织内部经理人员有关的许多政策和管理，如在职培训、绩效评估、工作轮换、高潜能人员确认系统、职业发展和咨询活动等。因此，管理开发培训实际上就是以开发、发展为中心的在职培训。在组织中，业绩优秀的员工被提拔为管理干部的现象非常普遍，如优秀的工程师被提拔为工程总监，而不管他们的管理资质如何。在这种情况下，组织需要以正式或者非正式的方式，帮助这些新任经理达到他们的工作要求，并为他们将来的晋升做准备。

除了前面提到的培训方法外，在管理开发培训项目中还有些专门的开发项目，用来提升自我意识和管理技能。

### （一）敏感性训练

敏感性训练用来培养管理人员的自我认识和与人相处的能力，又被称为T小组讨论。

这种培训把一批管理人员集合起来，在培训者的指导下，让他们进行一种既无议事日程又无中心内容的自由讨论，讨论自己感兴趣的问题，自由发表意见，分析自己的行为和感情，并接受他人对自己的意见，共同改进管理人员有关“我怎样认识自己”“别人怎样看待我”“我怎样认识别人”的敏感性。

### （二）评价中心法

评价中心法是基于领导有效行为的理论基础上，将个人置于一系列模拟的工作情境中，并对其进行考察的一种方法。它既可以用于管理人员的选拔，又可以用于对管理人员的开发项目中。

评价中心法采用的评价技术是多样的，主要方法有以下几种：无领导小组讨论、一揽子公文处理法、情景模拟测验等。通过上述方法对被测评人员进行综合评价，对其能力及潜力有较好的了解后，就可以在此基础上对那些能力强、有潜力的管理人员制定进一步的发展计划，对那些能力较弱、潜力不足的管理人员也可以考虑制定适当的培训计划，提高他们胜任工作的能力。

### （三）基于胜任力的管理人员开发项目

“胜任力”这个概念最早由哈佛大学教授戴维·麦克利兰于1973年正式提出，是指能将某一工作中有卓越成就者与普通者区分开来的个人的深层次特征，即造成绩效出色和绩效一般之间差异的那些最显著的特征，也就是通常所说的KSAOS(知识、技能、能力和个性)。在此之后，许多学者对胜任力的界定及其在企业中的应用做了大量的研究。从20世纪90年代开始，胜任力在很多企业中得到应用，企业逐渐以胜任力为基础，建构基于胜任力模型的人力资源管理系统。胜任力中心和一般评价中心的区别在于以下两个方面：

**1. 组织目标和个人目标相结合**

仅按照组织目标对员工进行能力评估是不够的，更重要的是如何通过了解员工的想法而增加他们对实现发展目标的承诺。在胜任力中心中，组织在自我责任的框架中设立促进胜任力管理的目标，体现了组织目标和个人目标的结合。

**2. 自我评估和其他评估相结合**

评价中心的一些特点可能影响发展的自信和承诺，自我测验和评估可以抵消这种影响，评估结果服务个人发展目标，结果也是严格保密的，自我评估与其他评估结合可以让员工更客观地看待自己，并确定自己未来胜任力发展的重点和方向。

基于胜任力的管理开发培训项目，首先要明确管理人员的胜任力内容，根据企业的战略要求形成针对管理人员的胜任力特点和要求，其次要对管理人员的胜任力进行评估，在此基础上对他们进行开发。

## 讨论案例

### 海尔集团的员工培训与开发

海尔培训工作的原则是"干什么学什么，缺什么补什么，急用先学，立竿见影"。在此前提下首先是价值观的培训，"什么是对的，什么是错的，什么该干，什么不该干"，这是每个员工在工作中必须首先明确的内容，这就是企业文化的内容。对企业文化的培训，除了通过海尔的新闻机构《海尔人》进行大力宣传以及通过上下灌输、上级的表率作用之外，重要的是由员工互动培训。目前海尔在员工文化培训方面进行了丰富多彩的、形式多样的培训及文化氛围建设，如通过员工的"画与话"、灯谜、文艺表演、找案例等用员工自己的画、话、人物、案例来诠释海尔理念，从而达成理念上的共识。

"下级素质低不是你的责任，但不能提高下级的素质就是你的责任！"对于集团内各级管理人员，培训下级是其职责范围内必需的项目，这就要求每位领导亦即上到集团总裁、下到班组长都必须为提高部下素质而搭建培训平台、提供培训资源，并按期对部下进行培训。特别是集团中高层人员，必须定期到海尔的培训部门授课或接受海尔的培训部的安排，不授课则要被问责，同样也不能参与职务升迁。部下的升迁，反映出部门经理的工作效果，部门经理也可据此续任或升迁、轮岗。为调动各级人员参与培训的积极性，海尔集团将培训工作与激励紧密结合。海尔的培训部门每月对各单位培训效果进行动态考核，划分等级，等级升迁与单位负责人的个人月度考核结合在一起，促使单位负责人关心培训，重视培训。

1. 海尔的实战技能培训

技能培训是海尔培训工作的重点。海尔在进行技能培训时重点是通过案例、到现场进行的"即时培训"模式来进行。具体来说，是抓住实际工作中随时出现的案例（最优事迹或最劣事迹），当日利用班后的时间立即（不再是原来的停下来集中式的培训）在现场进行案例分析，针对案例中反映出的问题或模式，来统一人员的动作、技能、观念，然后利用现场看板的形式在区域内进行培训学习，并通过提炼在集团内部的报纸《海尔人》上进行公开发表、讨论，达成共识。员工能从案例中学到分析问题、解决问题的思路及观念，提高员工的技能，这种培训方式已在集团内全面实施。对管理人员则以日常工作中发生的鲜活案例进行剖析培训，且将培训的管理考核单变为培训单，利用每月 8 日的例会、每日的日清会、专业例会等各种形式进行培训。

2. 海尔的基于职业生涯规划的个性化培训

海尔集团自创业以来一直将培训工作放在首位，上至集团高层领导，下至车间一线操作工人，集团根据每个人的职业生涯设计为每个人制定了个性化的培训计划，搭建了个性化发展的空间，提供了充分的培训机会，并实行培训与上岗资格相结合的模式。

在海尔集团发展的第一个战略阶段（1984—1992年），海尔集团只生产冰箱，且只有一到两种型号，产量也控制在一定的范围内，目的就是通过抓质量、抓基础管理、强化人员培训提高员工素质。

海尔的人力资源开发思路是"人人是人才""赛马不相马"。在具体实施上给员工搞了三种职业生涯设计：一种是针对管理人员的，一种是针对专业技术人员的，一种是针对工人的。每一种都有一个发展路径，只要是符合升职条件的即可进入后备人才库，参加下一轮的竞争，跟随而至的就是相应的个性化培训。

（1）"海豚式升迁"，是海尔培训的一大特色。海豚是海洋中最聪明最有智慧的动物，它下潜得越深，则跳得越高。如一个员工进厂以后工作比较好，但他是从班组长到分厂厂长干起来的，主要是生产系统，如果现在让他干一个事业部的部长，那么他对市场系统的经验可能就非常缺乏，就需要到市场上去。到市场去之后他必须到下边从事最基层的工作，然后从这个基层岗位再一步步升迁。如果能升迁上来，就上岗，如果不能，则就地免职。有的经理已经到达很高的职位，但如果缺乏某方面的经验，也要派到基层继续学习。有的经理各方面经验都比较丰富，但综合协调的能力较低，也要派他到其他部门去锻炼。这对一个干部来说压力可能较大，但也培养锻炼了干部。

（2）"届满要轮流"，是海尔培训技能人才的一大措施。一个人长久地干一样工作，久而久之形成了固化的思维方式及知识结构，在海尔这种以"创新"为核心的企业来说是难以想象的。目前海尔已制定明确的制度，规定了每个岗位最长的工作年限。

（3）实战方式，也是海尔培训的一大特点。比如海尔集团常务副总裁柴永林，是20世纪80年代中期在企业发展急需人才的时候入厂的。一进厂，海尔没有给他出校门进厂门的适应机会，因为时间不允许。一上岗，在他稚嫩的肩上就压上了重担，从国产化、引进办，后又到进出口公司的一把手，领导们看得出来他负担较重，甚至压得他喘不过气来。但上级领导发现，他具有较大潜力，只是缺少了一些专业知识，需要及时学习。为此就安排他去学习质量管理和生产管理的课程，到一线去锻炼，边干边学，拓宽知识面，积累工作经验。在较短的时间内，他成熟了，担起了一个大型企业副总经理的重任。由于业绩突出，1995年又委以重任，接收了一个被兼并的大企业。这个企业的主要症结是：亏损、困难较大、离市场差距较远。他不畏困难，一年后就使这个企业扭亏为盈，企业2年走过了同行业20年的发展历程，成为同行业的领头雁，也因此成为海尔吃"休克鱼"的典型，被美国哈佛大学收入到工商管理案例库中。

（案例来源：由网络资料改编，仅供教学使用。）

**讨论与思考**

1. 海尔集团的培训与开发有什么特点？
2. 海尔集团的培训对员工职业生涯规划有什么影响？
3. 海尔集团用哪些方法和手段对员工进行培训？

## 复习思考题

1. 如何理解培训与开发的含义?
2. 培训与开发的意义何在? 应当遵循哪些原则?
3. 培训与开发的步骤有哪些?
4. 如何进行培训与开发的需求分析?
5. 如何进行培训与开发的效果评估?
6. 培训与开发的方法有哪些? 主要内容是什么?
7. 如何理解战略性培训与开发?

## 自 测 题

**一、选择题**

1. 在进行培训需求分析时,(　　)不是培训需求分析的内容。

A. 组织层面分析　　B. 战略层面分析

C. 人员层面分析　　D. 工作层面分析

2. 企业要以(　　)性的眼光看待培训与开发,充分开发人力资源的潜能。

A. 现实　　B. 技术　　C. 战略　　D. 操作

3. (　　)是企业培训的第二级评估,即在课程结束后或课程进行中,了解学员对培训内容掌握的程度,可以通过考试或实际操作来进行考核。

A. 结果评估　　B. 行为评估　　C. 反应评估　　D. 学习评估

4. 对培训对象的培训需求进行分类,要求各类培训对象的培训需求有(　　)。

A. 类似性　　B. 差异性　　C. 多样性　　D. 特殊性

5. 培训需求分析的成果是(　　)。

A. 培训计划　　B. 培训方案　　C. 培训时间　　D. 培训预算

6. 进行培训效果评估时,询问“喜欢此次培训吗”“对培训者满意吗”等问题,属于(　　)的评估。

A. 学习层次　　B. 行为层次　　C. 反应层次　　D. 结果层次

**二、填空题**

1. ________就是判断培训是否必要的过程。
2. 按照培训的内容不同,培训可划分为________、________、________三大类。
3. 培训效果评估包括________、________、________、________四个层次。
4. ________是对培训项目的货币收益和培训成本的比较。

# 第六章　绩 效 管 理

学习目标

1. 熟悉绩效、绩效考核、绩效管理和绩效管理体系的含义；
2. 掌握绩效管理过程；
3. 掌握绩效考核的方法；
4. 了解绩效考核的结果应用。

## 第一节　绩效管理概述

对任何组织来说，如何有效地调动组织成员的积极性和创造性，持续地提高他们的绩效水平，最终实现组织的绩效目标乃至战略目标，是其非常关心的问题。正因为如此，如何有效地开展绩效管理工作，已成为管理理论与实践研究的热点问题。

### 一、绩效的含义及特性

#### （一）绩效的含义

从一般意义上来看，绩效的使用相对广泛，既包括产出也包括行为。也就是说，不仅要看你做了什么，也要看你怎么做的。优秀的绩效不仅取决于结果，还取决于做这件事所拥有的行为或素质，即

结果（做什么）＋行为（如何做）＝绩效

从实际意义上来讲，将绩效界定为“结果＋行为”是很有意义的，它不仅能更好地解释实际现象，而且一个相对宽泛的界定往往使绩效更容易被大家所接受，这对绩效考核与管理而言是至关重要的。

员工的绩效是其工作的“绩”（工作的结果）及“效”（实现这一结果的效率水平）的复合体，绩效本身是客观存在的，但是这种客观存在的绩效水平需要经过评价者的主观评价，形成绩效信息，才能对管理决策产生影响。从这个意义上看，本书认为绩效是指组织、部门或员工控制下的与工作目标相关的行为及其产出。

## （二）绩效的特性

一般说来，绩效具有以下特性：

**1. 绩效的多因性**

现代科学技术与心理学的研究表明，员工的绩效主要由以下四个因素决定：技能、机会、激励、环境（图 6-1）。绩效可以用以下的公式来表示：

$$P=f(S,O,M,E)$$

这个公式表示绩效是技能、机会、激励、环境这四个变量的函数。在这个函数中，每个因素都与绩效成正比关系。技能是指工作技巧与能力水平，它取决于个人天赋、智力、经历、教育与培训等因素。激励是指对员工工作积极性的激发，它本身取决于个体的需求结构、个性、感知、学习过程与价值观等因素。激励和技能属于内因。环境因素包括组织所处的内部客观条件，如劳动场所的布局与物理条件（通风、粉尘、噪声和照明等），任务的性质，工具、设备与原料的供应，上级的领导作风与监控方式，组织结构与规章制度，工资福利、培训机会以及组织文化、宗旨及氛围等。环境因素当然也包括组织之外的客观环境，如社会政治、经济状态、市场竞争和国际形势等宏观条件。机会指员工得到某一工作岗位的机会或承担某一工作任务的机会。与前三个因素相比，机会是一种偶然性因素，但这种偶然性因素是相对而言的，一个成功的人是善于创造机会和把握机会的。在组织管理中，机会的公平性是影响个体组织公平感与工作满意度的重要因素。机会和环境都属于外因。

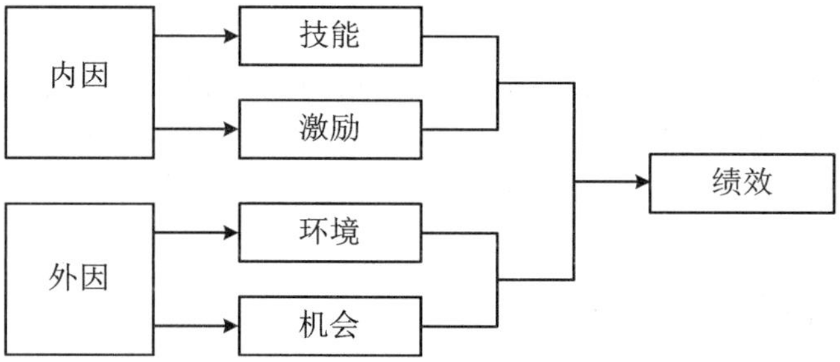


图 6-1　绩效的影响因素

**2. 绩效的多维性**

对员工绩效的评价应从多个方面进行，即需要多种维度去分析与考核。对绩效的评价，不仅要考虑工作结果，还要考虑工作过程。譬如，对生产线上工人的绩效进行评价时，既要看其产量指标完成情况，又要综合考虑产品的质量、原材料消耗、能源消耗、设备保养、员工出勤、纪律意识、服从意识以及与其他岗位的沟通、协作等。根据评价的不同目的，可能选择不同的维度和不同的评价指标，而且在各个维度上的权重也可能不同。

**3. 绩效的动态性**

影响员工绩效的因素不仅是多方面的，而且每种因素都处于不断变化之中，即组织或员工绩效都将随着时间的推移而发生变化。

在评价员工的绩效时，应以发展的眼光看待员工的绩效，切忌以主观僵化的观点来看待。在进行绩效评价时不能以一成不变的思维来对待员工的绩效，应该根据员工在本评估周期内的实际工作结果和工作表现进行客观的评价，而不能受其原来绩效的影响。

## 二、绩效考核与绩效管理

在实践中，人们往往把绩效管理与绩效考核相混淆，认为它们是一回事，事实上这是不完全相同的两个与绩效有关的概念。

绩效考核是企业通过对部门、员工或所属单位与个体的投入产出状况进行考察、衡量或比较，从而确定其行为价值、提高企业竞争力的一个重要过程。

20 世纪 70 年代末出现了"绩效管理"的概念，随着人们对人力资源管理理论和实践的重视，20 世纪 80 年代末和 90 年代初，绩效管理逐渐成为一个被广泛认可的人力资源管理过程。绩效管理实际上是把对组织的管理和员工的管理结合在一起，是一个动态、完整的系统过程，员工可以积极参与制定自己的绩效目标，并与上级就绩效标准以及绩效实现方式进行相互交流的过程中实现企业持续改进绩效的目标。本书对绩效管理的定义是：绩效管理是对组织和员工的行为与结果进行管理的一个系统，是充分发挥每个员工的潜力，提高其绩效，并将员工的个人目标与企业战略目标相结合以提高组织绩效的一个过程。

绩效考核不仅取决于考核本身，在很大程度上还取决于绩效管理系统的其他部分。表 6-1 列出了绩效考核与绩效管理的主要区别。

**表 6-1　绩效考核与绩效管理的区别**

| 区　别 | 绩 效 考 核 | 绩 效 管 理 |
|---|---|---|
| 假设前提 | 假定人们不会也不知道采取主动的行为以实现组织的目标，战略目标的制定和实施与一般员工无关 | 假定人们都愿意与组织同舟共济，会主动采取必要的行为以努力达到事先确定的组织目标和个人目标 |
| 出发点 | 以控制为中心，绩效考核是为了更有效地控制部门和员工个人的行为 | 以战略为中心，绩效管理体系的设计和运用都是为战略服务的 |
| 对象 | 对某一时间段或时间点的考核 | 对整个过程的监控与管理 |
| | 仅仅是事后的考核评估 | 事前、事中、事后相结合 |
| | 主要评估过去的表现，向后看 | 关注过去，更关注未来的发展 |
| 方法 | 主要手段就是考核，自上而下地单向考核，被考核者只是被动接受 | 计划、监控、考核、沟通、反馈相结合，被考核者主动参与，全员参与 |
| 目的 | 主要目的是为了实施奖惩提供依据，主要是薪酬调整和奖励 | 主要目的是促进企业战略的落实、绩效的改进和员工的共同成长 |

资料来源：林新奇，蒋瑞. 绩效管理[M]. 北京：中国人民大学出版社，2020：11.

绩效管理和绩效考核也有联系，绩效考核是绩效管理中的关键环节，能够检验绩效管理前期的计划和促进工作的成果，也能够为绩效沟通与改进工作提供参考和依据。

## 三、绩效管理体系

所谓绩效管理体系是企业为了实现其战略目标，根据企业所处的发展阶段、背景及其他客观条件，对组织和员工的绩效进行开发和管理的一整套理念、原则、程序和方法的有机整体，由绩效管理的目标体系、过程体系、相关制度体系和组织保证体系构成。

### （一）绩效管理的目标体系

建立绩效管理的目标体系要从分析企业战略开始，根据企业的战略目标确定企业级的KPI（关键绩效指标），然后再分解成部门或团队的KPI，最后进一步分解到具体岗位的KPI，以保证每个部门或团队、员工的努力都与公司战略目标要求相一致。

### （二）绩效管理的过程体系

绩效管理的过程体系就是绩效管理的四个阶段组成的循环周期，通过绩效计划、绩效辅导、绩效考核和绩效反馈及面谈，及时解决员工在绩效管理过程中出现的问题，保证绩效目标的顺利实现，从而使公司的战略落到实处。

### （三）绩效管理的相关制度体系

要保证绩效管理过程的顺利进行，保证基于组织战略的绩效目标得以落实，必须有一套与之相应的管理制度作为保证，为此必须建立健全各种相关制度，如上下级沟通制度、绩效考核制度、员工申诉制度、基于员工绩效的奖惩制度、培训制度、人事调整制度等。

### （四）绩效管理的组织保证体系

绩效管理的效果在一定程度上取决于其组织保障水平，特别是公司高层重视程度，因此必须建立公司绩效管理委员会、绩效管理办公室、绩效管理推进小组等职责明确的组织保障体系。

# 第二节　绩效管理过程

## 一、绩效计划

绩效计划是管理者和员工就工作目标和标准达成一致意见，形成契约的过程。

### （一）制定绩效计划的基本过程

一般来说，绩效计划的制定包括三个阶段：准备阶段、沟通阶段、绩效计划的审定与确认阶段。在准备阶段，管理人员需要了解组织的战略和经营计划，部门目标和个人目标所形成的绩效管理的目标体系。

在沟通阶段，与员工一道共同分析员工的能力特点，确定有效的绩效目标，制定绩效计划，并就资源分配、权限、协调等可能遇到的问题进行讨论。一般情况下，绩效计划沟通时应该至少回答以下四个问题：该完成什么工作、按照什么样的程序完成工作、何时完成工作以及需要哪些资源与支持。通过绩效计划沟通，员工对绩效目标的承诺与接受程度就会比较高，从而有助于绩效目标的实现。

在绩效计划的审定与确认阶段，管理人员需要与员工进一步讨论、修订绩效计划，包括具体绩效目标和目标权重的确认，并最终达成一致，形成书面的绩效合同。在计划的实施过程中往往需要根据实际情况及时对绩效计划进行调整。

### （二）绩效目标的确定

绩效目标是对员工在绩效考核期间工作任务和工作要求所做的界定，这是对员工进行绩效考核时的参照系。绩效目标由绩效指标和绩效标准组成。

**1．确定绩效目标的 SMART 原则**

S 代表 specific，是指绩效目标要具体明确，切中特定的工作目标。

M 代表 measurable，是指绩效目标或者是数量化的，或者是行为化的，验证这些绩效标准的数据或信息是可以获得的。

A 代表 attainable，是指绩效目标在付出努力的情况下是可以实现的，避免设立过高或过低的目标。

R 代表 realistic，是指绩效目标应该现实，必须与部门或者员工的工作内容和职责相联系，以确保每个指标的结果有直接的责任归属。

T 代表 time-bounded，是指要设定完成这些目标的期限，这是关注效率的一种表现。

**2．绩效指标**

通常我们将相应的绩效考核指标分为工作业绩考核指标、工作能力考核指标和工作态度考核指标三类。

（1）工作业绩考核指标。所谓工作业绩就是工作行为产生的结果。工作业绩指标可以表现为该职务的关键工作职责或一个阶段性的项目，也可以是年度的综合业绩。通常，业绩指标可以具体表现为完成工作的数量指标、质量指标、工作效率指标以及成本费用指标。

（2）工作能力考核指标。能力方面的考核指标，能使考核的结果真正反映员工的整体素质。另外，通过能力指标的行为引导作用，鼓励员工提高相关的工作能力，并通过能力考核的结果，做出各种有关的人事调整决策。

（3）工作态度考核指标。在组织中常常可以看到这样的现象：一个能力很强的人出工不出力，没能实现较高的工作业绩；而一名能力一般的员工兢兢业业，却做出了十分突出的工作业绩。这两种不同的工作态度，产生了截然不同的工作结果。因此，为了对员工的行为进行引导，从而达到绩效管理的目的，对工作态度的考核是非常必要的。

**3．绩效指标的确立**

绩效指标设计是建立绩效考核体系的中心环节，为保证绩效指标设计的有效性，一般需按以下步骤进行：

（1）岗位分析。根据绩效考核目的，对被考核对象的岗位的工作内容、性质以及完成这些工作所需具备的条件等进行研究与分析，从而了解被考核者在该工作岗位所应该达到的目标、采取的工作方式等，初步确定绩效考核的各项要素。

(2) 工作流程分析。绩效考核指标必须从流程中去把握，根据被考核对象在流程中扮演的角色、责任以及同上下游之间的关系，来确定其衡量工作的绩效指标。如果流程存在问题，还应该对流程进行重组或优化。

(3) 绩效特征分析。可以使用图表标出各指标要素的绩效特征，按需要考核程度分档，如可以按照非考核不可、非常需要考核、需要考核、需要考核程度低和几乎不需要考核五档对上述指标要素进行评估，然后根据少而精的原则按照不同的权重进行选取。

(4) 理论验证。依据绩效考核的基本原理与原则，对所设计的绩效考核要素指标进行验证，保证其能有效可靠地反映被考核对象的绩效特征和考核目的。

(5) 要素调查，确定指标。根据上述步骤所初步确定的要素，可以运用多种灵活方法进行要素调查，最后确定绩效考核指标体系。

(6) 修订。为了使确定好的指标更趋合理，还应对其进行修订。修订分为两种：一种是考核前修订，即通过专家调查法，将所确定的考核指标提交领导、专家会议及咨询顾问，征求意见，修改、补充、完善绩效考核指标体系；另一种是考核后修订，根据考核及考核结果应用之后的效果等情况进行修订，使考核指标体系更加理想和完善。

绩效指标的确定，有助于保证绩效考核的客观性。确定绩效指标时，应当注意以下几个问题：

① 绩效指标的有效性。一是指绩效指标不能有缺失，员工的全部工作内容都应当包括在绩效指标中；二是指绩效指标不能有溢出，职责范围以外的工作内容不应当包括在绩效指标中。但在实际应用中，所构建的绩效指标体系不可能涵盖员工的全部工作内容。实践中的绩效考核指标体系往往由若干个主要绩效指标组成。

如图 6-2 所示，左边的圆形代表绩效指标，右边的圆形表示评价对象的实际工作内容。有效的绩效指标是绩效指标和实际工作内容这两个圆重叠的部分，左边的未重叠的部分表示绩效指标的溢出，右边的未重叠部分表示绩效指标的缺失。这两个圆重叠的部分越大，说明绩效指标的有效性越高。

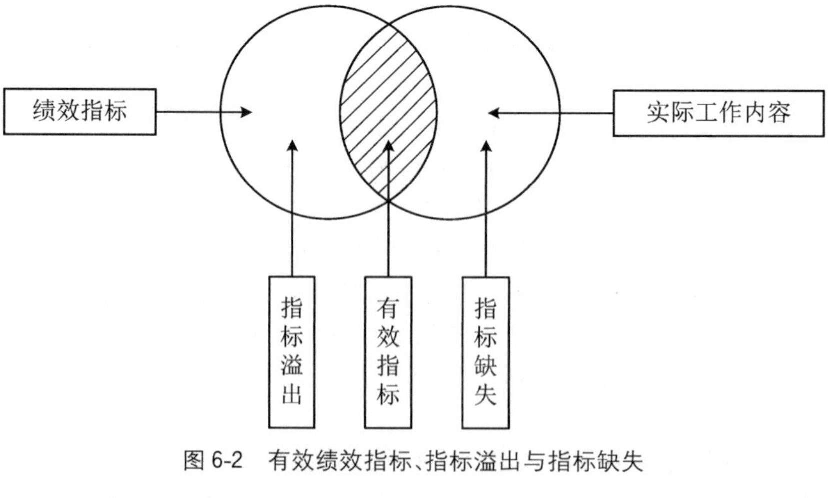

图 6-2 有效绩效指标、指标溢出与指标缺失

② 绩效指标应当具体明确。应当清晰地界定考核指标的含义以及所要考核的内容，必要时可列出计算公式，使考核指标概念内涵明确、外延清晰，不能让考核主体产生误解。

③ 绩效指标应当具有差异性。这包括两个层次的含义：一是指对同一个员工来说，各个指标在总体绩效中所占的比重应当有差异，通过各个指标的权重来体现的。二是指对不同的被考核对象来说，绩效指标应当有差异，因为每个职位的工作重点不同。例如，沟通协调能力对营销部经理的重要性就比对人力资源部经理的相对小一些，如表6-2所示。

**表6-2 绩效指标差异性举例**

| 职位名称 | 绩效指标(工作能力) | 权重 |
|---|---|---|
| 营销部经理 | 计划能力 | 10% |
| | 组织领导能力 | 15% |
| | 沟通协调能力 | 15% |
| | 分析判断能力 | 20% |
| | 谈判能力 | 10% |
| | 公共关系能力 | 15% |
| | 决策行动能力 | 10% |
| | 培育部下能力 | 5% |
| 人力资源部经理 | 计划能力 | 10% |
| | 组织领导能力 | 15% |
| | 沟通协调能力 | 20% |
| | 分析判断能力 | 15% |
| | 公共关系能力 | 20% |
| | 文字表达能力 | 10% |
| | 培育部下能力 | 10% |

④ 绩效指标应适时调整。这也包括两个层次的含义：一是指在不同的绩效周期，绩效指标应当随着工作任务的变化而有所变化；二是指在不同的绩效周期，各个指标的权重也应当根据工作重点的不同而有所区别。

**4. 绩效标准**

绩效标准是对员工绩效内容做出明确的界定：员工应当怎样来做或者做到什么样的程度。例如，“市场占有率提升到10%”“采购成本降低5%”等。确定绩效标准时，应当注意以下三个问题。

(1) 绩效标准应当明确。量化的绩效标准，主要有以下三种类型：一是数值型的标准，如“每月产量100台”“月平均销售额50万元”“年顾客投诉数不超过5人次”等；二是百分比型的标准，如“产量提升10%”“劳动生产率提高10%”等；三是时间型的标准，如“接到任务后3天内按要求完成”“在1个工作日内回复顾客投诉”等。

有些绩效指标不可能量化或者量化的成本比较高，主要是能力和态度等工作行为指标。对于这些指标，明确绩效标准的方式就是给出行为的具体描述，例如对于沟通能力，就可以给出四个等级的行为描述，从而使这一指标的绩效标准相对比较明确(如表6-3所示)。

表 6-3 沟通能力的绩效标准

| 等级 | 定义 |
| --- | --- |
| A | 沟通能力强，语言表达简明扼要，具有出色的谈话技巧，易于理解；文字表达清晰、简洁，易于理解，无可挑剔 |
| B | 沟通能力较强，语言表达抓住要点，表达意图，陈述意见，不太需要重复说明；文字表达几乎不需修改补充，比较准确地表达意见 |
| C | 沟通能力一般，语言表达欠清晰，但尚能表达意图，有时需反复解释；文字表达不够通顺，但尚能表达清楚主要意图 |
| D | 沟通能力差，语言表达含糊其辞，意图不明；文字表达不通，意图不清，需做大修改 |

(2) 绩效标准应当适度。绩效标准应当适度是指绩效标准对一般的员工来讲，要有一定的难度，但是员工经过努力又是可以实现的，根据目标激励理论，这样的标准可以对员工产生激励效果。

(3) 绩效标准应当可变。绩效标准应当可变是指对同一个员工来说，在不同的绩效周期，当外部环境变化达到一定的幅度时，应该调整绩效标准，以保证绩效标准始终处于一个合适的范围，保持对员工的激励效应。

### （三）确定合理的绩效考核周期

绩效考核周期是指两次相同考核的时间间隔。由于绩效考核需要耗费一定的人力、物力与财力，因此考核周期过短会增加企业管理成本的开支，但绩效考核周期过长则不利于员工工作绩效的改进，还会降低绩效考核的准确性。绩效考核周期的确定要考虑以下几个因素：

**1. 职位的性质**

一般来说，职位的工作绩效比较容易考核，考核周期相对要短一些；职位的工作绩效对企业整体绩效的影响比较大的，考核周期相对要短一些，这样有助于及时发现问题并进行改进，如营销人员相对于财务管理等人员的绩效考核周期就应当短一些。

**2. 指标的性质**

一般来说，性质稳定的指标，考核周期相对要长一些；相反，考核周期相对就要短一些。例如，员工的工作能力比工作态度相对稳定一些，因此能力指标的考核周期比态度指标就要长一些。

## 二、绩效监控

绩效管理的根本目的是通过改善员工的绩效来提高企业的整体绩效，只有每位员工都实现了各自的绩效目标，企业的整体目标才能实现。这就要求管理人员在整个绩效周期要对员工持续地监督和辅导。

### （一）绩效沟通与信息收集

管理者通过持续的正式沟通和非正式沟通收集员工的绩效信息且做一些必要的记录，这些记录和信息可以用来为绩效考核提供客观的事实依据。正式沟通有书面报告（如工作日志、周报、月报、季报和年报等）、正式会议、定期面谈等形式。非正式的沟通是指非制度化的、可以随机进行的一种沟通方式，可以根据实际需要随时随地进行，常用的有走动式管理、开放式办公、电话沟通、非正式的会议等。绩效信息的收集方法主要有观察法、工作记录法以及访谈法等。

### （二）绩效辅导

在监控员工绩效的同时，管理者应开展绩效辅导工作。通过绩效辅导，可以帮助员工及时了解自己的工作进展情况，确定哪些方面需要改善，需要学习哪些知识和掌握哪些技能。绩效辅导是对员工工作方法与技术提供具体的指导，帮助员工改善知识、技能和态度，从而改善绩效状况。

## 三、绩效考核

在绩效周期结束时或在特定的情况下，组织需要通过绩效考核，对被考核对象的绩效表现进行评价，得出其真实的绩效表现结论，以便为确定绩效薪酬、员工晋升、培训开发等提供科学依据。

### （一）绩效考核的主体

绩效考核的主体是指对员工的绩效进行考核的人员。为了确保考核的全面、有效，在实施考核的过程中，应该组建由企业不同岗位、不同层次人员组成的考核团队。

绩效考核的主体一般包括被考核者的直接上级、同级同事、直接下级、被考核者本人、顾客或供货商以及外界绩效考核专家或顾问等几类人员（如图 6-3 所示），他们具备各自不同的优势特征，在绩效考核过程中分别承担不同的考核任务，为考核工作带来不同的帮助。

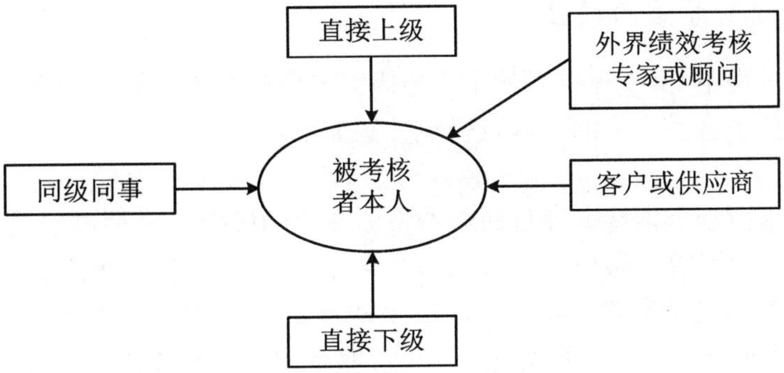


图 6-3　绩效考核主体组成

1. 上级考核

对于被考核者来说，直接上级通常最了解员工的工作情况，对绩效考核指标与标准也非常明确，这就使得他们成为当然的、最主要的考核主体，有时甚至是唯一的考核主体。在大多数组织中，上级评价是最常用的评价方式。上级考核容易受到领导个人的作风、态度以及对下属员工的偏好等因素的影响，产生个人偏见，这是其作为考核主体的不足。

2. 同级考核

同级考核一般都是相互进行的，这样可以形成一种激励约束机制，有助于促进员工在工作中与同事配合。选用这种主体也存在一些不足，如同级之间会产生某种利益上的冲突，这将限制同级评分的可信程度；人际关系的因素会影响考核的公正性，同级间相互评价也容易引发内部矛盾，影响同级之间的协作关系，处理不好会影响团队或部门绩效。

3. 下级考核

直接下级在工作中作为被管理的对象，全方位接受上级主管的工作安排、指导与帮助，相对于其他考核主体而言，最了解上级的领导能力等方面的问题，并给出相对准确的评价。另外，将下级作为考核主体来评价上级，可以促使上级关心下级的工作，建立融洽的员工关系。但由于下级会顾及上级的反应，担心被报复，往往不敢真实地反映情况。

4. 自我考核

自我考核可使被考核者得以对自身绩效发表看法，减少对考核结果的抵制，且有利于员工工作的改进。但本人对考核维度及标准的理解可能与其他考核主体不一致，存在本位主义倾向，最终往往造成自我评价优于其他考核主体的评价结果。

5. 顾客与供应商考核

外部考核主体如顾客，他们最了解销售人员的工作行为与工作态度，具有很强的客观公正性，反馈的意见也对公司和员工具有重要意义，但收集工作烦琐，可借助信息技术。

6. 绩效考核专家或顾问考核

这些专家或顾问不但掌握深厚的绩效考核方面的理论，而且具有绩效考核方面的专门技术与经验，他们不但作为绩效考核的实施者之一参与绩效考核工作，还能够根据需要开展绩效考核方面的培训指导工作，帮助其他考核主体更好地完成绩效考核任务。但他们对公司所在行业、职务特点与要求以及被考核者的情况等方面的了解程度可能没有其他考核主体深刻。

### （二）防止绩效考核的误区

在绩效评价过程中，由于评价者的主观原因而导致的各类常见的误差，从而影响到考核的效果。绩效考核中容易产生的误区及避免方法如下：

1. 晕轮效应

晕轮效应是指由于个别特征评价而影响整体印象的倾向。这种错误就是指以员工某一方面的特征为基础而对总体做出评价，比如，当一个员工有一个方面特别优秀时，人们会误以为他在其他方面也特别优秀，从而给该员工较高的考核等级。避免方法是应该以要素为单位进行考核，而不要以人为单位进行考核，要就同一个要素对所有被考核者同时进行考核。

2. 逻辑误差

逻辑误差是指评价者在对某些有逻辑关系的评价要素进行评价时，使用简单的逻辑推理而不是根据客观情况来对员工进行评价,从而产生的误差。例如,很多人认为"口头表达能力与公共关系能力之间存在高相关性",于是在进行绩效考核时,往往会根据员工的口头表达能力来对公共关系能力做出评价。避免方法是明确考核标准,使之尽量定义清楚,能够量化的尽可能量化。

**3. 首因效应**

首因效应亦称第一印象误差,是指考核主体根据员工在绩效初期的表现而对整个绩效考核周期的表现做出评价。避免方法是在绩效考核期间一直进行考核记录,以此作为最终考核的参考。

**4. 近因效应**

近因效应是指评价者以员工在近期(绩效评价期间的后期)的表现为根据,而对整个绩效考核周期的表现做出评价。避免的方法是在绩效考核期间一直进行考核记录,以此作为最终考核的参考。

**5. 自我比较误差**

自我比较误差就是指考核主体会不自觉地将被考核者与自己进行对比,把自己当作标准。与自己相似的就给予较高的评价,与自己不同的就给予较低的评价。避免方法是明确考核内容和考核标准,并要求考核者严格按照考核要求进行考核。

**6. 考核标准不明确**

由于被考核者对考核的标准理解不同而造成的误差,比如同样是"优秀、良好、合格、不合格"等,不同的人对这些标准会有不同的定义。避免方法是修改标准,尽量定义清楚,同时避免让多个考核者对同一个员工的同一个要素进行考核,尽可能让同一个考核者对同一个要素进行考核,加强考核结果的可比性。

**7. 宽大化倾向或严格化倾向**

宽大化倾向指考核主体放宽考核的标准,给所有员工的考核成绩都比较高。主要原因可能有:评价者为了保护下属,避免留下不良绩效的书面记录,因此不愿意严格地评价部下;评价者对评价工作缺乏自信心、避免引起评价争议;评价要素的评价标准不明确等。

严格化倾向是指评价者对员工工作业绩的评价过分严格的倾向,给所有员工的考核成绩都比较低,可能的原因是由于人际关系或"鼓励"一个有问题的员工主动辞职等。

**8. 中心化倾向**

中心化倾向是指评价者对一组评价对象做出的评价结果相差不多,或都集中在评价尺度的中心附近,导致评价成绩拉不开距离。原因主要为考核者害怕承担责任或者对考核者不熟悉。

为了减少甚至避免宽大化倾向、中心化倾向和严格化倾向,应当采取以下措施:第一,建立完善的绩效目标体系,绩效考核指标和绩效考核标准应当具体、明确。第二,选择恰当的考核主体。考核主体应当对员工在考核指标上的表现最了解。第三,选择合适的考核方法。例如,强制分布法和排序法就可以避免宽大化、严格化和中心化倾向。第四,对考核主体进行培训。考核开始前要对考核主体进行培训,指出可能存在的误区,从而使他们在考核过程中能够有意识地避免这些误区。

## 四、绩效反馈

这一阶段主要是通过绩效反馈面谈来完成绩效反馈的任务。当绩效考核结果产生后，企业应立即组织绩效反馈面谈工作，考核者将考核结果及时反馈给考核对象，使其明白工作中的优缺点，沟通达成共识，并共同制定出绩效改进的计划并跟踪执行情况。

### （一）绩效反馈中管理者和员工的准备工作

为了确保绩效反馈面谈达到预期的目的，管理者和员工双方都需要做好充分的准备工作。

**1. 管理者的准备工作**

对管理者来说，应做好以下几个方面的准备：

(1) 在绩效反馈面谈之前，管理者必须先熟悉对员工的绩效进行评估的表格、员工日常工作表现的记录及管理者平时收集的绩效相关的信息，以及员工的教育背景、家庭环境、工作经历、性格特点以及职务和业绩情况等。

(2) 计划好面谈的程序和进度。面谈者事先要将面谈的内容、顺序、时间、技巧等计划好，自始至终地掌握好面谈的进度。

**2. 员工的准备工作**

对员工来说，应该做好以下的准备：

(1) 重新回顾自己在一个绩效周期内的行为态度与业绩，收集准备好自己相关绩效的证明数据材料。

(2) 对自己的职业发展有一个初步的规划，正视自己的优缺点。

(3) 绩效反馈面谈是一个双向交流的过程，所以员工可以向管理者询问在工作过程中遇到的问题。

### （二）绩效反馈注意事项

绩效反馈面谈的目的主要有征求员工对评价结果的认可和接受，帮助其分析工作成功与失败的原因，同时提出解决问题的意见和建议等，要注意做到以下几点：

**1. 对事不对人**

反馈面谈的重点应放在以清晰的数据为基础的绩效结果上，不要责怪和追究当事人的责任与过错。针对个人的批评很容易引起反感、强辩与抵制，这就达不到反馈面谈是为了帮助寻找绩效不佳的原因，进而改进绩效的真正目的。

**2. 谈话内容要具体客观**

反馈面谈要根据具体事实来支持结论，援引数据，列举事实，不要作泛泛的评价。不要责怪和过分追究员工的责任与过错，优点和缺点并重，客观评价员工的绩效状况。

**3. 寻找绩效不佳的原因**

要引导和鼓励被面谈者自己分析造成绩效不佳的原因所在，并寻求自行解决的方法，这样会获得更好的效果。

**4. 保持双向沟通**

要共同解决问题，必须是个双向沟通的过程，鼓励下属说话，给予充分表达的机会，鼓励他们说出工作中存在的困难，以及需要他人提供何种帮助。

**5. 注意说话技巧**

由于绩效反馈是一种面谈，因此说话的技巧会影响反馈的效果。在进行反馈时，建立起融洽的谈话气氛，坦诚沟通，且以正面鼓励为主，语气要平和，不能引起员工的反感。

为了保证绩效反馈面谈的效果，一般情况下，企业会事先编制出一定格式的绩效反馈面谈表，将相关信息集中反映，避免不必要的遗漏，也便于保存。表 6-4 是绩效反馈面谈信息汇总表。

**表 6-4　绩效反馈面谈信息汇总表**

<table>
<tr><td>面谈对象</td><td></td><td>所在部门</td><td></td><td>职位编号</td><td></td></tr>
<tr><td>面 谈 者</td><td></td><td>面谈时间</td><td></td><td>面谈地点</td><td></td></tr>
<tr><td colspan="6">绩效考核结果(总成绩)：</td></tr>
<tr><td>工作业绩</td><td></td><td>工作能力</td><td></td><td>工作态度</td><td></td></tr>
<tr><td colspan="6">绩效不良的具体表现：</td></tr>
<tr><td colspan="6">导致绩效不良的具体原因：</td></tr>
<tr><td colspan="6">绩效改进的具体计划：</td></tr>
<tr><td colspan="2">面谈对象签字</td><td colspan="2"></td><td>面谈者签字</td><td></td></tr>
<tr><td colspan="6">绩效改进计划的执行情况：</td></tr>
<tr><td colspan="2">记录者签字</td><td colspan="2"></td><td>时间</td><td></td></tr>
</table>

# 第三节　绩效考核方法

## 一、目标管理法

### （一）目标管理法概述

**1. 目标管理的概念**

目标管理(Management by Objectives，MBO)是由美国管理学大师彼得·德鲁克在 1954 年的名著《管理的实践》一书中首先提出的。德鲁克认为，企业的目的和任务都必须转化为目标，而企业目标只有分解成每个更小的目标后才能够实现。

所谓目标管理，是指一种程序或过程，它使组织中的上下级一起协商，根据组织的使命确定一定时期内组织的总目标，由此决定上下级的责任和分目标，并把这些目标作为组织绩效考核及考核每个部门和个人的绩效产出对组织所做贡献的标准。

**2. 目标管理法的特征**

(1) 目标管理法是参与管理与自我控制相结合的管理形式。在管理过程中，目标的实现者即目标的制定者，通过上下协商，制定出企业各个部门乃至每名员工的分目标；员工参与目标制定过程，而且承诺实现目标的同时被授予了相应的权力，这无疑调动了员工的自我控制性和工作主动性。

(2) 从目标管理法的整个实施过程来看，它要求注重“统一”。一方面，它强调工作和人的统一。管理者要不断挖掘员工本身所具有的自我实现的欲望，让员工从工作中获得生存的价值，更好地达成目标。另一方面，它强调个人目标和组织目标的统一。

(3) 注重成果第一的方针。目标管理法注重以制定目标为起点，并且以目标实施的最终考核为终结，工作成果是评定目标完成情况的标准。由于目标管理法在一开始就制定了一套完善的目标考核体系，因此能够按照员工的工作成果如实地评价一个人。

### (二) 目标管理法的实施流程

目标管理法是管理者与每位员工一起确定的特定的可检测目标，并定期检查这些目标完成情况的一种绩效考核方法。目标管理系统应能达到三项要求：其一，要求确定具体的、有一定难度的、客观的目标；其二，目标管理系统所使用的目标通常不是管理者单方面确立的，而是由管理者与下属员工协商的结果；其三，管理者在整个评价期间通过提供客观反馈的方式来监控员工达成目标的进程。具体来说，主要有确定目标、实施目标、评价绩效、提供反馈四个步骤。

**1. 确定目标**

首先，企业高层管理者确立企业的使命、战略目标、战略措施，并制定企业下年度的工作计划和组织目标；其次，企业高层管理者要与各中层管理者商讨，将组织目标分解到各部门，确立部门目标；再次，部门主管与员工一起讨论并分解本部门目标，确立个人在绩效考核周期内的绩效目标，并要求员工分别制定自己的工作计划，明确每个员工如何为实现部门的目标做出贡献。通过计划过程明确期望达到的结果，以及为达到这一结果所应采取的方式、方法及所需的资源。同时，还要明确时间框架，即当他们为这一目标努力时，了解自己目前在做什么、已经做了什么和下一步还将要做什么，合理安排时间。

**2. 实施目标**

即对计划实施的监控，是为了保证制定的计划按照预想的步骤进行，掌握计划进度，及时发现问题，以便及时采取适当的矫正行动。如有必要，还可以对计划进行修改。

**3. 评价绩效**

即将实际完成的绩效与预先设定的绩效目标相比较，得出相应的结论。

**4. 提供反馈**

即部门主管定期召开绩效评价会，与员工共同回顾整个绩效周期中的绩效表现，对员工的目标达成与进度情况进行讨论，从而为制定新的目标提供指导。

目标管理法能使员工与组织的目标保持一致，能够减少管理者将精力放到与组织目标无关的工作上的可能性；通过动态反馈，使每位员工都了解自己的目标，并由于亲自参与了目标的制定，从而增强了责任感，也改善了上下级的关系。与此同时，目标管理法也存在目标可能难以具体化和量化、重视短期目标、确定目标的过程有时也可能导致上下级间的矛盾与冲突等弊端。事实上，若不局限于个人和部门的局部利益，而以公司总体战略为指导，MBO 不失为一种将战略转化为具体工作目标，从而使绩效管理更有针对性的好方法。

## 二、平衡计分卡

### （一）平衡计分卡概述

**1. 平衡计分卡的概念**

20 世纪 80 年代末至 90 年代初，欧美很多学者和大公司发现，传统的以财务为单一衡量指标评价企业经营绩效的方法会歪曲企业经营管理者实际经营能力和管理能力，从而影响企业股东和投资者的决策；另外，企业无形资产的开发和利用能力已经成为企业塑造核心能力和创造持续竞争优势的决定因素，而企业无形资产和有形资产的价值创造过程截然不同。单一的财务评价体系难以适应信息时代下快速变化的、不确定性和风险性日益增加的竞争环境。

因为这些原因，西方很多学者以及实务界兴起对平衡财务与非财务指标的综合绩效评估方法的研究，其中比较有代表性的是由卡普兰和诺顿共同开发的名为“平衡计分卡”的绩效评估方法。他们通过对绩效评估测评方面处于领先地位的 12 家公司进行了为期一年的研究之后，推出了一套综合平衡财务指标和非财务指标的评价体系——BSC(Balanced Score Card)，我们称之为“平衡计分卡”。

**2. 平衡计分卡的结构**

平衡计分卡从财务层面、客户层面、内部业务流程层面和学习与成长层面，来帮助管理层对所有具有战略重要性的领域进行全方位的思考。它将企业战略目标逐层分解转化为各种具体的、相互平衡的绩效考核指标体系，并对这些指标的实现状况进行不同时段的考核，从而为企业战略目标的完成建立起可靠的执行基础。四个方面的目标和衡量指标既保持一致又相互加强，彼此之间存在紧密的因果关系，系统地传达企业的战略。

(1) 财务维度——财务指标，满足股东的需求，务必实现的业绩指标；从股东角度来看，企业增长、利润率以及风险战略这三个维度都是实现财务目标的手段，而不是目标本身。

(2) 客户维度——要想股东满意，必须实现顾客满意，那么，顾客在什么地方不满意，就是我们的机会；从顾客角度来看，这是企业创造价值和差异化的战略。

(3) 内部业务流程维度——要想顾客满意，必须改进我们的内部流程，从而使顾客满意；这是各种业务流程满足顾客和股东需求的优先战略。

(4) 学习与成长维度——要想使内部流程得到改进，企业必须学习、成长，以满足内部流程的改进，营造一种支持公司变化、革新和成长的氛围。

**3. 平衡计分卡的四种平衡**

(1) 财务与非财务的平衡。在平衡计分卡中，既包括财务指标，如营业收入、利润、投资报酬率等指标，又包括非财务指标，如客户保持率、合格品率、雇员满意度等指标。平衡计分卡弥补了单纯依赖财务绩效指标的局限性。

(2) 长期与短期的平衡。在平衡计分卡中，既包括了短期指标，如成本、利润等指标，又包括了长期指标，如客户满意度、雇员满意度、雇员培训次数等指标。这就体现了长期与短期的平衡。

(3) 外部与内部的平衡。股东和客户是外部群体，员工是内部群体。在平衡计分卡中，既包括了外部评价指标，又包括了内部评价指标。例如，客户满意度指标是通过对客户的调查而得到的，反映了外部人员对本企业的评价，是外部评价指标。而合格品率、培训次数、成本和雇员满意度指标则是企业内部对本企业的评价，是内部评价指标。这就体现了平衡计分卡外部与内部的平衡。

(4) 领先指标与滞后指标之间的平衡。财务、客户、内部流程、学习与成长这四个方面包含了领先指标和滞后指标。滞后指标通常代表了过去的绩效，领先指标是滞后指标的驱动因素。财务指标就是一个滞后指标，它只能反映公司上一年度发生的情况，不能告诉企业如何改善业绩。平衡计分卡对领先指标(客户、内部流程、学习与成长)的关注，使企业更关注过程，而不仅仅是事后的结果，从而达到了领先指标和滞后指标之间的平衡。

### (二) 平衡计分卡的设计和操作

**1. 将企业级的绩效指标分解到各个部门**

对企业级的绩效指标进行分析，可以分成三类:企业通用指标、部门通用指标、部门专用指标。企业通用指标的特征是企业内部各个部门都对其负有或多或少的责任，比如学习与成长维度中的员工满意度指标、财务维度中的利润指标等。部门通用指标的特征是两个或者两个以上部门对其负责，例如学习与成长维度中的关键员工保持率等。部门专用指标的特征是某个部门对其负有全部责任。将这三类指标划归到对应部门，就可以得到每个部门的考核指标，并建立部门级平衡计分卡。

**2. 将部门级的绩效指标分解到各个岗位**

部门级各维度的指标设计好后，要对每个指标进行分析，按照部门通用指标、岗位通用指标和岗位专用指标进行划分，并归入对应的岗位，形成每个岗位的平衡计分卡。

**3. 实施步骤**

(1) 明确企业的使命、愿景和战略。有助于管理者就企业使命和战略达成共识，建立企业平衡计分卡。

(2) 进行战略目标沟通，使各级经理在组织中就战略要求进行上下沟通，将企业战略目标与各部门以及个人目标联系起来。即将企业的平衡计分卡目标划分到各部门的平衡计分卡中，再进一步划分到员工层级。

(3) 进行基于战略的业务规划。各部门经理根据平衡计分卡所确立的目标，作为分配各项资源和确定先后顺序的依据，采取各种措施帮助企业实现其长期战略发展的目标。

(4) 在企业、部门和个人层面建立反馈机制、绩效考核和能力发展模型，使公司拥有战略学习能力。

(5) 建立浮动薪酬的绩效激励系统，与企业、部门和个人层面挂钩，激励员工发挥积极主动性，将自己的目标与公司战略保持一致，更好地执行企业战略，使企业获得长期发展。

## 三、关键绩效指标

### (一) 关键绩效指标概述

关键绩效指标(Key Performance Indicators，KPI)，按照狭义的理解，主要是通过对组织及个体 KPI 的设立，在层层分解量化的基础上，建立 KPI 体系，从而获得个体对组织所做贡献的评价依据，实现对组织的重点活动及其核心效果的直接控制和衡量。

按照广义的理解，KPI 是通过提取组织成功的关键因素，并利用目标管理的方式，不断分解和传导到基层单位，从而确保组织战略目标实现的一种绩效管理方法。企业实施 KPI 的目的，是建立一种机制，将企业战略转化为内部管理过程和活动，以不断增强企业的核心竞争力和可持续发展的动力。由企业的宏观战略目标经过层层分解而产生可操作性的战术目标，这种战略与战术相结合的指标体系，既可以反映战略执行的效果，又可以对战略决策的执行效果进行监测，所以 KPI 在狭义的理解上是一种指标体系，在广义的理解上则是一种融合结果与过程的管理体系。

关键绩效指标体系作为一种系统化的指标体系，包括三个层面的指标：一是企业级的关键绩效指标，是通过对企业的关键成功领域和关键绩效要素分析得来的；二是部门级的关键绩效指标，是根据对企业级关键绩效指标进行承接或分解而得出的；三是个人级的关键绩效指标，是根据部门级关键绩效指标确定的。它们共同构成企业的关键绩效指标体系。

### （二）基于战略的 KPI 体系的建立步骤

**1. 确立企业级的 KPI**

（1）确定关键成功领域。根据企业的战略，寻找使企业实现组织目标或保持市场竞争力所必需的关键成功领域。必须从明确以下三个方面的问题入手：一是这个企业为什么会取得成功，成功靠的是什么；二是在过去的那些成功因素中，哪些能够使企业在未来持续获得成功，哪些会成为企业成功的障碍；三是企业未来追求的目标是什么，未来成功的关键因素是什么。通过以上三个问题的回答，确定关键成功领域。

（2）确定关键绩效要素。关键绩效要素提供了一种“描述性”的工作要求，它是对关键成功领域进行的解析与细化。它主要解决以下几个问题：每个关键成功领域包含的内容是什么；如何保证在该领域获得成功；实现该领域成功的关键措施和手段是什么；达成该领域成功的标准是什么。

（3）确定关键绩效指标。对关键绩效要素进行进一步细化，并经过筛选，关键绩效指标便得以确定。选择关键绩效指标应注重指标的有效性、重要性与可操作性。指标的有效性指所设计的指标能够客观地、集中地反映要素的要求；指标的重要性是指指标反映其对企业价值的影响程度；指标的可操作性是指指标必须有明确的定义和计算方法，容易取得可靠的初始数据，尽量避免主观判断。表 6-5 表明了关键成功领域、关键绩效要素以及关键绩效指标的确定与分解。

**2. 确立部门级 KPI**

企业级的 KPI 是战略层次的目标，无法直接落实到日常工作中，需要把企业级 KPI 分解细化为部门级 KPI。企业级 KPI 通常包含两类指标：一类是可以由一个部门来承接的考核指标，如新产品立项数、研发费用等，这类指标可以直接作为相应部门的关键绩效指标；另一类是不能由一个部门来承接的企业级关键绩效指标，如顾客满意度、营业收入增长率等，这类指标必须经过进一步分解后才能被分配到相关部门，成为部门的 KPI。

表 6-5 某公司企业级关键绩效指标汇总表(节选)

| 关键成功领域 | 关键绩效要素 | 关键绩效指标 |
|---|---|---|
| 市场领先 | 市场份额 | 目标市场占有率 |
| | | 销售增长率 |
| | 销售网络的有效性 | 销售计划完成率 |
| | | 货款回收率 |
| 客户服务 | 服务质量 | 质量问题处理的及时性 |
| | | 质量问题处理成本 |
| | 响应速度 | 问题及时答复率 |
| | 主动服务 | 客户拜访计划完成率 |
| | | 客户拜访效率 |
| | | 产品售后调查的及时性 |
| 利润增长 | 资产管理 | 资产负债率 |
| | | 应收账款周转率 |
| | | 存货周转率 |
| | | 净资产收益率 |
| | 利润 | 销售利润率 |
| | | 成本费用利润率 |
| | | 销售毛利率 |
| 人力资源 | 员工满意度 | 员工满意度综合指数 |
| | 员工开发 | 优秀员工流失率 |
| | | 员工培训满意度 |
| | | 绩效改进计划完成率 |

对关键绩效指标进行分解通常有两条主线:一是按照组织结构分解;二是按主要流程分解。如对“次品废品降低率”这一关键绩效指标,可按照不同部门在降低次品废品率中应承担的责任,分解成采购部门的“采购有效性”、品质保证部的“不合格品再发生率”、生产部的“生产技术问题处理的有效性”以及制造部“自检合格率”等几个指标,共同支撑“次品废品降低率”指标。分解结果如表 6-6 所示。

3. 确立个人 KPI

在企业级关键绩效指标和部门级关键绩效指标确定后,将部门关键绩效指标进行分解或承接,形成个人关键绩效指标。其基本思路与部门关键绩效指标的确定相类似。

表 6-6　次品废品降低率分解矩阵

| 部门 | 采购部 | 品质保证部 | 生产部 | 制造部 |
|---|---|---|---|---|
| 采购部 | 物资采购有效性 | | | |
| 品质保证部 | | 不合格品再发生率 | | |
| 生产部 | | | 生产中技术问题处理的有效性 | |
| 制造部 | | | | 自检合格率 |

## 四、目标与关键结果

### （一）目标与关键结果概述

#### 1. 目标与关键结果的含义

目标与关键结果（Objectives and Key results，OKR）是在传统绩效管理基础上进行升级改造后形成的一种有效的现代绩效管理手段。1976 年左右，英特尔公司意欲实现从存储器向处理器的转型，希望找到一个方法，上下同步工作重心，统一工作目标，安迪·格鲁夫发明和推行了 OKR。随后，很多知名 IT 企业，如甲骨文、谷歌、领英（LinkedIn）等都成功实施了此方法。

#### 2. 目标与关键结果的特征

（1）简洁：体现在每个参与考核者的目标不会超过 5 个，同时每个目标中所要体现的关键结果也会控制在 4 个之内。过多会使重点不清，操作更加复杂。

（2）直接：在进行目标设定时，每个关键结果需要形成一定的对应，而且其目标必须靠自身来实现。

（3）公开：就是将最后的评估结果对整个企业公开。可以使团队目标一致，便于团队之间的合作，且更具公平性。

#### 3. 目标与关键结果与传统绩效管理的主要区别

（1）绩效指标由绩效实施者设计，绩效督导者只负责把关：在 OKR 中，绩效目标制定以后，绩效实施者根据绩效目标设计出 3～5 个关键结果指标，再由绩效督导者把关，确认指标的关键性和目标值是否合理，是否能够支撑绩效目标。

（2）绩效评估结果更多代表工作情况，不再应用于薪酬管理：在 OKR 中，绩效实施者的绩效工资和奖金通过同僚审查来确定。企业中每个人的 OKR 记录公开透明，绩效评估结果及相关记录更多代表的是绩效实施者曾经的工作经历。

（3）100%的完成不是最好，完成率在 60%～70%才算优秀：在 OKR 中，当 100%完成关键结果指标时，会被认为是指标目标值定得过低，没有挑战性。一般完成 60%～70%认为是最理想的结果。

（4）工作中的满意度已是重要的激励手段，薪酬激励变成辅助手段：在 OKR 中，绩效实施者能够自己选择绩效指标且设置目标值，增强其自主决策度，对目标的认可度会更高，也会更努力去完成。当大家通过绩效评估结果来认可自己的工作能力时，对绩效实施者来说可以达到极高的满意度。绩效薪酬通过同僚审查的方式获得，在目标实施过程中，协作方对绩效实施者表现的满意度等方面，而这些方面对绩效实施者绩效目标的达成更多是辅助性的。所以薪酬激励变成辅助性的。

### （二）目标与关键结果的实施流程

**1. 设定目标：基于战略确定年度目标、季度目标**

德鲁克认为，无论是高层管理者，还是基层的员工，组织各个层面的人员都必须有内容明确、操作方便的工作目标。这些目标应包括一些具体内容，如实现什么样的绩效、要求管理者做出什么样的贡献等。进行目标管理的首要问题是设定目标。

要对企业各个层面的问题系统考虑，包括企业的现状、未来的发展状况以及整个行业的发展态势。还要考虑可能出现的风险、各种机遇。主要目标必须涵盖企业的主要领域，而且要清晰明确，并提供能对实际工作做定期检查的基础和平台，以及进一步改进的措施。

制定完战略目标，再进行战略目标分解。一般战略规划是三年期的，要分解成年度目标。要说明先做什么再做什么，以及如何发展。基于年度目标再细分到季度目标，从而将整个战略层层分解到具体措施。

**2. 明确每个目标的关键结果指标：从季度目标到关键结果指标**

既要有年度的关键结果指标，也要有季度的关键结果指标：年度关键结果指标统领全年，但并非固定不变，而是可以及时调整，调整要经过批准；季度关键结果指标一旦确定就不能改变。要切记可以调整的是关键结果指标，而不是目标。目标不能调整，措施和方法可以不断完善。同样，关键结果指标的设定也必须是管理者与员工直接充分沟通后达成的共识。

**3. 推进执行：从关键结果指标到行动计划**

有了关键结果（期望的结果）指标后，就要围绕这个具体的目标分解任务。每项关键结果指标会派生出一系列任务，交给不同的人员负责。关键结果指标负责人就成了名副其实的项目经理，组织协调大家。因此，关键结果指标负责人应当是团队非常重要的成员，能够调度和影响企业资源。如果还不具备这个能力，就把权力赋予他。至少，项目经理和企业决策者之间应当保持绝对通畅的沟通。

**4. 定期回顾**

每个季度进行回顾。到了季度末，员工需要给自己的完成情况和完成质量打分。这个打分过程只需花费几分钟时间，分数范围在0～1之间，最理想的得分是在0.6～0.7之间。如果达到1分，说明目标定得太低；如果低于0.4分，则说明可能存在问题。

每个员工在每个季度初需要确定自己本季度的OKR，一个季度结束后需要根据自己这个季度的工作完成情况打分。每半年公司会进行一次绩效评估，主要是评估员工过去半年的绩效，并根据绩效评估结果变更业务职级和薪酬。值得一提的是，所有个人绩效评估结果的成就内容及级别都是全公司共享、公开的，一方面可以做到更加公平和透明，另一方面也给每位同事提供了更好的学习和成长的样本，激励大家在产品研发中更高质量地挑战和要求自己。

### （三）目标与关键结果的适用企业

（1）需要灵活应对市场不确定性的互联网等创新型企业。

（2）需要建立跨部门协作能力的业务转型企业。

（3）需要提高团队协作的知识服务型企业。

## 五、比较法

比较法是通过员工之间的相互比较从而得出考核结果。这类方法设计和应用成本低，设计和使用容易，并且能够有效避免宽大化倾向、中心化倾向及严格化倾向。但是，这种方法无法找出绩效差距的原因，对实现绩效管理的目的、发挥绩效管理作用的帮助却不大，另外，员工提出异议时，评价者很难为自己的结论提供有力证据，并且容易给员工造成心理压力。比较法的具体做法包括以下几个方面：

### （一）排序法

这种方法也叫作排队法，就是把员工按照从好到坏的顺序进行排列，从而得出评价结论的方法。主要有直接排序法和交替排序法两种类型。直接排序法是最简单的排序法，评价者经过通盘考虑后，以自己对评价对象工作绩效的整体印象为依据进行评价，并从绩效最高者到绩效最低者排出一个顺序来。

交替排序法是一种应用非常普遍的工作绩效考核方法。其操作步骤是：首先将需要进行评价的员工名单排列出来；其次在评价某一绩效要素上，选出表现最好和最差的两名员工；最后再在剩下的员工中挑选出最好和最差的员工，依此类推，直到所有必须被评价的员工被排成一个纵队，得出员工的绩效排名。

排序法具有如下特点：这种方法简单易行，能够避免居中趋势以及平均主义，但主观性强，缺乏明确具体的绩效考核标准，当组织或部门的员工人数众多时，可能会引起员工的不同意见，而且当所有的员工都表现很优异时，会造成不公平。该方法一般应用在缺少正式考核制度的小企业。

### （二）配对比较法

顾名思义，这种方法就是把每一位员工与其他员工一一配对，分别进行比较。每一次比较时，给表现好的员工记“＋”，另一个员工就记“－”。所有员工都比较完后，计算每个人“＋”与“－”的个数，依此对员工做出考核。其步骤是：首先确定评价要素，并列出评价要素对比表；其次把每位员工按照所有的评价要素，分别与其他员工进行比较；再次通过比较，用符号“＋”表示好、“－”表示差；第四把每个员工所得的“＋”号加总，获得“＋”号越多，在单项中的表现就越好；最后把各个单项成绩加总，就得到了员工的总成绩，如表 6-7 所示。

**表 6-7　配对比较法示例**

| 对比人姓名 | 赵 | 钱 | 孙 | 李 | 张 | 排序 |
|---|---|---|---|---|---|---|
| 赵 | 0 | ＋ | ＋ | － | － | 3 |
| 钱 | － | 0 | － | － | － | 1 |
| 孙 | － | ＋ | 0 | － | － | 2 |
| 李 | ＋ | ＋ | ＋ | 0 | ＋ | 5 |
| 张 | ＋ | ＋ | ＋ | － | 0 | 4 |
| 结果汇总 | 0 | ＋4 | ＋2 | －4 | －2 | |
| 对比结果排序：钱＞孙＞赵＞张＞李 | | | | | | |

这种方法相对来说设计比较容易，方便使用，所以被认为是可以接受的绩效考核方法。在扁平化的组织结构中，由于管理者的控制幅度大，使用这种方法进行一一比较会耗费较多的时间。另外，这种比较很主观，缺乏较为明确具体的考核标准。

### （三）强制分布法

强制分布法是根据正态分布的规律，先确定好各等级在总体中所占的比例，然后按照每个员工的绩效优劣程度，强制分配到其中一个等级。绩效等级一般分为五等的居多，各等级比例还可以按照评价对象的团体绩效的优劣进行调整。如表 6-8 所示，考核者先根据部门绩效，确定好各绩效等级在总数中所占的比重，再根据员工的个人实际绩效将员工分别放入适当的等级中，从而得出不同的等级群体。

**表 6-8 强制分布法实例**

| 员工绩效评价等级 | 部门绩效评价等级 | | | | |
|---|---|---|---|---|---|
| | 优秀 | 良好 | 中等 | 合格 | 不合格 |
| 优秀 | 15% | 10% | 5% | 0 | 0 |
| 良好 | 25% | 25% | 22% | 20% | 10% |
| 中等 | 35% | 35% | 40% | 40% | 40% |
| 合格 | 25% | 28% | 28% | 30% | 30% |
| 不合格 | 0 | 2% | 5% | 10% | 20% |

强制分布法由于事先规定了绩效的不同等级的比例分布，从而降低了在绩效考核中常出现的趋中效应、过宽或过严倾向的可能性。这一方法广泛运用于大企业的年终考核，其缺点是不适合在小范围内使用，因为如果一个部门只有三四个人，每个人都很努力，工作成果显著，强行排列会造成不公平现象。

## 六、量表法

### （一）图解式评价量表法

图解式评价量表法又称评级量表法、图示量表法、图表评估尺度法、尺度评价法和业绩评定表法等，是一种普遍应用的绩效考核方法。该方法首先是根据岗位工作的性质和特点，选择与绩效有关的若干评价要素，每个要素分成若干等级，用数字或文字表示，如最优、良好、一般、较差、极差，并对各个等级尺度的含义做出具体说明。最后，制成专用的考核量表供考核时使用。在应用的过程中，考核者根据对被考核人工作的观察和了解，只需在量表的每个项目等级评估的尺度上选择标记，待全部项目考核完成后，将各个项目所得的分数相加，即可得到各被考核人考核的最终结果。具体做法如表 6-9 所示。

这种方法的优点有：简单易行，可以测评很多考核目标，因为它给出了绩效结果，这个结果可以用于调薪、调整工作等。

实施这种方法也存在缺点：使用这种量表，考核者很容易产生晕轮误差和趋中误差。中庸或过于宽大的考核者，会把每个考核项目很快地评为平均分或高分。多数量表是适用于组织的所有岗位,并不针对某一特定的岗位。

**表 6-9 图示量表法实例**

| | | | | | |
|---|---|---|---|---|---|
| 被评估者 | | 所在部门 | | 岗位编码 | |
| 员工编码 | | 评估者 | | 评估日期 | |

| | | | | |
|---|---|---|---|---|
| 1. 工作质量:考核工作的准确性与全面性 | | | | |
| 工作经常出错,表现让人难以接受 | 偶尔出错,工作表现差强人意 | 很少出错,工作表现基本令人满意 | 无须监督,工作表现令人满意 | 自觉完成工作,表现出色 |
| 2. 工作数量:考核完成工作的数量 | | | | |
| 不能完成最低工作任务 | 在别人帮助下基本能够完成任务 | 基本能够独立完成工作任务 | 不需任何帮助能够完成工作任务 | 能够超额完成工作任务 |
| 3. 领导能力:考核对他人的指导与影响力 | | | | |
| 不具备指导他人的能力 | 具备一定的指导他人的能力,但影响力有限 | 正常情况下能够有效指导他人 | 能有效指导他人,并具备一定的影响力 | 具备很强的指导与影响力,能够有效地指导他人 |
| 4. 合作精神:考核与别人合作的态度与能力 | | | | |
| 不愿意与他人合作 | 与部分人难以有效合作 | 比较容易与他人合作 | 善于合作,善于处理合作中的问题 | 特别具有合作意识,勇于承担合作责任 |
| 5. 创造性:考核创造性完成工作的能力 | | | | |
| 按部就班,不能处理非常规性的工作 | 在别人指导下能够处理非常规性工作 | 无须别人指导,基本能够处理非常规性工作 | 对非常规性工作有较强的判断力,并能够解决 | 对非常事件能够独立地用创造性方法解决 |
| 6. 与工作相关的知识与技能 | | | | |
| 缺少工作相关知识与技能 | 缺少部分工作相关知识与技能 | 基本具备完成工作所需的知识与技能 | 具备较为扎实的工作知识与技能 | 具备全面的知识,有很强的工作技能 |
| 考核结果分等 | | | | |
| 20 分以下 | 20～30 | 30～40 | 40～50 | 50～60 |
| 不合格 | 合格 | 较好 | 非常好 | 表现出色 |
| 被考核者的优势与特长: | | | | |
| 需要改进的具体建议: | | | | |
| 考核者签字: 日期: | | | | |
| 被考核者对本次考核的意见:<br>被考核者签字: 日期: | | | | |

## (二) 行为锚定量表法

行为锚定量表法(Behaviorally Anchored Rating Scale,BARS)是在传统的评级量表法的基础上演变而来的特定行为锚定量表,是评级量表法与关键事件法的结合。在这种考核方法中,每一水平的绩效均用标准行为来加以界定。

建立行为锚定量表通常需要遵循以下四个步骤：

**1. 确定关键事件**

由对评价对象的工作内容比较了解的员工本人、直接上级以及有关专家等组成一个小组，找出一些能够代表各个等级绩效的关键事件。

**2. 初步确定绩效考核要素**

将确定的关键事件，按照相似性原则合并为若干个(通常为5～10个)绩效要素，并给出定义。

**3. 重新分配关键事件，确定绩效考核要素**

向另外一组同样熟悉被考核者工作内容的人展示所有选定的关键事件和初步确定的考核要素，要求他们对关键事件进行重新排列，将这些关键事件分别归入他们认为合适的绩效要素中。如果第二组对关键事件的归类与第一组大体相同(通常为50%～80%)，就可以确认各关键事件应归类的考核要素。

**4. 确定各关键事件的等级**

小组成员将每一考核要素所包含的各个关键事件进行绩效分等，一般划分成7～9个绩效等级，从而确定了每个考核要素各绩效等级的“锚定物”，即“被锚定行为”，最终建立起行为锚定评价量表，如图6-4所示。

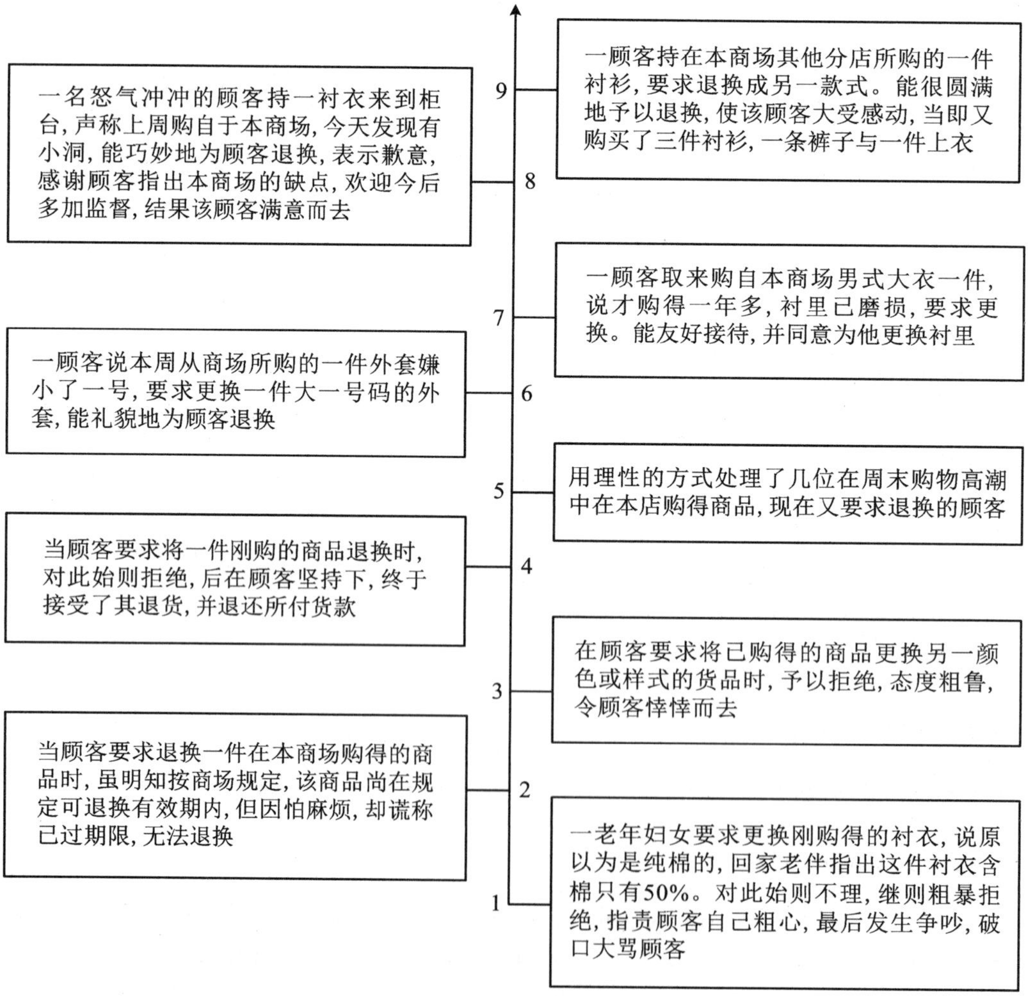


图6-4 商场售货员处理顾客退货的行为锚定评价量表

## （三）行为观察量表法

行为观察量表法(Behavioral Observation Scale,BOS)中分各个评价项目给出一系列有关的有效行为。在使用行为观察量表时,评价者通过指出有关在工作中所表现出的各种行为的频率来评价员工的工作绩效。行为锚定量表法在尝试从关键事件中选择一种代表某员工绩效水平的行为时往往会有困难,而行为观察量表法则有效地解决了这一问题。下面举例说明该方法的主要内容,如表 6-10 所示。

**表 6-10　行为观察量表示例**

| | |
|---|---|
| 评价项目 | 评价管理者行为的赋分标准:<br>“5”表示 90%～100%能够观察到这一行为,得 5 分<br>“4”表示 80%～89%能够观察到这一行为,得 4 分<br>“3”表示 70%～79%能够观察到这一行为,得 3 分<br>“2”表示 60%～69%能够观察到这一行为,得 2 分<br>“1”表示 0%～59%能够观察到这一行为,得 1 分 |
| 管理者克服变革的阻力 | 管理者克服变革的阻力评价要素:<br>(1) 向下级说明为什么要进行变革<br>(2) 向下级详细介绍变革的内容<br>(3) 讨论变革对下级可能产生的影响<br>(4) 倾听员工对变革的意见与建议<br>(5) 要求员工积极参与变革<br>(6) 如有必要,经常召开会议听取员工的反映<br>总分:30 分<br>6～10 分:很差;11～15 分:较差;16～20 分:一般;21～25 分:好;26～30 分:很好 |

## （四）混合标准量表法

混合标准法量表法(Mixed Standard Scales,MSS)是对图示法的改进,它运用多重标准进行评价。

混合标准量表法的设计程序如下:

(1) 确定评价维度。例如,选取协作能力、领导能力和解决问题能力为评价维度,分别标为 1、2、3。

(2) 进行维度表达。对每个维度分别描述 3 种状态:好(G)、一般(A)、差(P)。

(3) 打乱次序。打乱每个维度 3 种状态的描述语句的排列次序,使得每个考评维度不易被人看出。

(4) 给出评分表及评分规则。规则为:实际状况好于描述状态时,打“+”;与描述状态相当时,打“0”;比描述状态差时打“—”。

(5) 求得最后分数。对所有有效的评价分数进行平均,就能得到该被评价者的分数。若是觉得其中的评价有主次之分,还可以加权平均得到最后的结果。

具体如表 6-11、表 6-12 和表 6-13 所示。

**表 6-11　混合标准评价表示例**

| 评价结果 | 等　级　标　准 |
|---|---|
| 0 | 当出现问题时，有良好判断力并能提出解决办法，但不会采取行动杜绝问题发生 |
| + | 缺乏监督能力，经常处理不好员工问题，并会引起争议 |
| + | 非常合作，在合作中起到领导作用 |
| + | 具有有效监督能力，对生产质量和自身发展有信心 |
| + | 对同事和工作分配有争议或有戒心 |
| − | 能预见到潜在问题，并提出创造性备选方案，关注后续措施 |
| − | 有方向性，能有效协调团队工作，能激励员工高效工作 |
| + | 通常能和睦相处，但在工作分配时会产生分歧 |
| + | 不擅长处理问题，判断能力较差，对潜在困难考虑不足 |

**表 6-12　评分标准表**

| 状　态 | | | 得分 |
|---|---|---|---|
| 好 | 一般 | 差 | |
| + | + | + | 7 |
| 0 | + | + | 6 |
| − | + | + | 5 |
| − | 0 | + | 4 |
| − | − | + | 3 |
| − | − | 0 | 2 |
| − | − | − | 1 |

**表 6-13　评价结果**

| 指　标 | 好 | 一般 | 差 | 得分 |
|---|---|---|---|---|
| 协作能力 | + | + | + | 7 |
| 领导能力 | − | + | + | 5 |
| 解决问题能力 | − | 0 | + | 4 |
| 总分 | 总分=7+5+4=16 | | | |

## 七、描述法

描述法是指考核主体用叙述性的文字来描述员工在工作业绩、工作能力和工作态度方面的缺点，以及需要加以指导的事项和关键事件等，由此得到对员工的综合考核。通常，这种方法是作为其他考核方法的辅助方法来使用。

### （一）关键事件法

在采用关键事件法时，主管人员需要从一位下属员工的工作相关行为中找出那些能够代表非常好的绩效或者非常差的绩效的事例（关键事件），然后记录下来。主管和下属需要在记录下来的事件基础上共同对员工的工作绩效进行讨论。

收集到的关键事件资料为管理人员提供了一些关于员工绩效的实例，从而便于管理者向下属员工解释自己对他们所做的绩效评价的结果。但这种方法不能提供可用于加薪目的的相对绩效评价结果。在表 6-14 中，副厂长的日常职责之一是监督原材料的采购过程以及使库存成本最小化。而关键事件记录表明，这位副厂长导致库存成本上升了 15%，这就提供了一个事例来说明此人在未来必须改进哪些方面的绩效。

**表 6-14 副厂长的关键事件举例**

| 日常职责 | 工作目标 | 关键事件 |
| --- | --- | --- |
| 安排工厂的生产时间表 | 工厂中的人员和机器设备利用率达 90%；<br>及时完成订单生产 | 采用了新的生产计划安排系统；<br>上个月将订单的延误率降低了 10%；<br>上个月将机器设备的利用率提高了 20% |
| 监督原材料的采购和库存控制 | 在保证充足的原材料供应前提下，使库存成本降到最低 | 上个月导致库存成本上升了 15%；<br>“1”类和“2”类零部件的采购过剩 20%；<br>“3”类零部件的采购则短缺 30% |
| 监督机器设备的维修保养 | 不出现因机器设备故障而造成的停产 | 由于及时发现机器部件的故障而防止了一起机器停工事件的发生 |

### （二）陈述性表格评价法

在绩效评价中，全部或部分的书面评价可能会以陈述性表格的形式呈现。如表 6-15 所示，员工的直接上级负责对员工过去的绩效进行评价，并指出他们需要在哪些方面有所提高。直接上级做出的陈述性评价有助于员工理解自己哪些方面的绩效是好的，哪些方面的绩效是差的，以及应该如何提高自己的绩效等。

## 八、360 度绩效考核

绩效考核是人力资源管理中极重要的环节，它的主要功能在于为薪酬、奖惩和升迁等重大的人事决策提供准确的数据与信息，而且对员工提供绩效反馈，使其了解自身工作中的优缺点，从而使其发挥发扬与改进、培养与激励的功能。为了更好地发挥绩效考核的作用，必须使考核尽量客观、公正、全面而不带个人喜好，令被考核者心悦诚服。为此，“360 度绩效考核”应运而生。

360 度绩效考核是指对被考核者实施全方位的绩效考核。绩效考核的考核者包括以下几种类型：上级；被考核者本人；同级同事；下级；顾客或供应商；外聘考核专家。这种扩大了的考核者人数与类型，使得各类考核者的考核结论优势互补，公正而全面。

**表 6-15　陈述性评价样表**

| | | |
|---|---|---|
| 员工姓名： | 所属部门： | 当前职位： |
| 评价日期： | 主管人员姓名/职务： | 绩效周期： |

直接上级担任评价者。首先，简要描述这位员工今年每一项目标完成情况。然后，最好用一些具体的事例来描述这位员工在工作知识、技能和能力等方面达到的水平。接下来，与员工一起设置下一个绩效周期的工作目标，并且说明这位员工需要在每个领域接受的培训和开发。最后，描述你对这位员工在过去的整个绩效周期内所做的工作的总体评价

| 评价标准 | 陈述性评价 | 具体目标以及培训与开发需要 |
|---|---|---|
| 与工作相关的目标<br>1.<br>2.<br>3. | | |
| 员工的工作知识 | | |
| 员工的工作技能 | | |
| 员工的工作能力 | | |
| 总体评价 | | |

360 度绩效考核在一些企业中首先是作为改善考核质量的尝试措施试行的，随着其"考核结果相对公正而全面"的优势不断显现出来，这套系统目前已成为一种改善沟通、提高绩效和推动自我开发的综合性制度了。

一些企业还把 360 度绩效考核发展为以员工开发为主要功能的有效手段。为此，考核组吸纳多种类型、多个层次的有代表性的成员，不是按指定维度打分或给出较为抽象的、难以量化的简短评语，而是举出被考核者在本绩效周期中若干项具体的积极性行为或成绩，同时也列出若干项还不够妥当的或有改进余地的具体行为或事实，但后者的项数要略少于前者(如成绩是四项，则不足选择少于四项)。这符合"考核要具体而忌一般""要以表扬和鼓励为主"的原则。因此，这种全方位绩效考核方法被广泛使用。

# 第四节　考核结果的调整和应用

## 一、绩效考核结果的调整

不同岗位的工作性质和难易程度不同，会造成考核时得分难易程度的差异，导致考核结果不尽合理或不够公平，所以在考核时对某些特殊岗位的实际考核结果应设定不同的系数，对考核结果做适当的修正与调整。调整系数设定等级如表 6-16 所示。

**表 6-16　M公司不同岗位绩效考核结果系数调整表**

| 职　位　状　况 | 调整系数 |
|---|---|
| 同时兼顾多个部门的工作或从事多项不同性质的工作，复杂程度高，需要创新，工作关系范围很广，工作频率高 | 1.15 |
| 兼顾管理与具体工作，工作琐碎、繁杂，接触面广，工作量较大 | 1.10 |
| 常常同时从事多项工作，有一定的复杂程度，工作量超过正常的岗位 | 1.05 |
| 长期从事程式化操作工作，不需要创新，复杂程度不高，工作量一般 | 0.95 |

资料来源：林新奇，蒋瑞. 绩效管理[M]. 北京：中国人民大学出版社，2020：11.

不同岗位的工作性质、难易程度不同，在取得相同的分数时，不同岗位的员工所付出的努力是不同的，所以对不同岗位员工的绩效考核结果进行系数调整有其合理之处。

## 二、绩效考核结果的应用

绩效考核的主要目的是改善和提高员工的绩效，因此，预示着其结果的应用途径也多种多样。绩效考核结果的应用途径如图 6-5 所示。

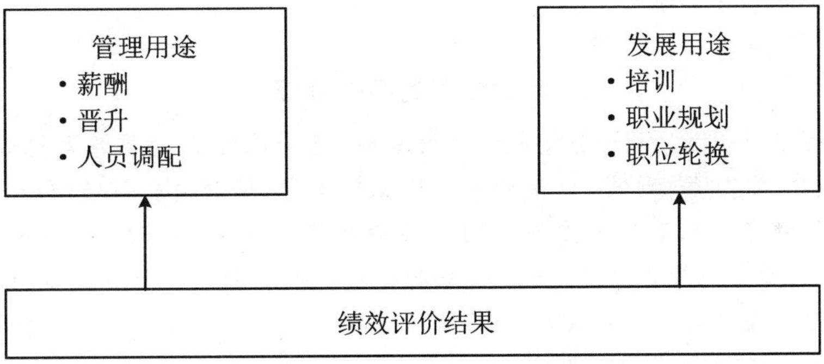


图 6-5　绩效考核结果的运用途径

### （一）绩效考核与招聘

绩效评价的结果可以用来衡量招聘的有效性。如果甄选出来的合格人才的绩效评价结果确实很好，说明人员甄选是有效的。反之，则说明甄选标准、甄选方法等可能存在问题，必须加以改进。

### （二）绩效考核与人事调整

如果员工的绩效考核结果表现较差，可能存在低能高位等方面的问题，可以通过职位调动、降职等方式，使其从事更加适合的工作，甚至解雇。结合胜任力评价和晋升制度，对在绩效考核周期连续获得良好的绩效考核结果的员工，可以提高职位等级。

### （三）绩效考核与员工报酬

薪酬制度要强调根据考核结果对员工工资级别和员工绩效奖金的影响，并考虑对从事不同性质工作的员工，与绩效挂钩的报酬所占的比重应有所不同。例如，对营销人员，其绩效薪酬应占有较大比重。

### （四）绩效考核与绩效改进

对绩效表现不佳的员工，通过对绩效评价结果的分析，找出绩效不佳的具体原因，有针对性地提出绩效改进意见与建议，编制具体的绩效改进计划，在新绩效周期指导员工的绩效改进工作。

### （五）绩效考核与培训

对于因能力、技能不足或态度不端正等造成的绩效不佳，可以有针对性地确定培训内容，选择培训方法，开展系统的、有计划指导的培训工作，以获得最佳的培训效果。

### （六）绩效考核与职业规划

科学的绩效评价，除了准确判断员工绩效以外，还能够进一步分析员工的知识、技能、能力以及性格特征，为组织内部员工的职业生涯规划提供科学指导，使员工各司其职，职业发展方向明确，为员工的成长与成才提供科学指导。

## 讨论案例

### 华为公司的绩效管理

华为技术有限公司于1987年成立于中国深圳，是全球领先的信息与通信技术(ICT)解决方案供应商，在2020年《财富》公布世界500强榜单中，华为排在第49位。2020年中国民营企业500强第一名。原华为人力资源副总吴建国说："华为，在向世界级企业迈进的过程中，卓有成效的人力资源管理体系，是缔造华为一个个神话最有力的发动机和保障器。"尤其是作为人力资源管理体系三大基石之一的绩效管理，更为企业的发展注入了强大动力。

1. WHY——华为绩效管理的目的

华为绩效管理的目的就是将公司的目标使命化，华为有多成功，取决于每一位员工在多大程度上实现自己的工作目标。华为在绩效考核中实施强制分布原则，绩效考核按照员工比例来固定分配，分为A、$B^+$、B、C、D五个档次，例如A档次占员工总数的5%～10%，B和$B^+$档次占45%左右，C档次占45%左右，D档5%～10%。A代表杰出贡献者，不仅排名在前10%，还要全部达成目标且全面实现超越。$B^+$代表优秀贡献者，底线是超出设定的绩效目标。B代表扎实的贡献者，衡量的标准是要达到组织的期望，部分超出组织期望。C代表较低贡献者和绩效待改进者，即达不到组织的期望。D代表不可接受者，给时间改进绩效，如果还达不到要求，就要纳入处理范围了。三级主管以下季度考核、中高层管理人员半年述职一次，同时，设定下季度的目标。公司不仅把绩效考核当作增压奖惩的依据，更希望通过考核把大家放在适合的岗位上，通过个人绩效目标的实现来完成公司的总体战略目标。比如华为的考核规定"对不胜任工作的员工，应该安排培训使其业绩改进，或调整岗位。如培训或换岗后仍不能胜任，才进行淘汰考虑"。

2. WHAT——华为绩效管理考什么

绩效考核机制有三个方面：一是责任结果导向，即关键事件个人行为的结果评价考核；二是基于公司战略分层的分级述职，即个人绩效承诺和期望绩效的完成程度；三是基于各级职位按任职资格标准，考核员工实际能力是否达到任职要求。在评价过程中，业务部门有评价权，人力资源部门有建议权，主管部门有审核权。

华为长期执行基于客户需求导向的人力资源管理制度。客户需求导向和为客户服务蕴含在员工招聘、选拔、培训和考核之中。要求越高级的干部，越要关注长期发展。中、高级干部也要分程度不同地关注中、长期利益。基层员工要关注现实任务的完成和自我进步。为此，华为实行了权重不同、分别关注长、中、短期利益的合理架构，以及相适应的激励机制。华为还明确加强对员工的思想道德品质的考核，总之，公司通过强调责任、使命和能力的综合平衡，使每一个充分认同华为核心价值观的员工都能找到合适自己的职业定位和发展通道。

3. HOW——华为绩效管理怎么管

华为根据公司战略采取综合平衡计分卡的办法，其核心思想是通过财务、客户、内部经营过程及华为在学习和成长四个方面相互驱动的因果关系来实现华为的战略目标。平衡计分卡关键在于平衡：关于短期目标和长期目标的平衡；收益增长目标和潜力目标的平衡；财务目标与非财务目标的平衡；产出目标和绩效驱动因素的平衡及外部市场目标和内部关键过程绩效的平衡。华为从战略指标体系到每一个人的PBC(个人事业承诺)指标，都经过平衡计分卡来达到长期与短期、财务与非财务等各个方面的平衡，全球技术服务部还开发了绩效管理的电子化流程。所有员工每季度在考核电子流中进行个人绩效承诺，主管则通过考核电子流进行量化考核和业务改进沟通。

机关职能部门各级主管和办事处主管都需要签订绩效承诺书，绩效目标每季度上网公布。考核的具体指标从公司战略目标、岗位职责和基于流程等三个角度设置，例如职能部门的考核指标中，第一类指标是从公司目标的角度自上而下分解，支撑公司战略；第二类指标基于岗位职责，职能部门岗位工作的一大特点是与战略结合不是非常紧密，但每个岗位还是有其突出贡献表现方式的，可作为一个关键指标来考核；第三类指标基于流程或客户，职能部门是保证生产销售部门服务质量的，与业务部门组成完整流程，如果某部门提供的服务质量没有跟上，可能就会造成业务部门的滞后。考核结果一方面纳入升迁和薪酬依据，还作为绩效改进的内容之一，如果调查发现绩效考核后期望目标和绩效实际存有差距而没有员工后期的绩效沟通的话，将给予该部门主管红牌警告。

华为的绩效做得好，还在于与人力资源开发管理中的其他模块相互呼应，形成了相互作用的整体。绩效管理与企业职位体系、任职资格体系、人员的选拔和培养体系、薪酬管理体系密切联系在一起。比如，对员工任职职位的要求与任职资格标准的设计，就要充分体现绩效管理中优秀员工的品德、素质和责任组合情况。还有员工的升迁要依据绩效管理的结果，比如新干部任命前要进行360度的考核，即在主管、下属和周边全面评价候任新干部的任职情况。考核后还要进行任前公示，使候任新干部处于员工监督之下，每次任命都要公示半个月，半个月内全体员工都可以提意见。

（案例来源：由网络资料改编，仅供教学使用。）

**讨论与思考**

1. 结合案例，分析华为公司绩效管理有哪些突出特点？

2. 华为公司的绩效管理在吸引并留住优秀人才、调动他们的工作积极性与主动性方面可以发挥哪些积极作用？

## 复习思考题

1. 绩效有哪些特征?
2. 绩效管理系统由哪几个部分组成?
3. 绩效管理与绩效考核有何异同?
4. 简述平衡计分卡中强调的几个平衡及其因果关系。
5. 绩效考核的基本方法有哪几种?它们各有何优缺点?
6. 在进行具体绩效考核时,哪些因素会导致考核出现误差?

## 自　测　题

### 一、选择题

1. 平衡计分卡从四个维度衡量企业业绩(　　)。
A. 财务、客户、内部流程、学习与成长
B. 财务、美誉度、内部流程、适应能力
C. 战略、客户、内部流程、学习与成长
D. 战略、美誉度、内部流程、适应能力

2. 在绩效管理的实施过程中,最直接影响绩效考核结果的是(　　)。
A. 直接主管　　B. 一般员工
C. 高层领导　　D. 人力资源部人员

3. 考核者对考核对象所做出的评价往往都高于其实际成绩,这种现象称为(　　)。
A. 宽大化倾向　　B. 严格化倾向
C. 中心化倾向　　D. 溢出效应

4. 一名工人的绩效,除了产量指标完成情况外,质量、原材料消耗率、能耗、出勤,甚至团结、服从纪律等硬、软件方面的表现,都需要综合考虑,逐一评估,这体现了绩效的(　　)。
A. 多因性　　B. 多维性　　C. 动态性　　D. 不确定性

5. 按事先确定的比例,将考核对象分配到各个等级上,难以具体比较员工差别,也不能在诊断工作时提供准确可靠的信息,这种方法是(　　)。
A. 排列法　　B. 成对比较法　　C. 强制分布法　　D. 选择排列法

6. 在进行绩效管理时,以下哪种类型的企业最可能不适用 OKR 法(　　)。
A. 互联网等创新型企业
B. 需要建立跨部门协作能力的业务转型企业
C. 需要提高团队协作的知识服务型企业
D. 传统的生产制造型企业

7. 在整个绩效周期内,管理者采取恰当的领导风格,积极指导下属工作,与下属进行持续的绩效沟通,预防或解决绩效周期内可能发生的各种问题,以期达到更好地完成绩效计划的目的,是指(　　)。
A. 绩效监控　　B. 绩效计划　　C. 绩效反馈　　D. 绩效评价

## 二、填空题

1. 绩效管理过程可分为＿＿＿＿＿、＿＿＿＿＿、＿＿＿＿＿、＿＿＿＿＿四个环节。

2. 绩效评价指标通常包括＿＿＿＿＿、＿＿＿＿＿、＿＿＿＿＿三类。

3. 确定绩效标准应遵循的 SMART 原则指＿＿＿＿＿、＿＿＿＿＿、＿＿＿＿＿、＿＿＿＿＿和＿＿＿＿＿。

4. 员工的绩效主要是由＿＿＿＿＿、＿＿＿＿＿、＿＿＿＿＿、＿＿＿＿＿四个因素决定。

# 第七章　薪酬管理

学习目标

1. 掌握报酬与薪酬的内涵与联系；
2. 理解薪酬管理的概念、作用及影响因素；
3. 熟悉薪酬管理的基本流程；
4. 熟悉基本薪酬的设计步骤；
5. 掌握职位评价的几种方法；
6. 了解短期激励薪酬的种类、长期激励薪酬的类型；
7. 理解福利的含义、内容；
8. 了解福利的发展趋势；
9. 掌握福利管理的程序。

## 第一节　薪酬管理概述

### 一、薪酬

#### （一）报酬概述

企业经营者和员工无不关心薪酬问题。在人力资源管理中，还有一个与薪酬相联系而又常被人们混淆的概念，那就是报酬，它与薪酬既有联系又有区别。

报酬是指员工为某一组织工作而获得的他认为有价值的各种回报的总称。报酬的分类方法通常有以下两种：

一种分为内在报酬和外在报酬。其中，内在报酬通常是指员工由工作本身所获得的心理满足和心理收益，如决策的参与、工作的自主权以及挑战性工作等。外在报酬则通常指员工所得到的各种货币收入和实物。

另一种分为经济性报酬和非经济性报酬。经济性报酬是指能够直接或间接地以金钱形式来衡量和表现的与经济有关的各类报酬。经济性报酬又分为直接经济报酬和间接经济报酬两个部分。非经济报酬是指难以用金钱形式来衡量和表现的员工个人对工作或工作环境在心理上或物质上的满足感，形式多种多样。

我们用图 7-1 来说明报酬的构成以及与薪酬的关系。

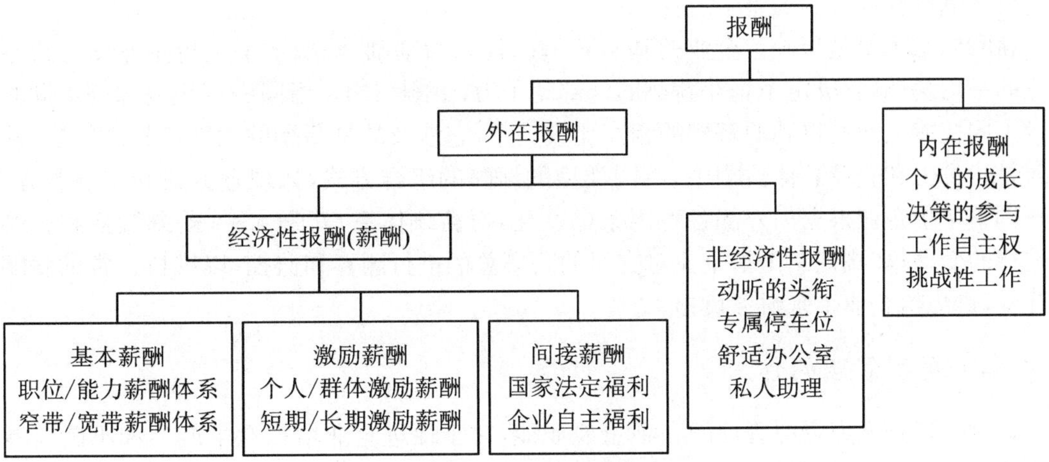


图 7-1　报酬的构成及与薪酬的关系

资料来源：董克用.人力资源管理概论[M].北京：中国人民大学出版社，2019.

### （二）薪酬概述

薪酬是指员工为企业提供被认可的工作与服务而从企业那里得到的所有直接和间接的经济收入以及有形服务和福利，相当于报酬中外在报酬的经济性报酬部分。在企业中，员工的薪酬一般由三个部分构成：基本薪酬、激励薪酬、间接薪酬。

**1. 基本薪酬**

基本薪酬是指一个组织根据员工的工作、能力或资历支付的稳定性报酬。主要作用是保障员工的基本生活，一般按照月度发放。其中：根据岗位支付的基本薪酬称为岗位工资；根据员工的知识、技能或能力支付的基本薪酬称为能力工资；根据员工在组织中的资历或工作年限来支付基本薪酬的称为工龄工资。

**2. 激励薪酬**

激励薪酬也称可变薪酬，是指组织根据员工、部门（或团队）、组织自身的绩效来支付的具有可变性质的经济收入。激励薪酬的收入数额不是固定的，而是随着员工、部门（或团队）、组织自身的绩效目标完成情况而变化，绩效越高、完成情况越好则员工得到的激励薪酬越高，体现了对员工的引导和激励作用。基本薪酬和激励薪酬合起来相当于经济性报酬中的直接报酬部分，构成了薪酬的主体。

**3. 间接薪酬**

间接薪酬是指企业给员工提供的各种福利，是企业因员工劳动而为员工提供的以非货币支付或延期支付形式为主的各种补充性的间接的经济性回报。福利包括国家法定福利和企业自主福利。

## 二、薪酬管理

### （一）薪酬管理概述

薪酬管理是指企业在组织战略和发展目标的指导下，针对员工所提供的服务，综合考虑内外部各种因素的影响后，确定组织的薪酬体系、薪酬水平、薪酬结构和薪酬形式，付诸实施并进行薪酬调整和控制的整个过程。

薪酬体系主要是指确定企业的基本薪酬以什么为基础；薪酬水平是指企业支付给不同职位的平均薪酬，它决定了企业薪酬的外部竞争力；薪酬结构是指同一组织内部的不同职位或者不同技能之间所得到的薪酬的相互比较关系，它涉及的是薪酬的内在一致性问题；薪酬形式是指员工和企业总体薪酬中，不同类型的薪酬的组合方式，如现金方式和非现金方式；薪酬调整是指企业根据内外部各种因素的变化，对薪酬体系、薪酬水平、薪酬结构和薪酬形式进行的变动；薪酬控制是指企业对支付的薪酬总额进行测算和监控，以维持正常的薪酬成本开支，避免给企业带来财务负担。

### （二）薪酬管理的作用

薪酬管理是人力资源管理的一项重要职能，对于促进企业增强竞争能力和不断发展具有重要意义。它关系到员工的切身利益，影响和决定员工的工作态度和工作行为。具体来说，薪酬管理的作用主要表现在以下几个方面：

**1. 有效的薪酬管理有助于人才吸引与保留**

当组织提供有竞争力的薪酬时，就能够吸引大量的人才，为组织选拔最优秀的人才提供丰富的资源。虽然组织中人员的保留受许多因素影响，但薪酬无疑是极为重要的因素之一。公平合理的薪酬结构、有竞争力的薪酬水平都将有助于提高员工对组织的依赖程度，减少流失率，也将节省组织的招聘选拔成本和培训成本。

**2. 有效的薪酬管理能够激励员工**

根据心理学的解释，人的行为是在需要的基础上产生的，对员工进行激励的支点就是满足他们没有实现的需求，有效的薪酬管理能够满足员工不同层次的需求，达到激励员工的目的。首先，薪酬是员工的经济来源，能够满足其生存的需求；其次，没有一定的经济收入，员工就没有安全感，也缺乏与他人交往的物质基础；最后，较高的薪酬传递着一种社会信号，它是对员工绩效、能力、地位的肯定，这在一定程度上实现了他们尊重和自我实现的需求。

**3. 有效的薪酬管理能够改善企业绩效**

薪酬的激励功能能够调动员工的积极性，提高他们的工作绩效，从而提高企业整体业绩。此外，薪酬管理对企业绩效的影响还表现在成本方面。组织成本的高低影响着组织的竞争优势，通过有效的薪酬管理，企业能够将自己的人工成本降低，这可以扩大产品和服务的利润空间，从而提升企业经营绩效，对制造业和服务业尤为如此。

**4. 有效的薪酬管理有利于塑造企业文化**

薪酬是企业文化的物质基础，没有生活上的保障，企业文化也只是一纸空文。此外，薪酬在一定程度上反映企业文化，引导并强化员工行为，有利于企业文化的建设。例如，以团队业绩为基础的奖金制度倡导一种团结、合作的价值观。

## 三、薪酬管理的原则

薪酬管理的基本原则是薪酬管理主体在薪酬分配和调控上的基本理念。目前企业普遍认同的有效的薪酬管理原则主要包括以下几项：

## （一）合法性

合法性是指企业的薪酬政策要符合国家法律和政策有关规定，这是薪酬管理的最基本原则。与薪酬管理有关的法律主要包括劳动法、劳动合同法、社会保障法、最低工资法、同工同酬法与反歧视法等。我国是实行最低工资保障线的国家之一，目前在《劳动法》中规定：国家实行最低工资保障制度，同时也明确规定了制定最低工资的方法。

## （二）公平性

公平性是企业实施薪酬管理时应遵循的最重要的原则。概括起来，它主要体现在以下两个层面。

**1. 外部公平性**

即企业员工的薪酬，应与其他企业从事同样工作的员工的薪酬相当。它强调劳动力市场价格对薪酬决定的影响。如果特定企业的薪酬水平相对较低，则该企业员工就可能被其他企业所吸引，或因得不到充分激励而难以充分发挥自身潜力。

**2. 内部公平性**

即同一企业内部，不同职位的员工所获得的薪酬应以工作内容或所需技能为基础，它强调工作本身对薪酬的作用。

## （三）激励性

激励性原则是指适当拉开员工之间的薪酬差距。即同一企业中，担任相同职位的员工，其所获得薪酬应与其贡献相匹配，它强调员工个人绩效对薪酬决定的影响，要根据员工的实际贡献付薪，并且适当拉开薪酬差距，使不同业绩的员工能在心理上觉察这个差距，并产生激励作用：使业绩好的员工认为得到了鼓励，业绩差的员工认为值得去改进绩效，获得更好的回报。

## （四）经济性

在实现前面三个原则的前提下，企业应当充分考虑自己的财务实力和实际的支付能力，根据企业的实际情况，对人工成本进行必要的控制。一般来说，在企业全员劳动生产率以及经济效益没有明显提高的情况下，不能盲目提高员工的薪酬水平，企业应当始终坚持“效率优先，兼顾公平，按劳付酬”的行为准则，才能有效地实施薪酬管理。

## （五）及时性

薪酬是员工的生活来源，如果发放不及时将会影响员工的正常生活；另外，薪酬特别是激励薪酬，是对员工有效行为的肯定，只有及时兑现，才能发挥对员工的激励作用。

## （六）动态性

企业的薪酬应该根据内外部环境的变化进行调整。如相关的法律发生了变化，劳动力市场部分人才出现短缺，其他企业普遍进行了薪酬制度的改革以及员工个人的职位或学历发生了变化，企业薪酬都要据此进行调整。

## 四、薪酬管理的影响因素

### （一）企业外部因素

**1. 国家的法律法规**

有关劳动与就业的法律法规规定了企业的最低工资、最长工作时间、节假日加班工作的津贴标准、社会保障计划、福利计划等内容。此外，政府的税收政策对企业的薪酬支付也有重要影响。随着我国法律的日臻完善，相关的法律条款会日益增多，企业薪酬制度的确定应当严格遵守有关法律法规。

**2. 生活费用**

员工对本地区平均生活水平的判断，无形中会为企业提供一个大致的薪酬支付标准。当该地区物价上涨时，为保证员工购买力不下降，企业不得不考虑适当地调整员工的薪酬。

**3. 劳动力市场状况**

与经济中的其他市场一样，劳动力市场也是由供求关系支配的。劳动力市场上，供给方与需求方的相互作用是薪酬水平以及雇佣数量最重要的决定因素。在企业需求一定的情况下，当劳动力市场紧张造成供给减少，企业的薪酬水平就应当提高；反之，企业就维持甚至降低薪酬水平。

**4. 产品市场状况**

一般情况下，劳动力市场的薪酬水平决定了企业薪酬的最低水平，而产品的市场状况决定了企业薪酬的上限。如企业在市场中处于垄断地位或垄断竞争地位时，企业所获得的超过市场平均水平的超额利润为其支付的薪酬提供了保证。

**5. 其他企业的薪酬状况**

当其他企业尤其是竞争对手提高薪酬水平时，为了保证外部公平性，企业也要相应提高自己的薪酬水平，否则就会造成员工的不满意甚至流失。

**6. 地区因素**

企业所在地区的环境对企业薪酬水平的确定影响很大。通常，经济发达地区的薪酬水平高于欠发达地区的薪酬水平，如就我国来讲，北京、上海、广州的薪酬水平较高。

### （二）企业内部因素

**1. 企业的行业特征**

行业的技术经济特点也影响员工的薪酬水平。规模大、资本密集型的企业（如电信企业）员工的薪酬水平通常较高，企业有能力支付较高的薪酬。不同行业不仅薪酬水平不同，而且薪酬内部组成也不同。如制造业基本薪酬占较大比率，销售业基本薪酬比率较小，更多是奖金。所以，企业应根据自身行业特征制定不同的薪酬策略。

**2. 企业发展阶段**

企业的发展阶段通常分为：开创期、成长期、成熟期、稳定期和衰退期几个阶段，当企业处于不同阶段，其薪酬管理也不同，如表 7-1 所示。

表 7-1　企业不同发展阶段下的薪酬管理

| 企业发展阶段 | | 开创 | 成长 | 成熟 | 稳定 | 衰退 |
|---|---|---|---|---|---|---|
| 薪酬形式 | 基本薪酬 | 低 | 有竞争力 | 有竞争力 | 高 | 高 |
| | 激励薪酬 | 高 | 高 | 有竞争力 | 较低 | 低 |
| | 间接薪酬 | 低 | 低 | 有竞争力 | 高 | 高 |

**3. 经营战略**

薪酬管理应当服从企业经营战略，不同的经营战略下，企业的薪酬管理也会不同(如表7-2所示)。如实行低成本战略的企业，必然尽一切可能降低成本，其中包括薪酬成本。

表 7-2　不同经营战略下的薪酬管理

| 经营战略 | 经营重点 | 薪酬管理 |
|---|---|---|
| 成本领先战略 | 一流的操作水平<br>追求成本的有效性 | 重点放在与竞争对手的成本比较上<br>提高薪酬体系中激励部分比重<br>强调生产率<br>强调制度的控制性及具体的工作说明 |
| 创新战略 | 产品领先<br>向创新型产品转移<br>缩短产品生命周期 | 奖励产品以及生产方法方面的创新<br>以市场为基准的工资<br>弹性/宽泛性的工作描述(技能工资) |
| 客户中心战略 | 紧紧贴近客户<br>为客户提供解决问题的办法<br>加快营销速度 | 以顾客满意为奖励的基础<br>由顾客进行工作或技能评价 |

**4. 企业财务状况**

企业的财务状况以及由此决定的负担能力直接关系到其薪酬水平。财务状况越好，薪酬水平越有保障，并且存在较大的增薪空间。反之，则薪酬水平相对较低且没有保障。

**5. 企业的薪酬策略**

企业采取的薪酬策略通常包括领袖型薪酬策略、跟随型薪酬策略、滞后型薪酬策略、混合型薪酬策略。企业产品市场竞争程度、产品市场需求水平、企业规模以及企业的发展阶段往往决定了企业薪酬策略的选择，而不同的薪酬策略，又决定了企业的整体薪酬水平和薪酬的外部竞争性。如在完全竞争市场下，企业一般采用和市场平均水平非常接近的薪酬水平；当企业在市场中处于垄断地位或垄断竞争地位时，企业多支付较高的薪酬。

此外，企业价值观等因素对其薪酬管理也产生影响，企业应综合考虑自身因素设计合理的薪酬制度。

### (三) 员工个人因素

**1. 员工所处职位及工作条件**

员工所处的职位往往决定着其基本薪酬和薪酬结构。任职者承担的责任越大，解决的问题越复杂，要求的技能越高，其薪酬一般也就越高，这是对其付出劳动的一种回报，是对其人力资本的肯定。

另外，员工的工作条件对员工个人的薪酬也有重要影响。根据补偿性工资理论，知识技能水平方面没有本质差异的劳动者因工作条件和社会环境优劣不同将产生薪酬水平差异。因为当员工决定是否接受某份工作时，工资只是其考虑的一个方面。有些工作轻松又有趣，而另一些工作枯燥又危险，企业不得不为这种不同支付额外薪酬。例如，煤矿工人的工资高于其他有相似教育水平的工人的工资，他们的高工资主要是用来补偿采煤的枯燥、危险以及健康问题。工厂中夜班工人的工资高于白班工人，高工资是对他们不得不夜里工作而白天睡觉的补偿。

2. **员工绩效表现**

员工的绩效是其激励薪酬的重要基础，激励薪酬与员工绩效一般呈正相关关系。员工的绩效越好，其激励薪酬就会越高。在采用绩效调薪的薪酬制度下，员工绩效还影响员工基本薪酬的增长。

3. **员工工作年限**

工作年限包括工龄和司龄。工龄是指员工参加工作的时间。根据人力资源管理中的“进化论”，通过社会的优胜劣汰，适合某种工作的人员继续从事原来的职业，不适合者被淘汰，据此给予较高薪酬是对其能力的一种认可。司龄是指员工在同一企业工作时间的长短。根据“组织社会化理论”，员工在企业中工作时间越长，对企业的职位了解越深刻，绩效也就越好。同时，依据司龄的长短给予不同的薪酬，有利于员工队伍的稳定性，减少员工流失。

4. **员工技能**

在技能薪酬体系下，员工的技能是决定其基本薪酬的重要依据，较高的薪酬不仅在于补偿劳动者因学习技术而耗费的金钱、时间、精力甚至心理上的压力等直接成本，因学习而减少收入造成的机会成本，而且还带有积极的激励作用，即促使员工愿意不断学习新技术，提高劳动生产率。

综上所述，员工薪酬受多种因素影响（如图 7-2 所示）。有些因素对企业整体的薪酬水平产生影响，如生活费用、企业的支付能力、企业所处的地区以及企业的行业特征等；而有些因素只对个别员工的薪酬高低产生影响，使员工之间形成薪酬差异，如员工担任的职务、工作条件、员工的工龄以及其所具备的技能等。企业应根据内外部多种环境因素，制定公平、合理的薪酬制度，从而达到吸引员工、激励员工的目的。

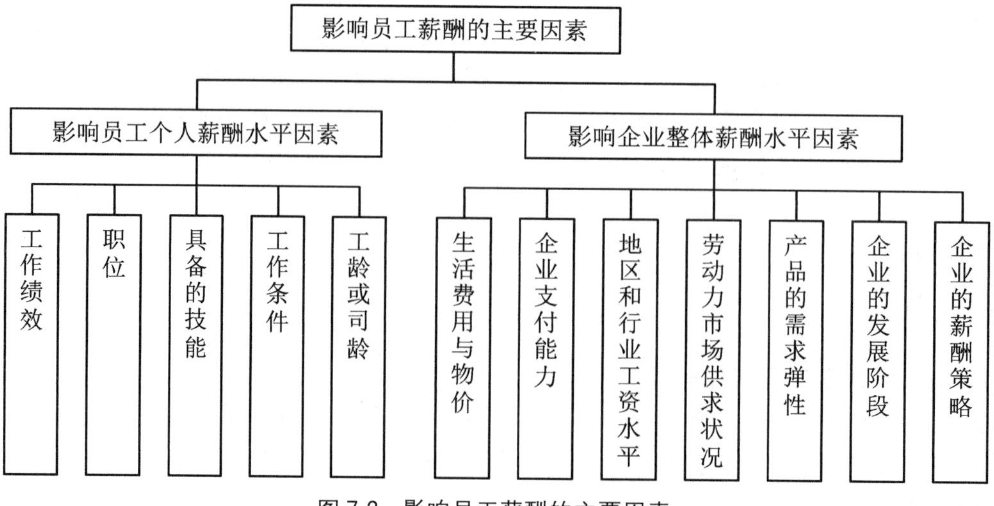


图 7-2 影响员工薪酬的主要因素

## 五、薪酬管理的基本流程

科学的薪酬管理应该有一个完整、系统的流程，自上而下，由宏入微。一般来说，薪酬管理的基本流程包含以下几个关键步骤：

### （一）根据战略目标和管理现状确定薪酬战略

企业的各项人力资源管理决策包括薪酬决策都是为企业的战略和发展目标服务的，因此，在设计薪酬时，首先需要根据企业的战略确定薪酬战略和薪酬改革目标。

### （二）建立基于职位或能力的薪酬等级

薪酬体系实质上是一个价值评价和价值分配体系，建立企业内部的价值等级或薪酬等级是薪酬体系设计的核心内容。

在职位薪酬体系下，员工的薪酬主要取决于其任职职位的价值。因此，企业需要通过工作分析，了解组织中各职位在工作内容、工作责任、工作环境和任职资格等方面的差异，这样才能为不同职位的相对价值分析提供信息和比较的基础。在此基础上，企业通过职位评价确定不同职位的相对价值，并把价值相近的职位归入一个价值等级或薪酬等级。

如果企业组织结构变动频繁，缺乏清晰稳定的职位体系或者组织结构扁平化，那么企业有可能选择基于能力的薪酬体系。在这种情况下，企业需要进行职类划分，在此基础上进行各职类的能力或任职资格体系建设，包括界定不同职类的能力及分级标准、设计基于能力标准的员工职业发展通道等。接下来，企业需要对各职类不同等级的能力或任职资格进行价值评估，从而建立基于能力的价值等级体系。

### （三）确定各等级的薪酬水平和薪酬幅度

无论是基于职位还是基于能力，在建立企业的价值等级体系后，企业都需要结合市场薪酬水平、企业的支付能力等对不同的职位或能力等级进行定价，也就是确定各等级的薪酬水平和幅度。

### （四）确定不同职位序列的薪酬组合策略

把管理、研发、销售等不同序列的职位放在一起进行评价并建立统一的价值等级体系。但是，由于不同职位的工作内容和绩效标准的独特性，其薪酬组合策略可能是不一样的，管理、研发、销售等不同职位序列在固定薪酬和变动薪酬上的比例并不相同。

### （五）设计基本薪酬

在企业的薪酬体系中，基本薪酬占据非常重要的地位，它保障员工生活的稳定收入，也是企业主要的固定成本之一，对企业和员工都有着重大意义。在确定各职位的总现金收入和薪酬组合策略后，把年度基本薪酬分解到12个月中就得到了相应的月基本工资。

### （六）设计激励薪酬

激励薪酬的形式有多种。一般而言，可以先设计短期激励薪酬，再设计长期激励薪酬。

短期激励薪酬包括月度绩效工资、销售提成、季度奖和年终奖等，可以根据企业和职位的具体特征进行设计；长期激励薪酬的设计需要考虑激励对象、激励方式、激励目标和行权条件等因素。

### （七）设计津补贴和福利

完成薪酬主体内容设计之后，企业还需要根据实际情况设计津补贴和福利。津补贴不是必需的，可以根据需要而定。福利是必需的，包括法定福利和企业自主福利。

### （八）形成薪酬管理制度，进行薪酬沟通和薪酬改进

完成薪酬体系设计后，企业还需要把薪酬方案形成薪酬制度和文本，详细规定基本工资、奖金、津补贴和福利等各组成部分及其发放依据和标准，并详细规定员工薪酬确定、加班费计算、工资发放时间和形式等细节问题。如果企业对原有薪酬方案进行了变革，还需明确新老方案的套改规则。

在薪酬方案和薪酬制度形成后，向各级管理者和员工进行薪酬方案的宣传和解释是非常重要的。因此，在薪酬实施中，薪酬沟通非常重要。薪酬沟通可以帮助员工了解企业薪酬制度设计的目的和内容，对员工的问题及时给予回答，增进员工对薪酬制度的理解与支持。

最后，薪酬方案的设计绝不是一劳永逸的，企业需要定期进行薪酬方案的诊断，及时针对相关问题进行调整与改进。

# 第二节　基本薪酬

在企业的薪酬形式中，基本薪酬是最基础的部分，对于大多数员工来说，这也是他们所获得的薪酬中最主要的部分。基本薪酬的设计，通常要考虑两方面因素：一是内部公平性，这是通过工作评价、技能认定、能力考核来实现的；二是外部公平性，这是通过薪酬调查来实现的。

实践中，基本薪酬的设计一般要按照以下步骤实施：首先要进行工作分析，界定各职位的工作职责和任职资格要求；接着要进行工作评价、技能认定、能力考核，确定各个职位价值或任职者技能和能力；然后进行薪酬调查，将调查结果和工作评价或对人的评价结果结合起来，建立薪酬曲线；最后要根据薪酬曲线来确定薪酬结构。工作分析的有关内容在前面已经做过详细介绍，这里我们主要介绍工作评价。

## 一、工作评价

所谓工作评价，就是借助一定的方法评价不同职位的相对价值和对组织的贡献大小。工作评价的目标是实现工资的内部公平性。评价方法有排序法、分类法、要素计点法和要素比较法，其中，要素计点法最常用。

### （一）排序法

排序法是从总体上对职位的相对价值或职位对组织的贡献大小进行比较，从而确定职位价值的方法。它包括直接排序法、交替排序法和配对比较排序法。

#### 1. 直接排序法

根据对职位的总体判断，按照重要性或者对企业的贡献度将职位依次进行排列，如图7-3所示。

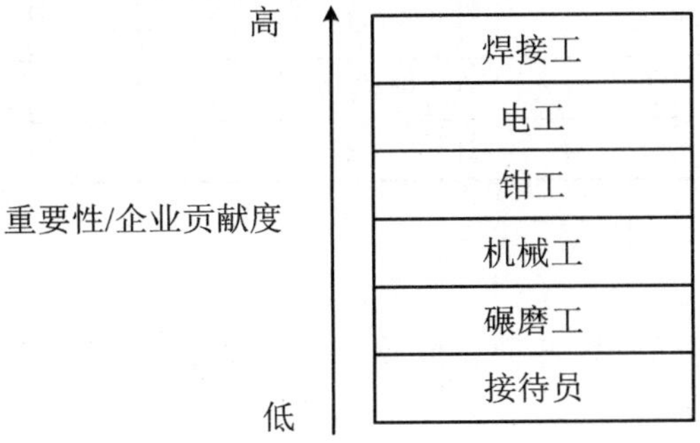


图 7-3 直接排序法举例

#### 2. 交替排序法

首先找出价值最高的职位，再找出价值最低的职位，然后再从剩余的职位当中找出最高者和最低者。依此类推，直到把所有的职位都排列完毕，如表7-3所示。

**表 7-3 交替排序法举例**

| 职位名称 | 排序(按职位价值) |
| --- | --- |
| | 最有价值的职位 |
| 钳工 | 焊接工 |
| 电工 | 电工 |
| 机械工 | ______ |
| 焊接工 | ______ |
| 碾磨工 | ______ |
| 接待员 | 接待员 |
| | 最没有价值的职位 |

#### 3. 配对比较排序法

将待评的职位进行两两比较，以最终比较的结果对职位做出排序。比较时，首先将职位按照同样的顺序在横向和纵向进行排列；然后以横向为准进行比较，当其中一个职位比另一职位价值大时，就在对应的方框中填入其名称，当两者价值相等时不计；最后统计出每一职位名称出现的次数，依此对职位做出排序(如表7-4所示)。比较得分为：钳工3分，电工4分，机械工2分，焊接工5分，碾磨工1分，接待员0分，最终结果是：焊接工、电工、钳工、机械工、碾磨工、接待员。

职位排序法的优点在于简单、便捷、费用节省和易于沟通。但是这种评价方法主观性较强，缺乏定量依据，虽然能够比较出职位排序，但无法判断职位之间的级差有多大，在职位缺乏可比性、职位数量多的情况下这种方法的使用效果更差。

**表 7-4 配对比较排序法举例**

| | 钳工 | 电工 | 机械工 | 焊接工 | 碾磨工 | 接待员 |
|---|---|---|---|---|---|---|
| 钳工 | \ | + | − | + | − | − |
| 电工 | − | \ | − | + | − | − |
| 机械工 | + | + | \ | + | − | − |
| 焊接工 | − | − | − | \ | − | − |
| 碾磨工 | + | + | + | + | \ | − |
| 接待员 | + | + | + | + | + | \ |
| | 3 | 4 | 2 | 5 | 1 | 0 |

## （二）分类法

分类法是指按照一定标准将各种职位放入事先设定的不同职位等级类别之中的工作评价法，中国企业习惯称之为套级法。

使用这种方法时，首先，要确定岗位等级的数目。一般来说，职位数量越多、职位类型越多，职位等级就越多，具体要根据企业的情况做出决策；其次，要选择报酬要素，根据报酬要素对职位的各个级别进行定义。基于报酬要素，评价者可以编制出职位等级分类系统（如表 7-5 所示）。

**表 7-5 某工程公司的职位分类系统**

<table>
<tr><th>工作等级</th><th>各工作等级中的工作类型</th><th>等级分类定义举例</th></tr>
<tr><td>10 级</td><td>首席执行官</td><td rowspan="15">1 级：办公室的一般支持性职位：<br>一般情况下，办公室的一般支持性职位向一线主管人员或者部门管理人员汇报工作。<br>这些职位通过完成以下任务为其他职位提供综合性支持服务：操作办公室中的一些常规设备（如传真机、复印机、装订机等）；文件存档及邮件归类和传递。<br>这些职位通常要遵守标准的办事程序，同时处理日常事务。非常规的事件以及问题往往交给主管人员或者相关人员来处理。<br>要求从事这些工作的人员具备基本的办公设备知识，并且了解一般的办事程序。<br>这些职位包括邮件处理员以及传真操作员</td></tr>
<tr><td>9 级</td><td>副总裁</td></tr>
<tr><td>8 级</td><td>高级经理</td></tr>
<tr><td>7 级</td><td>中层经理</td></tr>
<tr><td>6 级</td><td>专业 3 级</td></tr>
<tr><td rowspan="2">5 级</td><td>专业 2 级</td></tr>
<tr><td>主管级职位</td></tr>
<tr><td rowspan="3">4 级</td><td>专业 1 级</td></tr>
<tr><td>技术 3 级</td></tr>
<tr><td>职员/行政事务 3 级</td></tr>
<tr><td rowspan="2">3 级</td><td>技术 2 级</td></tr>
<tr><td>职员 2 级</td></tr>
<tr><td rowspan="2">2 级</td><td>技术 1 级</td></tr>
<tr><td>职员 1 级</td></tr>
<tr><td>1 级</td><td>办公室的一般支持性职位</td></tr>
</table>

资料来源：刘昕. 薪酬管理[M]. 6 版. 北京：中国人民大学出版社，2023。

分类法是一种比较简单、容易理解、执行方便的工作评价方法，对评价者的培训要求少。但是对于职位多样化的组织很难建立通用的职位等级定义；此外，同排序法一样，这种方法也难以确定职位等级间的差别，因此对薪酬的等级差别也就难以确定。

### （三）要素计点法

要素计点法是一种比较复杂的量化职位评价技术。自20世纪40年代开始得到应用，直到今天一直是实践中最常用的一种工作评价方法。要素计点法有三个基本特点：一是报酬要素；二是要素的等级可以量化；三是权数反映各个要素相对的重要性。每项职位得到的职位评价点数，决定了它的相对价值，即它在报酬结构中的位置。

要素计点法要求首先确定组织为职位的评价需要运用的报酬要素是哪些，然后再根据程度差别来对每个报酬要素进行等级划分和等级定义，并且赋予每个报酬要素不同的权重，赋予每个报酬要素等级不同的点值。一旦分别确定了每个职位在每个报酬要素上实际所处的程度等级，职位评价者就只需要把该职位在每个报酬要素上得到的点值进行加总，就可以得出该职位最终获得的总点值，最后再根据每个职位的总点值对所有职位进行排序，即可完成职位评价过程。

#### 1. 要素计点法及其操作步骤

具体来说，要素计点法包括以下几个操作步骤：

步骤一：选取合适的报酬要素。

所谓报酬要素是指那些在工作中受组织重视、有助于追求组织战略并实现其目标的特征。在实际操作中，最常见的报酬要素主要是工作责任、工作技能、努力程度、工作条件及其相关子要素。其中工作责任强调职位上的人所承担的职责的重要性，其子要素包括决策权、控制的组织范围、影响的组织范围、与其他工作的一体化程度、失败的影响，等等；工作技能是指完成某种职位的工作所需具备的经验、培训、能力以及教育水平等；努力程度是指完成职位的工作任务所要求的体力和脑力要求；工作条件是指从事工作的物理条件和危险程度。表7-6为职位评价要素定义表。

**表7-6 职位评价要素定义**

| 报酬要素名称 | 报酬要素定义 |
|---|---|
| 知识 | 可以通过正规教育、生活经验、工作经验以及在职培训等获得的关于事实或规则的各种信息。知识使得任职者在无须向主管人员求助的情况下，就能解决特定领域中所出现的一些非常规问题 |
| 身体能力 | 身体灵活性、手眼协调性以及攀登、伸臂、弯曲等身体运动的平衡性与协调性 |
| 体力耗费 | 除了有力量的要求外，还包括对感官注意力（如看、听、嗅、触摸等）等能力以及在一个固定职位上工作的能力（如电路板技工、飞机技师以及控制板操作员等）的要求 |
| 沟通 | 包括内部沟通和外部沟通，它所关注的是沟通的频率、方法及目的 |
| 对他人的责任 | 主要指监督活动，包括对员工的指导与培训，协助进行员工甄选和开发活动，提出对员工的惩戒建议以及进行绩效管理等 |
| 责任 | 主要指管理方面的要求，包括制定、监控或批准预算，以及对人、职能或者组织单位进行监督管理，同时还要求对结果承担责任 |

续表

| 报酬要素名称 | 报 酬 要 素 定 义 |
|---|---|
| 工作条件 | 包括会受到机械或者系统、重复性运动、屏幕闪烁、噪声、肮脏物、危险物等严重影响的工作环境、天气状况或者必须同时满足的多种工作要求等 |
| 自主性 | 所获得的监督指导的类型以及频率,职位承担者是如何运用信息的(如运用现有政策、适应这些政策的要求、制定全新的政策等) |

资料来源:刘昕.薪酬管理[M].6版.北京:中国人民大学出版社,2023.

步骤二:界定每一种报酬要素的含义并划分报酬要素的等级,且对各个等级加以界定。

选择了报酬要素之后,就应该对每种报酬要素的各种不同等级水平进行界定。每一种报酬要素的等级数量取决于组织内部所有被评价职位在该报酬要素上的差异大小。差异程度越大,则报酬要素的等级数量就需要划分得越多。反之,则会相对较少一些,表7-7为报酬要素(自主性)的等级界定举例。

**表7-7 报酬要素(自主性)的等级界定举例**

| | |
|---|---|
| 5级 | 为共同确定战略定位,并且为下属实现这一战略制定范围广泛的目标。确定管理路线,并且对职能单位的总体结果负责 |
| 4级 | 在公司战略导向范围内制定总体公司政策。就下属所提出的例外问题解决建议进行决策。所负责的公司总体目标实现情况每年接受审查 |
| 3级 | 在公司总体政策和程序范围内履行职责。协助制定公司政策和程序。在出现例外时,频繁地解释公司政策并且就行动方案提出建议。工作需要阶段性地接受检查。所做出的大多数决策不需要接受审查 |
| 2级 | 根据公司的具体政策和程序执行任务。可能需要根据例外情况做出适应性调整。工作需要接受定期检查,可随时向管理人员求助 |
| 1级 | 运用非常具体的公司政策和程序在有限的监督下执行任务和工作安排。工作经常要接受某位管理人员的检查,这位管理人员会随时应其要求提供帮助 |

资料来源:刘昕.薪酬管理[M].6版.北京:中国人民大学出版社,2023.

步骤三:确定各个报酬要素权重及其内部各等级的点数。

首先,确定总的评价点数,即各报酬要素的点数之和。总点数可以是500点、800点、1000点等。一般职位越多,总点数越多,只有这样才能反映各职位的差异。在表7-8中,总点数确定为1000点。

然后,确定各个报酬要素在总体中所占的“权重”并据此对总点数进行分配,权重可采用经验的方法或统计的方法确定。假设总点数为1000点,而“教育程度”的权重为15%,则该要素的点数为1000×15%=150。

最后,将各个报酬要素的点数分配到内部的各个等级中去,分配时可按一定规律进行。通常是将每一报酬要素最高等级的点数界定为该报酬要素在职位评价系统中的总点数,其他等级的点数可以按等比数列、等差数列形式分配。例如,“教育程度”要素总点数为150,由此可以确定,“教育程度”要素最高等级点数为150,以等级数5除150,得到级距(也是最低等级点数)30,于是,该要素由低到高各级点数确定为30,60,90,120,150,如表7-8所示。

**表 7-8 某一企业的职位评价标准**

| 关键要素 | 子要素 | 权重 | 等级及点数 | | | | |
|---|---|---|---|---|---|---|---|
| | | | 1 级 | 2 级 | 3 级 | 4 级 | 5 级 |
| 技能<br>(30%) | 教育程度 | 15% | 30 | 60 | 90 | 120 | 150 |
| | 经验 | 5% | 10 | 20 | 30 | 40 | 50 |
| | 知识 | 10% | 20 | 40 | 60 | 80 | 100 |
| 努力<br>(25%) | 生理要求 | 10% | 20 | 40 | 60 | 80 | 100 |
| | 心理要求 | 15% | 30 | 60 | 90 | 120 | 150 |
| 责任<br>(30%) | 设备责任 | 5% | 10 | 20 | 30 | 40 | 50 |
| | 产品责任 | 5% | 10 | 20 | 30 | 40 | 50 |
| | 安全责任 | 10% | 20 | 40 | 60 | 80 | 100 |
| | 工作责任 | 10% | 20 | 40 | 60 | 80 | 100 |
| 工作条件<br>(15%) | 工作场所 | 10% | 20 | 40 | 60 | 80 | 100 |
| | 危险性 | 5% | 10 | 20 | 30 | 40 | 50 |
| 总点值 | | 100% | 200 | 400 | 600 | 800 | 1000 |

步骤四:运用这些报酬要素来评价每一职位,确定该职位点数。

真正的职位评价实际上在这一步才开始。对照职位说明书,按照已经制定的标准,将待评价职位按每一报酬要素逐一评价,确定被评价职位在各报酬要素上所处的等级,该等级对应的点数即为被评价职位在此要素上的得分数,被评价职位在各要素上的得分之和为该职位的评价点数。表 7-9 为某职位的评价过程及其结果。

**表 7-9 某职位的评价过程及结果**

| 关键要素 | 子要素 | 报酬等级 | 点值 |
|---|---|---|---|
| 技能 | 教育程度 | 3 | 90 |
| | 经验 | 2 | 20 |
| | 知识 | 3 | 60 |
| 努力 | 生理要求 | 2 | 40 |
| | 心理要求 | 3 | 90 |
| 责任 | 设备责任 | 2 | 20 |
| | 产品责任 | 2 | 20 |
| | 安全责任 | 1 | 20 |
| | 工作责任 | 3 | 60 |
| 工作条件 | 工作场所 | 1 | 20 |
| | 危险性 | 1 | 10 |
| 合计 | | — | 450 |

步骤五:将所有被评价职位根据点数高低排序,建立职位等级结构。

待所有职位的评价点数都计算出来之后，按照点数高低加以排列，然后根据等差等方式对职位进行等级划分，职位等级表就制成了。

**2．要素计点法的优缺点**

与前面两种方法相比，要素计点法具有定量分析的精确性优点，可以通过分数对不相似的职务进行比较，广泛适用于各类职务。此外，它还可以衡量出职位价值大小的差距，逻辑思路严谨完整流畅，有利于薪酬曲线的设计和调整。这种方法的缺点是：要求评价人员的素质高；分析和设计投入的时间和精力要求多；评价指标、权重、等级和分值的确定仍有一定的主观性。

值得注意的是，企业运用要素计点法时，并不是对所有的职位都进行评价，因为实践中很难做到对每一个职位进行评价，虽然这样比较精确，但时间、资金成本太高。因此主要是对每个类别、等级的典型职位进行评价，其他职位通过与典型职位进行相对比较，以确定其价值大小。

### （四）要素比较法

要素比较法也是一种量化的职位评价技术。它是在选定典型职位和报酬要素的基础上，将典型职位按报酬要素制成等级基准表，以此表为尺度确定其他职位的等级。它是排序法的多次运用，是从不同的报酬要素出发进行多次排序。要素比较法的操作，一般要按照下面的步骤进行：

步骤一：获取职位信息，确定报酬要素。

要素比较法要求评价者必须仔细、全面地做好职位分析，最好是能够有标准、规范的职位说明书，同时还需要确定用来对职位进行比较的依据或尺度，即报酬要素是什么。在要素比较法中，一般可使用以下五种报酬要素：心理要求、生理要求、技术要求、职责和工作条件。

步骤二：选择基准职位。

作为其他职位评价的参照物，它要覆盖各个类别和等级，数量可根据企业内部职位数量确定。就其性质而言，基准岗位应该是那些在很多组织中普遍存在、工作内容相对稳定、薪酬比较公开的职位。

步骤三：根据报酬要素将基准岗位排序。

有几个报酬要素，相应就要进行几次排序。表 7-10 所示的是依据心理要求、生理要求、技术要求和工作责任、工作条件对四个职位进行的多次排序的结果。

**表 7-10 针对报酬要素对关键职位排序**

| 职　　位 | 工资(元) | 针对各要素的职位顺序(纵向) | | | | |
|---|---|---|---|---|---|---|
| | | 心理要求 | 生理要求 | 技术要求 | 责任 | 工作条件 |
| 焊工 | 4900 | 1 | 4 | 1 | 1 | 2 |
| 起重机操纵员 | 2800 | 3 | 1 | 3 | 4 | 4 |
| 冲床工 | 3000 | 2 | 3 | 2 | 2 | 3 |
| 保安 | 2000 | 4 | 2 | 4 | 3 | 1 |

步骤四：确定基准职位各报酬要素的工资率，并根据各报酬要素工资率对基准岗位进行再次排序。

基准岗位的薪酬一般根据薪酬调查确定，薪酬总额按照各个报酬要素的重要性进行权重分配。例如，在保安这个职位中，心理要求的权重为 0.3，生理要求的权重为 0.35，技术要求的权重为 0.1，责任要求的权重为 0.1，工作条件的权重为 0.15，保安的基本薪酬总额为 2000 元，因此各报酬要素的数额分别为 600 元、700 元、200 元、200 元和 300 元。最后，按照基准岗位在各报酬要素上的数额对它们再进行一次排序，如表 7-11 所示。

**表 7-11　职位工资按报酬要素的分配**

| 职　　位 | 基本工资（元） | 按要素分配的工资（元） | | | | |
|---|---|---|---|---|---|---|
| | | 心理要求 | 生理要求 | 技术要求 | 责　　任 | 工作条件 |
| 焊工 | 4900 | 2000(0.408) | 200(0.041) | 1500(0.306) | 1000(0.204) | 200(0.041) |
| 起重机操纵员 | 2800 | 700(0.250) | 1000(0.357) | 900(0.321) | 100(0.036) | 100(0.036) |
| 冲床工 | 3000 | 800(0.267) | 650(0.217) | 1000(0.333) | 400(0.133) | 150(0.050) |
| 保安 | 2000 | 600(0.300) | 700(0.350) | 200(0.100) | 200(0.100) | 300(0.150) |

步骤五：剔除不合理的基准职位。

将第三步和第四步得到的结果进行比较，如果某职位两次排序的结果不一致，则剔除该职位，如表 7-12 所示。

**表 7-12　基准职位两次排序的比较**

| | | | | | |
|---|---|---|---|---|---|
| 焊工 | 1,1 | 4,4 | 1,1 | 1,1 | 2,2 |
| 起重机操纵员 | 3,3 | 1,1 | 3,3 | 4,4 | 4,4 |
| 冲床工 | 2,2 | 3,3 | 2,2 | 2,2 | 3,3 |
| 保安 | 4,4 | 2,2 | 4,4 | 3,3 | 1,1 |

步骤六：使用基准职位比较其他职位，确定其他职位的薪酬水平。

依据报酬要素将其他职位同基准职位进行逐个比较，加总后确定其基本薪酬。例如，你需要确定主管的基本薪酬，根据其职位说明书的描述，就“心理要求”要素同表 7-13 中所列的基准职位比较，认为主管这个职位在“心理方面的要求”介于焊工与冲床工之间，将主管这个职位“心理要求”的薪酬定为 1400 元；而此职位对“身体方面的要求”则略低于冲床工，因此定为 600 元；其他要素可依据同样的原理评估。最终，主管职位的基本薪酬应为：1400＋600＋700＋1200＋250＝4150（元）。

**表 7-13　要素工资比较表**

| 工资（元） | 心理要求 | 生理要求 | 技术要求 | 责　　任 | 工作条件 |
|---|---|---|---|---|---|
| 2000 | 焊工 | | | | |
| 1950 | | | | | |
| 1900 | | | | | |
| 1850 | | | | | |
| 1800 | | | | | |

续表

| 工资(元) | 心理要求 | 生理要求 | 技术要求 | 责　　任 | 工作条件 |
|---|---|---|---|---|---|
| 1750 | | | | | |
| 1700 | | | | | |
| 1650 | | | | | |
| 1600 | | | | | |
| 1550 | | | | | |
| 1500 | | | 焊工 | | |
| 1450 | | | | | |
| 1400 | 主管 | | | | |
| 1350 | | | | | |
| 1300 | | | | | |
| 1250 | | | | | |
| 1200 | | | | 主管 | |
| 1150 | | | | | |
| 1100 | | | | | |
| 1050 | | | | | |
| 1000 | | 起重工 | 冲床工 | 焊工 | |
| 950 | | | | | |
| 900 | | | 起重工 | | |
| 850 | | | | | |
| 800 | 冲床工 | | | | |
| 750 | | | | | |
| 700 | 起重工 | 保安 | 主管 | | |
| 650 | | 冲床工 | | | |
| 600 | 保安 | 主管 | | | |
| 550 | | | | | |
| 500 | | | | | |
| 450 | | | | | |
| 400 | | | | 冲床工 | |
| 350 | | | | | |
| 300 | | | | | 保安 |
| 250 | | | | | 主管 |
| 200 | | 焊工 | 保安 | 保安 | 焊工 |
| 150 | | | | | 冲床工 |
| 100 | | | | 起重工 | 起重工 |

要素比较法是一种比较精确的量化工作评价方法，具有系统性，容易解释和理解。但是这种方法的工作量较大，每一次职位评价都要对典型职位进行薪酬调查，增加了评价成本。另外，职位评价要素的通用性较差。

## 二、薪酬调查

薪酬调查是指组织通过各种正常的途径，来获取组织职位的市场薪酬水平和相关薪酬信息，以此来指导组织薪酬制度的设计。

### （一）薪酬调查的目的

依据公平理论，组织薪酬既要体现内部公平性，又要体现外部公平性。内部公平性的实现主要依据职位评价，而外部公平性的实现主要通过薪酬调查。企业能够据此确定基准岗位及其他岗位的薪酬水平，实现效率、公平的薪酬管理目标。具体来说，薪酬调查有以下几个方面的作用。

**1. 调整薪酬水平**

企业在有些情况下需调整薪酬水平，如生活成本上升、员工绩效改善、企业支付能力降低以及竞争对手薪酬水平的调整。在最后一种情况下，企业需要通过薪酬调查来了解竞争对手薪酬水平的调整情况，以确定自己的对应策略，避免在劳动力市场上处于不利地位。

**2. 调整薪酬结构**

一般而言，市场薪酬调查的结果与工作评价的结果是一致的，工作价值越高，其薪酬水平越高，但是，两者不一致的情况也经常出现。假如根据岗位评价，两个职位归入一个等级，但通过市场调查了解到两者的薪酬存在差距，这时就必须检查岗位评价过程，甚至设立新的薪酬等级。例如，公司的法律顾问和会计师在工作评价中得到的点数相似，内部公平性意味着二人处于同一薪酬级别，但是，市场调研的结果可能显示法律顾问的工资水平远远高于会计师。随着企业以职位为基础的薪酬体系转向以人为基础的薪酬体系，企业就更依赖于市场薪酬调查。

**3. 估计竞争对手的劳动成本**

成本是企业赢得竞争优势的一个重要方面，企业既不能因为太高的薪酬水平给自己造成成本负担，又不能因为薪酬太低丧失劳动力市场的竞争地位，所以需要了解市场的平均薪酬水平以及竞争对手的劳动成本。

**4. 了解其他企业薪酬管理实践的最新发展和变化趋势**

薪酬调查不仅包括基本薪酬，还包括奖金、休假等方面的信息。通过薪酬调查，企业可以了解目前企业流行的薪酬策略和管理模式，以确定自己是否需要追赶这种潮流，如宽带式薪酬结构。

### （二）薪酬调查的对象

薪酬调查对象的确定，首先在于相关劳动力市场范围的界定。从覆盖范围来看，劳动力市场可以划分为地方性劳动力市场、地区性劳动力市场、全国性劳动力市场以及国际性劳动力市场。这种劳动力市场的划分并非根据企业的规模或地理分布来考虑，而是根据企业在一个多大范围内的市场上与其他企业展开竞争来划分的，具体来说，主要由调查职位的性质和调查目的决定。如果是用于高级技工的招募，其调查范围通常是地区性的调查；如果是用于一般办公室事务人员的招募则是地方性的；如果是确定企业规模和效益对高管浮动薪酬的影响，就要调查不同规模的、尽量多的企业，这样进行数据分类分析或回归分析的效果才会好。

其次，选择薪酬调查的具体对象。在选择薪酬调查的具体对象时，一定要坚持可比原则，即在选择被调查的具体企业时，要选择雇佣的劳动力与本企业具有可比性的企业。一般来说以下企业可以作为被调查的对象：

第一类，同行业中同类型的其他企业。

第二类，其他行业中有相似相近工作岗位的企业。

第三类，与本企业雇佣同一类的劳动力，可构成人力资源竞争对象的企业。

第四类，在本地区同一劳动力市场上招聘类似员工的企业。

第五类，经营管理、信誉、报酬水平和工作环境均合乎一般标准的企业。

### （三）薪酬调查数据的采集

在初步选定了调查的范围和对象之后，调查者还应确定需要将哪些项目作为薪酬调查的组成部分。在通常情况下，薪酬调查应当涉及以下信息：与员工基本薪酬相关的信息；与支付年度和其他奖金相关的信息；股票期权或影子股票计划等长期激励薪酬；与企业各种福利计划相关的信息；与薪酬政策诸方面有关的信息，如企业加薪方面的政策、试用期的长短、外派人员的薪酬管理，等等。

另外，在薪酬调查中，如果被调查的职位属于高层、中层管理类或者是监督类，还应当询问被调查者关于某一职位的权限范围的信息，如管辖的人员数量及其类型、所支配的预算额，等等。

### （四）分析、调整和应用调查数据

收集了相关的薪酬数据之后，应该首先对数据进行核查，判断每一个数据是否存在可疑之处。然后进行数据整理，相关的指标包括最高薪酬、最低薪酬、中位数、四分位数、百分位数、均值、标准差等。在对信息进行分析和应用的过程中要用到一些统计分析方法，如通过线性回归统计分析得出市场薪酬曲线，结合组织的薪酬战略设计本组织的薪酬政策线。

## 三、确定薪酬曲线和薪酬等级

薪酬调查结束之后，企业要建立自己的薪酬曲线，确定薪酬等级，并以薪酬曲线上各职位的薪酬为相应薪酬等级的区间中值，在此基础上，根据薪酬变动幅度确定各个薪酬等级的最高值和最低值，建立企业的薪酬结构。

### （一）薪酬曲线的建立

如何将薪酬调查结果和工作评价的结果结合起来，有效平衡外部竞争性和内部一致性呢？通常企业在薪酬调查结束以后，建立相应的薪酬曲线，它是各职位市场薪酬水平和职位评价点数的关系曲线。

通过职位评价和薪酬调查，每个职位有两组数据：各职位的评价点数及其市场薪酬水平。我们可以利用这两组数据，构建散点图，建立薪酬曲线和回归方程式，以确定职位价值和职位薪酬之间的关系。表 7-14 是某企业各职位的评价点数及其市场薪酬调查数据。其中，职位 A—J 是代表性职位，职位 K 和职位 L 是待评价职位。

**表 7-14　工资水平的确定**

| 职位 | 职位评价点数 | 市场薪酬水平(元) | 工资水平 1(元) | 工资水平 2(元) |
|---|---|---|---|---|
| A | 700 | 4015 | 4015 | 3982.91 |
| B | 750 | 4045 | 4045 | 4066.48 |
| C | 370 | 3320 | 3320 | 3431.38 |
| D | 600 | 3750 | 3750 | 3815.78 |
| E | 410 | 3565 | 3565 | 3498.23 |
| F | 520 | 3660 | 3660 | 3682.08 |
| G | 440 | 3615 | 3700 | 3548.37 |
| H | 480 | 3665 | 3615 | 3615.22 |
| I | 540 | 3700 | 3665 | 3715.50 |
| J | 650 | 3920 | 3920 | 3899.35 |
| K(待评价) | 746 | — | — | 4059.79 |
| L(待评价) | 590 | — | — | 3799.07 |

注：表中，工资水平 1 是完全依据市场薪酬水平确定的各职位薪酬，工资水平 2 是依据回归方程确定的各职位薪酬。

根据表中职位 A—J 第二列和第三列数据，建立散点图（如图 7-4 所示）。横轴代表职位评价点数，纵轴代表市场薪酬水平。

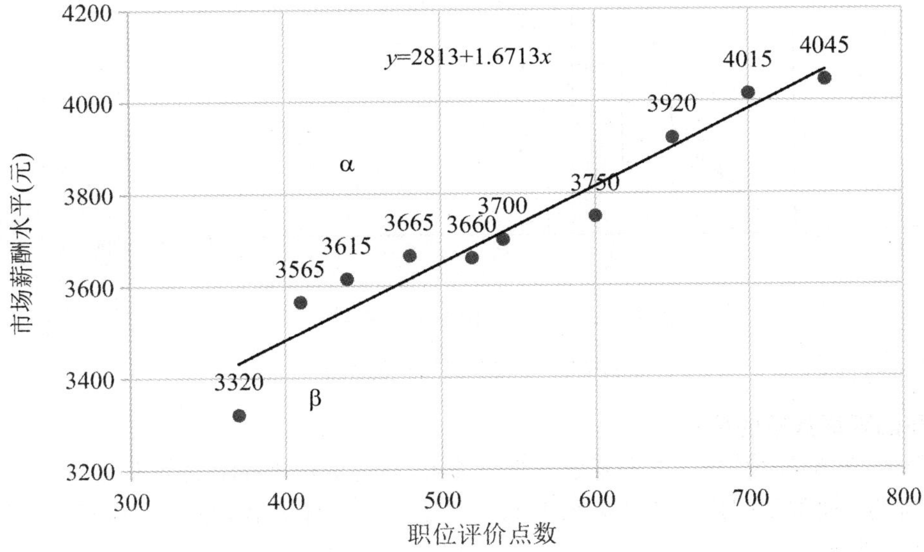


图 7-4　职位评价点数与市场薪酬水平结合组成的散点图

依据职位 A—J 职位评价点数和市场薪酬数据，进行回归分析，建立以下回归方程：

$$Y = 2813 + 1.6713X$$

其中，$Y$ 是工资水平，$X$ 是职位评价点数。

依据建立的回归方程，将职位 K 和职位 L 的职位评价点数代入方程，就得知职位 K 的薪酬为 4059.79 元，职位 L 的薪酬为 3799.07 元。

通过以上步骤的计算，我们得出各职位的薪酬水平，要将它与市场薪酬水平相比(计算比较比率)，判断是否存在问题，并对问题职位的薪酬进行调整。如图 7-4 中的 α、β 两点，表明内部公平性和外部公平性出现了矛盾。α 点表示该职位按照内部公平性确定的薪酬水平高于市场薪酬，说明该职位的内部职位评价过高，给企业带来成本负担；β 点表明该职位按照内部公平性原则确定的薪酬水平低于市场薪酬，企业必须调高该职位的薪酬水平，否则吸引不到优秀的员工。当内部公平性和外部公平性不一致，出现矛盾时，一般要按照外部公平性优先原则调整职位薪酬水平。

### (二) 确定薪酬等级

从理论上说，通过薪酬曲线可以确定每个职位的基本薪酬，薪酬曲线建立之后，我们通过职位评价点数就可以找到相应的基本薪酬水平。但是在实践中企业的职位数量比较多，如果针对每个职位都如此设定一个薪酬水平，会消耗管理者太多的时间、精力，大大增加企业的管理成本。因此，在实际工作中，企业需要建立薪酬等级以简化管理工作，如图 7-5 所示。

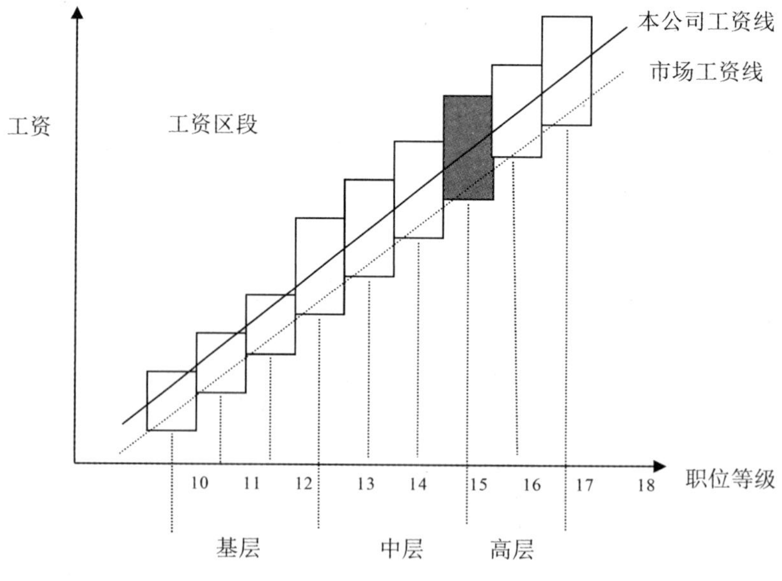


图 7-5　工资等级结构的建立

#### 1. 薪酬等级数量的确定

为了建立薪酬等级结构，首先要划分职位等级，划分的依据是职位评价结果。每个等级中包含的职位，通常是职位评价结果相近的一些职位。具体方式包括三种：等差划分、递增划分和递减划分。

薪酬等级的数量由组织当中职位的数量以及职位之间差异大小决定，同时企业的报酬哲学和管理理念也会对其产生影响。一般而言,企业当中的职位数量越多,职位间差异越大,薪酬等级的数量就越多,反之,薪酬等级数量就越少。当组织提倡员工掌握更多技能、关注绩效的改善而不是职位的晋升时,较少的薪酬等级结构适用于这种组织。

2. **薪酬等级的变动范围**

在确定薪酬等级之后,接着就是确定各个等级的薪酬变动范围。所谓薪酬变动范围,也可以称之为薪酬区间,它实际是指在某一薪酬等级内部允许薪酬变动的最大幅度,说明的是同一薪酬等级中最高值与最低值之间的差距。薪酬变动范围的确定一般经过以下几个步骤:

首先,要确定薪酬区间中值,即某一等级中处于中间位置的职位的薪酬水平。例如,某一职位等级包括的点数范围是500～1000点,那么处于该等级中间位置的职位对应的点数就是750,将职位点数代入已建立的薪酬曲线方程中,就可得出该职位的薪酬水平,也是该等级薪酬的区间中值。在上例中,此等级薪酬区间中值就是2813＋1.6713×750＝4066.48。

然后,再依据薪酬变动比率确定该区间的最高薪酬和最低薪酬。

薪酬变动比率是指薪酬区间的最高值或最低值偏离区间中值的比率,即

$$薪酬变动比率=\frac{最高值-中间值}{中间值}$$

或

$$薪酬变动比率=\frac{中间值-最低值}{中间值}$$

企业在进行薪酬结构决策时,可能会根据不同情况来分别确定不同薪酬等级的变动比率。一般来说,各个等级的薪酬变动比率应控制在10%～150%之间。通常情况下,薪酬变动比率取决于特定职位(技能)所需技能水平等综合因素。所需的技能水平较低的职位所在的薪酬等级变动比率要小一些,较高等级的薪酬变动比率要大一些。这是因为较低的职位(技能)等级需要的技能比较容易学习,而且其承担的责任对企业的贡献较小。如果薪酬变动空间太大,一方面不利于企业成本控制,另一方面也不符合这些职位对企业的实际贡献以及市场平均薪酬水平状况。而从事这些职位的员工通常在组织中还有较大的晋升空间,因此,如果员工希望获得超过薪酬等级上限的薪酬水平,他们可以通过谋求晋升或技能的提高进入更高一层的薪酬等级。相反,较高的职位(技能)等级需要较高、较难学的技能,其对企业的贡献也比较大,较大的薪酬变动空间能够鼓励员工更加努力工作,而且由于较高职位(技能)级别的晋升空间较小,企业可以通过薪酬的增长不断激励员工和留住核心员工,如表7-15所示。

**表7-15 不同职位类型及其薪酬变动比率**

| 薪酬变动比率 | 职位类型 |
|---|---|
| 20%～25% | 生产、维修、服务等职位 |
| 30%～40% | 办公室文员、技术工人、专家助理 |
| 40%～50% | 专家、中层管理人员 |
| 50%以上 | 高层管理人员、高级专家 |

而同一薪酬等级中的最高值＝中间值×(1＋薪酬变动比率),最低值＝中间值×(1－

薪酬变动比率)。如上例中的薪酬等级变动比率为20%,那么该薪酬区间的最高值就是4066.48×(1+20%)=4879.77,最低值就是4066.48×(1−20%)=3253.18。最后,每一薪酬等级可以划分成若干不同档次,每个档次对应一个具体的薪酬数值。具体各个职位对应的档次,可依据其担任的职位、掌握技能、产生的绩效等确定。仍以上例说明,在该等级中对应的薪酬区间为[3253.18,4879.77],区间变动幅度为1626.59;如该等级被划分为4个档次,各档次间的差距是等差的,那么这个差距就是406.65,因此该等级的各个档次对应的薪酬从低到高分别为3253.18元、3659.83元、4066.48元、4473.13元、4879.77元。

## 四、基本薪酬的调整

虽然员工的基本薪酬在整个薪酬组成中是相对稳定的部分,但它也受内外部多种因素的影响,在某些情况下企业必须对其进行调整。这种调整主要来源于两个层面:一是员工个体性的调整变化;二是企业整体性的调整。

员工个体性的调整是指针对员工个人进行的基本薪酬的调整。我们在论述薪酬管理的影响因素的时候提到员工所任职务、员工绩效表现、工作年限和员工技能对企业的薪酬管理产生一定的影响,当这些因素发生变化时,企业要对员工的基本薪酬进行调整,这主要是由员工个人因素造成的。

企业整体性调整是指按统一的政策对企业内部所有员工进行基本薪酬调整,调整的原因主要包括以下几个方面:社会物价水平、市场的平均薪酬、企业的经济效益发生变化以及企业的薪酬策略的调整。企业的薪酬策略包括:领袖型薪酬策略、跟随型薪酬策略、滞后型薪酬策略和混合型薪酬策略。若企业实行领袖型薪酬策略,就应当将薪酬曲线向上平移;若企业实行滞后型薪酬策略,薪酬曲线就需向下平移;若企业实行跟随型薪酬策略,薪酬曲线可保持不变;若企业实行混合型薪酬策略,则根据不同的职位,在内部公平性与外部竞争性之间进行选择。

以上介绍的依据职位本身确定基本薪酬的方法是目前运用最为广泛的一种成熟的薪酬体系。近些年来,还出现了以人为基础的基本薪酬决定方法,即技能薪酬体系或能力薪酬体系。技能薪酬体系是组织根据员工所掌握的与工作有关的技能、能力以及知识经验,支付基本薪酬的报酬制度。这种基本薪酬的确定方法鼓励员工关注自身发展,不断开发新的知识技能;鼓励优秀专业人才安心工作,充分发挥作用,而不是去谋求报酬虽然很高但是不擅长的管理职位,从而使人员配置有更大的灵活性。同时,技能薪酬体系有利于新技术的引进。但这种方法使组织的培训和工作重组投入加大、周期长、收效慢,如果企业不能将培训这种人力资本投资转化为实际的生产力,则企业可能会因此而无法获得必要的利润。另外,这种薪酬体系设计比较复杂,在确定技能模块和技能水平方面存在技术性问题。人员配置管理也有相当的难度,兼岗和工作安排调整操作起来有困难。

# 第三节　激励薪酬

激励薪酬是指与工作绩效相联系的一种薪酬形式，包括短期激励薪酬和长期激励薪酬两种类别，其具体形式包括个人、团体、组织激励薪酬三种类别。在实践中，激励薪酬表现为多种多样的形式，具体采用哪种激励计划取决于组织的战略目标、文化、经济能力以及组织期望达到的激励效果。

## 一、短期激励薪酬

短期激励薪酬奖励短期内（一般不超过一年）的工作成果和绩效。短期激励薪酬和员工绩效紧密相关，是对员工工作绩效和结果及时认可，因而具有很强的激励性。常见的短期激励薪酬包括计件工资、计时工资、绩效调薪、绩效奖金、收益分享和利润分享等。

### （一）基于个人绩效的短期激励薪酬

#### 1. 计件工资制

计件工资制是最古老的薪酬激励形式，通过确定每件产品的计件工资率，将工人的收入和产出直接挂钩。对多数人来说，计件工资制就是直接计件工资，但在实践中，更多的是使用差额计件制。

（1）直接计件工资。直接计件工资是较常见的一种绩效奖励方法，它根据员工生产的合格品数量和工资率来支付相应的薪酬，即收入＝产出×计件单价。这里计件单价一般是根据职位评价结果确定的，职位对组织贡献越大，其任职者每生产一件产品所获得的收入就越多。这种方法不论产出多少，薪酬严格按照统一比例和产量挂钩。如规定每生产1件产品可以得到20元的工资，那么当员工生产20件产品时，就可以得到400元的工资。

（2）差额计件工资。差额计件制是由泰勒首先提出的，其主要内容是对低于工效标准的员工给予较低的工资率，对高于工效标准的员工给予较高的工资率，一般差距在20%以上。这种激励制度凸显马太效应，体现奖勤罚懒、奖优罚劣的管理导向。

差额计件制主要有泰勒计件制和莫里克计件制。泰勒计件制中，员工工资率分为两个等级：如完成的工作量在标准任务100%以下，计件单价为5元/件，完成的工作量在标准任务100%以上，计件单价为7元/件。莫里克计件制中，员工工资率分为三级：如完成的工作量在标准任务100%以上，计件单价为7元/件；完成的工作量在标准任务83%～100%时，计件单价为6元/件；完成的工作量在标准任务83%以下，则计件单价为5元/件。

例如，假设每日工作8小时，标准产量为10件，低计件工资标准为18元/件，高计件工资标准为24元/件。甲产量为8件，乙产量为12件。则：

$$E_{甲}=8\times18=144(元)$$

$$E_{乙}=12\times24=282(元)$$

2. 标准工时制

工时制是根据员工完成工作的时间支付相应的薪酬。最基本的工时制是标准工时制，就是首先确定完成某项工作的标准时间，当员工在标准时间内完成工作任务时，依然按照标准工作时间支付薪酬，由于员工的工作时间缩短了，就相当于单位时间的工资率得到了提高。

实际当中，员工节约时间获得的收益要在员工和企业之间进行分配，而不是全部归员工个人所有。因此，标准工时制主要有两种：一是哈尔西 50 vs 50 计划，就是将由于节约时间而带来的收益在企业和员工之间平均分享；二是罗恩制，是指员工奖励的提成比例随其节约时间的增加而递增，如标准时间是 10 小时，某人只用了 7 小时，则此人得到 30%的成本节约奖，若他能在 6 小时内完成，则可得到 40%的成本节约奖。

3. 绩效工资

当员工的工作结果很难从数量和时间上进行衡量时，就不太适用上述的两种方法，因此就要借助绩效考核结果来支付激励薪酬。绩效工资就是根据员工的绩效考核结果来支付相应的激励薪酬。主要有两种形式：

(1) 绩效调薪。绩效调薪是根据员工的绩效考核结果对员工的基本薪酬进行调整，调薪周期一般按年进行。调薪的比例根据绩效考核结果的不同有所不同，绩效考核结果越高，调薪比例就越高，如表 7-16 所示。

表 7-16　简单绩效调薪表格

| | 大大超出期望水平 | 超出期望水平 | 达到期望水平 | 低于期望水平 | 大大低于期望水平 |
|---|---|---|---|---|---|
| 绩效评价等级 | S | A | B | C | D |
| 绩效调薪幅度 | 8% | 5% | 3% | 1% | −2% |

进行绩效调薪时要注意：一是调薪不仅要加薪，对没有达到标准的还要减薪，如 D 等级；二是调薪要在该职位或员工所处等级对应的薪酬区间内进行调整，不能超过给定等级的最大值和最小值。

(2) 绩效奖金。绩效奖金是根据员工的绩效考核结果给予的一次性奖励，调薪周期相对较短，对员工的基本薪酬没有影响。

绩效奖金虽然也是依据绩效考核结果和员工的基本薪酬，但它与绩效调薪还是有所区别：首先，绩效调薪是对基本薪酬的调整，而绩效奖金不会影响到员工的基本薪酬；其次，支付的周期不同，由于绩效调薪是对基本薪酬的调整，因此薪酬调整不可能过于频繁，否则会增加企业的成本负担，而绩效奖金不同，由于不涉及基本薪酬的变换，所以调薪周期相对较短；最后，绩效调薪的幅度要受薪酬区间的限制，而绩效奖金则没有这种限制。

与绩效调薪相比，绩效奖金具有以下优点：在保持绩效和薪酬挂钩的前提下减少了基本薪酬累加引起的固定薪酬成本增加(如表 7-17 所示)；避免大量员工的薪酬超过薪酬等级范围，同时还保护了高薪酬员工的工作积极性。

表 7-17 绩效奖金较绩效调薪的成本节约

| | 绩效调薪(元) | 绩效奖金(一次性)(元) |
|---|---|---|
| 基本薪酬(年薪) | 50000 | 50000 |
| 第 1 年调薪 5% | 2500 | 2500 |
| 新基本薪酬 | 52500 | 50000 |
| 总额外成本 | 2500 | 2500 |
| 第 2 年调薪 5% | 2625=5%×52500 | 2500=5%×50000 |
| 新基本薪酬 | 55125 | 50000 |
| 总额外成本 | 5125 | 2500 |
| 5 年之后…… | … | … |
| 第 5 年调薪 5% | 3039 | 2500 |
| 新基本薪酬(年薪) | 63814 | 50000 |

### (二) 基于团队绩效的短期激励薪酬

#### 1. 收益分享计划

收益分享计划是企业提供的一种与员工分享因生产率提高、成本节约和质量提高而带来收益的绩效奖励模式。这种激励薪酬与利润分享计划的不同之处在于:第一,收益分享计划是针对某一群体或部门生产率、质量改善、成本节约等管理目标,不与整个组织层面的利润挂钩,这种目标的达成更容易被员工看成他们自己能控制的范围,从而知道何种行为和价值观有利于达成绩效;第二,收益分享计划的奖励周期更短,一般以能够有效衡量绩效的最短周期为基础,通常以月度考核为基础,并且通常不采取延期支付的方式,所以收益分享计划较利润分享计划的激励性更强。到目前为止,收益分享计划已经经历了三个阶段的发展,其中斯坎龙计划、卢卡尔计划是发展较早、较为成熟的两种薪酬激励方式。

#### 2. 团队绩效奖金

按照个人的业绩考核结果来确定奖金的发放,仅仅考虑了个人因素,忽视了团队组织成员的配合,可能会造成组织成员之间的恶性竞争,不利于团队合作和经验分享。另外,有些公司的工人经常在某一特定团队中协作工作,比如车间里几个员工作为一组轮班。这时,生产效率来自小组成员的共同努力,很难判断单个员工具体贡献的大小。在此情况下,必须以整个团队(班组)为单位进行奖励。基于团队绩效的激励计划是指当团队达到某一特定目标后,团队中的每位成员都能分享团队所得的现金奖励。

设计基于团队绩效的奖金计划时,一方面,公司利润、团队绩效及个人绩效分别是高层管理者、部门经理及其他人员绩效奖金发放的主要准则;另一方面,绩效奖金是根据任职者个人绩效、所在团队绩效及公司绩效测算的结果。因此,应考虑这两个方面的因素和公司实际情况,制定公司员工绩效评价系数计算方法。

#### 3. 项目跟投制度

项目跟投制度是指员工以自有资金与公司一起投资原本由公司单方面投资的项目并分享投资收益、承担投资风险的制度。项目跟投起源于风险投资领域的股权投资。在风险投资领域,投资机构在决定投资某项目时,一般要求项目经理(团队)按照一定比例出资,也就是跟投。如此一来，不仅能够强化项目经理的风险规避意识，使其慎重对待投资机会和投资项目，还能够给予项目经理高杠杆的收益回报。这种制度越来越多地被处于成长期和成熟期的企业采用，特别是用于新开发项目、创新业务领域的项目以及盈利预期不确定的项目，或用于母体业务的拆分。

### （三）基于组织绩效的短期激励薪酬

#### 1. 利润分享计划

利润分享计划是指根据对某种组织绩效指标(通常是指利润等财务指标)的衡量结果来向员工支付报酬的一种绩效奖励模式。利润分享的关键在于确定分享的额度。第一种方式是以利润实体获得的总利润为基数，在组织和员工之间分享总利润的一定比例，比如规定拿出总利润的5％来奖励员工。第二种方式是采用超额利润分享的方法，即设定一个目标利润，将超过目标利润部分的一定比例用来进行分享，比如规定目标利润为1000万元，将超过1000万元利润的部分在组织和员工之间按7∶3的比例来进行分享。第三种方式是采用累进分享比例的方法，即规定若干个利润段，在不同的利润段采用不同的分享比例。比如，规定在300万元利润以内的部分，分享比例为5％；300万～600万元的部分，分享比例为10％；600万～900万元的部分，分享比例为15％；900万元以上的部分，分享比例为20％。

#### 2. 阿米巴经营

阿米巴又名变形虫，能在不同的环境下变换形态以适应环境。20世纪90年代末期，日本京瓷公司在经历亚洲金融危机后，依然是东京证券交易所市值最高的公司。京瓷公司还创造了经历四次全球性的经济危机后，公司经营不但没有停滞反而持续发展的神话。京瓷公司的经营模式与阿米巴的特性十分相似，因此得名阿米巴经营。

阿米巴经营模式是指将整个公司分割成多个称为阿米巴的小型组织，每个小型组织都是一个独立的利润中心，按照小企业、小商店的方式独立经营。每个阿米巴就像一个小企业，有经营者，有销售额、成本和利润。阿米巴经营模式的实质是划小核算单元，通过授权、赋权把权责下移到最小单元，每天算出每个阿米巴每人每小时赚多少钱，每天、每周、每月进行横向、纵向竞赛，通过每天揭示差异、分析原因、提出改进措施，实现持续完善。阿米巴经营模式以单位时间创造的价值作为衡量员工贡献的一个重要指标，经营数据是每个员工参与经营时要紧盯的仪表盘。阿米巴经营模式的每一个环节都实行市场化核算，实施严格规范的经营。阿米巴经营模式可以达到全员参与、透明经营、培养人才、创造经济附加值的目的。

## 二、长期激励薪酬

长期激励薪酬是指对衡量周期在一年以上的绩效目标给予奖励的薪酬计划。长期激励薪酬具有战略性特征，因为实现一项战略性目标往往需要3～5年甚至更长的时间。长期激励薪酬把员工的利益与组织的长期绩效联系在一起，激励员工为组织长期绩效考虑，可以避免员工的短期行为，能够培养员工的所有者意识，有助于企业吸引和保留优秀人才，从而为企业长期可持续发展打下良好的基础。

企业推行长期激励的理论渊源是委托代理理论，其目的在于解决委托人和代理人之间目标利益不一致的问题。随着人力资本理论在新经济时代的发展，人力资本参与剩余价值分享的理念开始流行，长期激励薪酬的设计有了另一个重要的理论来源。在这两大理论背景下，各种长期激励薪酬的设计在企业中得到越来越多的关注。常见的长期激励薪酬包括股权激励、长期现金激励、管理层收购和合伙人制度。

### （一）股权激励

股权激励是通过一定的方式让员工持有一定比例的企业股权，成为企业的所有者并分享企业的剩余索取权的一种制度安排，从而达到激励人才和留住人才的目的。很多企业都会推行这种长期激励机制，目前也是常用的激励员工的方法之一。该方式可以增强员工的主人翁意识，让员工与企业形成利益共同体，实现企业与员工共同成长，促进企业的稳定发展。下面介绍三个应用最为广泛的股权激励方案：股票期权、限制性股票和虚拟股票。

**1．股票期权**

股票期权是指公司给予激励对象在未来一定期限内以确定的价格购买一定数量本公司股票的权利，获得奖励的员工在达到规定的期限并满足规定的相关条件后，即可行使权利获得一定数量的本公司股票。股票期权是一种购买权利而不是义务，可以放弃但不得用于转让、质押或偿还债务。只有当行使期权时的股票价格高于约定价格而有价差收入时，期权持有者才会行权，否则可以放弃行权，本人并无损失。股票期权的内在特征是具有预期收益性。期权持有者能获得的收益依赖于未来股票价格的波动，因此股票期权可以激励经理人提高公司的业绩并更多地关注公司的长期绩效。

**2．限制性股票**

限制性股票是指上市公司按照预先确定的条件授予激励对象一定数量的本公司股票，要求股票持有者在出售股票之前为企业服务一定的年限或者完成特定的企业绩效目标。限制性股票的限制主要体现在两个方面：一是获得条件，二是出售条件。一旦满足获得条件，激励对象无须投资或只需付出很少投资额就可以获得全值股票奖励。但他们在限制期内不得随意处置股票，如果在这个限制期内经营者辞职或被开除，股票就会被没收。满足出售条件后，激励对象可以出售限制性股票并从中获利。所以，限制性股票适用于比较成熟的企业，尤其适用于上市公司的高级管理人员、董事以及对上市公司的持续发展有重要影响的管理骨干和核心技术人员。

**3．虚拟股票**

虚拟股票是指在不改变现有股权结构的前提下，公司以合同的形式授予激励对象一种虚拟的、类似于股票的收益权。被授予者在任期内如果实现公司的业绩目标，则可以享有一定数量的分红，根据约定也可以享有股价升值的收益，但没有所有权和表决权，虚拟股票不能转让和出售，在离开公司时自动失效。在虚拟股票持有人实现既定目标的条件下，公司给持有人分红时，既可以支付现金、等值的股票，又可以是股票和现金相结合。虚拟股票并不是真正意义上的股票，而是通过持有者对企业剩余索取权的分享，将他们的长期收益与企业效益挂钩，适合现金流量比较充裕的非上市公司和上市公司。

### （二）长期现金激励

长期现金激励是指对员工一年期以上的绩效表现直接给予现金奖励的激励计划。对于非上市公司，由于无公开市场的股票标的，在设计长期激励计划时往往优先选择现金激励。对于上市公司，选择长期现金激励一方面是为了避开相关股权监管规定或避免股权稀释；另一方面，由于其股权激励计划受到业绩条件和收益封顶的严格限制，部分已上市的国有企业可以尝试长期现金激励。长期现金激励具体包括长期奖金激励、递延支付两种形式。

**1. 长期奖金激励**

长期奖金激励通常在期初设定一个较长周期的业绩目标(如 3～5 年)，期末根据达到该目标的程度，公司给激励对象发放不同数额的奖金。业绩目标可以是单纯的财务指标，也可以是包含财务指标和非财务指标等的复合指标。例如，对于某公司总经理，如果公司三年内净利润复合增长率超 20%，一次支付 200 万元奖金；复合增长率为 15%～20%，支付 150 万元；复合增长率为 10%～15%，支付 100 万元；复合增长率低于 10%，没有奖金。

**2. 递延支付**

递延支付是指激励对象的部分收入，如年终奖，需要递延到未来几年进行发放，而且具体发放的数额和未来几年的经营业绩相联系，从而达到长期激励的效果。比如说，对某企业的总经理实行年薪制，根据今年的业绩计算出年底经营绩效奖为 60 万元，但这 60 万元今年底只发放 20 万元，明年底和后年底再分别发放 20 万元，而且要根据明年和后年的绩效系数进行调整。也就是说，如果该企业连续三年经营业绩优秀，那么采用这种递延支付，总经理能够得到较多的现金激励。这种现金递延的激励方式将经营者的利益与企业长远发展结合起来，能对经营者产生更大的激励与约束效应，减少经营者的短期行为，与股权激励相比更容易操作。

### （三）管理层收购

管理层收购，是指公司的管理层利用借贷所融资本收购本公司股权的一种行为，从而引起公司所有权、控制权、剩余索取权等的变化，收购使企业的经营者变成企业的所有者。管理层收购是 20 世纪七八十年代流行于欧美国家的一种企业收购方式。实践证明，国外的管理层收购在激励经营者、降低代理成本、改善企业经营状况等方面起到了积极的作用，因而得到广泛应用。20 世纪末，管理层收购在我国开始出现，2003 年达到顶峰。随着改革的深入，管理层收购受到越来越多企业的关注，成为越来越多企业改制或明晰产权的现实选择。管理层收购具有以下几个特点：

第一，收购主体为目标公司经理层，收购对象通常是其经营的公司，也可以是公司的子公司或业务部门。在后一种情况下，管理层收购通常与目标公司的战略调整相关，成为目标公司出售下属企业或业务的一种方式。

第二，收购的资金来源一般分为两个部分：一是内部资金，即经理层自身的资金，这部分资金大约占到收购资金的 10%；二是外部资金，即债权融资和外部股权融资。一般情况下，目标公司的股权或资产的价格远远超过收购方(经理层)的支付能力，所以在收购中，经理层自身提供的资金只占总收购价格的很小一部分，大部分要依靠外来资金。

第三，收购后的企业通常进行业务重组，包括调整发展战略、整合业务、实施成本降低计划、变革内部组织和流程等。高财务杠杆的资本结构使得经营者承受的现金流量压力较大，因此，在适当时候可将公司部分或整体出售或上市，以减轻压力，实现预期收益。

第四，管理层收购多发生在成熟行业或人力资本突出的行业。管理层首先通过大量的债务融资进行收购，然后用企业的现金流量偿还贷款，因此企业产生稳定的现金流是管理层收购成功的关键。

### （四）合伙人制度

合伙人制度是近年来越来越多企业采取的一项制度安排，超越了薪酬管理以及人力资源管理的范畴，涉及组织结构设计、公司治理等多个方面。合伙人制度在调动员工积极性、构建员工与组织互利共赢的长期伙伴关系方面发挥着积极作用。

**1. 合伙制**

要明确合伙人制度的概念，首先必须区分法律意义上的合伙制与管理意义上的合伙人制度。在法律意义上，合伙制是相对于公司制的一种企业组织形式，是指自然人、法人和其他组织按照《中华人民共和国合伙企业法》在中国境内设立的普通合伙企业和有限合伙企业。合伙人共同出资、共同经营、共担风险、共享利润，其中普通合伙人对公司债务承担无限连带责任。因此，比起公司制下的职业经理人，合伙制企业的合伙人具有更强的责任感和更高的积极性。法律意义上的合伙制企业通常为律师事务所、会计师事务所等人力资本型企业。

**2. 合伙人制度**

不同于合伙制，管理意义上的合伙人制度并没有跳出公司制的范畴，而是借鉴了合伙制企业的形式，对公司治理进行了创新。合伙人制度是指企业实行类似于合伙制企业的组织结构，将拥有共同经营理念的人组织起来，建立合作伙伴关系，共同推动企业的创新与发展。

在合伙人制度下，拥有合伙人身份的员工相当于以自身拥有的人脉资源、市场资源、渠道资源、知识技能等要素参与经营，与企业所有者共同经营并参与收益的分享，同时共担风险，但是不承担无限连带责任。因此，管理意义上的合伙人制度可以看作合伙制与公司制的一种结合。

合伙人制度与前面提到的股权激励具有相通之处，两者都是有效的人才激励模式，强调人力资本的价值，同时离不开公司的治理结构与顶层设计。在合伙人制度的实施过程中，往往需要股权激励以及其他激励手段的配合，但是合伙人制度超越了股权激励和其他一般激励手段的概念，本质上是公司治理结构的创新。合伙人制度真正把员工放在与组织平等的合作者的位置上，通过开放的平台，寻找与企业价值观相符的人——彼此合作、共享收益、共担风险，激励员工参与组织的经营与发展。

# 第四节 员工福利

## 一、福利的含义

福利是指雇员因与公司存在雇佣关系而享受的间接的经济报酬，它对于每个雇员的薪酬收入来说都是很重的一个组成部分。员工福利作为总体薪酬的一部分，在薪酬体系中所占的比重日益增加。与此同时，员工福利在经济当中发挥着越来越重要的作用。福利涉及组织中每一个员工的切身利益，不仅能满足其当前需要，还对其今后的工作生活起到保障作用。对企业来说，其福利水平不仅对其预算有影响，而且对公司文化的形成、员工队伍的稳定和企业的总体绩效也有很大影响。

本质上，福利是一种补充性薪酬，它与直接薪酬的不同之处在于，它与员工从事的工作以及工作业绩之间没有直接的联系，通常类似固定成本，它往往不是采取货币支付的方式，而是采取实物支付或延期支付的方式，如带薪休假、成本价住房等。

## 二、福利的类型

员工福利是依据国家相关法律规定以及企业自身实际情况为员工提供的各种补充性的报酬和服务，按照是否具备法律强制力可以分为两大类：国家法定福利和企业补充福利，如图 7-6 所示。

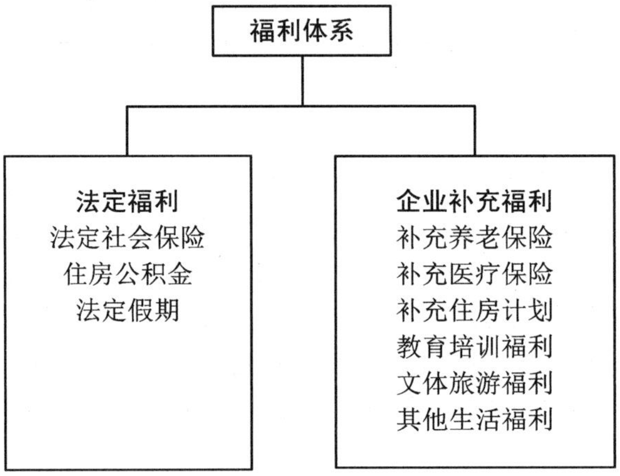


图 7-6　员工福利体系

### （一）国家法定福利

国家法定福利是指法律法规规定的企业必须为员工提供的具体配套福利，用以保障或改善员工的安全和健康、维持家庭收入等。国家法定福利具有强制性，所有企业都必须执行。国家法定福利的保障对象主要是全体劳动者，目的是保障基本生活，保障与补偿功能明显。从我国目前的情况来看，法定福利主要包括以下几项内容：

**1. 法定社会保险**

法定社会保险是指国家依法筹集社会保险基金，通过统筹互济，对参加保险的人在其年老、生病、失业、工伤和生育时提供经济补偿，确保其基本生活的制度。社会保险制度一般由法律支撑，要求政府、雇主、雇员三方共同负责筹款，建立社会保险基金。

(1) 养老保险。养老保险是保障退休老人基本生活的一种社会保险制度。劳动者达到法定退休年龄，退出工作领域就会失去原先由雇主支付的工资收入，这就需要政府建立一种制度，强制性地要求劳动者在年轻时储蓄，年老退休后按时持续得到养老金，有基本生活保障，这种制度就是养老保险制度。

(2) 医疗保险。医疗保险是参保人共同缴费，组成基金，参保人治病所发生的费用由基金给予一定的经济补偿的一种制度安排。医疗保险一般由政府主办。

(3) 失业保险。失业保险是国家根据一定的法规，为暂时失去工作的劳动者提供经济保障的一种社会保险制度。

(4) 工伤保险。工伤保险是指劳动者在法定的生产经营活动中因遭受意外伤害和罹患职业病,暂时或永久丧失劳动能力或死亡时,劳动者本人或其遗属从社会保险基金中得到物质补偿的制度。

(5) 生育保险。生育保险是在女性生育期间对生育责任承担者给予收入补偿、医疗服务和生育休假的社会保险制度。

**2. 住房公积金**

住房公积金是用人单位及其在职职工缴存的长期住房储金,是住房分配货币化、社会化和法治化的主要形式,具有强制性、保障性、互助性的特点。单位和职工个人必须依法履行缴存住房公积金的义务。职工个人缴存的住房公积金以及单位为其缴存的住房公积金,实行专户存储,归职工个人所有。

**3. 法定假期**

(1) 法定节假日。公休假日,是劳动者工作满一个工作周之后的休息时间。国家实行劳动者每日工作时间不超过 8 小时、平均每周工作时间不超过 44 小时的工时制度。《中华人民共和国劳动法》(以下简称《劳动法》)第三十八条规定:用人单位应当保证劳动者每周至少休息一日。

法定节日休假,根据 2013 年 12 月 11 日颁布的《国务院关于修改〈全国年节及纪念日放假办法〉的决定》,我国全体公民放假的节日包括:新年,放假 1 天;春节,放假 3 天;清明节,放假 1 天;劳动节,放假 1 天;端午节,放假 1 天;中秋节,放假 1 天;国庆节,放假 3 天。

《劳动法》规定,法定节假日安排劳动者工作的,支付不低于工资的 200%或 300%的劳动报酬。除《劳动法》规定的节假日以外,企业可以根据实际情况,在和员工协商的基础上,决定放假与否以及加班工资多少。

(2) 带薪年休假。带薪年休假是指员工工作满规定的时期后,可以带薪休假一定的时间。我国《劳动法》第四十五条规定,国家实行带薪年休制度。劳动者连续工作一年以上的,享受带薪年休假。2007 年 12 月 7 日,国务院颁布了《职工带薪年休假条例》,并于 2008 年 1 月 1 日起施行。职工累计工作已满 1 年不满 10 年的,年休假 5 天;已满 10 年不满 20 年的,年休假 10 天;已满 20 年的,年休假 15 天。国家法定休假日、休息日不计入年休假的假期。单位确因工作需要不能安排职工休年休假的,经职工本人同意,可以不安排职工休年休假。对职工应休未休的年休假天数,单位应当按照该职工日工资收入的 300%支付年休假工资报酬。

(3) 其他假期。在员工福利中通常还包含病假,病假是指在员工因病无法上班时,组织仍然继续给他们支付部分薪酬的一种福利计划。

在我国,员工还可以享受探亲假、婚丧假、产假与配偶生育假等。探亲假的享受对象是组织中与配偶及父母不在同一个区域的员工。达到法定结婚年龄的员工可以享受婚假。符合生育政策的女职工可以享受产假,而男职工可以享受配偶生育假以照顾分娩的妻子。

### (二) 企业补充福利

如果说法定福利是保障员工基本生存的一种社会福利,企业补充福利则是企业根据自身实力,为满足员工更高层次需求,提高员工生活水平和生活质量而提供给员工的附加福利。企业补充福利项目繁多,设计也更为灵活,真正体现了企业的管理特色。其目的是使员工对组织产生一种依赖感和忠诚感,提高组织的凝聚力。补充福利也利于企业树立良好的社会形象，使其在人才市场上更具有竞争力，具体包括以下几个方面：

**1. 企业补充福利的主要类型**

（1）企业补充养老金。法律规定的养老金水平一般不会很高，很难保证劳动者退休之后过上宽裕的生活。企业对员工实行补充保险计划，有助于提高员工的保险水平，为员工退休后的生活提供更多的经济保障。为此，很多国家鼓励企业在国家法定的养老保险之外，自行建立企业补充养老保险。企业补充养老保险是对基本养老金的补充，是第二份收入。在工业化国家，企业的补充养老保险的目标替代率（相当于退休前工资的比例）一般为20%～30%，与基本养老保险加起来可达到60%～70%的总替代率水平。目前我国的具体做法主要有：企业年金、职业年金。

（2）企业补充医疗保险。企业补充医疗保险是在国家有关法规的指导下，在法定医疗保险以外，各类企事业单位根据自身的经营状况建立的，旨在为其职工提供一定程度和范围的医疗保障，兼顾企事业单位福利的合理配置和个人的不同需求。基本医疗保险体现的是公平原则，企业补充医疗保险体现的是效率原则。

企业补充医疗保险是基本医疗保险的一种补充。基本医疗保险的保障水平较低，不能完全支付员工的医疗费用，保障的项目也有限。补充医疗保险一方面提高了员工本人或家属的医疗保障水平，另一方面增加了一些医疗服务项目，对基本医疗保险起到了很好的补充作用，目的是减少员工生病或遭受事故时本人或家属所遭受的损失。

（3）企业补充住房计划。补充住房计划是企业根据自身的经营发展情况，在国家法定的住房公积金计划之外，自愿建立的用于解决员工住房问题的计划，包括补充性住房公积金、住房补贴、低息或无息住房贷款、利息补助计划、低价格的集体购房计划、由公司提供公寓或宿舍等。例如，腾讯公司斥资10亿元的安居计划和阿里巴巴30亿元打造的iHome计划，就是为符合一定条件的员工购房提供大额无息贷款的福利模式，在员工中引起了热烈反响。

**2. 其他类型的企业补充福利**

（1）额外经济收入，比如中秋、端午等特殊节日过节费、物价补贴、购物券等。

（2）住房福利，如免费宿舍、提供购房低息或无息贷款、发放购房补贴等。

（3）交通福利，如员工上下班班车、市内交通补贴等。

（4）饮食福利，如福利工作餐、工间餐食、餐费报销等。

（5）教育培训福利，如公费进修、书报刊订阅补贴等。

（6）医疗保健福利，如免费定期体检、职业病免费防护、免费或优惠医疗等。

（7）文体旅游福利，如有组织的集体文体活动（晚会、郊游、体育竞赛等），企业自建文体设施（游泳池，健身房，阅览室，棋、牌、台球等活动室），免费或折扣电影、戏曲、表演、球赛票券，旅游津贴等。

（8）金融福利，如免息低息贷款、预支薪金、额外困难补助金等。

（9）其他生活福利，如降温、取暖补贴，以优惠价提供本企业产品或服务等。

## 三、福利规划与管理

企业在进行直接薪酬决策时，最主要的考虑因素是员工的绩效和所从事的工作以及具备的能力，而福利规划和管理却有所不同，在考虑到底设立什么样的福利计划时，企业应当着重从以下几个方面入手：

## （一）了解国家立法

国家立法要求企业为员工的健康和安全提供保障，同时还要提供各种各样的福利以弥补员工生病、工伤、失业和退休时的收入损失。法律还规定了组织应该如何建立并运营某些特定的福利计划。无论企业是否愿意提供这些福利，也无论员工是否迫切需要这些福利，只要是法律规定的福利项目，企业就必须提供。

## （二）开展福利调查

为了使提供的福利能够吸引人才、留住人才，能够真正满足员工的需要，企业首先必须进行福利需求的调查。

**1. 要了解本地区同行业的相关企业福利状况**

福利也有外部竞争性问题，因而需要通过市场调查了解其他企业的福利种类和福利水平，获得市场上普遍存在的福利项目的形式、内容，并结合本企业的情况评估这些福利项目在本企业的适用性和运行成本。

**2. 需进行员工福利需求调查**

对公司现存的福利项目和员工的需要以及偏好进行比较，未能满足的员工福利需求可以作为附加福利，而企业提供的多于员工需求的那部分福利则属于一种资源的浪费。

## （三）寻求与组织战略目标、组织文化和员工类型相匹配的福利模式

企业在制定福利计划时，不仅要考虑目前市场流行什么以及员工的需要，更要对自己的组织系统进行分析，明确企业的经营目标、行业特征、价值观和员工队伍构成等。在此基础上，考虑本企业对福利功能的定位，按此定位设计企业的福利计划。传统的薪酬管理，福利的主要目的是发挥保障功能，但随着福利制度的发展，改变福利的均等性质越来越引起管理人员的注意。企业可以在考虑以上各种自身因素基础上在这两种功能之间有所侧重。例如，传统制造业提供更多的是保障性福利，而高科技行业则更偏重激励性福利。

## （四）将福利计划纳入企业整体薪酬计划

既然福利是全面薪酬的一个重要组成部分，企业必须实现直接薪酬和间接薪酬（福利）之间的平衡。如果直接薪酬和福利互不相干，各自增长，会导致企业薪酬成本的过度上升。因此，企业薪酬总额确定以后，就要全面考虑两者之间的比重，既要避免福利无限膨胀，又要避免取消福利。

## （五）对福利方案进行成本效益分析

当满足员工某项福利需要有多种方案可供选择时，便要进行成本效益比较分析，选择既满足员工需要又经济有效的福利方案。例如，解决员工的上下班交通问题，可以开通班车，也可以向员工提供交通补贴，还可以在厂区附近建集体宿舍等，企业要在这么多方案中选出最经济有效的方案。

## （六）做好福利制度的信息反馈与沟通

实施一定的福利计划以后，还要对员工进行反馈调查，以发现在调查、规划和实施中存

在的问题,从而不断完善福利实施的过程,改善福利管理的质量,使福利的效用最大化。

## 四、弹性福利计划

近年来,组织为了吸引人才不断丰富福利项目,提高福利标准,使福利费用不断增加。而组织对福利的大量投入,很多时候并不被员工所认可,主要是因为组织所提供的福利不能满足员工的需求、保证员工的切身利益。因此,进入21世纪以后的企业员工福利出现了一个重要的发展趋势——弹性福利计划。

### (一)弹性福利计划的概念

弹性福利计划又被称为“自助餐福利计划”,是一种有别于传统福利的新型员工福利制度。其基本思想是让员工对自己的福利组合计划进行选择,但这种选择受到两个方面的制约:一是企业必须制定总成本约束线;二是每一种福利组合中都必须包括一些非选择项目,例如社会保险等法定福利计划。在上述两个因素的限制下,员工可以挑选福利项目。

### (二)弹性福利计划的实施方式

由于组织经营环境的多样化和内部的特殊性,弹性福利计划在实际的操作中逐渐演化为以下几种有代表性的类型:

**1. 附加型弹性福利计划**

实施这种弹性福利计划,不会降低原有的直接薪酬水平和福利水平,而是在现有的福利计划之外,再提供一些福利项目或提高原有的福利水准,由员工选择。例如,原来的福利计划包括房屋津贴、交通补助、免费午餐等,实行附加型弹性福利计划后,可以在执行上述福利的基础上,额外提供附加福利,如补充的养老保险等。

**2. 混合匹配福利计划**

在混合匹配福利计划中,员工可以按照自己的意愿在企业提供的福利领域中决定每种福利,但是总福利水平不变,一种福利的减少意味着员工有权利选择更多的其他福利。

**3. 核心福利项目计划**

核心福利项目计划是指为员工提供包括健康保险、人寿保险以及其他一系列企业认为所有员工都必须拥有的核心福利项目的组合。企业会将所有这些福利项目的水平都降低到各项标准要求的最低水平上,然后让员工根据自己的爱好和需要选择其他的福利项目,或者增加某一种核心福利项目的保障水平。

**4. 标准福利计划**

在这种经常被使用的弹性福利计划下,员工面对多种不同的福利组合,他们可以在这些组合之间自由进行选择,但是没有权利来自行构建自己认为合适的福利项目组合。

## 讨论案例

**小米为什么要奖励10名环绕屏技术工程师100万美元?**

2020年1月1日,在2019小米年度技术大奖活动上,小米MIX Alpha研发团队获得集团百万美金技术大奖!当晚,小米CEO雷军撰文做出了解释。

一、百万美金奖励环绕屏技术

首先,我想跟大家介绍一下摘得2019年小米最高技术荣誉的“环绕屏技术”。它应用在2019年9月小米全球首款环绕屏概念手机上。这个年轻的技术团队非常了不起,他们突破了三大核心技术:屏幕贴合技术、天线解决方案和环绕屏交互设计方案。

环绕屏屏幕贴合技术是小米首创的技术,实现了环绕屏形态的从零到一。小米自主开发了固曲分层贴合技术,将屏幕拆分到目前屏幕所能拆分的最小单元,然后分层进行贴合,解决了应力难题,也将行业发展的边界推进到了“无人区”。

环绕屏挑战了业界最难的天线方案。5G相对于4G天线数量更多,对信号抗干扰要求更高。而环绕屏形态给天线留下的空间几乎没有,小米工程师需要挑战不可能,将业内的1毫米净空水平压缩到0.8毫米。小米首创了5G天线隔离度设计,并采用了四天线动态切换技术,完美实现了5G和环绕屏形态的结合。

小米业内首创了环绕屏软件交互方案。这套完全自主研发的软件方案,不仅能应对环绕屏因为接触面积带来的误触等难题,还能在后续的折叠屏、IoT多显示设备场景中运用。环绕屏在多项技术上取得了行业突破,共完成了近百项的专利申请,有力地证明了小米的核心技术实力。

作为一家以工程师文化为本的公司,我们不惜代价、不计回报、不考虑量产性,鼓励工程师大胆探索未来的创新技术,这是我们小米人的初心。

二、百万美金奖励年轻的技术团队

今天,我们让开发环绕屏技术的幕后英雄,走上了前台。10名一线工程师分享百万美元大奖,这个团队大部分人年龄在30岁左右,既有8年以上的老员工,又有新加入的工程师,是一个非常有战斗力的研发团队。

让工程师有成就感和自豪感,是我们设立百万美元技术大奖的初衷,以前工程师都是幕后英雄,但是今天小米要让他们成为最耀眼的明星!

从创业起,小米就有着极浓厚的工程师文化。我们八个合伙人全部是研发出身,前一百位员工,几乎99%的人是做技术的,技术立业是小米骨子里的基因,我们深知这是事关整个公司生死的关键。

2019年初我们成立集团技术委员会,要干好的几件事之一就是建立起年轻化、高端化、规模化的人才梯队,让公司充满技术活力。

环绕屏技术团队充分展示了小米的技术人才观:让年轻人挑担子,给年轻人机会,让更多的技术人才涌现。

作为一家互联网公司,小米一直给工程师们很强的话语权。获奖的工程师说,很多年轻的技术人都羡慕小米自由的技术氛围。

我们一直鼓励年轻人大胆试错,大胆创新,自由探索技术无人区。因为我们相信,做技术就是要敢于尝试新东西,出现了错误并不可怕,因为探索本身就是值得鼓励的。我们坚持,小米不仅要为成功者喝彩,也要为向着未知正在勇猛冲锋的勇士们鼓掌,我相信只有这样,创新才会源源不断。

三、技术立业事关小米的生死存亡

2019年初成立集团技术委员会,进一步强化技术立业,打造一流的技术团队和文化,不仅要在物质上重奖做出突出技术贡献的工程师团队,还会有各种其他形式的奖励,让技术人员获得荣誉和尊重。

集团技术委员会在技术战略方面，把握技术方向，预研前沿技术；在技术合作方面，建立与政府、高校、企业、科研院所、行业专家的合作；在技术人才方面，加强集团技术人才队伍建设，包括人才的发现、招募、培训、激励等；在技术组织方面，领导各个专项委员会以及各业务的技术团队；在技术文化方面，建设一流的技术文化和卓越的工程师文化，提升工程师成就感。

百万美元大奖的背后，是小米对研发投入的持续加码。小米上市前三年研发投入达 111 亿元，2018 年研发投入 58 亿，2019 年研发已经投入了近 70 亿元，2020 年研发投入预计将突破 100 亿元。

今天小米在硬件及驱动、通信技术、人工智能、大数据、云技术、操作系统定制、应用及服务、工业设计、安全与隐私等领域技术创新迎来了百花齐放的局面，截至 2019 年 12 月 31 日，小米集团共提交专利申请 33000 余件，其中 AI 领域专利申请数量已进入全球互联网企业第一阵营。

小米将在未来 5 年至少投入 500 亿元在“5G＋AIoT”战场上，针对 5G＋AIoT 的核心技术，小米研发的投入还将继续加码。

我们继续努力，继续探索，在 2020 年用更多核心科技，回报全球米粉的支持和热爱！

（案例来源：刘昕. 薪酬管理[M]. 6 版. 北京：中国人民大学出版社，2021.）

**讨论与思考**

1. 小米为什么要奖励 10 名环绕屏技术工程师 100 万美元？
2. 小米运用了哪些薪酬激励方式？

## 复习思考题

1. 什么是报酬？什么是薪酬？报酬和薪酬有什么关系？
2. 薪酬管理的概念和作用是什么？影响薪酬管理的因素有哪些？
3. 如何进行基本薪酬的设计？职位评价有哪几种方法？
4. 短期激励薪酬有哪些？长期激励薪酬有哪些？
5. 什么是员工福利？进行福利管理的程序有哪些？

## 自 测 题

### 一、选择题

1. （　　）不是影响企业薪酬的主要外部因素。

   A. 劳动力市场　　B. 企业规模

   C. 相关的劳动法规　　D. 社会保障水平

2. 关于有效薪酬管理的基本原则，表述错误的是（　　）。

   A. 尽量满足员工的需求

   B. 支付相当于员工工作价值的薪酬

   C. 适当拉开各等级之间的薪酬差距

   D. 支付要考虑劳动力市场的薪酬差距

3. 某企业有四个岗位利用成对排列法进行排列，结果是乙低于甲、丙、丁；丙高于乙，但低于甲、丁，则甲、乙、丙、丁的岗位评价由高至低是（　　）。

A. 乙甲丙丁　　B. 丙甲乙丁　　C. 甲乙丙丁　　D. 丁甲丙乙

4. 支付相当于员工岗位价值的薪酬，体现了薪酬管理的（　　）。

A. 对外具有竞争力原则　　B. 对内具有公平性原则

C. 对员工具有激励性原则　　D. 分配结果均等原则

5. 要素计点法和要素比较法在岗位分析中是常见的方法，他们两者的共同特点是（　　）。

A. 把岗位细分为要素　　B. 分析结果是点值

C. 分析结果相同　　D. 多次排序

6. 薪酬水平一般的企业应注意市场薪酬的（　　）。

A. 25%点处　　B. 50%点处　　C. 75%点处　　D. 90%点处

7. 关于薪酬结构比例说法错误的是（　　）。

A. 高级管理人员的薪酬结构中浮动工资应占较大比重

B. 在薪酬结构设计中要重点考虑不同工作性质和不同薪酬等级之间的差别

C. 对企业绩效直接影响越小的岗位，其薪酬结构中固定薪酬的比重也应当越小

D. 不同行业的同一类型的工作岗位的薪酬结构也会因行业特点的不同而有所区别

8. 已知某薪酬结构第五等级的薪酬最高值为2582元，最低值为1722元，小王处在第五等级，其实际工资为2576元，请计算其薪酬区间渗透度（　　）。

A. 50%　　B. 62%　　C. 34%　　D. 99.24%

9. 法定社会保险不包括（　　）。

A. 养老保险　　B. 住房公积金　　C. 医疗保险　　D. 生育保险

10. 公休假日，是劳动者工作满一个工作周之后的休息时间。国家实行劳动者每日工作时间不超过（　　）小时、平均每周工作时间不超过（　　）小时的工时制度。

A. 6、30　　B. 7、40　　C. 8、44　　D. 9、50

**二、填空题**

1. 薪酬一般由三个部分构成，包括基本薪酬、__________、间接薪酬。

2. 排序法是从总体上对职位的相对价值或职位对组织的贡献大小进行的比较，具体包括__________、__________和比较排序法。

3. 激励薪酬是指与工作绩效相联系的一种薪酬形式，包括__________和__________两种类别，其具体形式包括__________、__________、__________激励薪酬三种类别。

4. 收益分享计划是企业提供的一种与员工分享因__________、__________和质量提高而带来收益的绩效奖励模式。

5. 法定社会保险带有强制性、统筹性、基础性的特点。在我国，主要有__________、__________、__________、__________、__________等。

# 第八章　员工职业生涯管理

学习目标

1. 掌握职业生涯及职业生涯管理的含义；
2. 了解职业生涯管理的特征及影响因素；
3. 掌握职业生涯选择理论及职业发展阶段理论；
4. 理解个人职业生涯规划的主要内容；
5. 理解个人职业生涯管理的主要内容；
6. 了解个人职业生涯与组织之间的关系，掌握组织职业生涯管理的功能、主要内容、重点工作；
7. 了解职业生涯管理中的现代问题。

## 第一节　职业生涯管理概述

### 一、职业生涯管理的基本概念

#### （一）职业

职业是人类社会发展到一定阶段的产物，伴随着社会出现分工而产生，并随着社会生产力的发展而不断发展变化。对于职业的学术定义，各种不同学派的专家和学者着眼于不同的研究目的，从各自不同的立场出发阐述了对“职业”的不同理解，比较有代表性的是社会学家和经济学家的观点。例如，日本社会学家尾高邦雄认为，职业是某种一定的社会分工或社会角色的持续实现，因此包括工作、工作场所和地位。而从经济学的角度，学者潘锦堂给职业以如下的定义：职业是劳动者足够稳定地从事某项有酬工作而获得的劳动角色。

综上所述，我们可以为职业下一个比较全面的定义，即职业是指人们为了获取相对稳定的经济收入，而在社会生活中所从事的、在社会分工中具有专门技能的工作。

#### （二）职业生涯

在英文中，职业生涯的对应词汇是“career”，对职业生涯的定义，学术界并没有形成一致的意见。西方学者们对这一概念提出了不同的解释。舒伯认为，职业生涯是生活中各种事态的连续演进历程，它统合人一生中依次发展的各种职业和生活的角色，包括人一生中一连串有酬或无酬职位、角色的综合。霍尔认为，职业生涯指的是每个人终其一生与其工作或职业相关的生活经验或态度。

国内学者对职业生涯的定义也有不同的见解。吴秉恩认为，如职业能结合心智成长、知识增进及权位提升，则有事业或生涯含义。张德认为，职业生涯指以心理开发、生理开发、智力开发、技能开发和伦理开发等人的潜能为基础，以工作内容的确定和变化、工作业绩的评价、工资待遇、职称职务的变动为标志，以满足需求为目标的工作经历和内心体验的经历。

本书认为职业生涯管理是指组织为了更好地实现员工的职业理想和职业追求，寻求组织利益和个人职业成功最大限度的一致化。具体表现为一个人的一生在职业岗位上所度过的、与工作活动相关的连续经历，并不包含职业上成功与失败或进步的快慢的含义。职业生涯的定义既包含客观部分，例如工作岗位、工作职责、工作活动以及与工作相关的决策，也包括对工作相关事件的主观知觉，例如个人的态度、需要、价值观和期望等。

### （三）职业生涯管理

职业生涯管理对于个人而言是一个长达一生的过程，它能够使我们认识自我、了解工作、了解组织，设定个人的职业发展目标，形成实现目标的战略以及在工作和生活经验的基础上修正目标。

职业生涯管理包括以下两个方面：一是员工的个人职业生涯管理，又叫个人职业生涯规划。因为员工是自己的主人，所以自我管理是员工职业生涯成功的关键。它一般通过选择职业、选择工作组织、选择工作岗位，在工作中技能得到提升、才干得到发挥等来实现。二是组织对员工的职业生涯进行管理，主要表现为组织帮助员工制定职业生涯规划，建立各种适合员工发展的职业通道，针对员工职业发展的需求，为员工提供必要的教育、训练、轮岗等发展机会，促进员工职业生涯目标的实现。

## 二、职业生涯管理的特征

### （一）职业生涯管理是组织与员工双方的责任

在职业生涯管理中，员工个人和组织必须按照职业生涯管理工作的具体要求做好各项工作。但无论是个人还是组织都不能过分依赖对方，因为有许多工作都是对方不能替代的。从员工的角度来看，个人职业生涯规划必须由个人决定，必须结合自己的性格、兴趣和特长进行设计。而组织在进行职业生涯管理时所应考虑的因素则主要是组织的整体目标，以及所有组织成员的整体职业生涯发展，其目的在于通过对所有员工的职业生涯管理，充分发挥组织成员的集体潜力和效能，最终实现组织发展目标。

### （二）职业生涯管理是一种动态管理

职业生涯管理贯穿员工职业生涯发展和组织发展的全过程。在职业生涯及组织发展的不同阶段，每一个组织成员的发展特征、发展任务以及应注意的问题都是不同的。由于每一阶段都有其各自的特点、各自的目标和各自的发展重点，所以对每一个发展阶段的管理也都应有所不同。而随着决定职业生涯的主客观条件的变化，组织成员的职业生涯规划和发展也会发生相应变化，因此职业生涯管理的侧重点也应有所不同，以适应情况的变化。

## 三、职业生涯管理的影响因素

### （一）个人因素

一是个人的心理特质，如智商、情商、性格、潜能、价值观、兴趣和动机等；二是生理特质，如性别、身体状况、身高、体重和外貌等；三是学历经历，包括受教育程度、训练经历、学业成绩、社团活动、工作经验和生活目标等；四是家庭背景，包括父母的职业、社会地位、家人的期望等。

### （二）组织因素

一是组织特色，包括组织文化、组织规模、组织气氛、组织阶层和组织结构等；二是人力评估，包括人力需求预测、人力规划、人力供需、升迁政策和招聘方式等；三是工作分析，诸如职位分析、工作能力分析、工作绩效评估、工作研究等；四是人力资源管理，包括人事管理方案、工资报酬、福利措施、员工关系和发展政策等。

### （三）环境因素

一是社会环境，如就业市场的供需、国家有关劳动与人事方面的政策及法规的颁布与实施等；二是政治环境，如政治的变动、国际政治风云的变化等；三是经济环境，如经济增长率、市场竞争、经济景气状况等；四是技术环境，产业结构的调整、高新科技的影响、现代化技术与管理的发展等。

要想进行有效的职业生涯管理，就必须在管理过程中对上述各种有关因素都加以系统地分析和研究，并据此去构建组织职业生涯发展体系。根据职业生涯管理的内涵与特点，职业生涯管理的流程如图 8-1 所示。

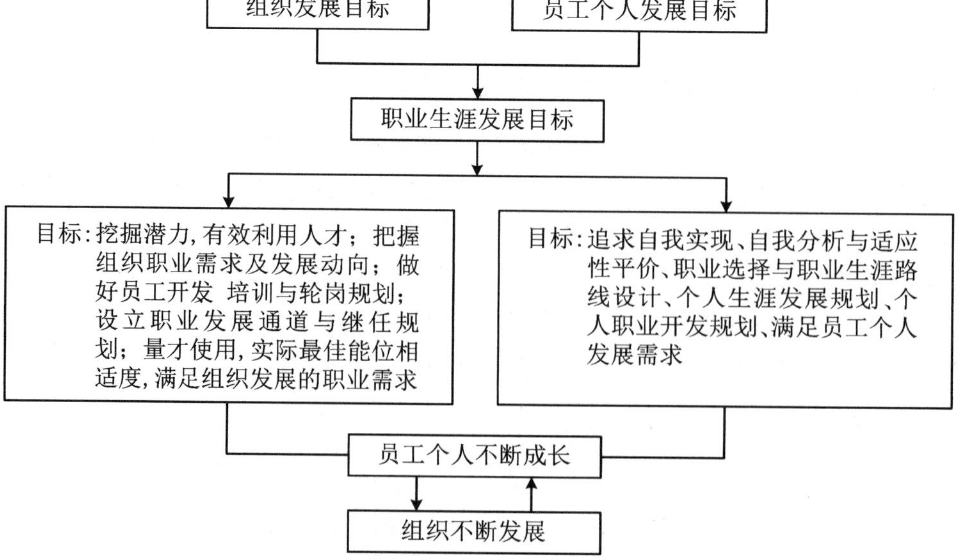


图 8-1 职业生涯管理的流程图

# 第二节 职业生涯管理相关理论

职业生涯管理的相关理论主要有职业选择理论与生涯发展阶段理论。其主要观点是：人是具有一定特性的，他们可能在某个阶段适合某些职业而在另外的阶段适合其他职业，个人的职业生涯呈现一定的阶段性。长期以来，职业指导专家们根据职业选择理论建议员工在进行职业选择、规划与发展时要根据自己的特征；而研究者们也主要是基于职业生涯发展阶段理论来界定员工的不同需求，并为组织的管理措施提供间接指导。虽然关于职业选择与生涯阶段的理论较多，但其思路是基本一致的。

## 一、职业生涯选择理论

职业选择是人们从对职业的评价、意向和态度出发，依照自己的职业期望、兴趣、爱好和能力等，从社会现有职业中挑选合适职业的过程，最终目的是使自身能力素质和职业需求特征相结合。英国哲学家罗素曾说，"选择职业是人生大事，因为职业决定了一个人的未来，选择职业就是选择将来的自己。"那么，应该怎样选择自己的职业呢？以下几个经典的职业选择理论就为我们提供了这方面的答案。

### （一）帕森斯特质因素理论

帕森斯的特质因素理论又称帕森斯的人职匹配理论，是职业生涯管理理论中历史最为悠久的一种理论。由美国波士顿大学的弗兰克·帕森斯教授(Frank Parsons)在1909年提出，是最早的职业辅导理论。1909年，帕森斯在其所著的《选择一个职业》一书中提出了一个全新的观点，即人与职业相匹配是职业选择的关键。帕森斯认为，每个人都有自己的特质模式，每种特质模式的人都有与其相匹配的职业类型，当人的特质与职业的因素相匹配时，职业成功的可能性就大。所谓的"特质"就是指个人的人格特征，包括能力倾向、兴趣、价值观和人格等；而所谓的"因素"则是指在工作上要取得成功所必须具备的条件或资格。

帕森斯认为，每个人都有自己的特质模式，每种特质模式的人都有与其相匹配的职业类型，当人的特质与职业的因素相匹配时，职业成功的可能性就越大。人职匹配可以分为两种类型：① 因素匹配(职业匹配人)，即所需专业技术和专业知识的职业与掌握该种特殊技能和专业知识的择业者相匹配，如脏、累、险的职业，需要吃苦耐劳、体格健壮的劳动者与之相匹配。② 特质匹配(人匹配职业)，即某些职业需要具有一定的特长，如具有敏感、易动感情、不守常规、有独创性、个性强、理想主义等人格特征的人，宜于从事艺术创造类的职业。

在上述基础前提下，帕森斯提出了职业选择的"三步范式法"。具体如下：

第一步，评价求职者的生理和心理特点(特质)。通过心理测量及其他测评手段，获得有关求职者的身体状况、能力倾向、兴趣爱好、气质与性格等方面的个人资料，并通过会谈、调查等方法获得有关求职者的家庭背景、学业成绩、工作经历等情况，并对这些资料进行评价。

第二步，是分析各种职业对人的要求（因素），并向求职者提供有关的职业信息。包括职业的性质、工资待遇、工作条件以及晋升的可能性；求职的最低条件，诸如学历要求、所需的专业训练、身体要求、年龄、各种能力以及其他心理特点的要求；为准备就业而设置的教育课程计划，以及提供这种训练的教育机构、学习年限、入学资格和费用等；就业机会。

第三步，是人职匹配。指导人员在了解求职者的特性和职业的各项指标的基础上，帮助求职者进行比较分析，以便选择一种适合其个人特点又有可能得到并能在职业上取得成功的职业。

### （二）霍兰德职业性向理论

美国约翰·霍普金斯大学心理学教授约翰·霍兰德(John Holland)是美国著名的职业指导专家。他于 1971 年提出了具有广泛社会影响的职业性向理论(Career Orientation)。他认为，职业性向（包括价值观、动机和需要等）是决定一个人选择何种职业的重要因素。

该理论基于这样的前提：人格特点与工作环境之间需要匹配。霍兰德基于自己对职业性向的测试(Vocational Preference Test，VPT)研究，一共发现了 6 种基本的人格类型或性向。

**1. 现实型(R)**

这种类型的人会被吸引去从事那些需要一定的技巧、力量和协调性才能承担的职业，如森林工人、耕作工人以及农场主等。

**2. 研究型(I)**

这种类型的人会被吸引去从事那些包含着较多认知活动（思考、组织、理解等）的职业，而不是那些主要以感知活动（感觉、人际沟通以及情感等）为主要内容的职业，如生物学家、化学家以及大学教授等。

**3. 艺术型(A)**

这种类型的人会被吸引去从事那些包含着大量自我表现、艺术创造、情感表达以及个性化活动的职业，如艺术家、广告制作者以及音乐家等。

**4. 社会型(S)**

这种类型的人会被吸引去从事那些包含着大量人际交往内容的职业，而不是那些包含着大量智力活动或体力活动的职业，如诊所的心理医生、外交工作者以及社会工作者等。

**5. 企业型(E)**

这种类型的人会被吸引去从事那些包含着大量以影响他人为目的语言活动的职业，如管理人员、律师以及公共关系管理者等。

**6. 常规型(C)**

这种类型的人会被吸引去从事那些包含着大量结构性的且规则较为固定的职业，在这些职业中，雇员个人的需要往往要服从组织的需要，如会计以及银行职员，等等。

上述 6 种人格类型所对应的个人风格及所适应的职业范例如表 8-1 所示。

霍兰德的职业性向理论，实质在于劳动者的职业性向与职业类型的相互适应。依照霍兰德理论，劳动者职业性向类型与职业类型相关系数越大，两者适应程度越高；两者相关系数越小，相互适应程度就越低。为了直观地阐明自己的思想，霍兰德设计了一个平面六角形的图示，如图 8-2 所示。

**表 8-1　劳动者人格类型与职业类型对应表**

| 个　人　风　格 | 人格类型 | 职业环境 | 适应的职业范例 |
|---|---|---|---|
| 有机械呆板倾向；重视现实；体魄健壮；偏好具体工作；避免人际关系的任务 | 现实型（R） | 要求明确的、具体的体力的任务和操作技能；需要立即行动和获得强化；较低的人际要求；户外 | 木工、自动化技师、工程师、运动员、森林工人、城市规划人员、军官、农民等 |
| 富有理智和评判精神；讲究科学性；偏好抽象工作；简明扼要；缺乏领导才能；有创造力 | 研究型（I） | 要求具备思考和创造能力；社交要求不高；思考任务定向；要求实验室设备但不需要强体力劳动 | 科研人员、科技工作者、地质学者、数学家、物理学家、化学家等 |
| 想象力丰富；唯美、理想化、情绪化、冲动、无秩序、有创意、直觉；艺术化的自我表达；相对独立且外向 | 艺术型（A） | 通过语言、动作、色彩和形状表达审美原则；单独工作；对优异有特殊标准；解释和修正人类行为；长时间埋头苦干 | 雕刻家、画家、设计师、导演、演员、编剧、乐队指挥、音乐教师、记者、舞蹈家、摄影师、作家等 |
| 友善、合作、负责，有洞察力；喜欢与人打交道；关心社会问题；社区服务导向；人道主义；不能理智地解决问题 | 社会型（S） | 解释和修正人类行为；要求高水平的沟通技能；热情助人；延迟强化；强调威望 | 教师、教育行政人员、咨询人员、公关人员、社会学家、外交工作者等 |
| 冒险、野心、决断、乐观、自信、精力充沛；偏好领导角色；言辞有技巧 | 企业型（E） | 有说服他人的能力；需要管理行为；完成督查性角色；需要做言语反应 | 政府官员、企业领导、政治家、律师、调度员、广告宣传员、销售员等 |
| 顺从、谨慎、保守、务实、稳重，有效率；偏好结构性工作与社会认同 | 常规型（C） | 要求系统的、常规的行为；体力要求极低；户外的；人际技能要求低 | 图书管理员、会计、统计员、税务员、秘书、行政助理等 |

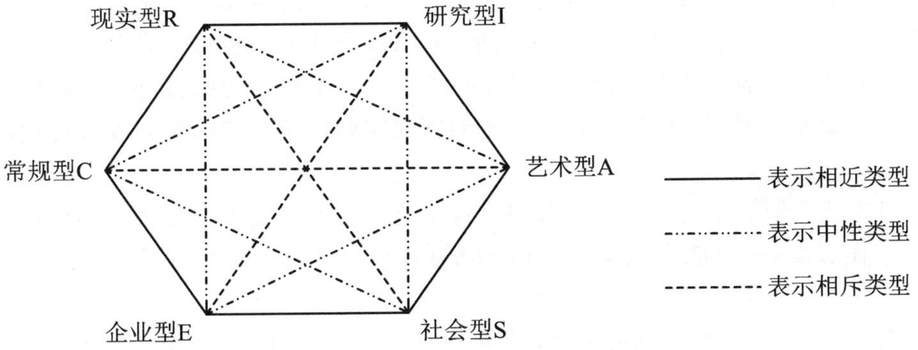


图 8-2　霍兰德职业性向选择

这个图的 6 个角分别代表 6 种职业类型和 6 种职业性向类型。6 种类型的劳动者与 6 种类型的职业相关联，在图形上以连线表示。连线距离越短，两种类型的人与职业的相关系数就越大，适应程度就越高。当连线距为 0 时，换言之，劳动者类型与职业类型高度相关，统一在一个点上(即图 8-2 中六个角顶端所示),表明某种类型劳动者从事相应类型职业,或者某类型职业由相应类型劳动者来担当。此种情况下,从业配置最适宜,是最好的职业选择。

### (三)沙因职业锚理论

**1. 职业锚的概念**

美国社会心理学家沙因从 20 世纪 60 年代起进行了一项长达几十年的跟踪研究,并在此基础上创立了职业锚理论。他认为,职业生涯发展是一个持续不断的探索过程。在这一过程中,每个人都在根据自己的天资、能力、动机、需要、态度和价值观等慢慢形成较为明晰的与职业有关的自我概念。正如“职业锚”这一名词中“锚”的含义一样,职业锚实际上就是人们选择和发展自己的职业时所围绕的中心。

职业锚是指当一个人不得不做出选择时,无论如何都不会放弃的那种至关重要的东西,它是人们内心深层次价值观、能力和动力的整合体。职业锚是一种“更加清晰的生涯自我观”。这种自我观由三部分内容组成:自身的才干和能力,以各种作业环境中的实际成功为基础;自身的动机和需要,以实际情境中的自我测试和自我诊断的机会以及他人的反馈为基础;自身的态度和价值观,以自我与雇佣组织和工作环境的准则和价值观之间的实际遭遇为基础。

职业锚并不是指在最初工作时就很明确的个人职业价值观或所关注的工作焦点,而是通过个人的职业经验逐步稳定、内化下来的,当个人面临多种职业选择时,职业锚是其不能放弃的自我职业意向。

**2. 职业锚的类型**

寻找自己的职业锚是职业定位的基础。沙因根据员工在不同职业领域的倾向性和自我观,总结出下列 5 种类型的职业锚:

(1) 技术智能型职业锚。员工个人的整个职业发展,都是围绕着他所擅长的一套特别的技术能力或特定的职能工作而发展的。这类员工认为职业成长只有在特定的技术或职业领域内才意味着持续的进步。这些领域包括工程技术、财务分析和营销等。

(2) 管理型职业锚。员工的整个职业发展都是围绕着某一组织的权力阶梯逐步攀升,直到达到一个担负全面管理责任的职位。这类人努力追求总裁及常务副总裁这些全面管理职位。他们一般同时具有三种能力,即分析能力、人际交往能力和感情能力。

(3) 创造型职业锚。这类型的员工追求创建完全属于自己的成就,他们以自我为中心,对于创建新的组织,团结最初的人员,为克服初创时期难以应对的困难会废寝忘食却又乐此不疲。

(4) 自主独立型职业锚。员工追求的目标是随心所欲地制定自己的步调和时间表、生活方式和工作习惯,尽可能少地受组织的限制和制约,这类人可能是大学教授、自由职业者等。

(5) 安全稳定型职业锚。员工个人追求稳定安全的前途,比如工作的安全、体面的收入、有效的退休方案和津贴等。同时,信仰组织或社团对他们能力和需要的识别和安排。

“职业锚”理论为员工进行职业生涯设计提供了一种新的独特视角。这 5 种职业类型不一定涵盖所有的职业类型,但它对员工进行职业生涯设计具有重要的参考价值,为员工进行职业生涯设计的客观性提供了理论根据。

## 二、职业发展阶段理论

职业生涯的发展会随时间的推移而发生变化，因此可以将人的职业生涯划分为不同的发展阶段。虽然不同的理论关于职业发展阶段的划分不同，但都是基于生命的发展阶段和职业的发展阶段是高度相关的这个假设。因此，这些职业发展阶段理论都是以年龄作为划分职业生涯发展的一个重要依据。

### （一）舒伯的职业生涯发展理论

舒伯(Donald E. Super)是美国一位很有代表性的职业管理学家。舒伯的职业生涯发展阶段理论主要依据发展心理学和社会学对各种职业行为的分析，以年龄阶段分析发展过程。舒伯认为职业发展是人生成长的一部分，除了职业角色外，每个人还会在一定的年龄阶段扮演某些其他角色，如孩子、学生、公民、配偶、父母、家庭主妇和退休人员等。舒伯把职业生涯分成五个主要阶段，每个阶段都有其独特的发展任务。

**1. 成长阶段**

成长阶段属于认知阶段。大体上可以将这一阶段界定为0～14岁这一年龄段。此阶段属于儿童期，处在这一阶段内的儿童通过对父母及其他家人和周围小伙伴等的观察和模仿，开始了解自我、探索自我。然而，由于处于这个年龄阶段的儿童的认知发展水平较低，抽象思维能力比较差，他们还不能全面地分析问题和解决问题，思考事物带有片面性和局限性，往往会抓住事物的一个方面来解决问题。这个阶段还可再具体细分为下列三个时期：

(1) 幻想期。以需求为主，情景性较强，主要是通过幻想中的角色扮演与经验尝试来选择职业。

(2) 兴趣期。以兴趣为中心去理解、评价职业，开始做职业选择。

(3) 能力期。开始考虑自身条件与喜爱的职业是否相符合，并且会有意识地去进行能力培养。

**2. 探索阶段**

探索阶段属于学习打基础阶段。在这一阶段，个人会认真地探索各种可能的职业选择，对自己的能力和天资进行现实性评价，并会根据未来的职业选择做出相应的教育决策，完成择业及最初就业。该阶段具体又可分为三个时期：

(1) 试验期。考虑到个人的兴趣、需求、能力及职业社会价值、就业机会，开始对未来的职业进行尝试性选择。

(2) 转变期。正式进入劳动力市场或进一步接受专业训练，由一般性的选择转变为特定目标的选择，以实现职业自我观念。

(3) 尝试期。正式选定工作领域，开始从事某种职业，对职业发展目标的可行性进行实验。

**3. 确立阶段**

确立阶段属于选择、安置阶段。经过早期的试探与尝试后，个人会逐渐显现一种安定于某类职业的趋向——从开始认同所选定的职业，经过经验的累积，到逐渐建立起稳固、专业、能独当一面的地位，以提高晋升的能力。工作职位或工作项目可能有所变动，但职业不会轻易地改变。也可以这么说，该阶段是大多数人职业生涯周期中的核心部分。这一阶段一般又经过以下三个时期：

（1）尝试期。对最初就业选定的职业和目标进行检讨，如有问题则需重新选择、变换职业工作。这一时期的重点是寻求职业及生活上的稳定。

（2）稳定期。最终确定稳定的职业目标，并致力于实现这些目标。

（3）职业中期危机阶段。在30～40岁中的某一时期可能会发现自己并没有朝着职业目标靠近或者是发现了新的目标，因而需要重新评价自己的需求和目标，这时处于一个转折期。

**4. 维持阶段**

维持阶段属于专精和升迁阶段。这一阶段的劳动者长时间从事某一职业，也可以说在该领域已占有一席之地，一般都已经达到了我们通常所说的"功成名就"，大多已不再考虑变换职业，而只力求保住这一位置，维持已取得的成就和社会地位。这一阶段的重点是维持家庭和工作间的和谐关系，传承工作经验，寻求接替人选。

**5. 衰退阶段**

衰退阶段属于退休阶段。此时临近退休，健康状况和工作能力逐步衰退，即将退出工作，结束职业生涯。在这一阶段应当学会接受权力和责任的减少，学习接受一种新的角色，适应退休生活，如参加老年大学、从事义务活动等，以减缓身心上的衰退，保持生命力。

### （二）格林豪斯的职业生涯发展理论

格林豪斯（Greenhaus）研究人生不同年龄阶段职业发展的主要任务，并将职业生涯发展分为5个阶段。

**1. 职业准备**

典型年龄段为0～18岁。此阶段主要任务是发展职业想象力，对职业进行评估和选择，接受必需的职业教育。一个人在此阶段所作的职业选择，是最初的选择而不是最后的选择，主要目的是建立起个人职业的最初方向。

**2. 进入组织**

18～25岁为进入组织阶段。此阶段主要任务是在一个理想的组织中获得一份工作，在获取足量信息的基础上，尽量选择一种合适的、较为满意的职业。在这个阶段，个人所获得信息的数量和质量将影响个人的职业选择。

**3. 职业生涯初期**

处于此阶段的典型年龄是25～40岁。学习职业技术，提供工作能力；了解和学习组织纪律和规范，逐步适应职业工作，适应和融入组织；为未来职业成功做好准备，是该期的主要任务。

**4. 职业生涯中期**

40～55岁是职业生涯中期阶段。此阶段主要任务是对早期职业生涯重新评估，强化或转变自己的职业理想；选定职业，努力工作，有所成就。

**5. 职业生涯后期**

从55岁直至退休为职业生涯后期。继续保持已有的职业成就，维持自尊，准备引退，是这一阶段的主要任务。

### （三）金斯伯格的职业生涯发展理论

金斯伯格（Eli Ginzberg）是职业生涯发展理论的典型代表人物之一，也是职业生涯发展理论的先驱者。他研究的重点是从童年到青少年阶段的职业心理发展，研究的对象是美国富裕家庭的年轻人。通过对比他们从儿童期到成年早期的成熟过程中的各个关键点上有关职业选择的想法和行动，金斯伯格把人的职业选择心理的发展分为三个主要时期。

**1. 幻想期(11 岁以前)**

这个时期，儿童往往会想象他们将来会成为什么样的人，并且在儿童角色中扮演他们所喜欢的角色。在这个时期，儿童的职业期望是由其兴趣所决定的，并不考虑也不可能考虑自己的能力和社会条件。

**2. 尝试期(11～17 岁)**

在初、高中学习，由少年向青年过渡的时期。在这个时期，年轻人开始有规律地扩大对自己职业选择因素的考虑，不仅注意自己的职业兴趣，而且能够比较客观地认识自己的能力和价值观，并意识到职业角色的社会意义。金斯伯格按照年轻人考虑择业因素的顺序，把尝试时期又分为四个阶段：

(1) 兴趣阶段(11～12 岁)。开始注意并培养起对某些职业的兴趣。

(2) 能力阶段(13～14 岁)。开始以能力为核心考虑职业问题，衡量并测验自己的能力，然后将能力表现在各种职业相关活动上。

(3) 价值阶段(15～16 岁)。逐渐了解职业的价值性，并能兼顾个人和社会上的需求，以职业的价值性而选择职业。

(4) 综合阶段(17 岁)。将前三个阶段进行综合考虑，并综合相关的职业选择资料，以此来正确了解未来的发展方向。

**3. 实现期**

主要为 17 岁以后的成年期，基于现实做出选择。

(1) 试探阶段。根据试验期的结果，进行各种试探活动，试探各种职业机会和可能的选择。

(2) 具体化阶段。根据试探阶段的建立做进一步的选择，进入具体化阶段。

(3) 专业化阶段。依据自我选择的目标，做具体的就业准备。

金斯伯格的职业生涯发展阶段论，事实上是关于职业生涯发展前期的不同阶段，即就业前人们职业意识或职业追求的变化发展过程的理论。金斯伯格为了完善上述理论，于 1983 年对他的职业选择理论进行了重新阐述，其中着重强调的一点就是：对于那些从工作中寻找满足感的人来说，职业选择是一个终身的决策过程，是他们不断重新增进自己正在变化的职业目标和工作现实之间匹配的过程。这一过程受三个方面因素的影响：最初的职业选择、最初的选择与随后工作经验所给予的反馈以及经济与家庭状况。也就是说，如果一个人最初的职业选择没有达到所期望的职业满意度，他很可能要重新进行一次职业选择，而再次的职业选择依然受到家庭和经济状况所允许的自由度的制约。

### (四) 沙因的职业生涯发展理论

沙因教授立足于人生不同年龄段面临的问题和职业工作主要任务，将职业生涯分为 9 个阶段。

**1. 成长、幻想、探索阶段**

年龄段为 0～21 岁。主要任务是：① 发现自己的需要和兴趣，发现和发展自己的能力和才干，为实际的职业选择打好基础；② 学习职业方面的知识，寻找现实的角色模式，获取丰富信息，发现和发展价值观、动机和抱负，做出合理的受教育决策，将幼年的职业幻想变为可操作的现实；③ 接受教育和培训，在这一阶段所充当的角色是学生、职业工作的候选人和申请者。

2. **进入工作世界**

年龄段为 16～25 岁。首先，进入劳动力市场，谋取第一份工作；其次，个人和雇主达成正式契约，个人成为一个组织的成员。充当的角色是应聘者、新学员。

3. **基础培训**

年龄段为 16～25 岁，该年龄段的人要担当实习生、新手的角色，也就是说，已经迈进组织的大门。此时的主要任务，一是了解、熟悉组织，接受组织文化，融入工作群体，尽快取得组织成员资格；二是适应工作操作程序。

4. **早期职业的正式成员资格**

年龄段为 17～30 岁。主要任务是：① 承担责任，成功地履行第一次工作分配的任务；② 发展和展示自己的技能和专长，为提升或进入其他领域的横向职业打基础；③ 根据自身才干和价值观，根据组织中的机会和约束，重估当初追求的职业，决定是否留在这个组织或职业中，或者在自己的需要、组织约束和机会之间寻求一种更好的配合。

5. **职业中期**

年龄一般在 25 岁以上。主要任务是：① 选定一项专业或进入管理部门；② 保持技术竞争力，在自己选择的专业或管理领域内继续学习，力争成为一名专家或职业能手；③ 承担较大责任，确定自己的地位；④ 制定个人的长期职业计划。

6. **职业中期危险阶段**

年龄段为 35～45 岁。主要任务是：① 现实地估价自己的进步、职业抱负及个人前途；② 就接受现状或者争取看得见的前途做出具体选择；③ 建立与他人的良师关系。

7. **职业后期**

主要是从 40 岁以后直到退休这段年龄。主要任务是：① 成为一名良师，学会发挥影响力，指导、指挥别人，对他人承担责任；② 扩大、发展、深化技能，或者提高才干，以担负重任；③ 如果求安稳，就此停滞，则要接受和正视自己影响力和挑战能力的下降。

8. **衰退和离职阶段**

一般在 40 岁之后到退休期间，不同的人在不同的年龄会衰退或离职。这一阶段的主要的职业任务是：① 学会接受权力、责任、地位的下降；② 基于竞争力和进取心下降，要学会接受和发展新的角色；③ 评估自己的职业生涯，着手退休。

9. **离开组织或职业——退休**

在失去工作或组织角色之后，面临两大问题或任务：① 保持一种认同感，适应角色、生活方式和生活标准的急剧变化；② 保持一种自我价值观，运用自己积累的经验和智慧，以各种资源角色，对他人进行传帮带。

需要指出的是，沙因虽然基本依照年龄增长顺序划分职业发展阶段，但并未囿于此，其阶段的划分更多的是依据职业状态、任务、职业行为的重要性。例如，职业中期本是人生职业经历中一个大的阶段，但是，沙因又划出一个职业中期危险阶段，因为 35～45 岁正是关乎一个人职业命运和前途的关键时期。在人生职业后期阶段，衰退和离职是职业生涯的尾声和结束，而且不同的人衰退和离职的年龄不相同，因此衰退和离职也突出单列为一个阶段。正是因为沙因教授划分职业周期阶段是依据职业状态和职业行为及发展过程的重要性，又因为每人经历某一职业阶段的年龄有别，所以，他只给出一个大致的年龄跨度，并在职业阶段所述年龄上有所交叉。

## 第三节　个人职业生涯规划与管理

### 一、个人职业生涯规划

个人职业生涯规划是指一个人在进行自我剖析，全面客观地认知主、客观因素与环境的基础上，进行自我定位，设定自己的职业生涯发展目标，选择实现既定目标的职业，制定相应的教育、培训、工作开发计划，采取各种积极的行动去达成职业生涯目标的过程。个人职业生涯规划是个人职业生涯发展的战略指南。

个人职业生涯规划设计主要有下面几个步骤：

#### （一）自我评估

自我评估的目的是认识自己、了解自己。因为只有认识了自己，才能对自己的职业做出正确的选择，才能选定适合自己发展的职业生涯路线。自我评估包括两个方面：一是自己的兴趣、价值观、爱好、特长、内在动机和需求等因素；二是自己的优势与劣势。只有两个方面综合考虑，才能使自己的职业目标既有吸引力又有可行性。

#### （二）职业生涯机会的评估

职业生涯机会的评估，主要是评估各种环境因素对自己职业生涯发展的影响。每一个人都处在一定的环境之中，所以在设计个人职业生涯时，要分析环境条件的特点、环境的发展变化情况，环境对自己提出的要求以及环境对自己有利的条件与不利的条件等。只有对这些环境因素充分了解，才能做到在复杂的环境中避害趋利，使职业生涯设计具有实际意义。环境因素评估主要包括社会环境、行业环境和组织环境。

**1. 社会环境分析**

分析个体所处的社会环境，包括国家的政治、经济和法治建设的发展方向。通常国家的政策会在很大程度上影响某些行业的发展趋势，如受到国家政策扶持的行业，在未来某一时间内会处于上升期。

**2. 行业环境分析**

行业环境分析是分析个体希望从事行业的发展环境、发展前景等因素。个体的职业生涯必定是在特定的行业中进行，而从长远来看，行业的发展有一定的周期性，因此了解行业发展环境对选择正确的职业道路具有重要意义。行业环境分析包括国内外重大事件对该行业的影响、当前该行业的发展态势、对该行业未来发展前景的预测以及国家政策导向的影响等。

**3. 组织环境分析**

组织环境分析包括分析该组织在行业中的地位、组织自身的优势与劣势、组织的发展前景、组织的竞争优势等因素。组织自身的发展状况会极大地影响员工的职业生涯发展，如企业倒闭会造成员工职业生涯中断，若企业实力强大，有良好的发展前景，则能够提高员工的职业价值。

### （三）职业生涯目标的设定

职业生涯目标是指一个人渴望获得的与职业相关的结果。职业生涯目标可以通过很多方式影响个人的行为和表现：第一，它可以刺激高水平的努力；第二，它可以给高水平的努力固定方向；第三，它可以提高朝向目标努力的坚持性；第四，具体的目标有助于形成实现目标的战略；第五，目标可以衡量行为结果的有效性，为个体提供积极的反馈。有关调查结果显示，在多数情况下，职业生涯目标的设定对于个体的职业生涯成功是很有帮助的。

**1. 职业生涯目标的构成因素**

对于职业生涯目标，我们可以从三个不同的角度来考虑：一是职业生涯目标的概念与操作；二是职业生涯目标的表现功能与手段功能；三是职业生涯目标的时间维度。

（1）概念目标与行动目标。概念上的职业生涯目标只是对人们想参与的工作经历的一种本质性的概括，但还没有指明是哪种具体的工作或职位。它应该能够反映出一个人的重要价值观、兴趣、才能和对生活方式的偏好。例如，人们心目中的职业生涯目标可能是寻找一份营销工作，这种工作需要进行广泛的调查和分析，能赋予他很多责任，活动范围很广，工作节奏经常变化，能与多种多样的客户打交道，家庭的事务不受过多的影响；所在组织应该地处温暖气候中，规模不要太大，但发展势头应该很足。这种概念性的目标强调的是工作任务的性质、人际关系与工作的场所和全部的生活方式。

而行动目标则是把这种概念目标转换成具体的工作或岗位。以上述目标为例，其行动目标可能就是要当上某家公司的市场研究经理。但对另一个人来说，这种概念目标就可能是在可预见的将来能保住他（或她）目前的工作位置。因此，认识到下面一点很重要：行动目标只不过是实现前述概念目标的一种手段。分清概念和行动，将有助于你搞清什么是职业生涯目标。

（2）表现功能与手段功能。职业生涯目标的表现功能是指与目标相关的经历能使人内心产生的乐趣。职业生涯目标可以适当地表现出一个人的成就使其感到快乐的程度，充实的程度，令人满意的工作行为的程度，以及在工作中运用他（或她）的才能和体验满意的生活方式的程度。

不过，职业生涯目标还具有一种手段性的功能。这种手段性的因素意味着，已经实现的目标可以导致下一个目标。例如，实现了市场营销经理的目标，可能使人再去追求下一个目标——市场营销副总裁。也就是说，职业生涯目标的用处是由其表现功能和手段功能决定的。

（3）短期目标与长期目标。职业生涯目标有一个时间维度，可以采用惯例来区分短期目标和长期目标。当然所谓的长期目标和短期目标都是比较含混的概念，完全因人而异。一般而言，5～7年的目标可以视为长期目标，而1～3年的目标则是短期目标。表8-2对一个人力资源经理助理所设定的短期、长期目标做了一个说明。

表 8-2　人力资源经理助理的职业生涯目标举例

| 职业生涯目标 | 短　期　目　标 | 长　期　目　标 |
| --- | --- | --- |
| 概念性目标 | 承担人力资源管理的更多职责；<br>广泛涉及人力资源开发的各个方面；<br>与直线经理更多地互动 | 参与人力资源规划活动；<br>参与公司长期规划；<br>参与政策制定和执行 |
| 行动目标 | 2～3 年内成为人力资源经理 | 6～8 年成为公司人力资源部总监 |

**2. 职业生涯目标设定中的误区**

(1) 为取悦别人而设定的职业生涯目标。如果职业目标不能满足你的需要，或与你的价值观不一致，所达成的职业目标对你就没有任何意义。从长远来看，即使实现了这样的职业目标，它所带来的常常是挫折而不是成长。解决这一问题可以从两方面入手：首先，人们必须认清自己的价值观、兴趣、才能以及自己所偏爱的生活方式。其次，必须意识到职业目标与个人的个性特征相协调的重要性。实质上，所有自我评估的程序都可以提供自我认识的机会，比较困难的任务是按照自我意识去行动，职业规划能起到这样的作用。

(2) 只考虑手段性目标要素。虽然具体的职业目标有许多优势，但过分关注具体目标只会导致目光短浅，成为井底之蛙。如果只注重完成具体的目标，人们就会忘记他们为什么要追求这样的目标。他们可能只有行动而不会思考，拒绝接受任何与其职业目标价值不同的新信息。更重要的是，只为一系列的目标奋斗，忽略了此时此刻的乐趣，忽略了人生的终极目标，人生成了没有乐趣的苦旅，这是一种困境。一方面现在的职业目标可以提升你将来的满意度，促使你成长。另一方面关注外在目标又会降低内在满意度。解决的方法或许是应该维持目标的表现性和手段性，保持两者之间的平衡。

(3) 与目前从事的工作相分离的职业生涯目标。具体的工作仅仅是实现职业目标的一个媒介、一种工具。很多时候，人们狭隘地寻找另外一种工作，忽略了眼前所从事的工作。其实，你目前所做的工作应该成为你职业成长的资源。成功的职业生涯管理基于了解概念性的职业目标，拥有实现目标的能力。

(4) 太过模糊的职业生涯目标。一般说来，具体的目标比模糊的目标更有用。具体目标可以有效指出奋斗的方向，可以更好地衡量努力的结果。概念性的长期目标比较宽泛，但即使是概念性的职业目标也应该由一系列比较具体的要素构成，以便转化成行动目标。行动目标一定要具体，可以衡量。

(5) 太容易或太难实现的目标。有人认为，心理成功对个人的发展和满意是绝对必要的。心理成功是指完成有挑战性、有意义的任务后所带来的成就感，所以太容易或太难的目标都不能带来成就感。目标必须有足够的挑战性，太难的目标会造成挫折感和失败感，合理的目标是既有挑战性又有实现的可能性。要设置这样的目标，要求你具有独特的能力和深刻的洞察力，了解工作环境中的机会和障碍。如果你选择了一个困难的目标，你就要有承受风险和失败的心理准备。

(6) 不灵活的职业生涯目标。我们在设定职业目标时常常强调灵活性，但在实践中却容易忘掉这点。比如说，人们可能对他们已经投入的时间和精力产生很高的承诺。其次，变化对大多数人来说是一个困难的过程，特别是对职业生涯目标和职业方向可能变化的重新检查更容易让人感受到了威胁。但灵活的目标对有效职业生涯管理是必不可少的，因为工作环境和人都会不可避免地随时间变化，过去合适的目标在目前或将来不一定有效。由于几乎所有公司雇佣的不确定性，个人会发现在职业生涯目标设定和变化中采取灵活的方式是更恰当的行动。比如说，工作和职业生涯路径可能随着组织结构或新战略的制定而消失或改变，所以不灵活的员工往往被淘汰。类似的，技术和结构的变化可能产生新的职业生涯路径，需要对个人目标的重新审视。人们需要了解其自身的工作和生活经历以使他们的职业生涯目标能够保持相关性并可以实现。

### （四）职业生涯路线的选择

职业生涯路线是指一个人选定职业后从什么方向上实现自己的职业目标，是向专业技术方向发展，还是向行政管理方向发展。由于发展路线不同，对职业发展的要求也不相同。因此，在职业生涯规划中，必须做出抉择，以便使自己的学习、工作以及各种行动措施沿着你的职业生涯路线或预定的方向前进。

通常职业生涯路线的选择必须考虑以下三个问题：一是个体希望向哪一条路线发展，主要考虑个体自身的价值观、理想、成就动机，确定自己的目标取向；二是个体适合向哪一条路线发展，主要考虑自身的性格、经历、学历和特长等主观条件，确定自己的能力取向；三是个体能够向哪一条路线发展，主要考虑个体自身所处的社会环境、政治环境、经济环境等，确定自己的机会取向。对以上三个问题，进行综合分析，以此确定自己的最佳职业生涯路线。

### （五）职业生涯策略的制定

在确定了职业生涯目标后，行动便成了关键的环节。没有达成目标的行动，目标就难以实现，也就谈不上事业的成功。这里所指的行动，是指落实目标的具体措施，主要包括工作、训练、教育和轮岗等方面的措施。例如，为达成目标，在工作方面，你计划采取什么措施提高你的工作效率？在业务素质方面，你计划学习哪些知识，掌握哪些技能，提高你的业务能力；在潜能开发方面，采取什么措施开发你的潜能等，都要有具体的计划和明确的措施，而且这些计划要特别具体，以便于定时检查。

### （六）职业生涯规划的整合与调适

事物都是处在运动变化中的，由于自身及外部环境条件的变化，职业生涯规划也要随着时间的推移而变化。在制定职业生涯规划时，由于对自身及外界环境都不十分了解，最初确定的职业生涯目标往往都是比较模糊或抽象的，有时甚至是错误的。经过一段时间的工作以后，有意识地回顾自己的言行得失，可以检验自己的职业定位与职业方向是否合适。在实施职业生涯规划的过程中自觉总结经验和教训，评估职业生涯规划，个人可以修正对自我的认知，通过反馈与修正，调适最终职业目标与分阶段职业目标的偏差，保证职业生涯规划的行之有效。同时，评估与修正还可以极大地增强个人实现职业目标的信心。

职业生涯规划的整合与调适内容主要包括：重新选择职业、重新选择生涯路线、修正生涯目标、变更实施策略计划等。

## 二、个人职业生涯管理

### （一）职业生涯早期的管理

职业生涯早期阶段是指一个人由学校进入组织并在组织内逐步“组织化”，为组织所接纳的过程。这一阶段一般发生在20～30岁之间，是一个人由学校走向社会、由学生变成雇员。一系列角色和身份的变化，必然要求经历一个适应过程。在这一阶段，个人的组织化以及个人与组织的相互接纳是个人和组织共同面临的、重要的职业生涯管理任务。

**1. 职业生涯早期阶段的个人特征**

职业生涯早期阶段，员工个人年龄正值青年时期。这一阶段无论从个人生命周期、社会家庭周期还是从生命空间周期来看，其任务都较为单一。这一时期，员工心理特征表现为：

（1）进取心强，具有积极向上、争强好胜的心态。一方面，进取心是积极的推动力量；另一方面，正是由于年轻气盛，也难免会表现出浮躁和冲动。

（2）职业竞争力不断增强，具有做出一番轰轰烈烈事业的心理准备。初次就业的青年人往往具有远大的职业理想和抱负，成功的心理要求非常强烈。随着工作时间的增长，他们的工作能力逐步提升，经验得到积累，对职业成功的信心不断增强。

（3）开始组建家庭，逐步学习协调家庭关系的能力，承担家庭责任。这一时期家庭问题相对较少，但由于员工成家和有了子女，也会不可避免地担负起处理夫妻关系、抚育子女的任务。有时家庭和事业会发生冲突。

总之，在职业生涯早期阶段，个人尚是职业新手，一切还在学习、探索之中，而这一阶段的心智特征将对其职业生涯发展产生重要影响。

**2. 职业生涯早期阶段个人面临的管理任务**

在职业生涯早期阶段，组织一般都会为员工制定契合实际的个人职业发展规划，对个人的职业生涯进行管理。为了更好地实现个人职业生涯目标，个人应该按照组织的发展目标和发展方向，配合组织进行个人职业生涯规划和管理。

（1）提供自己的真实资料。新员工应该及时向组织提供关于自己的真实资料，以使组织能够全面真实地了解自己，组织在进行工作分配时就可以充分发挥个人特长，从而既有利于个人职业道路的发展，也有利于组织资源的充分利用和组织目标的实现。

（2）主动从上司和同事那里获得有关自我优势及不足的信息反馈。通过了解关于自我的信息，充分利用自身优势，及时改正不足和缺陷，提高自己的职业潜能。

（3）争取获得晋升机会。新员工在组织中争取各种晋升机会可以更好地锻炼自己，提高自己的管理能力，并有助于更好地实现个人职业目标。

（4）与管理人员沟通发展的取向。新员工加强与管理人员的沟通，了解某一具体工作所需要的技能、知识和其他特殊条件，了解组织文化和工作环境等，使自己更快地适应组织和工作岗位，建立和谐的人际关系，融入工作团队中去。

（5）与管理人员一同制定可行的方案。在管理人员协助下明确自身的职业生涯发展阶段和开发需要，然后即可根据个人的潜能和组织的内外环境制定可行的个人职业生涯发展方案。

（6）按既定的行动方案努力。积极努力工作，以良好的工作业绩来实现自己的职业生涯目标。

(7) 与来自组织内外不同工作群体的员工进行接触。拓宽自己的知识面和扩大交际范围,促进个人职业潜能的提升。

### (二) 职业生涯中期的管理

个人职业生涯在经过了职业生涯早期阶段,完成了雇员与组织的相互接纳后,必然步入职业生涯中期阶段。

**1. 职业生涯中期阶段的个人特征**

职业生涯中期是个体生命周期中最重要的一个阶段,也是个人职业生涯周期中最重要的一个时期。在这一时期,个人生命周期和心理特质都会发生明显变化,并呈现出明显的阶段性特征。

(1) 生命运行任务最繁重。通常在这一阶段,由于有了家庭和子女,个人需要承担相应的家庭责任和处理复杂的家庭关系,要同时担当经济上和感情上的责任。在事业上,既要不断加强学习培训,想方设法在自己专业领域保持领先地位,以自己的经验和广泛的知识获取更多的报酬,又要面对职业生涯中期的危机。

(2) 职业能力稳步提高并逐渐成熟。在职业生涯中期,员工的职业能力不断得到提高,各方面都逐渐趋于成熟。通常这一时期的员工处理人际交往和各种事情的技能经验增长,事业心与责任心增强,职业技能娴熟,积累了相当丰富的职业工作经验。

(3) 职业认同感受到冲击,产生焦虑。进入职业生涯中期,往往就会开始面临个人梦想和实际成就之间的不一致。此外,随着年龄增大,将会意识到适合个人的职业岗位和职业机会越来越受到限制,自己对职业认同或角色定位尚不明朗的话,很容易让人在心底对自己昔日的职业选择产生怀疑、不满和焦虑。

**2. 职业生涯中期阶段个人面临的管理任务**

职业生涯中期阶段是一个时间周期长(年龄跨度一般是 25～50 岁,长达 20 多年)、富于变化,既有可能获得职业生涯成功,又有可能出现职业生涯危机的很宽阔的职业生涯阶段。职业生涯中期作为人生最漫长、最重要的时期,其特殊的生理、心理和家庭特征也使其职业生涯发展面临着特定的问题与管理任务。

(1) 持积极进取的精神和乐观的心态。人到中年,面对诸多问题,是人生的一个关键时刻和转折点。这会给个人造成巨大压力,但同时也给个人提供了一个新的发展机遇。如果能正确地控制自己的感情,保持积极进取和乐观的心态,积极寻找解决矛盾和问题的新方案,那么中期职业危机就可能成为一个实现职业发展新跨度的新起点。

(2) 进行新的职业与职业角色选择决策。一般有以下几种选择:继续留在原来的职业锚位上,使自己的知识和技术更加精深和熟练,成为骨干或专家;通过一定的方式使自身的技能通用化,更多地充当项目带头人和良师的角色;离开原职业工作,寻求新的适宜的职业角色等。

(3) 成为一名良师,担当起言传身教的责任。随着个人职业生涯的发展,一个人的职业锚逐渐稳固下来,在工作和发展中获得的经验也会变得日益丰富,而这对于正处在成长中的年轻员工来说则是十分宝贵的。因此,处于职业生涯中期的员工,不论其是否有一种正式的主管角色,都应当主动、自觉地承担起言传身教的良师责任,给年轻人以监督、教诲和支持。

(4) 维护职业工作、家庭生活和自我发展三者之间的均衡。在职业生涯中期,每个人都会面临来自工作、家庭和个人发展这三个生命周期方面的问题及其相互影响、互相制约的矛盾。因此,解决职业生涯中期的问题,正确处理三个生命空间的关系,求得三者之间的适当均衡,是这一阶段员工必须完成的重要任务。

### (三) 职业生涯后期的管理

从年龄上看,职业生涯后期阶段的员工一般处在50岁至退休年龄之间。由于职业性质及个体特征的不同,个人职业生涯后期阶段开始与结束的时间也会有明显的差别。

**1. 职业生涯后期阶段的个人特征**

(1) 个人家庭和心理特征。此时家庭境况发生很大变化,员工对家庭的依赖感增强;自我意识上升,怀旧、念友心重;开始安于现状,淡泊人生。

(2) 个人职业特征。进取心、竞争力和职业能力明显下降;权力、责任和中心地位下降,角色发生明显变化;但仍然有优势存在,仍可发挥余热,尽职贡献。

**2. 职业生涯后期阶段个人面临的管理任务**

根据职业生涯后期阶段的个人身心特征及职业工作的变化情况,除了组织应当重视职业生涯发展后期的员工利益外,处在这一阶段的员工也应该在完成职业工作之余主动担负起自身在后期所面临的特定的管理任务。这一阶段,员工面临的个人任务有以下几个方面:

(1) 承认竞争力和进取心的下降,学会接受和发展新角色。个人在职业生涯后期,要勇敢面对和欣然接受生理机能衰退及其导致的竞争力、进取心下降的客观现实,另辟蹊径。如充当师傅、教练、顾问等角色都是良好的选择。

(2) 认识和接受权力、责任及中心地位的下降。长江后浪推前浪是必然规律,认可个人职业工作权力、责任的减少以及中心地位的下降,求得心理上的平衡。并逐渐将思想和生活重心从工作转移到个人活动和家庭生活方面,或者从事新职业来充实自己的生活,满足自己的需求。

(3) 回顾自己的整个职业生涯,着手为退休做准备。回忆自己的职业生涯道路,一方面可以总结和评价自己的职业生命周期,为自己的职业生涯画上一个完满的句号;另一方面,也可通过总结自己的经验和教训,现身说法,对新员工进行培训教育。同时,还要做好退休的准备工作。

## 第四节　组织职业生涯管理

组织职业生涯管理是指企业从员工个人的职业发展需求出发,有意识地将之与企业组织的人力资源需求和规划相联系、相协调、相匹配,为员工的职业提供不断成长和发展的机会,帮助、支持员工职业生涯发展所实施的各种政策措施和活动,以最大限度地调动员工的工作积极性。开展职业生涯管理工作是满足员工与企业双方需要的极佳方式,它将两者的需要、目标、利益相结合、相匹配,以达到动态均衡和协调,实现“双赢”效果。

## 一、个人职业生涯与组织之间的联系

### （一）个人职业生涯与组织天然相连

个人与组织是相互对应的。劳动者个人，是劳动力的所有者，是劳动力的供给方，而组织拥有生产资料，是劳动力的需求方。双方必须相互结合，劳动力的供给和需求才能实现。供求结合与现实的过程即劳动者让渡自己的劳动力给组织，供组织使用、支配并与生产资料相结合的过程，也是劳动者求职和组织安排劳动者参加工作的过程。

### （二）个人职业生涯以组织为依存载体

职业是劳动者从事的相对稳定的、有收入的、具有市场价值的专门工作或活动。劳动者进行专门工作或活动的条件、场所，唯有组织可以提供。即只有进入组织，个人才能实际地从事有报酬的专门工作或活动，也才可以使个人职业才能得到充分发挥。不加入组织，就没有职业位置，没有工作场所，才能再大，也会因英雄无用武之地而遭到浪费。所以，没有组织，就没有个人职业，更无从谈起职业的发展，组织是个人职业生涯得以存在和发展所依赖的载体或者说是物质承担者。

### （三）劳动者及其职业工作是组织存在的根本要素

任何类型的组织，其活动的主体都是劳动者，在诸多生产要素之中，劳动者是唯一能动的主导要素，没有劳动者及其在各职业岗位上的工作，劳动工具、劳动对象、技术和资金等一切生产要素均将变成无用之物。劳动者在推动客体生产要素过程中，不仅转移旧价值，而且还创造新价值。显然，如果没有劳动者，没有劳动者在组织的多种职业岗位上的辛勤劳动，便没有企业组织的存在。

### （四）组织的发展依赖劳动者个人职业的开发与发展

以企业组织为例，组织发展是指企业生产能力的提高和生产力水平的上升，既有量的增加又有质的提高。组织发展又直观地集中表现于不断获取企业生产的高效益，实现利润最大化目标。在以往的经济发展中，企业效益的取得和利润的扩大，主要依赖物质资本和劳动力数量的增加。在激烈的市场竞争中，现代经济的运行，企业的成长，则取决于现代科学知识、高新技术，以及现代化、高水平、专家化的经营管理。归根到底，取决于劳动者的职业技能水平。随着现代科学技术日新月异的发展，企业的产品、原材料的使用、生产工艺流程、生产技术等会处于经常革新、改造、变动之中，每项职业工作需要的知识技能也在不断变化，水平要求也会越来越高，而且企业的岗位设置也在发生变化。这就必须有相应的职业水平和能力的劳动者来承担新的职业工作和胜任职业工作更高的要求。从这个意义上讲，个人职业的开发与发展，是组织不断发展的生命线和根本保证。

从上述分析可见，组织与劳动者个人及其职业生涯是相互依存、相互作用、共同发展的关系。在职业发展过程中，劳动者个人应积极主动地发挥能动作用，强化自我发展、自我开发，同时组织也要积极开辟道路，促进劳动者个人职业生涯的发展。

## 二、组织职业生涯管理的功能

组织职业生涯管理旨在将组织目标与个人目标联系起来，因此组织对员工实施职业生涯管理本身就应该是一个双赢的过程。综合来看，其作用主要可以从组织和员工两个角度来考虑。

### （一）对组织的作用

**1．使员工与组织同步发展，以适应组织发展和变革的需要**

任何成功的企业，其成功的根本原因是拥有高质量的人才。而这些人才除了依靠外部招聘，更主要的是要靠组织内部培养。在当今世界竞争加剧、环境不断变化的大背景下，实施职业生涯管理可以有效地实现员工和组织的共同发展，不断更新员工的知识、技能，提高人的创造力，是确保企业在激烈的竞争中立于不败之地的关键所在。

**2．优化组织人力资源配置结构，提高组织人力资源配置效率**

经过职业生涯管理，一旦组织中出现了空缺，可以很容易在组织内部寻求到替代者，既减少了填补职位空缺的时间，又为员工提供了更加适合他们发展的舞台，解决了“人事合理配置”这一传统人力资源管理问题。

**3．提高员工满意度，降低员工流动率**

职业生涯管理的目的就是帮助员工提高在各个需要层次的满足程度，尤其是马斯洛的需求层次理论中提到的归属、尊重和自我实现等高层次的需要，它通过各种测评技术真正了解员工在个人发展上想要什么和应该得到什么，协调并制定规划，帮助其实现职业生涯目标。这样可以有效提高员工对组织的认同度和归属感，降低员工流动率，进而形成企业发展的强大推动力，更高效地实现企业组织目标。

### （二）对个人的作用

**1．让员工更好地认识自己，为他们发挥自己的潜力奠定基础**

每个人都有自己的目标，以此来指导自己的行为，但是人们尤其是年轻人在规划自己的发展目标时，往往过高估计自己，而且由于从众心理的影响，人们经常会不顾自身的特点及环境提供的条件，盲目追随社会热门的职业。事实上，个人目标应该是建立在对自己的客观评价和认识的基础之上的。有很多人在目标实现过程中并非不努力，而是由于缺乏对自身和对环境的正确认知，导致对工作的期望过高。通过职业生涯管理，组织可以帮助员工了解自己的特点及所在组织的目标、要求，为自己制定切实可行的发展目标，并不断从工作中获得成就感。

**2．提高员工的专业技能和综合能力，从而增加他们的自身竞争力**

组织适当地对员工进行职业生涯指导并提高他们进行职业生涯自我管理的能力，可以增强其对工作环境的把握能力和对工作困难的控制能力，既帮助他们养成对环境和工作目标进行分析的习惯，同时又可以使员工合理计划、分配时间和精力，提高他们的外部竞争力。

**3．能满足个人的归属需要、尊重需要和自我实现的需要，进而提高生活质量，增强个人的满意度**

随着时代的发展，工作对个人的意义可能远远超过一份养家糊口的差事，它也成为人们生活的一部分，人们越来越热衷追求高质量的工作生活。职业生涯管理可以通过对职业目标的多次提炼使工作目的超越财富和地位之上，让人们享受到追求更高层次自我价值实现所带来的成功。

**4. 有利于员工过好职业生活，处理好职业生活与生活其他部分的关系**

良好的职业生涯管理可以帮助个人从更高的角度看待工作中的各种问题和选择，将各个分离的事件联系起来，服务职业目标，使职业生活更加充实和富有成效的同时，也更能考虑职业生活同个人追求、家庭目标等其他生活目标的平衡，避免顾此失彼、两面为难的困境。

## 三、组织职业生涯管理的主要内容

国内学者龙立荣、方俐洛等人认为：组织职业生涯管理就是从组织的角度出发，为了使员工能够不断地满足组织的要求，向员工提供组织的职业需求信息及职业提升路线或策略，了解自己的资源储备，并有针对性地开发组织内部人力资源的活动。这些工作一般包括以下内容：

### （一）提供内部劳动力市场信息

在提供职业信息方面，主要采取的方法是：

**1. 公布工作空缺信息**

企业应建立信息沟通渠道，定期通过内部通信、公告板或企业内网发布最新的职位空缺信息。这些信息应包括职位描述、所需技能、申请流程等，以确保员工能够清晰了解不同岗位的要求。

**2. 介绍职业通路或职业阶梯**

包括垂直或水平方向发展的通道等，这些路径设定的依据主要是职业发展规律和管理者主观判断。为了使职业通路不断满足组织变化的需要，对职业通路要常作修订，另外，还要适当考虑跨职能部门的安排。

**3. 建立职业资源中心**

内容涉及公司情况、政策、职业规划和自我学习指南等。为了主动地获取组织人力资源信息，组织还可设立技能档案。档案中主要记录员工的教育、工作史、任职资格、取得的成就，有时还包括职业目标的信息，如工作喜好、工作目标、个人自我评价信息、发展机会和目标安排等。

### （二）成立潜能评价中心

潜能评价中心主要用于专业人员、管理者、技术人员提升的可能性评价。有时，个人对自己的评价不一定客观，如何科学地诊断个人的潜能，是组织的核心问题。组织中常用的方法有：

（1）评价中心：用于确定管理者候选人，并为其职业发展规划制定和设计培训内容。

（2）心理测验：运用心理学测验工具对个人职业潜能、兴趣、价值观等进行测验。

（3）替换或继任规划：重点是确定主要管理部门中管理者新老交替人选。

### （三）实施发展项目

该项目为了使组织能跟上时代发展的步伐，使组织中的人员具有组织所必须具备的竞争力而实施的人才培养措施。具体包括：

(1) 工作轮换，使员工在不同岗位上积累经验，为提升或工作丰富化打基础。这种措施既可作为对专业人员的培养，也可作为高级管理人员的培训。

(2) 利用公司内外人力资源发展项目对员工进行培训，如承担学费的学位教育，管理、指导和建立师徒指导关系系统等。

(3) 参加有关学术或非学术的研讨会。

(4) 专门对管理者培训或实行双重职业计划。

## 四、组织职业生涯管理中的重点工作

如上所述，组织职业生涯管理是一项系统工程。许多企业的实践证明，职业生涯管理与绩效考核、招聘、人力资源规划、培训开发等活动是密不可分的。现实中职业生涯管理的活动有很多，在此我们主要介绍两项重点的工作。

### (一) 组织职业生涯规划

#### 1. 组织职业生涯规划的含义

从组织角度而言，职业生涯规划就是组织根据自身的发展目标，结合员工的发展需求，制定组织职业需求战略、职业变动规划与职业通道，并采取必要的措施对其加以实施，以实现组织目标与员工就业发展目标相统一的过程。

组织职业生涯规划的目的是帮助员工真正了解自己，在进一步详细衡量内在与外在环境的优势、限制的基础上，为员工设计出合理可行的职业生涯发展目标，在协助员工达到和实现个人目标的同时也实现组织目标。

#### 2. 组织职业生涯规划的步骤与方法

虽然员工的个体差异使得员工个体的职业生涯规划内容各不相同，但组织在为员工制定职业生涯规划时需要考虑的因素却是基本相同的。其一般包括：员工个人情况以及个人对自身能力、兴趣、职业生涯需要与追求目标的评估等；组织对员工能力、兴趣与潜力的评估；组织与员工在职业生涯选择、规划与机会方面的沟通。

在综合考虑上述因素的基础上，组织职业生涯规划一般都有五个步骤。

(1) 对员工进行分析与定位。此阶段的主要任务是开展员工自我评估、组织对员工评估和环境分析等三项工作。组织应当帮助员工确定自己的兴趣、价值观、资质、技能和行为倾向，应当提供信息来判断员工的优势、劣势和职业需求，同时还必须对员工所处的相关环境进行深层次分析，并根据员工自身特点和所在环境特点指导其进行职业发展定位，将职业开发需求确定下来，设计相应的职业发展方向和目标。

(2) 现实审查。在此阶段，员工在获得组织对自己知识技能所做出的评价，以及自己该怎样定位以适合组织计划等相关信息后，确定个人有哪些需求具有开发的现实性。组织应就员工的分析评价结果，以及员工特质和需求与组织发展规划匹配之处，与员工进行沟通。管理者通过提供信息、专门绩效审查、单独面谈等形式，审查对员工的分析评价与定位，并讨论员工的职业兴趣、优势以及可能参与的职业开发活动等，从而把员工的条件与组织的条件、员工的需求与组织的需求、职业发展的机会与职业发展的障碍等统统审视清楚，做到“心中有数”。

(3) 帮助员工确定职业生涯目标。在此阶段,组织需要在前面工作基础上帮助员工把组织和个人的需求结合起来,恰当地确定其长短期职业目标及其进展状况的判断方法。组织应确保设立的目标是具体可实现且富有挑战性的,并承诺协助员工实现职业目标。因此,所设定的职业目标通常是与理想的职位、技能应用水平、工作设定、知识能力水平的提高等联系在一起。员工的职业开发目标一般应经过员工同上级主管协商讨论后,合作确定职业发展目标和相关的开发活动,并写进个人的职业开发计划当中。

(4) 帮助员工制定职业生涯策略。职业生涯策略是指为了实现职业目标而积极采取的各种行动和措施。如参加组织举办的各种开发培训活动、构建人际关系网络、参加业余学习、平衡职业目标与其他目标而采取的各种措施等。

(5) 评估与修正。在经过一段时间的工作后,组织还应该有意识地回顾员工的工作表现,检验员工职业定位与职业方向是否合适,对现有的职业生涯规划进行评估与修正。

### (二) 为员工提供职业生涯发展通道

#### 1. 职业生涯发展通道的含义

职业通道是指组织为内部员工设计的自我认知、成长和晋升的管理方案。职业通道设计指明了组织内员工可能的发展方向及发展机会,组织内每一个员工可能沿着本组织的发展通道变换工作岗位。具体来说,职业生涯通道是个体在一个组织中所经历的一系列结构化的职位。职业通道的设计是为了帮助员工在了解自我的同时便于组织掌握员工职业需要,以排除障碍,帮助员工满足需要。另外,职业通道通过帮助员工胜任工作,确立组织内晋升的不同条件和程序对员工职业发展施加影响,使员工的职业目标和计划有利于满足组织的需要。

#### 2. 职业生涯通道模式

一般来说,组织有四种职业生涯通道模式:传统的职业通道、网状职业通道、横向技术通道及双重职业通道。职业通道是组织中职业晋升和职业发展的路线,是员工实现职业理想和获得满意工作、达到职业生涯目标的路径。

(1) 传统职业通道。也称单阶梯模式,是员工在组织中从一个特定的职位到下一个职位纵向向上发展的一条路径,是一种基于过去组织内员工的实际发展道路而制定出的发展模式。这种模式将员工的发展限制于一个职能部门内或一个单位内,通常是由员工在组织中工作年限来决定员工的职业地位。它假定每一个当前的职位是下一个较高职位的必要准备。因而,一名员工必须逐个台阶地从一个职位到另一个更高的职位变动,以获得所需要的经历和准备。

例如,某一组织的销售部门的职业阶梯是从下而上设计为销售小组、社区销售、地区销售、全国销售及全球销售五个等级,一名销售人员可在 5 年后成为销售组长,10 年后成为社区销售主管,15 年成为一个地区销售主管,25 年成为国际企业在某一国家的销售主管,30 年后成为某一国家的销售总监。

传统职业通道的最大优点是清晰明确、直线向前,员工知道自己向前发展的特定工作职位序列。但在这种通道中,有一个很大的缺陷,就是技术职业发展道路所提供的升迁机会有限。而管理人员职业发展道路所提供的升迁机会较多,而且它比技术职业发展道路所提供的经济报酬也要高得多。

(2) 网状职业通道。是指纵向发展的工作序列与横向发展的机会的综合交叉。这一途径承认某些层次的工作经验具有可替换性，它可以使员工在纵向晋升到较高层次职位之前具有拓展和丰富本层次工作经验的经历。这条道路比传统道路更现实地代表了员工在组织中的发展机会，纵向和横向的选择相互交错，减少了职业道路堵塞的可能性。但是对员工来说，它却不及传统职业通道那样清晰，选择自己想走的职业道路也会较为困难一些。

（3）横向技术通道。前两种职业途径都被视为组织成员向较高管理层的升迁之路，但组织内并没有足够多的高层职位为每个员工都提供升迁的机会，而长期从事同一项工作会使人倍感枯燥无味，影响员工的工作效率。因此，组织也常采取横向调动来使工作具有多样性，使员工焕发新的活力、迎接新的挑战。虽然没有加薪或晋升，但员工可以增加自己对组织的价值，也使他们自己获得了新生。按照这种思想所制定的组织职业通道就是横向技术通道，它进一步实现了员工在组织内更加自由地流动。

（4）双重职业通道。传统的职业通道是组织中向较高管理层的升迁之路，而双重职业通道主要用来解决某一领域中具有专业技能、但并不期望或不适合通过正常升迁程序调到管理部门的员工的职业发展问题。这一职业通道设计的思路是：专业技术人员没有必要也不可能因为其专业技能的提升而从事管理工作，技术专家能够而且应该被允许将其技能贡献给组织而不必成为管理者。他们的贡献是组织需要的，应该得到组织的承认。承认的方式不一定是被提拔到管理岗位，而是体现在报酬的变更和地位的提升上，并且处于同一岗位上不同级别专业人员的报酬是可比的。双重职业通道有利于激励在工程、技术、财务和市场等领域中有突出贡献的员工。实现双重职业通道能够保证组织既聘请到具有高技能的管理者，又雇佣到具有高技能的专业技术人员。专业技术人员实现个人职业生涯发展目标可以不必走从管理层晋升的道路，避免了从优秀的技术专家中培养出不称职的管理者的现象。这无疑有助于专业技术人员在专业方面取得更大的成绩。

总体来看，传统职业通道以及由其改良来的网状职业通道都是基于晋升而设计的职业通道，横向技术通道可以增加员工的职业生活多样性，双重职业通道可以保证员工在适合自己的岗位上发展。每种通道都有它的特点，组织可以根据其自身特色而选择适当的职业通道，进而发挥职业管理的巨大功效。

## 第五节　职业生涯管理中的现代问题

### 一、工作压力

#### （一）工作压力概述

在现代社会中，由于竞争激烈、科技发展迅速、社会体制不断变化，使每一个工作的人都感受到不同程度的压力，无论国外还是国内都是如此。芝加哥国际调查研究组织对40万名员工所做的调查报告显示：大约40%的人说其工作负荷过大，他们在工作中有太多的压力。2003年，零点调查集团通过对415位公司白领（男性45.8%、女性54.0%）的网上调查方式，完成了《白领工作压力讨论报告》。调研结果显示，我国41.4%的白领正面临着较大的工作压力，61.4%的白领正经历着不同程度的心理疲劳。而且，工作压力有着上升的趋势。

工作压力可定义为在工作情景中由于与工作相关的因素而使个人感到需要未获满足或受到威胁而产生的生理心理反应。这个定义包括了存在于环境中的压力源、对压力源做出反应的个性差异、通过影响需要而形成压力的内在作用机制三个要素(如图 8-3 所示)。

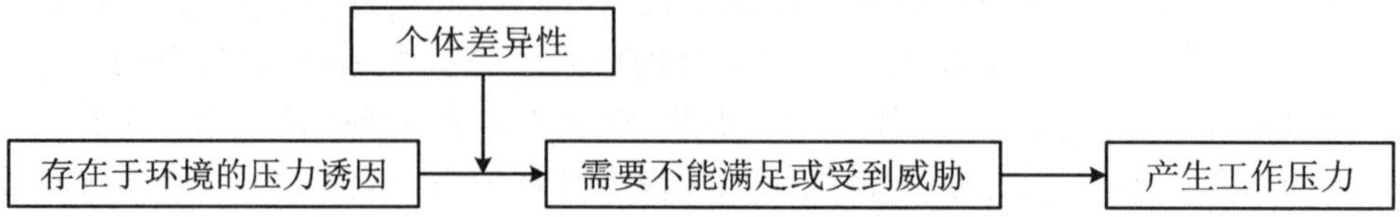


图 8-3 工作压力形成示意图

## (二) 压力的来源与结果

### 1. 压力的来源

表 8-3 列出了许多潜在的环境压力诱因。造成这些压力的原因包括工作不明确、超出(或未达到)某人的能力、要求付出额外工作时间，或者将人置于冲突的人或群体双方之中。

**表 8-3 环境压力诱因**

| 组 织 特 征 | 工 作 条 件 |
|---|---|
| 集权化，参与决策的程度低 | 拥挤 |
| 缺乏交流 | 噪声严重 |
| 不公平的报酬 | 温度过热或过冷 |
| 工作要求 | 本职问题或改变职位 |
| 时间压力和最后期限 | 工作、雇主或地点的改变 |
| 本人的职责 | 技术过时 |
| 重复性的工作 | 职业高原 |
| 角色的特征 | 同事的偏见 |
| 角色冲突：陷入相互冲突的期望中 | 失业 |
| 角色模糊：对期望和业绩规定不清 | 退休 |
| 任务过重/不足；过多或者过少的工作 | 非工作压力 |
| 人际关系 | 家庭冲突 |
| 群体内或群体间的冲突 | 生活的变化 |
| 竞争 | |
| 无足轻重或不公平的管理 | |

压力可能来源于组织的政策或实践，来源于工作本身的要求，来源于工作的性质，社会环境的性质。此外，不同的职业群体会产生程度大不相同的压力。压力可以由工作产生，也可以由工作以外的原因产生，还可能是由诸如技术过时、职业歧视和失业威胁等与职业有关的原因产生。

环境压力因素不一定会造成压力，具体要依人们如何理解和评价这些环境而定。对于某些环境，有些人可能并不十分看重，因而会减小心目中压力的程度。或者，某人对自己应对某一情境的能力很自信，以至根本不把它当作威胁。因此，被某人视为压力的情境，另一人可能就不觉得是压力。

2. **工作压力的后果**

工作压力对个体和组织的影响，既有积极的一面，又有消极的一面。发挥什么样的影响，取决于压力水平以及个人承受压力的能力。对同一个员工来讲，压力与工作绩效和健康的关系呈现出倒U形的关系，如图8-4所示。当压力水平较低时，随着压力的增加，可以增加工作的动机和挑战性，激发员工潜力，从而使工作绩效不断提高。当达到这个员工承受压力的最佳水平时，工作绩效达到最高。当压力继续增加时，就会造成个体的紧张、焦虑，情绪低落，并使工作绩效不断降低。当压力过大的时候，会引起严重的身心疾病。

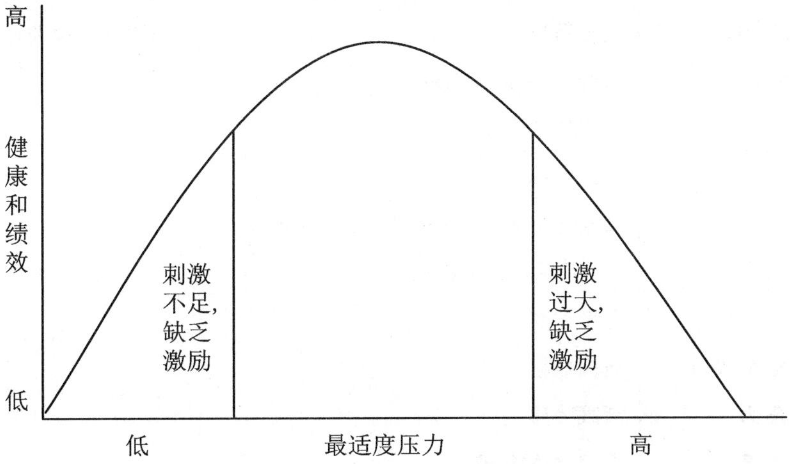


图8-4　压力对健康和工作绩效的影响

(1) 适度压力对于工作绩效的积极作用。适度的压力水平可以使员工集中精力，增强肌体活力，提高忍耐力，减少错误的发生。在没有压力的情况下，员工可能缺乏工作的动力，提不起精神来，没有足够的唤醒水平、挑战性或没有尽最大努力去作业，因而工作绩效不高。而适度的压力给人以工作的动力，激发出潜能，因而使工作绩效提高。所以，压力是提高员工能动性的有效工具。通过设计具有挑战性的工作目标、激发员工的成就动机等手段，给员工一定的心理压力，可以增加其工作的动力，提高绩效。

(2) 工作压力的消极作用。一般将工作压力造成的消极影响归纳为生理影响、心理影响、行为影响三种类型。① 生理影响。包括血压增高、心率加快、出汗、冷热交替、呼吸困难、肌肉紧张和胃肠病的加重。② 心理影响。包括愤怒、焦虑、抑郁、较低的自尊、较差的智力功能(包括不能集中注意力和不能做决定)、紧张、易怒、不满意工作等。③ 行为影响。包括绩效下降、缺勤、较高的事故率、较高的离职率、较高的酗酒和其他药瘾、沟通困难等。

(3) 过度的工作压力严重影响健康。过度的压力会造成冠心病、背疼、头痛、胃病、肠病、上呼吸道感染和各种各样的心理问题。这些疾病给员工个人和组织带来了巨大负担。当压力过大时，甚至引起“过劳死”或心理崩溃。

(4) 工作压力给组织带来的成本。过度工作压力造成的成本包括员工工作绩效下降，造成工作事故、缺勤和离职率升高，并且由于员工健康问题而支付的医疗费用、保险费用等。美国压力研究所(American Institute of Stress)估计美国在与压力有关的医疗问题和失去生产力方面的经济花费每年为3000亿美元。

### （三）压力管理策略

很多组织已开始开展缓解员工压力的工作。组织可以根据不同的情况，采取不同的应对措施。表8-4给出了进行压力管理、降低员工压力的一些方法。

**表8-4 压力管理策略**

| 减少压力源 | 压力的应对 | 过度压力的治疗 |
|---|---|---|
| **1. 对工作本身的改进** | **1. 员工个人策略** | 社交支持 |
| 改善工作条件 | (1) 自身的压力源的管理： | 管理人员的帮助 |
| 工作丰富化 | 时间管理 | 内部咨询服务 |
| 可选择的工作安排 | 问题解决 | EAP（员工援助计划） |
| 合理安排工作负荷 | 人际关系和社交技能 | |
| **2. 管理方式** | 工作生活方式 | |
| 改进领导作风 | 自信训练 | |
| 实现公平 | (2) 改变对压力源的认识：认知重建 | |
| 善用惩罚 | (3) 消除压力的症状： | |
| 加强沟通 | 分散注意力 | |
| 员工参与决策、管理 | 肌肉放松 | |
| **3. 消除角色压力** | 睡眠障碍 | |
| **4. 改善人际关系** | **2. 组织的策略** | |
| **5. 事业压力管理** | (1) 培训 | |
| | (2) 推行健身计划 | |

## 二、工作-家庭的平衡

### （一）工作与家庭之间的冲突

很多时候，我们的工作和家庭生活会相互冲突。面对工作和家庭角色两者不能兼顾的压力，以至于执行一种角色就难以真正执行另一种角色时，就会导致工作与家庭的冲突。

**1. 时间上的冲突**

时间上的冲突是工作与家庭冲突中最普通的一种。生活中的各种角色都在争夺稀缺品——时间。用在一种角色上的时间，通常不可能再拥有另一种角色。那些连续工作很长时间、频繁出差、经常加班以及工作日程难以调整的员工，最容易发生这种时间上的冲突。

**2. 情绪紧张造成的冲突**

这是指一种角色产生的紧张状态会影响另一种角色。如工作上的压力会产生不安、易怒、疲劳、沮丧和冷漠的紧张症状，这些情绪很难使员工在家庭中成为一个专注的伴侣或充满爱心的家长。而与伴侣或孩子关系紧张的人也可能会发现家庭的压力很难让他们全力投入工作。

**3. 行为上的冲突**

有时，对一种角色有效的行为，对另一种角色根本不适用。比如，人们往往认为管理人员应该有主见、有闯劲、能独当一面，又很客观。而他的家人可能期望他对他们是热情、慈爱和充满感情的。如果人们在不同角色之间不能顺畅转换，他们很可能就会在不同角色间发生行为上的冲突。

### （二）工作-家庭平衡计划

所谓工作-家庭平衡计划，是指组织开展的帮助员工认识和正确看待家庭同工作间的关系，调和职业与家庭之间的矛盾，缓解由于工作-家庭关系失衡而给员工造成压力的计划和活动。实施工作-家庭平衡计划的目的在于帮助员工找到工作与家庭的平衡点。而要达到这个目的，组织必须了解员工的职业生涯周期以及家庭生命周期的变化，然后给予员工适当的帮助。组织在实施工作-家庭平衡计划时，可采取以下具体策略：

**1. 实行弹性工作制**

根据员工情况，设计适应家庭需要的弹性工作制以供选择。弹性工作制主要有以下几种形式：

（1）核心时间与弹性时间结合制。

（2）成果中心制。组织对员工的劳动只考核其成果，不规定具体时间，只要在所要求的期限内按质按量完成任务就付给薪酬。

（3）紧缩工作时间制。员工可以将一个星期内的工作压缩在一两天内完成，剩余时间由自己处理。

**2. 实施家庭照顾福利计划**

将组织的部分福利扩展到员工家庭范围，以减轻或分担员工家庭压力，降低员工离职率和旷工率、提高员工的组织承诺，从而提高组织工作绩效。具体来说，主要考虑做好以下几点：

（1）法律顾问。组织可以聘用长期法律顾问，为员工提供法律服务，也可以为员工聘请律师而支付费用。

（2）咨询服务。组织可向员工提供广泛的咨询服务，其中包括劳务咨询、家庭咨询（包括婚姻问题等）、职业生涯咨询（分析个人能力倾向并选择相应职业）、工作配置咨询（帮助被解雇者寻找新工作）以及退休前咨询。

（3）照顾受抚养者。组织可以资助幼儿照看计划，或与社区组织一起扩展和改善各种照顾幼儿的工作。对员工需要照顾的长辈，也可通过提供津贴等方式加以支持。

**3. 建立代用工作场所**

代用工作场所是非传统的工作惯例、设备和地点的组合，是对传统办公室的一种补充。通过建立和使用代用工作场所，可以有效地降低组织运营成本、提高生产率，最大限度地为员工提供便利，使组织在吸引和留住有才能的、有高度自觉性的员工上具有优势。

开放式的平面布置办公室、卫星办公室和远程办公都是较受欢迎的代用办公场所形式。开放式办公场所中，员工工作中能够随处走动，选择不同的工作环境，办公设备的放置也是不固定的。卫星办公室将庞大的、集中的设施分散到网络化的、较小的工作场所，它们通常设在员工家或客户所在地附近。远程办公也是较受欢迎的代用工作场所形式之一。远程办公是指员工无论选择在哪里工作，都实行电子化办公。

## 讨论案例

### 职业生涯也是一场马拉松

张明是某重点大学金融系的高才生，大学一毕业他就在一家大型企业找到了一份不错的工作。对于这份工作张明自己很满意，不仅专业对口，收入也很理想。张明开始了自己日复一日的职业生涯。转眼两年过去了，张明对自己的工作早已应对自如。他每天都按部就班地完成分给自己的任务，尽量不主动去参与分外的事。五年后，张明坐上了主管的位置。他开始专心经营自己的小家庭。不知不觉到了 40 岁，张明的职位再也没有得到提升。这时，意想不到的事情发生了。张明的公司突然被另一家竞争对手收购，接着就是机构重组。张明和其他同事被列入待安置名单。后来因为另一名主管不满意新的职位安排辞职了，张明才算保住了自己的饭碗。这一系列的变化让他实在难以接受，他抱怨公司没有人性，抱怨社会变化太快，抱怨政府没有完善的社保系统，他就这样一边抱怨一边工作，一直到退休。退休那天，张明哭了，他想起自己 20 岁时曾梦想做一名优秀的财务经理，他不知道自己是什么时候、怎样丢掉这一梦想的。可现在他知道说什么都晚了。

王亮是一所普通大学机械系的毕业生，一没有当地户口，二没有名牌大学学历，毕业后一直没有找到满意的工作。为了生存，王亮到朋友开的一家小公司帮忙做网页设计。虽然收入微薄，他却非常投入，一干就是两年。这使他的朋友很感动，于是推荐他去一家国际企业应聘，竟然被录用了。新工作的职位是管理见习员，收入也不高，但王亮非常珍惜这个机会，全身心地投入工作中。一年后，他完成了各部门的实习，被分配到设备保养部做技术员。因成绩突出，三年后又被提拔为主管工程师。后来公司全面推行六西格玛(6-Sigma)管理，他被选为项目总经理；他成功提高了自身的能力，开阔了眼界。公司在南方成立分公司时，他被提升为华南区组成员，并接受专业的绿带资格培训，在项目组又做了三年。这种工作经历大大地提高了他的能力，开阔了他的眼界。40 岁那年，他又被提升为中国区公司总经理，举家迁到北京。10 年后，他成了公司亚洲区副总裁，一直干到退休。离开公司后，王亮并不清闲，因为公司还返聘他为高级顾问，他还是公司董事局成员，还有很多高校请他去做客座教授。学生们向他请教成功的秘诀，他说："其实成功没有什么秘诀，如果有也是一些众所周知的法则。我个人成功主要有两个法则：一个是态度，一个是目标。我把它叫作个人使命。"

他对大学生们的忠告是：20 岁是你事业的起步期，如果这时你还没有自己的梦想，你将要为此付出巨大的代价。40 岁是你事业的飞跃期，如果这时你不能保持积极乐观的心态，你可能永远都在起步期。60 岁，这时你并不需要特意做什么。如果你前 40 年做对了，这时你想不辉煌也难；如果你前 40 年没有做对，这时你想不凄凉也难。

张明和王亮的故事告诉我们，生活是公平的，当你努力工作，尽量多付出的时候，你不知不觉就会收获很多；当你时时计较能获得多少，只做分内事的时候，却往往收获甚微，这也是职业生涯成功的法则。当我们都掌握了人生的一些基本法则并能坚持去做，那么成功是不难的，至少不像人们想象的那么难。

（资料来源于网络，由编者收集整理，仅供教学使用。）

**讨论与思考**

1. 结合案例，说明什么是职业生涯规划与管理？

2. 请结合本章所学知识，讨论张明和王亮的职业生涯规划与管理对你有什么启示？

## 复习思考题

1. 什么是员工职业生涯管理？

2. 职业生涯管理的相关理论有哪些？

3. 个人职业生涯在不同阶段面临的主要任务有哪些？

4. 组织职业生涯管理的主要内容有哪些？

5. 如何理解员工职业生涯管理面临的挑战？

## 自　测　题

**一、选择题**

1. 美国学者帕森斯提出的职业生涯理论是(　　)。

A. 职业性向理论　　B. 职业-人匹配理论

C. 职业锚理论　　D. 职业发展阶段理论

2. 根据霍兰德的职业性向理论，(　　)的人会被吸引去从事那些包含着大量人际交往内容的职业，而不是那些包含着大量智力活动或体力的职业。

A. 调研型　　B. 社会型　　C. 艺术型　　D. 现实型

3. 根据霍兰德的职业性向理论，具有现实型职业性向的人适合从事(　　)。

A. 测绘员　　B. 科研人员　　C. 设计师　　D. 导游

4. 根据霍兰德的职业性向理论，具有社会型职业性向的人适合从事(　　)。

A. 物理学家　　B. 社区工作者　　C. 律师　　D. 会计

**二、填空题**

1. 在某一领域已占有一席之地，达到“功成名就”时，一般处于职业发展的________阶段。

2. 影响职业生涯管理的个人因素主要有________、________、________和________四个方面。

3. 舒伯把职业生涯________、________、________、________和________成5个主要阶段。

4. 个人职业生涯规划主要包括________、________、________、________、________和________6个步骤。

5. 组织职业生涯通道模式主要有________、________、________和________四种模式。

6. 组织在实施工作—家庭平衡计划时，可采取________、________和________等具体策略。

# 第九章　劳动关系管理

学习目标

1. 了解劳动关系的概念、构成要素；
2. 掌握劳动合同的订立和内容；
3. 了解工会、集体谈判的概念及作用；
4. 掌握劳动争议处理的原则、方法与基本规则；
5. 了解员工安全与健康。

## 第一节　劳动关系概述

### 一、劳动关系

#### （一）劳动关系的含义

对大多数劳动者来说，工作不仅是物质财富的主要来源，而且是社会地位和个人心理获得满足的主要源泉。对企业来说，劳动关系是影响企业生产效率、劳动力成本、生产质量的重要因素，甚至会影响企业的生存和发展。对整个社会而言，劳动关系还会影响经济增长、通货膨胀和失业状况、社会财富和社会收入的总量和分配，并进一步影响全体社会成员的生活质量。因此，实现劳动关系的和谐发展，是整个社会追求的目标。

劳动关系是人们为实现生产劳动过程而形成的一种社会关系，是人类社会活动中最基本的社会关系。在企业的劳动关系管理中，广义地讲，劳动关系是指企业、经营管理者、职工及其职工组织（工会、职工代表大会等）之间在企业的生产经营活动中形成的各种权、责、利关系，主要包括：① 企业与全体职工（包括经营管理人员）之间的关系；② 企业与职工组织之间的关系；③ 经营管理者与职工之间的关系；④ 经营管理者与职工组织之间的关系；⑤ 职工与职工组织之间的关系；等等。狭义地讲，劳动关系是指企业作为用人单位招用劳动者为其成员，劳动者在用人单位的管理下提供有报酬的劳动而形成的权利义务关系。

#### （二）劳动关系的实质

劳动关系是在就业组织中由雇佣行为而产生的关系，是组织管理的一个特定领域。管理方和劳动者之间的矛盾和问题是普遍存在的，受到一定社会的经济、技术、政策、法律制度和社会文化背景的影响和制约。虽然劳动关系非常复杂，但最终都可以归结为冲突和合作两个方面。

劳动关系双方要进行生产，就要共同合作，遵守一套既定的制度规则。双方以集体协议或者劳动合同的形式，甚至是以一种心理契约的形式，规定彼此的权利义务、行为规范和是非曲直。同时由于劳资双方的利益、目标和期望不可能总是保持一致，常常会出现分歧，产生冲突，甚至彼此背道而驰。对劳动者（雇员）而言，冲突的形式主要表现为罢工、旷工、怠工、抵制、辞职等；对资方（雇主）而言，主要表现为关闭企业、惩罚或解雇雇员等。

劳动关系的本质是劳资双方合作、冲突、力量和权力的相互交织。劳动关系是以劳动换取报酬的经济关系，劳动力作为一种特殊商品，具有人身和社会属性，即在获取经济利益的同时，劳动者还要从工作中获得作为人所拥有的体面、尊严和满足，因而劳动关系同时又是社会关系，其特点是“平等性兼隶属性，人身性兼财产性”。

## 二、劳动法律关系

### （一）劳动法律关系的概念

劳动法律关系是指劳动法律规范在调整劳动关系过程中所形成的雇员与雇主之间的权利义务关系，即雇员与雇主在现实的劳动过程中所发生的权利义务关系。一方面，它是按照法律规范的具体要求形成的，体现国家的意志；另一方面，它是通过签订劳动合同所缔结的，体现双方当事人的共同意志。但是，国家意志处于首位，当事人的意志只有在符合国家意志或国家意志允许的范围内才能发挥作用，即当劳动关系受到法律确认、调整和保护时，劳动关系也就不完全取决于雇主与雇员双方的意志，任何一方违反法律规范，都将承担法律责任。因此，劳动法律关系和劳动关系有着明显的区别，劳动关系是劳动法的调整对象，而劳动法律关系则是劳动法调整劳动关系的结果体现。

### （二）劳动法律关系的构成要素

依据劳动法律法规形成和调整的劳动关系，主要由劳动关系的主体、客体和内容三个要素构成。

**1. 劳动关系的主体**

劳动关系的主体是指依据劳动法律法规的规定，享有权利、承担义务的劳动法律关系的参与者，主要包括劳动者、劳动者的组织（工会、职工代表大会）和用人单位。劳动者包括所有具有劳动权利能力和劳动行为能力的受雇于用人单位的人，用人单位包括企业、事业单位、政府、社会团体及个体经营单位等。

**2. 劳动关系的客体**

劳动关系的客体是指劳动法律关系主体双方的劳动权利和劳动义务共同指向的事物，如劳动时间、劳动报酬、安全卫生、劳动纪律、福利保险、教育培训、劳动环境等。同时，在市场经济条件下，随着企业管理理念的变化和劳动者主体意识的进一步增强，劳动关系客体的内涵和外延也将不断发生新变化。

#### 3. 劳动法律关系的内容

劳动关系的内容是指劳动法律关系主体双方依法享有的权利和承担的义务。根据《劳动法》的规定，劳动者依法享有的主要权利有劳动权、民主管理权、休息权、劳动报酬权、劳动保护权、职业培训权、社会保险权、劳动争议提请处理权等。劳动者承担的主要义务有保质保量完成生产任务和工作任务，学习政治、文化、科学、技术和业务知识，遵守劳动纪律和规章制度，执行劳动安全和卫生规程，保守国家和企业的机密等。

用人单位的主要权利有依法录用、调动和辞退职工，决定企业的机构设置，制定工资、报酬和福利方案，依法奖惩职工等。其主要义务有依法录用、分配、安排职工的工作；保障工会和职工代表大会行使其职权；按职工的劳动质量、数量支付劳动报酬；加强对职工思想、文化和业务技术的教育培训；改善劳动条件，搞好劳动保护和环境保护，等等。

### （三）劳动法律关系的特征

#### 1. 劳动法律关系主体具有平等性和隶属性

劳动关系主体，一方是劳动者，另一方是用人单位。劳动者与用人单位是平等主体，双方是否建立劳动关系以及建立劳动关系的条件，由其按照平等自愿、协商一致的原则依法确立。劳动关系同时还具有隶属性特征。劳动者一旦与用人单位形成劳动关系，就必须接受用人单位的管理，成为被管理者，即用人单位与劳动者之间形成了管理与被管理的隶属关系。

#### 2. 劳动法律关系具有国家意志为主导、当事人意志为主体的特征

劳动关系是按照劳动法律规范和劳动合同约定形成的，既体现了国家意志，又体现了双方当事人的共同意志。劳动关系具有较强的国家干预性质，当事人双方的意志虽为劳动关系体现的主体意志，但它必须符合国家意志并以国家意志为指导，国家意志居主导地位，起统帅作用。

#### 3. 劳动关系具有在社会劳动过程中形成和实现的特征

劳动关系的基础需以劳动者提供的劳动和用人单位提供的劳动条件相结合，才能依据劳动法律规范形成双方的权利和义务关系。

## 三、我国劳动法的性质和立法宗旨

作为调整劳动关系的法律规范，劳动法不同于强调隶属性的行政法或公法，也不同于强调平等的民法或私法。劳动关系主体双方兼有平等性和隶属性的特征。因此，劳动法既不属于公法又不属于私法的范畴，而属于法的第三领域即社会法的范畴。社会法是国家为保障社会福利和国民经济健康发展，通过加强对社会生活干预而产生的一种立法。劳动法的这种性质决定了劳动立法的宗旨应以社会利益为本位，旨在达成劳动关系双方的利益平衡，以维护社会正义。

《劳动法》第一章第一条阐述了《劳动法》的立法宗旨，即“为了保护劳动者的合法权益，调整劳动关系，建立和维护适应社会主义市场经济的劳动制度，促进经济发展和社会进步，根据宪法，制定本法”。

《中华人民共和国劳动合同法》（以下简称《劳动合同法》）第一章第一条阐述了《劳动合同法》的立法宗旨，即“为了完善劳动合同制度，明确劳动合同双方当事人的权利和义务，保

护劳动者的合法权益，构建和发展和谐稳定的劳动关系，制定本法”。

可见，我国劳动立法的宗旨可以归纳为以下两个基本原则。

### （一）保护劳动者合法权益的原则

“保护劳动者的合法权益”是《劳动法》立法的首要目的。因为“劳动法是以劳动者与劳动力使用者之间的不平等性为基础的一种制度设计，其目的在于对劳动者的弱者地位予以补救，从而达成新的平衡关系，维护劳动者的正当权益”。劳动者相对于用人单位来讲属于弱者，这取决于劳动关系的双重性，即劳动关系兼有平等关系和隶属关系的特征。因此，劳动法在立法宗旨上对劳动者给予保护，这不妨碍劳动法内容上的平等性，只有根据不同的情势地位对劳动者和用人单位的权利义务做适当的增删损益，才能真正地保证双方在法律上的平等。

事实上，正是保护劳动者的客观需要促使劳动法在世界上应运而生，劳动法从它诞生的那天起就是以保护劳动者为使命的。迄今，世界各国的劳动法也都是对劳动者进行保护的。

### （二）协调劳动关系原则

保护劳动者是劳动法的基本使命和宗旨，但这并不意味着法律对劳动者的保护是绝对的。一方面，法律保护的是劳动者的“合法权益”，非法的利益并不受法律保护；另一方面，法律也不排除对用人单位合法权益的保护。对劳动者的保护不能损害用人单位的合法权益，因为用人单位的利益受损同样不利于劳动关系的和谐稳定。

因此，劳动法一方面对劳动者进行保护，以维护社会正义；另一方面努力建立适当的机制，根据劳动关系的实际状况对劳动关系进行协调，努力维持劳动关系双方利益的基本平衡，促进双方的合作共赢。

由于劳动法强调对劳动者权益的保护，不少用人单位对此存在疑虑，认为法律只保护劳动者单方利益，在劳动争议案件的仲裁和诉讼中，仲裁及诉讼结果都对用人单位不利。因此，当遇到劳动争议的时候，不少用人单位往往选择满足劳动者的要求而达到息诉的目的；还有些用人单位在劳动仲裁机构做出了对其不利的裁决后，放弃了进一步通过诉讼途径维护自身权益的努力。其实，用人单位的这种认识是片面的，劳动法对劳动者权益的保护，并不意味着法律只保护劳动者单方利益。劳动法实践也证明，在劳动争议案件的仲裁和诉讼中，裁决结果并不必然对用人单位不利，法律同样维护用人单位的合法权益。

# 第二节　劳动合同管理

## 一、劳动合同概述

### （一）劳动合同的概念

劳动合同也称劳动契约、劳动协议，是指劳动者和用人单位之间明确劳动权利义务，规范劳动合同订立、履行、变更、解除和终止行为的协议。我国《劳动合同法》第十条规定:“建立劳动关系,应当订立书面劳动合同。已建立劳动关系,未同时订立书面劳动合同的,应当自用工之日起一个月内订立书面劳动合同。用人单位与劳动者在用工前订立劳动合同的,劳动关系自用工之日起建立。”

劳动合同是确立劳动关系的凭证,是建立劳动关系的法律形式,是维护双方合法权益的法律保障,也是处理劳动争议的法律依据。根据劳动合同,劳动者加入企业、事业、机关、团体等用人组织内,担任一定职务或从事某种工作,并遵守所在单位的内部劳动规则和制度;用人单位按照劳动的数量和质量支付劳动报酬,依法提供劳动条件,保障劳动者依法享有劳动保护、社会保险等合法权利。

### (二)劳动合同的法律特征

#### 1. 主体的特定性

劳动合同的主体一方是劳动者,另一方是用人单位。劳动者是指具有劳动能力并在用人单位管理下实际参加劳动以自己的劳动收入为主要生活来源的人。根据我国法律、法规规定,作为劳动合同主体的劳动者必须是年满16周岁以上、有就业要求、具有劳动行为能力的人。用人单位是指在我国境内,依法招用和管理劳动者并向劳动者支付劳动报酬的组织。用人单位包括各类企业、个体经济组织以及和劳动者建立劳动合同关系的国家机关、事业组织、社会团体等录用劳动者的单位。用人单位必须依法为劳动者提供符合国家规定的劳动或工作条件、支付劳动报酬、缴纳社会保险费,并能够以自己的名义承担相应的民事责任。

#### 2. 劳动合同当事人的法律地位平等,但在组织管理上具有隶属关系

劳动合同的平等性表现为:用人单位和劳动者都是劳动力市场的主体,双方都要遵守平等自愿、协商一致的原则订立劳动合同,缔结劳动关系。任何一方在单方决定与对方解除劳动关系时,都要遵循一定的法律规定。

劳动合同的隶属性表现为:劳动合同一经签订,劳动者必须承担相应的劳动义务,在劳动合同履行的过程中,要服从用人单位的领导和工作安排,遵守劳动纪律和内部劳动规则,双方存在管理上的依从、隶属关系。用人单位有权利也有义务组织和管理单位劳动者的劳动,并在法律允许的范围内有权对本单位的劳动者进行奖励和处罚。

#### 3. 主体意志的限制性

劳动合同虽然由双方当事人协商一致,体现了双方的“合意”,但合同的条款在一定程度上受到国家法律和集体协议的约束。劳动合同双方的自由协商,要在国家法律规定的范围之内。

#### 4. 劳动合同属于法定要式合同

所谓要式合同是指必须具备特定的形式或履行一定手续方具有法律效力的合同。要式合同由法律直接规定的则是法定要式合同。我国《劳动合同法》第十七条规定,劳动合同应当具备以下条款:① 用人单位的名称、住所和法定代表人或者主要负责人;② 劳动者的姓名、住址和居民身份证或者其他有效身份证件号码;③ 劳动合同期限;④ 工作内容和工作地点;⑤ 工作时间和休息休假;⑥ 劳动报酬;⑦ 社会保险;⑧ 劳动保护、劳动条件和职业危害防护;⑨ 法律、法规规定应当纳入劳动合同的其他事项。

劳动合同除前款规定的必备条款外,用人单位与劳动者可以约定试用期、培训、保守秘

密、补充保险和福利待遇等其他事项。

**5. 劳动合同是通过双方选择确定的**

订立劳动合同要遵循平等自愿、协商一致的原则，由劳动者自由择业，用人单位择优录用。

### （三）劳动合同的种类

劳动合同期限是指劳动合同的有效时间，是双方当事人所订立的劳动合同从起始到终止的时间，也是劳动关系具有法律约束力的时间。劳动合同的期限是判定劳动合同是否有效以及生效时间的依据，也是判定劳动合同终止时间的依据。

劳动合同分为固定期限劳动合同、无固定期限劳动合同和以完成一定工作任务为期限的劳动合同。

**1. 固定期限劳动合同**

固定期限劳动合同，是指用人单位与劳动者约定合同终止时间的劳动合同。固定期限劳动合同必须对劳动合同履行的起始和终止日期有具体明确的规定。用人单位与劳动者协商一致，可以订立固定期限劳动合同。合同期限届满，除法律规定须续订外，双方的劳动关系即行终止。如果双方协商同意，还可以续订合同。

**2. 无固定期限劳动合同**

无固定期限劳动合同，是指用人单位与劳动者约定无确定终止时间的劳动合同。用人单位与劳动者协商一致，可以订立无固定期限劳动合同。

有下列情形之一，劳动者提出或者同意续订、订立劳动合同的，除劳动者提出订立固定期限劳动合同外，应当订立无固定期限劳动合同：① 劳动者在该用人单位连续工作满十年的；② 用人单位初次实行劳动合同制度或者国有企业改制重新订立劳动合同时，劳动者在该用人单位连续工作满十年且距法定退休年龄不足十年的；③ 连续订立两次固定期限劳动合同，且劳动者没有《劳动合同法》第三十九条和第四十条第一项、第二项规定的情形，续订劳动合同的。

用人单位自用工之日起满一年不与劳动者订立书面劳动合同的，视为用人单位与劳动者已订立无固定期限劳动合同。

**3. 以完成一定工作为期限的劳动合同**

以完成一定工作任务为期限的劳动合同，是指用人单位与劳动者约定以某项工作的完成为合同期限的劳动合同。该项工作或工程开始的时间，就是劳动合同履行的起始时间；该项工作或工程一旦完成，劳动合同随即终止，此类劳动合同适用于建筑业、铁路交通和水利工程等。此类劳动合同，实际上也是一种定期的劳动合同，只是与有固定期限劳动合同在表现形式上有所不同。

## 二、劳动合同的订立

劳动合同的订立，是指劳动者与用人单位之间就劳动合同的具体内容，通过平等协商达成一致意见，并以书面形式依法签订协议，建立劳动合同关系的法律行为。

### （一）劳动合同订立的原则

订立劳动合同，应当遵循合法、公平、平等自愿、协商一致、诚实信用的原则。

**1. 合法原则**

合法原则亦即依法订立，是指订立合同不得违反法律、法规的规定。依法订立的劳动合同具有约束力，用人单位与劳动者应当履行劳动合同约定的义务。具体而言包括以下几个方面：

(1) 主体合法。所谓主体合法，是指双方当事人必须具备订立劳动合同的主体资格。对用人单位而言，必须经依法核准登记，具有明确的经营范围和承担经济责任的能力。对劳动者而言，则必须达到法定就业年龄，并具有履行劳动合同义务的能力。在我国，劳动者一方必须是有劳动能力、年满 16 周岁的劳动者，而从事繁重体力劳动的劳动者，必须年满 18 周岁。

(2) 目的和内容合法。所谓目的合法，是指当事人订立劳动合同的宗旨和实现合同后果的意图不得违反法律、法规的规定。当事人不得以合法形式掩盖其不法意图和违法行为。所谓内容合法是指双方当事人在劳动合同中订立的具体劳动权利和义务条款必须符合法律、法规和政策的规定。

(3) 程序合法。程序合法，是指劳动合同的订立，必须遵循法定的步骤和方式。一般要经过要约和承诺两个步骤，具体方式是先起草劳动合同书草案，然后由双方当事人平等协商，协商一致后签约。订立劳动合同一般包括以下两个步骤，如图 9-1 所示。

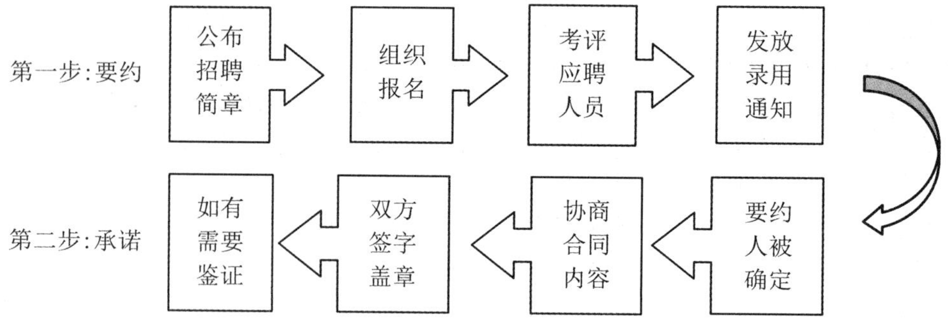


图 9-1　订立劳动合同的程序

(4) 形式合法。根据《劳动合同法》第十条规定，建立劳动关系，应当订立书面劳动合同。劳动合同由用人单位与劳动者协商一致，并经用人单位与劳动者在劳动合同文本上签字或者盖章生效。劳动合同文本由用人单位和劳动者各执一份。

**2. 公平、平等自愿、协商一致原则**

平等是指订立劳动合同的双方当事人具有相同的法律地位。在订立劳动合同时，双方当事人是以劳动关系平等主体资格出现，不得以欺诈、胁迫的手段或者乘人之危，使对方在违背真实意思的情况下订立或者变更劳动合同，从而体现公平。自愿是指订立劳动合同必须出自双方当事人自己的真实意愿。协商一致是指当事人双方依法就劳动合同订立的有关事项，采用协商的办法达成一致协议。

**3. 诚实信用原则**

用人单位招聘劳动者时，应当如实告知劳动者工作内容、工作条件、工作地点、职业危害、安全生产状况、劳动报酬以及劳动者要求了解的其他情况；用人单位有权了解劳动者与劳动合同直接相关的基本情况，劳动者应当如实说明。

### （二）劳动合同的内容

**1. 劳动合同当事人的权利与义务**

劳动合同的内容是指劳动关系双方的权利和义务。由于权利和义务是相互对应的，劳动合同往往从义务方面来表述双方的权利和义务关系。

（1）劳动者的主要义务。劳动者的义务主要有：劳动给付的义务，包括劳动给付的范围、时间和地点；忠诚的义务，包括保守用人单位在技术、经营、管理、工艺等方面的秘密，在合同规定的时间和地点服从用人单位及代理人的指挥和安排，爱护所使用的原材料和机器设备；附随的义务，即由于劳动者怠工或个人责任，使劳动合同义务不能履行或不能完全履行，应负赔偿责任。

（2）用人单位的主要义务。用人单位的义务主要有：劳动报酬给付的义务，指用人单位按照劳动合同约定的支付标准、支付时间和支付方式按时足额支付劳动者工资，不得违背国家有关最低工资的法律规定及集体协议规定的最低标准等方面的义务；照料的义务，指用人单位为劳动者提供保险福利待遇，提供休息、休假，保障劳动者享有职业培训权、民主管理权等方面的义务；提供劳动条件的义务，即用人单位有义务提供符合法律规定的生产、工作条件和保护措施，如工作场所、生产设备等其他便利条件，提供劳动保护设备等。

**2. 劳动合同条款**

用人单位与劳动者之间权利义务通过劳动合同进行确认，具体反映为劳动合同的各项条款，可以分为法定条款和约定条款。

（1）法定条款。法定条款也称必备条款，是法律规定的劳动合同必须具备的内容，其订立后应当按照一定的程序进行协商变更。《劳动合同法》在《劳动法》七项法定条款的基础上，根据经济发展和形势变化更新完善为九项，如表 9-1 所示。

（2）约定条款。约定条款又称协商条款，劳动合同除必须具备上述法定条款外，用人单位与劳动者可以就试用期、培训、保守秘密、补充保险和福利待遇等其他事项做出约定，这些约定构成劳动合同的约定条款。通常包括以下内容。

① 试用期。试用期是指用人单位和劳动者为了相互了解、甄别以便于选择定夺而约定的一定期限的考察期。劳动合同双方可以在劳动合同中就试用期的期限和试用期期间的工资等事项做出约定，但不得违反有关试用期的规定。

**表 9-1　《劳动法》与《劳动合同法》就法定条款规定的比较**

| 《劳动法》规定的法定条件 | 《劳动合同法》规定的法定条件 |
|---|---|
| （一）劳动合同期限<br>（二）工作内容<br>（三）劳动保护和劳动条件<br>（四）劳动报酬<br>（五）劳动纪律<br>（六）劳动合同终止的条件<br>（七）违反劳动合同的责任 | （一）用人单位的名称、住所和法定代表人或者主要负责人<br>（二）劳动者的姓名、住址和居民身份证或者其他有效身份证件号码<br>（三）劳动合同期限<br>（四）工作内容和工作地点<br>（五）工作时间和休息休假<br>（六）劳动报酬<br>（七）社会保险<br>（八）劳动保护、劳动条件和职业危害防护<br>（九）法律、法规规定应当纳入劳动合同的其他事项 |

我国法律规定，劳动合同期限三个月以上不满一年的，试用期不得超过一个月；劳动合同期限一年以上不满三年的，试用期不得超过两个月；三年以上固定期限和无固定期限的劳动合同，试用期不得超过六个月；同一用人单位与同一劳动者只能约定一次试用期；以完成一定工作任务为期限的劳动合同或者劳动合同期限不满三个月的，不得约定试用期；试用期包含在劳动合同期限内；劳动合同仅约定试用期的，试用期不成立，该期限为劳动合同期限。

劳动者在试用期的工资不得低于本单位相同岗位最低档工资或者劳动合同约定工资的80%，并不得低于用人单位所在地的最低工资标准。

在试用期，非法定情形外，用人单位不得解除劳动合同。用人单位在试用期解除劳动合同的，应当向劳动者说明理由。

② 培训。用人单位为劳动者提供专项培训费用，对其进行专业技术培训，可以与该劳动者订立协议，约定服务期和违约金。劳动者违反服务期约定的，应当按照约定向用人单位支付违约金。违约金的数额不得超过用人单位提供的培训费用。用人单位要求劳动者支付的违约金不得超过服务期尚未履行部分所应分摊的培训费用。

③ 保守商业秘密及竞业限制条款。商业秘密是不为公众所知悉，能为权利人带来经济利益，具有实用性，并经权利人采取保密措施的技术信息和经营信息。竞业限制的人员限于用人单位的高级管理人员、高级技术人员和其他负有保密义务的人员。竞业限制的范围、地域、期限由用人单位与劳动者约定，竞业限制的约定不得违反法律、法规的规定。在实践中，一些劳动者会因为工作需要接触、了解或掌握企业的商业秘密，而为了保障企业的利益，防止商业秘密外泄，企业可以与劳动者约定保守商业秘密或竞业限制的条款或协议，并约定在解除或者终止劳动合同后，在竞业限制期限内按月给予劳动者经济补偿。劳动者违反竞业限制约定的，应当按照约定向用人单位支付违约金。

在解除或者终止劳动合同后，前款规定的人员到与本单位生产或者经营同类产品、从事同类业务的有竞争关系的其他用人单位，或者自己开业生产或者经营同类产品、从事同类业务的竞业限制期限，不得超过两年。

④ 补充保险。补充保险，是指除了国家基本保险以外，用人单位根据自己的实际情况为劳动者建立或购买的一种保险，如企业年金等。对于补充保险，国家不做强制性规定。用人单位根据自己的经济承受能力，自愿选择是否参加。

⑤ 福利待遇。福利待遇一般包括交通补贴、住房补贴、医疗补贴、通信补贴、通勤班车、带薪年假、托儿所、幼儿园、子女入学，以及用人单位提供解决职工生活需要的各种福利设施等。目前，用人单位给予劳动者的福利待遇也成为劳动者收入的重要来源之一。

### （三）无效劳动合同的确认及处理

#### 1. 无效劳动合同的确认

无效劳动合同，是指劳动者与用人单位订立的违反劳动法律、法规，不具有法律效力的劳动合同。无效合同可分为部分无效合同和全部无效合同。劳动合同符合法律法规的要求，是合同具有法律效力、受法律保护的基本前提。无效劳动合同从订立时起就不具有法律效力，不受法律保护。

根据我国《劳动合同法》第二十六条规定，下列劳动合同无效或者部分无效：① 以欺诈、胁迫的手段或者乘人之危，使对方在违背真实意思的情况下订立或者变更劳动合同的；

② 用人单位免除自己的法定责任、排除劳动者权利的；③ 违反法律、行政法规强制性规定的。

对劳动合同的无效或者部分无效有争议的，由劳动争议仲裁机构或者人民法院确认。

劳动合同的无效只能由劳动争议仲裁机构或者人民法院确认，其他任何组织和个人都无权确认。法律之所以规定无效劳动合同的确认权归属于上述两个专门机构，是因为它们是法律规定的处理劳动争议的机构，其决定具有法律效力。

**2. 无效劳动合同的处理**

无效劳动合同，从订立的时候起，就没有法律约束力，当事人双方都可以不必履行。确认劳动合同部分无效的，如果不影响其余部分的效力，其余部分仍然有效。劳动合同双方当事人，对劳动合同法律效力发生争议时，应向劳动争议仲裁委员会申请仲裁或向人民法院起诉确认。

劳动合同被确认无效，劳动者已付出劳动的，用人单位应当向劳动者支付劳动报酬。劳动报酬的数额，参照本单位相同或者相近岗位劳动者的劳动报酬确定。

## 三、劳动合同的变更和解除

### （一）劳动合同的变更

**1. 劳动合同变更的含义**

劳动合同变更，指劳动合同在履行过程中，经双方协商一致，对原合同条款进行的修改、补充或者删减，具体包括工作内容、工作地点、工资福利的变更等。劳动合同的变更，其实质是双方的权利义务发生改变。合同变更的前提是双方原已存在着合法的合同关系，变更的原因主要是客观情况发生变化，变更的目的是继续履行合同，它是原来已经存在的劳动权利义务关系的发展。变更劳动合同应当采用书面形式，任何口头形式达成的变更协议都是无效的。

**2. 劳动合同变更的条件**

劳动合同的变更，必须符合法定的条件，并经双方协商一致，否则所变更的内容无效，得不到法律的保护。

(1) 须有正当理由。所谓正当理由，主要是由于工作或生产需要而出现某种情况的变化，或者劳动法规明确规定、劳动合同约定变更的情况已经发生。

(2) 须双方协商一致。变更劳动合同是双方当事人的法律行为，必须经双方当事人平等自愿、协商一致，依法对劳动合同的部分内容作某些修改而达成新的协议，任何一方不得单独变更劳动合同。

### （二）劳动合同的解除

劳动合同解除，是指劳动合同在期限届满之前，双方或单方提前终止劳动合同效力，解除双方劳动权利义务关系的法律行为。它既可以是一方当事人单方面的合法行为，又可以是双方当事人的合法行为。劳动合同的解除分为协商解除、法定解除和约定解除三种方式。

**1. 双方协商解除合同**

用人单位与劳动者协商一致，可以解除劳动合同。劳动合同被称为合意上的法律，它既可以通过合意来订立、变更，又可以通过合意而提前终止。劳动合同的协商解除也必须符合三个条件：① 双方自愿；② 平等协商；③ 不得损害对方和第三方的利益。

**2. 劳动者单方解除合同**

劳动者提前三十日以书面形式通知用人单位，可以解除劳动合同。劳动者在试用期内提前三日通知用人单位，可以解除劳动合同。

用人单位有下列情形之一的，劳动者可以解除劳动合同：① 未按照劳动合同约定提供劳动保护或者劳动条件的；② 未及时足额支付劳动报酬的；③ 未依法为劳动者缴纳社会保险费的；④ 用人单位的规章制度违反法律、法规的规定，损害劳动者权益的；⑤ 因本法第二十六条第一款规定的情形致使劳动合同无效的；⑥ 法律、行政法规规定劳动者可以解除劳动合同的其他情形。

用人单位以暴力、威胁或者非法限制人身自由的手段强迫劳动者劳动的，或者用人单位违章指挥、强令冒险作业危及劳动者人身安全的，劳动者可以立即解除劳动合同，不需要事先告知用人单位。

**3. 用人单位单方解除合同**

劳动者有下列情形之一的，用人单位可以解除劳动合同：① 在试用期间被证明不符合录用条件的；② 严重违反用人单位的规章制度的；③ 严重失职，营私舞弊，给用人单位造成重大损害的；④ 劳动者同时与其他用人单位建立劳动关系，对完成本单位的工作任务造成严重影响，或者经用人单位提出，拒不改正的；⑤ 因法律规定的情形致使劳动合同无效的；⑥ 被依法追究刑事责任的。

劳动者有下列情形之一的，用人单位提前三十日以书面形式通知劳动者本人或者额外支付劳动者一个月工资后，可以解除劳动合同：① 劳动者患病或者非因工负伤，在规定的医疗期满后不能从事原工作，也不能从事由用人单位另行安排的工作的；② 劳动者不能胜任工作，经过培训或者调整工作岗位，仍不能胜任工作的；③ 劳动合同订立时所依据的客观情况发生重大变化，致使劳动合同无法履行，经用人单位与劳动者协商，未能就变更劳动合同内容达成协议的。

此外，用人单位单方解除劳动合同，应当事先将理由通知工会。用人单位违反法律、行政法规规定或者劳动合同约定的，工会有权要求用人单位纠正。用人单位应当研究工会的意见，并将处理结果书面通知工会。

## 四、劳动合同的终止和续订

### （一）劳动合同的终止

**1. 劳动合同终止的含义**

劳动合同的终止，是指劳动合同期限届满或双方当事人约定的终止条件出现，合同规定的权利义务即行消灭的制度。劳动合同终止后，合同便丧失其法律效力，双方当事人相对于该劳动合同而形成的责任、权利和义务随之消灭。

**2. 劳动合同终止的条件**

有下列情形之一的，劳动合同终止：

① 劳动合同期满的；

② 劳动者开始依法享受基本养老保险待遇的；

③ 劳动者死亡，或者被人民法院宣告死亡或者宣告失踪的；

④ 用人单位被依法宣告破产的；

⑤ 用人单位被吊销营业执照、责令关闭、撤销或者用人单位决定提前解散的；

⑥ 法律、行政法规规定的其他情形。另外，当事人约定的合同终止条件出现，劳动合同也告终止。

劳动者有下列情形之一的，用人单位不得解除劳动合同：

① 从事接触职业病危害作业的劳动者未进行离岗前职业健康检查，或者疑似职业病病人在诊断或者医学观察期间的；

② 在本单位患职业病或者因工负伤并被确认丧失或者部分丧失劳动能力的；

③ 患病或者非因工负伤，在规定的医疗期内的；

④ 女职工在孕期、产期、哺乳期的；

⑤ 在本单位连续工作满 15 年，且距法定退休年龄不足 5 年的；

⑥ 法律、行政法规规定的其他情形。

此外，我国《劳动法》规定，劳动合同期满，有上述规定情形之一的，劳动合同应当续延至相应的情形消失时终止。但是，丧失或者部分丧失劳动能力的劳动者劳动合同的终止，按照国家有关工伤保险的规定执行。

#### （二）劳动合同的续订

劳动合同的续订，是指劳动合同期限届满时，经劳动关系双方当事人协商一致，继续签订与原劳动合同内容相同或不同的法律行为。劳动合同续订的条件及程序与前述的劳动合同订立的有关规定一致，但续订劳动合同不得约定试用期。

## 第三节　工会与集体谈判

### 一、工会

#### （一）工会的概念

工会以一种独特的社会组织形式出现在人类历史舞台上，它同其他任何社会组织一样，在特定的社会历史条件下产生和发展。我国 2021 年修正后的《中华人民共和国工会法》（简称《工会法》）指出："工会是中国共产党领导的职工自愿结合的工人阶级群众组织，是中国共产党联系职工群众的桥梁和纽带。中华全国总工会及其各工会组织代表职工的利益，依法维护职工的合法权益。""工会必须遵守和维护宪法，以宪法为根本的活动准则，以经济建设为中心，坚持社会主义道路，坚持人民民主专政，坚持中国共产党的领导，坚持马克思列宁主义、毛泽东思想、邓小平理论、'三个代表'重要思想、科学发展观、习近平新时代中国特色社会主义思想，坚持改革开放，保持和增强政治性、先进性、群众性，依照工会章程独立自主地开展工作。”“工会组织和教育职工依照宪法和法律的规定行使民主权利，发挥国家主人翁的作用，通过各种途径和形式，参与管理国家事务、管理经济和文化事业、管理社会事务；协助人民政府开展工作，维护工人阶级领导的、以工农联盟为基础的人民民主专政的社会主义国家政权。”

### （二）工会的结构分类

根据工会运动的发展历程，可以把工会组织划分为职业工会、行业工会和总工会三类。

**1. 职业工会**

职业工会是将具有某种特殊技能，从事某种特殊职业的所有雇员组织起来的工会，而不考虑这些雇员所处的行业。在这种组织原则下，雇员所从事的工作以及他们在工业等级中所处的位置就构成了他们团结在一起的内在力量，即共同利益。这类工会可以细分为三种形式：

（1）同行工会。同行工会是最早的工会组织形式，具有很强的内部一致性。这种一致性一方面源于对加入工会者所从事职业的控制，另一方面也源于它对工会会员有特殊的技能要求。同行工会以那些未受过学徒训练且属于体力劳动者的技术工人为吸收对象。

（2）半技术与非技术工人工会。19 世纪末出现的“新工会主义”主张将没有加入技术工人工会的半技术及非技术工人组织起来建立工会。

（3）白领工会。由于这类工会所募集的会员对象的领域被限定在属于白领的工作类型，因而它可以被划入职业协会之列。

**2. 行业工会**

行业工会是将某一特定行业中从事工作的所有工人都组织起来的工会，而不考虑这些雇员的技术、技能以及所从事的职业。可以细分为两种形式：

（1）垄断性行业工会。这种工会把一个行业中的所有雇员都吸收进来，从而在劳动力市场上形成垄断力量。这种工会形式尤其适合以下两种场合：生产或服务过程需要特殊知识和技能，而且这些技术和技能专属于某个特定行业，不容易向其他行业扩散或转移；生产或服务过程构成了一个特殊的工作环境，使本行业雇员与其他行业雇员相隔离。

（2）单一性行业工会。这种工会虽然也把会员的募集范围限定在某一特定行业，但并没有把本行业的所有雇员都吸收进来。

**3. 总工会**

总工会的组织原则就是对会员募集不加任何限制，既不考虑职业因素，也不考虑行业因素，从而体现了对职业工会和行业工会分化现象的一种修正。它是在职业工会或行业工会的基础上经过合并逐渐形成的。

### （三）我国工会的社会职能

根据我国《工会法》的相关规定，工会的社会职能主要体现为维护职能、建设职能、参与职能和教育职能。

**1. 维护职能**

在市场经济体制下，工会作为职工利益的代表者和维护者，要求工会首先要在劳动关系领域发挥作用，加大劳动关系协调力度，突出对职工合法权益的维护。要在代表和维护职工政治利益和民主权利的同时，代表和维护其劳动权益和经济利益。

**2. 建设职能**

工会的建设职能，就是工会吸引职工群众积极参加改革，努力完成国家经济建设和社会发展任务的职能。工会作为党领导下的工人阶级群众性组织，应把发展生产力作为自己一切工作的出发点和归宿。这完全符合广大职工群众的利益，符合工会的性质和宗旨。

**3. 参与职能**

工会的参与职能，就是工会代表和组织职工参与国家和社会事务的管理，组织职工参与本企业、事业单位的民主管理的职能。工会只有充分履行好参与职能，代表职工搞好立法参与、政策参与，才能从源头上、总体上维护职工的合法权益。

**4. 教育职能**

工会的教育职能，就是工会帮助职工不断提高思想道德、技术业务和科学文化素质的职能。《工会法》规定："工会组织和教育职工依照宪法和法律的规定行使民主权利，发挥国家主人翁的作用，通过各种途径和形式，参与管理国家事务、管理经济和文化事业、管理社会事务；协助人民政府开展工作。"

### （四）工会的组织结构

**1. 工会组织结构的概念**

工会的组织结构，是指工会借以安排其内部管理体制、代表制度及职权体系的机构与过程，其中心问题是如何把效率与民主相结合。效率是指工会同管理方相抗衡的力量，发挥经济绩效与工作规范等职能的行动效率；民主是指工会会员参与各项工会活动，监督工会干部的行为方式。

**2. 工会的组织体系**

我国工会组织体系的设置是：全国总工会，地方总工会，全国和地方产业工会，乡镇、城市街道基层工会的联合会，基层工会委员会。

(1) 基层工会组织。《工会法》第十一条第一款规定："用人单位有会员 25 人以上的，应当建立基层工会委员会；不足 25 人的，可以单独建立基层工会委员会，也可以由两个以上单位的会员联合建立基层工会委员会，也可以选举组织员 1 人，组织会员开展活动。女职工人数较多的，可以建立工会女职工委员会，在同级工会领导下开展工作；女职工人数较少的，可以在工会委员会中设女职工委员。"按照这一规定建立起来的基层工会委员会，就是工会的基层组织。

(2) 乡镇、城市街道基层工会的联合会。随着乡镇经济的发展，乡镇企业规模不断扩大，职工人数大量增加，而恰恰在这些企业中职工合法权益受到侵害的现象比较严重。为此，《工会法》规定："企业职工较多的乡镇、城市街道，可以建立基层工会的联合会。"这一规定表明，乡镇、城市街道的工会的联合会具有总工会的性质。另外，这一规定并不是强制的，可以根据实际需要进行选择。

(3) 地方总工会。《工会法》规定："县级以上地方建立地方各级总工会。"各地方工会组织是由同级工会代表大会民主选举产生的。各级地方工会组织的领导机关是各级地方总工会，它负责领导本地区工会工作，指导和促进本地区基层组织的工作。各级地方总工会的最高权力机构是各级工会代表大会。

(4) 产业工会。《工会法》规定："同一行业或者性质相近的几个行业，可以根据需要建立全国的或者地方的产业工会。在同一行业中或者性质相近的几个行业中建立产业工会是非常必要的。产业工会全国委员会,由产业工会全国代表大会或者代表会议选举产生。代表大会每 5 年举行 1 次。”

(5) 全国建立统一的中华全国总工会。中华全国总工会是中国工会的最高领导机关,在国际活动中代表中国工会组织。中国工会的最高权力机构是工会全国代表大会。

**3. 工会的组织原则**

2021 年修正后的《工会法》规定,工会各级组织按照民主集中制原则建立。民主集中制是民主与集中的统一,民主是在集中指导下的民主,集中则是在广泛的、高度的民主基础上的集中。民主集中制的原则体现在两个方面:一是工会组织的建立,要按照民主集中制的原则进行;二是工会组织开展活动,要实行民主集中制。

工会组织建立的基础是职工自愿结合,这是工会组织民主的基础。工会作为自愿结合的组织,其会员大会或会员代表大会有权民主选举各级工会委员会,负责领导工会组织开展活动。这是民主与集中的具体体现,会员在民主的基础上选举出自己的工会领导机构,自觉接受其集中、统一的领导。

## 二、集体谈判

### (一) 集体谈判的概念和作用

**1. 集体谈判的概念**

在我国现行法规文件中,通常将“集体谈判”表述为“集体协商、平等协商”。

集体谈判是指雇主和工会之间针对工作报酬、工作时间及其他雇佣条件,在适当时间以坦诚的态度所进行的协商和交涉。在谈判的过程中,一方可以向对方就履行义务、协议情况提出质询,对方有义务回答,但任何一方不得强迫对方同意或终止协议。

**2. 集体谈判的作用**

集体谈判是市场经济条件下调整劳动关系的主要手段和国际惯例,通过集体谈判规范劳动关系事务,构成了市场经济国家劳动关系制度的核心。集体谈判不仅确立了劳动关系调整的正式规则,而且本身就是解决冲突的一种重要机制。集体谈判能有效地促使劳资双方互相让步,达成妥协,签订协议。降低诸如罢工、怠工、辞职等冲突产生的负面作用。通过集体谈判解决剧变时期出现的劳资冲突,成本最低且最为有效。

**3. 我国集体合同制度**

企业职工一方与用人单位通过平等协商,可以就劳动报酬、工作时间、休息休假、劳动安全卫生、保险福利等事项订立集体合同。集体合同草案应当提交职工代表大会或者全体职工讨论通过。

集体合同由工会代表企业职工一方与用人单位订立;尚未建立工会的用人单位,由上级工会指导劳动者推举的代表与用人单位订立。集体合同订立后,应当报送劳动行政部门;劳动行政部门自收到集体合同文本之日起十五日内未提出异议的,集体合同即行生效。集体合同中劳动报酬和劳动条件等标准不得低于当地人民政府规定的最低标准;用人单位与劳动者订立的劳动合同中劳动报酬和劳动条件等标准不得低于集体合同规定的标准。用人单位违反集体合同,侵犯职工劳动权益的,工会可以依法要求用人单位承担责任;因履行集体合同发生争议,经协商解决不成的,工会可以依法申请仲裁、提起诉讼。

### （二）集体谈判的进程和结果

#### 1. 集体谈判的进程

谈判的实际过程至少包括四个阶段：接触、磋商、敲定、扫尾。谈判的主要目的是解决双方利益和预期冲突，因而每一个阶段对整个谈判进程都十分重要。

（1）接触。接触阶段通常包括最初的几个谈判会议，双方交换初始的需求、表明立场。在这一阶段，双方都清楚，各自的观点和态度仅仅开始表明，随着整个谈判的深入，会做些修改和让步。通常这一阶段也会产生一些小的争议和纠纷，一方提出来，另一方会同意将这类问题撤出谈判的范围。这样更有利于明确双方争议的主要问题所在以及各自所持的态度。

（2）磋商。磋商阶段是整个谈判耗时最长的，也是最复杂的过程。双方虽然为了推进谈判进程，也都做出一些让步，也认为自己已经尽到真诚谈判的义务。但在一些关键性问题，尤其是一方或双方认为是原则性的问题上，却很难做出实质性的让步。通常谈判双方会从一些争议较少的问题入手，从已经达成一致的某些条款开始，努力达成全部协议。当逐步认识到无法获得最初所期望的条件时，双方也会修改一些问题的底线，在这一过程中，任何一方都不想也不太可能回到最初的起点，而是劝说其委托人改变预期，或至少帮助他们探讨进一步让步的可能性。

（3）敲定。一般最有争议的问题会在最后出现，因此敲定这个环节也会在末尾来临。双方在最后约定的期限来临之前达成协议，签署一个"协议备忘录"，包含已经达成一致的所有内容。但这个备忘录通常比较粗糙，仅仅是每一方同意的内容的框架。

（4）扫尾。扫尾工作一般是双方签订了备忘录以后展开。工会方把备忘录反馈给其成员进行投票表决，如果通过，那么新协议将产生预期的法律效力。但通常双方在达成协议时，还没有最终形成具体的合同语言，解决合同语言问题也就成为扫尾阶段一项非常重要的工作。如果谈判双方不能达成一致，或者谈判者同意的协议随后遭到会员的投票反对，这时为了避免罢工，雇主可能要做进一步让步，否则罢工就会在几天内爆发。最后，谈判双方还可以通过斡旋、调解和仲裁来裁判纠纷，避免或缩短罢工。斡旋是通过劝说化解双方的分歧；调解是更为主动地介入谈判过程，帮助双方达成协议；仲裁则是对纠纷所做的强制性的最终裁决。

#### 2. 我国集体谈判的进程

根据我国相关法律的规定以及集体协商的实际情况，集体谈判应做好以下工作：

（1）协商准备。协商代表应该在协商前做好充分准备，尤其是职工和工会一方的协商代表应当做到：① 熟悉与集体协商内容有关的法律、法规、规章和制度。② 充分掌握参与集体协商所必需的信息和资料，包括用人单位和职工对协商意向所持的意见。③ 拟定集体协商议题，集体协商议题可由协商一方起草，也可由双方指派代表共同起草。④ 协商的内容、时间、地点应由双方共同商定。⑤ 共同确定一名非协商代表担任集体协商记录员。记录员应该保持中立、公正，并为集体协商双方保密。

（2）确定协商代表。企业与职工双方要按照一定程序确定本方的集体协商代表，并各自确定一名首席代表。双方的代表人数应当相等。我国法律规定协商双方的代表人数应当对等，每方至少 3 人，并各确定 1 名首席代表。职工一方的协商代表由本单位工会选派，未建立工会的由本单位职工民主推荐，并经本单位半数以上职工同意。

双方签约人为举行谈判进行各项准备工作：确定谈判代表，拟定谈判方案，组成谈判委员会，预约谈判内容、时间和地点。

(3) 协商程序。关于集体协商程序，《集体合同规定》(2004)第三十四条规定："集体协商会议由双方首席代表轮流主持，并按下列程序进行：① 宣布议程和会议纪律；② 一方首席代表提出协商的具体内容和要求，另一方首席代表就对方的要求做出回应；③ 协商双方就商谈事项发表各自意见，开展充分讨论；④ 双方首席代表归纳意见，达成一致的，应当形成集体合同草案或专项集体合同草案，由双方首席代表签字。"

我国现行立法对如何举行谈判作了如下规定：在谈判中，任何一方不得有过激行为；在不违反保密法规和不干涉企业商业秘密的前提下，双方有义务向对方提供与谈判有关的情况或资料；谈判未达成一致或出现事先未预料的问题时，经双方同意可以暂时中止谈判，具体中止期限及下次谈判的具体时间、地点、内容由双方共同商定。

(4) 策略。从协商策略的类型看，主要包括：进攻策略、退却策略和迂回策略等。平等协商策略的运用，是一种复杂巧妙的组合搭配，这需要双方各自的协商代表都应按照本方确定的策略执行，切忌各行其是。

(5) 技巧。在实践中，协商的技巧运用非常灵活，具体可以通过以下原则得以体现：第一，双赢原则。即在协商过程中，不仅应考虑职工方面的利益目标，同时也应兼顾企业方面的利益目标，使双方的利益目标趋向接近，进而使双方通过协商共同受益。第二，4P 原则。即政策(policy)、预测(predict)、准备(preparation)、陈述(presentation)，在协商过程中，坚守本方的基本政策，同时应该预测对方的反应；不仅协商资料准备充分，而且能够充分地陈述自己的立场和主张。第三，2C 原则。即控制(control)、协调(coordination)。在协商过程中，不仅能够有效控制协商过程使其逐渐靠近所期望达到的目标，同时又能够有效协调内部成员之间的分工以形成配合默契。

**3. 集体谈判的结果**

谈判结果如何，在相当程度上取决于以下三方面因素：双方的谈判力量；利益、价值观和期望值；谈判技巧。

(1) 双方的谈判力量。谈判力量是三个因素中最重要的，也是最难解决的问题。由于罢工在某种程度上能给对方带来直接和间接的损失，可以把谈判力量区分为直接和间接两个来源，把相互关联的力量区分为退出力量、罢工力量和岗位力量。

(2) 利益、价值观和期望值。双方的利益、价值判断和期望值直接决定了彼此会在多大程度上抵制对方的要求，或承受罢工可能引发的损失，因而对于谈判结果有着重要的影响。

(3) 谈判技巧。谈判技巧的重要性表现在两个方面：一是改变对方期望值和谈判底线的技巧，二是准确判断对方让步位置的能力。

总之，这三个因素相互关联，如果工会方的谈判力量弱而管理方的力量强，那么工人就会降低期望值而且改变强硬态度；同时管理方则会提高期望值，在谈判中采取强硬态度，不愿接受妥协。

# 第四节　劳动争议及处理

## 一、劳动争议处理的原则和方法

### （一）劳动争议的概念

劳动争议也称劳动纠纷，在非公有制企业和资本主义国家中又称劳资争议、劳资纠纷。广义的劳动争议是指劳动者与用人单位或其团体之间因劳动关系所发生的一切争议；狭义的劳动争议仅指劳动者与用人单位因实现劳动权利或履行劳动义务而引发的争议。从本质上来讲，劳动争议是劳动关系不和谐的反映。劳动争议与其他社会关系纠纷相比，具有以下特征：

**1. 劳动争议的当事人是特定的**

劳动争议的当事人即劳动争议的主体，一方是企业，另一方为劳动者或其团体，必须是建立劳动关系的企业和劳动者或其团体才有可能成为劳动争议的当事人。

**2. 劳动争议的内容是特定的**

劳动争议的内容是劳动权利和劳动义务。劳动权利和劳动义务是依据劳动法律、法规、劳动合同、集体合同等确定的。劳动权利和劳动义务的内容相当广泛，它包括就业、劳动报酬、工作时间、休息休假、劳动条件、劳动保护、保险与福利、技能培训、劳动纪律等。

凡是以劳动权利义务之外的权利义务为标的的争议都不属于劳动争议。

**3. 劳动争议有特定的表现形式**

一般的社会关系纠纷表现为争议主体之间的利益冲突，其影响范围通常局限在争议主体之间，而重大的集体劳动争议、团体劳动争议除可表现为一般劳动关系纠纷的形式，有时还会以消极怠工、罢工、示威、请愿等形式出现，涉及面广，影响范围大，甚至超越事发地区，有的甚至造成国际影响。

### （二）劳动争议产生的原因

劳动争议是多种原因共同作用造成的，包括经济社会运行环境、经体制改革、用人单位管理效率、劳动合同和集体合同的运行状态、工会协调力度以及相关法律法规的健全程度等。劳动争议产生的原因主要有以下几个方面：

**1. 经济社会总体运行环境**

经济社会总体运行环境是产生劳动争议的客观原因。随着我国市场经济体制不断完善和现代企业制度不断推进，传统的单一型劳动关系被打破，用人制度灵活多样，劳动关系也趋于多样化，难免出现不能正确处理双方权利义务关系的情况，从而产生争议。另一方面，我国劳动力市场劳动者和用人单位力量对比不平衡，在很多领域劳动者都处在弱势地位，权利容易被侵犯，导致劳动争议不断出现。

**2. 劳动关系双方不同的利益追求**

劳动关系双方不同的利益追求是产生劳动争议的根本原因。市场经济条件下，用人单位之间的竞争日益激烈，作为独立的经济体，其追求利润最大化的目标非常清晰，有降低人工成本的动力。同时，劳动关系虽然仍具有人身属性，但早已没有计划经济时代的“铁饭碗”特征，劳动者追求个人利益最大化的诉求更加强烈。劳动关系双方的利益差别所导致的相互不满发展到一定程度，就会以劳动争议的形式表现出来。

**3. 劳动合同和集体合同履行不规范**

劳动合同和集体合同履行不规范是产生劳动争议的直接原因。劳动合同和集体合同将国家相关劳动政策法规具体化，指明了劳动关系运行过程中双方当事人的行为规范。劳动关系双方没有实际、全面地履行劳动合同和集体合同及相关法律法规规定的义务，是产生劳动争议的直接原因。例如，劳动合同未能及时签订，劳动者和用人单位的权利义务约定不明确；用人单位没有按照劳动合同约定按时足额支付劳动报酬；劳动关系当事人解除或终止劳动合同时，并未严格按照法律规定的条件和程序进行；集体合同订立程序不合法，内容与相关法律规定不一致等。上述情形在劳动关系运行过程中经常出现，导致劳动争议发生。

**4. 对劳动关系运行监管不足**

对劳动关系运行监管不足是产生劳动争议的间接原因。政府和社会对劳动合同、集体合同的履行情况监督不到位、制度不健全，不能很好地监督劳动关系双方权益受保护的程度。对劳动关系运行监管不足，导致劳动关系当事人对自身行为产生的不利后果存在侥幸心理，在冲突的萌芽状态下也不能很好地化解矛盾，最后演变为劳动争议。

### （三）劳动争议处理的原则

劳动争议处理的原则是劳动争议处理机构在处理劳动争议时必须遵循的基本准则，贯穿于劳动争议处理的全过程。具体原则的落实，保障了总体原则在劳动争议处理全过程中的实现。劳动争议处理的原则内容如下：

**1. 着重调解及时处理的原则**

调解是处理劳动争议的基本手段，贯穿于劳动争议处理全过程。

调解应当依法进行，包括依照实体法和程序法，调节不是无原则的“和稀泥”。其他处理程序都必须坚持先行调解，调解不成时才能进行裁决或判决。及时处理强调各道处理程序的时间限制：受理、调解、仲裁、判决、结案都应在法律法规规定的时限内完成，及时保护当事人的合法权益，防止矛盾激化。

**2. 在查清事实的基础上依法处理的原则**

此项原则就是合法原则，劳动争议处理机构处理劳动争议的所有活动和决定都要以事实为根据，以法律为准绳。

**3. 当事人在适用法律上一律平等的原则**

劳动争议当事人法律地位平等，双方具有平等的权利和义务，任何一方不得有超越法律规定的特权。当事人双方在适用法律上一律平等、一视同仁，对任何一方都不偏袒、不歧视，对被侵权或受害的任何一方都同样予以保护。

### （四）劳动争议处理的程序

（1）根据我国劳动立法的有关规定，当发生劳动争议时，争议双方应协商解决。

(2) 不愿协商或协商不成，当事人可以申请企业劳动争议调解委员会调解。

(3) 调解不成或不愿调解，当事人申请劳动争议仲裁机构仲裁。

(4) 当事人一方或双方不服仲裁裁定，可以向人民法院起诉，由人民法院依法审理并做出判决。

### (五) 劳动争议处理方法

劳动争议处理方法分为一般调整方法和紧急调整方法。一般调整方法，又可以具体分为协商、斡旋和调解、仲裁、审判。

**1. 一般调整方法**

(1) 协商。协商是争议双方采取自治的方法解决纠纷，根据双方的合意或团体协议，相互磋商，和平解决纷争。协商解决劳动纠纷，不是基于法律的强制，而是基于当事人自主选择。

(2) 斡旋和调解。斡旋是在争议双方自我协商失败的情况下，由第三者或中间人介入，互递信息，传达意思，促成其和解。调解是第三者或者中间人介入争议处理过程，并提出建议，促使双方达成协议。与斡旋相比，调解人的角色更加独立，可以提出解决争议的具体方案或建议，供双方参考。

(3) 仲裁。仲裁是仲裁机构对争议事项做出的裁决决定。仲裁裁决具有约束力，并具有强制执行的效力。仲裁可以分为自动仲裁、自愿仲裁和强制仲裁。

(4) 审判。它是法院依照司法程序对劳动争议进行审理并做出判决的诉讼活动，是处理劳动争议的最终程序。

**2. 紧急调整方法**

所谓紧急情况下的劳动争议，即对公众的日常生活不可缺少或对国民经济产生重大影响的劳动纠纷，如铁路、邮电、医疗等的集体纠纷，许多国家都规定了特殊的处理程序，具体方法是：① 坚持优先和迅速处理的原则；② 政府在必要时可采取强制仲裁，即停止或者限制影响公共利益和国民生活的争议行为，采取紧急的方法提出解决问题的方案；③ 争议行为的实施期限短。

## 二、劳动争议的调解、仲裁、诉讼

### (一) 劳动争议调解的概念和原则

**1. 劳动争议调解的概念**

劳动争议调解，是指调解委员会对企业与劳动者之间发生的劳动争议，在查明事实、分清是非、明确责任的基础上，依照国家劳动法律、法规以及依法制定的企业规章和劳动合同，通过民主协商的方式，推动双方互谅互让，达成协议，消除纷争的一种活动。

劳动争议调解是一种力求达成一致的过程，在这一过程中，调解人不偏袒任何一方，而是帮助双方找到一个都可以接受的解决办法。调解人不能将自己的决定强加于当事人。调解虽然不是劳动争议处理的必经程序，却是劳动争议处理制度中的“第一道防线”，对解决劳动争议起着很大的作用，尤其是对希望仍在原单位工作的员工，通过调解解决劳动争议当属首选步骤。

### 2. 劳动争议调解的原则

劳动争议的调解需遵循以下几个原则：

(1) 自愿原则。劳动争议调解委员会应当依照法律、法规，遵循双方当事人自愿原则进行调解。自愿是进行调解的本质和前提，如果一方不愿调解，则调解程序就无法启动；如果当事人在调解过程中不能达成共识和取得一致，任何人也不得强迫当事人接受调解协议。自愿原则还体现在以下几个方面：是否向调解委员会申请调解，由当事人自行决定，任何一方不得强迫；在调解过程中始终贯彻自愿协商的原则；调解协议的执行是自愿的。

(2) 民主协商原则。企业劳动争议调解委员会是专门处理企业内部劳动争议的群众性组织，不像司法、仲裁机构和行政机关那样拥有国家授予的权力，调解活动的参加人不享有诉讼活动中的权利和义务。在调解劳动纠纷时，主要依据法律、法规，运用民主讨论、说服教育的方法，动员其自愿协商后达成协议。

(3) 当事人适用法律一律平等原则。劳动争议双方享有平等的法律地位，具有平等的权利和义务，双方在适用法律上一律平等。

(4) 当事人申请仲裁和诉讼的权利。如果当事人选择企业调解，应及时调解；如果当事人在调解过程中又选择仲裁，应当积极支持当事人进行仲裁。调解委员会调解劳动争议，不能久拖不决，调解的最长期限为三十日，到期未结束的，视为调解不成，应及时告知当事人申请仲裁。

## (二) 企业调解委员会对劳动争议调解的特点

企业调解委员会对劳动争议的调解具有以下特点：

### 1. 群众性

企业劳动争议调解委员会是企业内依法成立的处理劳动争议的群众性组织，这体现在其人员组成和工作原则上。调解活动强调群众的直接参与。

### 2. 自治性

调解是企业内的劳动者对本单位运行的劳动关系进行自我管理、自我调节、自我化解矛盾的有效形式。

### 3. 非强制性

调解程序完全体现自愿的特点，即申请调解自愿，不能强制，调解协议的履行依赖于当事人的自愿及其舆论的约束。

## (三) 劳动争议仲裁的概念和原则

### 1. 劳动争议仲裁的概念

劳动争议仲裁是劳动争议仲裁机构根据劳动争议当事人一方或双方的申请，依法就劳动争议的事实和当事人应承担的责任做出判断和裁决的活动。劳动争议仲裁的特征体现在两个方面：一是仲裁主体具有特定性，为劳动争议仲裁委员会；二是仲裁对象具有特定性。

劳动争议仲裁具有强制仲裁的特点，只要劳动争议当事人一方提出仲裁申请即能引起劳动争议仲裁程序的开始，并且实行仲裁前置、裁审衔接制。当事人要向人民法院起诉就必须先向劳动争议仲裁委员会申请仲裁，人民法院不受理未经仲裁的劳动争议案件。

劳动争议仲裁委员会是国家授权、依法独立处理劳动争议案件的专门机构，是劳动行政范畴内的一种特殊执法机构。它由“三方”组成：劳动行政部门代表、同级工会代表和用人单位方面的代表。劳动争议仲裁委员会的办事机构是劳动行政主管部门的劳动争议处理机构。

**2. 劳动争议仲裁的原则**

劳动争议的仲裁需遵循以下几个原则：

(1) 一次裁决原则。劳动争议仲裁实行一个裁级一次裁决制度。劳动争议仲裁的裁决即为终局裁决，当事人不服仲裁裁决，只能向法院提起诉讼，不能向上一级仲裁委员会申请复议或要求重新处理。

(2) 合议原则。仲裁庭裁决劳动争议，实行少数服从多数原则，以保证仲裁裁决的公正性。

(3) 强制原则。本原则意味着劳动争议当事人申请仲裁不需要双方当事人达成一致，只要一方当事人申请，仲裁委员会即可受理；仲裁庭对劳动争议调解不成时，可直接行使裁决权，无须当事人同意；对发生法律效力的仲裁裁定，一方当事人不履行，另一方当事人可申请人民法院强制执行。

(4) 回避原则。仲裁委员会委员、仲裁人员及其相关工作人员与劳动争议有利害关系的、与当事人有亲属关系的，以及其他关系，可能影响公正裁决的人员应当回避。

(5) 区分举证责任原则。由劳动关系的特点所决定，反映平等主体关系间的争议事项，遵循“谁主张谁举证”的原则；反映隶属关系的争议事项，实行“谁决定谁举证”的原则。

### (四) 劳动争议诉讼的概念和原则

**1. 劳动争议诉讼的概念**

劳动争议诉讼是指劳动争议当事人不服劳动争议仲裁委员会的裁决，在规定的期限内向人民法院起诉，人民法院依照民事诉讼程序，依法对劳动争议案件进行审理的活动。劳动争议的诉讼还包括当事人一方不履行仲裁委员会已发生法律效力的裁决书或调解书，另一方当事人申请人民法院强制执行的活动。

最高人民法院于 2001 年 4 月 30 日公布了《关于审理劳动争议案件适用法律若干问题的解释》，对劳动争议案件的受理、举证责任、仲裁效力等方面做出明确的规定。《解释》主要体现了《劳动法》保护劳动关系中弱势群体——劳动者的立法精神，同时也有效地保障用人单位的正当权益。

**2. 劳动争议诉讼的原则**

人民法院审理劳动争议案件适用《中华人民共和国民事诉讼法》所规定的诉讼程序，遵循司法审判中的一般诉讼原则，如以事实为根据、以法律为准绳的原则；独立行使审判权的原则；回避原则；着重调解的原则等。此外，根据劳动争议案件的特殊性，还应体现密切与有关单位(如劳动行政机关、工会、劳动争议仲裁委员会等)配合的原则。

## 三、集体劳动争议处理程序

集体劳动争议是指有共同理由，劳动者一方当事人在 10 人以上的劳动争议。劳动者一方当事人在 30 人以上的集体劳动，根据国家劳动法律法规的规定适用劳动争议处理的特别程序。

特别程序与普通程序相比，其特点表现在：

(1) 劳动争议仲裁庭为特别合议仲裁庭,由 3 人以上的单数仲裁员组成。

(2) 劳动者一方当事人应当推举代表参加仲裁活动,代表人数由仲裁委员会确定。

(3) 影响范围重大的集体劳动争议案件由省级劳动争议仲裁委员会管辖。

(4) 集体劳动争议应自组成仲裁庭之日起的 15 日内结束,需要延期的,延长的期限不得超过 15 日。

(5) 仲裁庭应按照就地、就近的原则进行处理,开庭场所可设在发生争议的企业或其他便于及时办案的地方。

(6) 劳动争议仲裁委员会对受理的劳动争议及其处理结果应及时向当地政府汇报等。

## 第五节　员工安全与健康

### 一、员工安全与健康的重要性

在现代企业中,职业伤害是不可避免的,不论何种企业,其生产经营活动都存在一定的风险。而风险又与利润相伴,因此,许多企业的经营者为了短期的利益,缺乏有效的管理和对员工应有的防护。

一旦安全事故和职业病发生,不仅影响员工个人及其家庭的生活质量,而且让企业承担很大的成本,如医药费和保险费、工人补偿、遗属抚恤金、工资损失、设备和原材料损失等直接损失和员工旷工、怠工、离职、引发劳动纠纷等隐性损失。

20 世纪 70 年代初,员工的安全与健康在全球范围内引发普遍关注之后,许多国家的管理协会、劳工组织和政府有关部门很快做出了反应,并针对各自情况采取了一些具体对策。《中华人民共和国安全生产法》和《中华人民共和国职业病防治法》等法律法规规定,用人单位必须提供安全和健康的工作环境,劳动者有权获得安全生产保障、职业卫生安全保护的权利,有权拒绝不安全或不健康的工作。

事实上,建立和维护安全健康的工作环境有利于降低成本,提高经营能力。有效的安全和健康管理不但可以降低损失费用,而且还可以提高员工的士气与生产力。工作生活质量可以用来描述员工的安全与健康状况。工作生活质量(Quality of Working Life,QWL)也称为劳动生活质量,它是根据"生活质量"引申而来的术语。该词来源于英国塔维斯托克人的关系研究所提出的社会技术系统的概念。该概念的基本思想是为了提高组织工作效率,不能只考虑技术因素,还要考虑人的因素,使技术和人协调一致。综合许多学者的观点,管理中的工作生活质量大体包括以下一些内容:

**1. 劳动报酬的充分性和公平性**

员工在工作中的经济条件应得到充分保障,维持合理的生活水平,实现报酬与贡献相适应,使各成员之间的差距相对公平。

**2. 安全和有利于健康的工作条件**

工作的物理环境、条件和时间不能损害工人的健康。有益的环境可以改善工作绩效,提高人们的工作意愿。健康的工作条件,如高质量的照明系统,良好的通风,办公场所宽敞,温湿度适中，整齐清洁等细项。

**3. 工作组织中的人际关系**

公司要创造良好的氛围，使员工能在组织中，通过人际的互动、交往，满足其社会归属要求。

**4. 对工作本身的满意度**

这包括工作制度是否合理、是否有利于员工自我成长、工作是否具有自主性、工作是否富有变化等。

**5. 员工生涯发展**

公司必须在生涯规划、教育训练与升迁报酬等层面上做出系统规划，员工才会满意。要让工作者看到未来有受到提拔而向上提升职务的机会。同时公司要重视员工培训，充分利用员工能力。

**6. 参与决策，民主管理**

企业不能把人看成机器和工具，要尊重劳动者的个性，实行管理民主化，工人直接参与管理的各个阶段。

**7. 保障员工在组织内的权利**

要保障工人的工作权，使员工能在一定期间内持续保有相对固定的职位，而不会被任意地变换与调动工作；要保护工人，免受雇主和管理者滥用权力，执行劳动法规；要保障提高工人的社会地位，保护工人免受疾病的威胁和对失业的担心。

## 二、安全与健康法规

自 1963 年国务院出台《关于加强企业生产中安全工作的几项规定》首次规定安全生产责任制、安全技术措施计划、安全生产教育、安全生产的定期检查与伤亡事故的调查和处理等制度以来，经过半个多世纪的发展与完善，我国已经建立起了一套比较完备的职业安全与健康管理制度。目前，职业安全健康管理制度主要包括：安全生产责任制、职业安全健康措施计划制度、职业安全健康教育制度、职业安全健康检查制度、伤亡事故职业病统计报告和处理制度、职业安全健康监察制度、“三同时”制度、职业安全健康（劳动安全卫生）预评价制度等。下面简要介绍其中的几种制度。

### （一）职业安全健康教育制度

《中华人民共和国劳动法》明确规定，用人单位要“对劳动者进行劳动安全卫生教育”。用人单位的安全教育工作是贯彻用人单位方针，实现安全生产、文明生产，增强员工安全意识和安全素质，防止产生不安全行为、减少人为失误的重要途径。其重要性首先在于提高用人单位管理者及员工做好职业安全的责任感和自觉性，帮助其正确认识和学习职业安全健康法律、法规、基本知识。其次，是能够普及和提高员工的安全技术知识，增强安全操作技能，从而保护自己和他人的安全与健康，促进生产力发展。

### （二）职业病统计报告和处理制度

职业病报告必须是国家现行职业病范围内所列举的病种，卫生部曾于 1988 年修订颁发了《职业病报告办法》，规定了职业病报告的具体办法。根据此规定，地方各级卫生行政部门指定相应的职业病防治机构或卫生防疫机构负责职业病报告工作。职业病报告实行以地方为主,逐级上报的办法。一切企业、事业单位发生的职业病,都应报告当地卫生监督机构,由卫生监督机构统一汇总上报。有关职业病的处理,是政策性很强的一项工作,涉及职业病防治及妥善安置职业病患者、患者的劳保福利待遇、劳动能力鉴定及职业康复等工作。

根据规定,职工被确诊患有职业病后,其所在单位应根据职业病诊断机构的意见,安排其医疗或疗养。在医治或疗养后被确认不宜继续从事原有害作业或工作的,应自确认之日起的两个月内将其调离原工作岗位,另行安排工作;对于因工作需要暂不能调离的生产、工作的技术骨干,调离期限最长不得超过半年。患有职业病的职工变动工作单位时,其职业病待遇应由原单位负责或两个单位协调处理,双方商妥后方可办理调转手续。并将其健康档案、职业病诊断证明及职业病处理情况等材料全部移交新单位。调出、调入单位都应将情况报告所在地的劳动卫生职业病防治机构备案。职工到新单位后,新发生的职业病不论与现工作有无关系,其职业病待遇由新单位负责。劳动合同制工人、临时工终止或解除劳动合同后,在待业期间新发现的职业病,与上一个劳动合同期工作有关时,其职业病待遇由原终止或解除劳动合同的单位负责。如原单位已与其他单位合并,由合并后的单位负责;如原单位已撤销,应由原单位的上级主管机关负责。

### (三)职业安全健康监察制度

职业安全健康监察制度是指国家法律、法规授权的行政部门,代表政府对企业的生产过程实施职业安全健康监察,以政府的名义,运用国家权力对生产单位在履行职业安全健康和执行职业安全健康政策、法律、法规和标准的情况依法进行监督、检举和惩戒制度。我国的职业安全健康监察起始于20世纪80年代初,1983年,国务院批转《关于加强安全生产和劳动安全监察工作的报告》的通知中明确提出实行国家劳动安全监察制度。

企业应该建立健全劳动安全卫生制度,严格执行国家劳动卫生规程和标准,对劳动者进行劳动安全卫生教育,防止劳动过程中的事故,减少职业危害。

## 三、员工的健康与安全事故的防范

### (一)员工的健康

人们愈发关注越来越多地由于工作或工作环境所造成的员工健康问题。其中导致这种问题的原因主要有:有毒有害物质、环境和动作对身体健康造成的伤害;工作或工作环境、气氛等造成的心理伤害;安全事故造成的伤害等。工作场所的健康问题主要有职业病、工作压力、性骚扰等。这些问题直接影响员工的身体健康,影响员工间的关系。

**1. 职业病**

职业病是指企业、事业单位和个体经济组织等用人单位的劳动者在职业活动中,因接触粉尘、放射性物质和其他有毒、有害物质而引起的疾病。

2018年12月29日第十三届全国人民代表大会常务委员会第七次会议修正通过《中华人民共和国职业病防治法》,该法共7章88条。主要内容包括:关于职业病防治工作的基本方针和基本管理原则的规定、职业病的前期预防、劳动过程中的防护与管理、职业病的诊断管理、对职业病病人的治疗与保障等。此外，该法根据所设定的制度、措施，按照不同违法行为的不同性质、危害后果，规定了相应的法律责任，加大了对违法行为的处罚力度；突出了责令停止产生职业危害的作业，停建、停产直至关闭的处罚；对造成职业危害事故的，依法追究刑事责任。同时，该法还对卫生行政部门及其职业卫生监督执法人员的执法活动做了规范，并明确了相应的法律责任。

**2. 工作压力**

工作压力的来源主要有两个：环境因素和个人因素。许多外部环境因素会直接导致工作压力，如工作进度、工作速度、工作保障等等。但是，没有两个人会对同一工作做出同样的反应，因为个人因素也会导致压力。例如，沉迷于工作者及那些总是感到有一股力量驱使自己准时赶上截止日期者，通常将自己置于更大的压力之下。

适度的压力能使人挑战自我，挖掘潜力，富有效率，激起创造性，而不良的压力，不管其来源是什么，对雇员和组织的后果都是严重的。工作压力会引起焦虑、沮丧、发怒等后果，造成各种生理方面的疾病，如心血管疾病、头痛，或造成工作事故等，并给组织带来经济上的损失。世界卫生组织称工作压力是“世界范围的流行病”。

**3. 性骚扰**

“性骚扰”是针对他人(特别是女性)行使其所不希望的性的言行举动。其表现形式有多种多样，对受害人的心理会带来很大的危害。这种危害是极其严重的，也是多方面、多层次的。从社会发展的角度来说，性骚扰对整个人类的精神状况、心理健康、社会文化等都具有破坏作用。

性骚扰造成的负面影响，也会反映在工作上，直接影响员工关系的和谐稳定。如受骚扰员工工作不努力、工作满意度降低、缺勤次数增加和工作绩效下降等，受害者对组织的贡献度和忠诚度会降低，离职意愿会增强。

### （二）安全事故防范

**1. 发生安全事故的原因**

企业发生安全事故的原因主要有以下几种：

(1) 设备和工具有缺陷。

(2) 作业条件不符合安全要求。

(3) 缺乏安全技术知识的教育，违反操作规程。

(4) 操作者身体不适。

**2. 安全事故的预防**

企业为了防范安全事故的发生，主要采取以下几种措施：

(1) 制定安全规章制度和操作规程，实行安全生产责任制。

(2) 健全安全生产设施，淘汰危及生产安全的工艺和设备。

(3) 对员工进行安全培训和教育。《企业职工劳动安全卫生教育管理规定》明确指出，“企业在实施新工艺、新技术或使用新设备、新材料时，必须对有关人员进行相应的有针对性的安全教育”“企业职工调整工作岗位或离岗一年以上重新上岗时，必须进行相应的车间级或班组级安全教育”。

(4) 建立安全激励机制，通过正强化来减少不安全的行为。

(5) 定期进行安全生产检查。

安全生产检查的内容，主要是查思想、查管理、查隐患、查整改和查事故处理。查思想主要是检查用人单位领导和职工对安全生产工作的认识；查管理是检查用人单位是否建立安全生产管理体系并正常工作；查隐患是检查生产作业现场是否符合安全生产、文明生产的要求；查整改是检查用人单位对过去提出的问题的整改情况；查事故处理主要是检查用人单位对伤亡事故是否及时报告、认真调查、严肃处理。

安全生产检查时要深入车间、班组，检查生产过程中的劳动条件、生产设备以及相应的安全健康设施和工人的操作行为是否符合安全生产的要求。为保证检查的效果，必须成立一个需适应安全生产检查工作的检查组，配备适当的力量。

## 讨论案例

### 二倍的工资赔偿

2019年8月1日，万某入职某食品公司，从事检验工作，双方口头约定万某月工资为4000元。万某入职时，公司负责人告知其3个月试用期后签订书面劳动合同，但是双方一直未签订书面劳动合同。2021年7月31日，万某与食品公司解除劳动关系。万某要求食品公司支付2020年8月至2021年7月期间未与其签订无定期限劳动合同的二倍工资，该公司拒绝支付。万某遂向仲裁委员会申请仲裁，请求裁决食品公司支付2020年8月至2021年7月期间未签订无固定期限劳动合同的第二倍工资共48000元。

仲裁委员会裁决驳回万某的仲裁请求。本案的争议焦点是：2020年8月至2021年7月期间，万某与食品公司之间未签订书面劳动合同的情形是否属于《中华人民共和国劳动合同法》第八十二条规定的情形。

《中华人民共和国劳动合同法》第八十二条规定："用人单位自用工之日起超过一个月不满一年未与劳动者订立书面劳动合同的，应当向劳动者每月支付二倍的工资。用人单位违反本法规定不与劳动者订立无固定期限劳动合同的，自应当订立无固定期限劳动合同之日起向劳动者每月支付二倍的工资。"从上述条款可知，用人单位支付未依法签订劳动合同二倍工资的情形包括两种：一种是用人单位自用工之日起超过一个月不满一年未与劳动者订立书面劳动合同的；第二种是用人单位应当与劳动者订立无固定期限劳动合同，但违反规定不与劳动者订立无固定期限劳动合同的。第二种情形中的"规定"，是指《中华人民共和国劳动合同法》第十四条第二款规定的"除劳动者提出立固定期限劳动合同外，应当订立无固定期限劳动合同"的三种情形。而《中华人民共和国劳动合同法》第十四条第三款规定的"用人单位自用工之日起满一年不与劳动者订立书面劳动合同的，视为用人单位与劳动者已订立无固定期限劳动合同"是对用人单位不签订书面劳动合同满一年的法律后果的拟制规定，并非有关应当订立无固定期限劳动合同的情形规定。《中华人民共和国劳动合同法实施条例》第七条对此种情形的法律后果也做了相同的分类规定。

（案例来源：由网络资料改编，仅供教学使用。）

**讨论与思考**

1. 按照劳动合同法的规定，万某是否与该单位签订了无固定期限劳动合同？为什么？

2. 视为订立无固定期限劳动合同后，用人单位仍未与劳动者签订劳动合同的，是否应当向劳动者支付二倍工资？

3. 超过一年未签订劳动合同，二倍工资计算期限是如何规定的？

## 复习思考题

1. 如何理解劳动关系?
2. 根据我国《劳动合同法》第二十六条规定,哪些劳动合同无效或者部分无效?
3. 劳动合同的法定条款包括哪些内容?
4. 我国《劳动合同法》第四十四条规定,有哪些情形可以让劳动合同终止?
5. 工会的职能是如何分类的?
6. 劳动争议的特征有哪些?
7. 劳动争议产生的原因有哪些?

## 自　测　题

### 一、选择题

1. 构成劳动法律关系的要素分别为劳动法律关系的(　　)。
   A. 主体　　B. 劳动合同　　C. 客体　　D. 内容
   E. 各类管理规则
2. 订立为期 2 年的劳动合同,双方约定了 2 个月的试用期,则劳动合同的期限为(　　)。
   A. 24 个月　　B. 26 个月
   C. 22 个月　　D. 由劳动合同双方协定
3. 属于劳动合同因故终止的情形不包括(　　)。
   A. 定期劳动合同到期　　B. 劳动者退休
   C. 劳动关系主体一方消灭　　D. 劳动合同约定的终止条件出现
   E. 劳动者辞职
4. 订立劳动合同,应当遵循(　　)
   A. 合法原则　　B. 公平原则
   C. 平等自愿原则　　D. 协商一致原则
   E. 诚实信用的原则
5. 集体谈判的过程阶段至少包括(　　)阶段。
   A. 接触　　B. 磋商　　C. 敲定　　D. 扫尾

### 二、填空题

1. 根据我国《劳动合同法》的规定,劳动关系,是指用人单位招用劳动者为其成员,劳动者在用人单位的管理下提供________而产生的________关系。

2. 劳动法律关系构成要素分别为________、________与________。

3.《劳动合同法》第十二条规定:劳动合同分为________、________和________。

4. 我国《劳动合同法》第六十八条规定:“非全日制用工,是指以小时计酬为主,劳动者在同一用人单位一般平均每日工作时间不超过________,每周工作时间累计不超过________的用工形式。”

5.《劳动合同法》第十九条规定:“劳动合同期限三个月以上不满一年的,试用期不得超过________;劳动合同期限一年以上不满三年的,试用期不得超过________;三年以上固定期限和无固定期限的劳动合同，试用期不得超过__________；同一用人单位与同一劳动者只能约定一次试用期；以完成一定工作任务为期限的劳动合同或者劳动合同期限不满三个月的，不得约定试用期；试用期包含在劳动合同期限内；劳动合同仅约定试用期的，试用期不成立，该期限为劳动合同期限。”

6. __________，指劳动合同在履行过程中，经双方协商一致，对合同条款进行的修改、补充或废止，具体包括工作内容、工作地点、工资福利的变更等。

7. 根据工会运动从19世纪至20世纪的发展历程，可以把工会组织划分为__________、__________和__________三类。

8. __________是工会和雇主方确定就业条件和待遇的交涉过程，它是雇员以工会这种团体形式所进行的交涉，它包含了谋略、运气、能力、压力、让步和冲突等多种因素。

# 第十章　国际人力资源管理

学习目标

1. 了解国际人力资源的特点；
2. 了解国际企业人员的来源；
3. 理解国际企业人员配备的方法；
4. 掌握国际企业人员的培训类型；
5. 掌握国际企业人员的绩效考核制度；
6. 掌握国际企业人员的薪酬构成。

## 第一节　国际人力资源管理概述

随着全球经济一体化进程的不断深化，企业的经营范围扩展到全球。一方面越来越多的国际企业在中国开展业务，把中国作为其全球业务中的重要组成部分；另一方面，中国企业通过业务扩张、海外制造与销售、兼并收购等方式进入国际市场，开始了国际化征程。国际企业在全球范围内发挥着越来越重要的作用，企业的经营与管理迫切要求具备全球化的特征，中国企业要想在国际市场上具有竞争优势，首先必须追求企业的人力资源管理国际化。

### 一、国际人力资源管理的含义

国际人力资源管理是国际化组织人员管理的特殊实践，既要遵循人力资源管理的共性要求，又因涉及人力资源的多样性和实践背景的差异性，而存在有别于本土人力资源管理的特殊管理要求。摩尔根(Morgan)认为，国际人力资源管理是处在人力资源活动、员工类型和国家类型这三个维度之中的互动组合。库伦认为，当将人力资源管理的功能应用于国际环境时，传统意义上的人力资源管理就变成了国际人力资源管理。本书认为，国际人力资源管理是指国际企业为发展的需要而对人力资源进行的有效的获取、配置和利用活动。

与国际人力资源管理相关的三种国家类型分别是：东道国、母国和第三国。东道国是指海外子公司或分公司所在的国家；母国是指公司总部所在的国家；第三国是指劳动力、资金和其他投入资源的来源国。

国际企业的员工类型因此也被分为三种：东道国员工、母国员工和第三国员工。此外，受国际派遣活动的影响，国际企业中还出现了三类特殊的人员：外派人员、非外派人员和内派人员，他们在企业经营活动中充当着不同角色。其中，外派人员通常是指那些位于某国境内的公司派遣一些员工去另一个国家从事各种经营管理工作。

## 二、国际人力资源管理的特点

由于企业经营的国际化，国际人力资源管理的所有活动都会变得更加复杂。区分人力资源管理和国际人力资源管理的关键变量在于后者的复杂性——要在若干不同国家经营并招募不同国籍的员工。国际人力资源管理与传统国内人力资源管理的主要差别具体表现在以下几个方面：

### （一）国际人力资源管理具有更多的职能

国内的人力资源管理所从事的工作主要包括人力资源规划、员工招聘、人员绩效与薪酬、员工培训与开发、劳动关系等。然而国际人力资源管理还需考虑纳税及外派人员的重新配置问题。

一是外派人员的纳税问题涉及如何制定平等纳税政策以确保同一国家在不同东道国的外派人员不存在纳税方面的损失。

二是外派人员的重新配置问题涉及外派前接受培训、移民、配偶子女问题、薪资报酬问题、回任问题等。

### （二）国际人力资源管理具有更多的异质性功能

国内人力资源管理讨论的是员工在同一地区、统一报酬政策及政治经济环境下的管理问题。而国际人力资源管理却牵涉母国人员、东道国人员和第三国人员，这些员工可能在同样的地区工作，却面临不同的薪酬制度、不同的纳税政策、不同的福利津贴等。因此，在单一组织内如何使来自不同国家和地区员工的薪酬、福利计算公平，是国际人力资源管理的重要议题之一。

### （三）国际人力资源管理更加关注员工的生活

外派人员在选派、培训、派任、省亲和离任过程中，均涉及员工的个人生活，因此国际人力资源管理部门必须和员工保持较深层的互动，甚至包括员工的家庭说服，让员工充分了解与外派相关的信息（包括当地情形、公司支援、薪酬计算和回任期限等）。

### （四）国际人力资源管理面临更多的外界环境压力

由于国际人力资源管理牵涉到多国环境，故比国内人力资源管理需要处理更多来自外界的压力以及不同国家所诉求的不同议题。例如，不同东道国的政治经济环境有所不同；发达国家较重视劳资关系与福利，而发展中国家则更强调就业率、劳工管理等方面内容。

# 第二节　国际企业员工的招聘

一个企业从创立、发展壮大直至走出国门发展成为一个国际企业，意味着它将在一个复杂的国际环境下面临着更大的挑战，其对优秀员工的需求也越来越迫切，而它所面临的选择也随之越来越多元化。

## 一、国际企业员工的来源及其特点

国际企业在挑选管理人员时，可以有母国员工、东道国员工和第三国员工。根据一些知名国际企业招聘实践的经验总结，国际企业的高层管理人员一般由母国总部派出；中层和基层管理人员则从东道国、第三国选拔。这三类不同来源的员工，对国际企业而言各有其优势和局限性。

### （一）母国员工

母国员工是指来自公司总部所在国家的员工，根据国际人力资源管理经验，国际企业的中高层管理人员、技术专家一般由母国总部派出。母国员工作为外派管理人员到海外分公司工作，这对处于发展初期的国际企业而言非常重要。这些外派人员熟知公司总部的经营战略、经营方式以及各项制度政策，可以很好地贯彻总部的宗旨和意图，并使海外分公司与母国总部保持良好的沟通，从而确保分公司与公司总部在企业目标和政策制定等方面保持一致。

挑选母国员工作为外派管理人员，也存在一定的局限性。一是外派人员可能需要很长时间适应东道国文化、语言、政治和法律环境，在这段时间里他们很可能因为不熟悉情况而做出错误的决策；二是外派人员及其家庭所支出的各类费用过高，增加了国际企业的经营成本；三是这种人员配备方法限制了东道国员工的提升机会，可能会导致员工的低生产率和高流失率。同时，此方法也不利于海外分公司的管理层与下属构建有效沟通与合作机制。

### （二）东道国员工

东道国员工是指那些在海外子公司工作的当地员工。东道国员工一般为中层和基层管理人员及一线的操作工人。当国际企业发展到一定阶段并积累了比较丰富的国际企业管理经验以后，就可以考虑开发和利用东道国的人力资源。

**1. 招聘东道国员工的优势**

（1）可以克服语言和其他方面的障碍，使东道国管理人员快速适应新工作岗位的要求，同时也有利于分公司管理层与当地员工之间的沟通，从而提升当地员工对分公司的归属感。

（2）可以加深东道国政府和当地社会对分公司的良好印象，进一步与其建立良好关系。

(3) 从东道国招聘员工可以大大节约成本,一方面是因为有些东道国当地工资较低,国际企业可以花较少的钱招聘到高质量的管理人员,另一方面也可以节约由母国总部外派管理人员所导致的高额培训费用。

**2. 招聘东道国员工的局限性**

(1) 东道国员工不一定熟知公司总部的宗旨、政策、战略以及经营方式等,往往不能成为总部与分公司之间的桥梁。

(2) 可能受强烈的民族意识影响,难以做到全心全意为公司服务。

### (三) 第三国员工

第三国员工是指母国和东道国之外的第三国员工。

**1. 招聘第三国员工的优势**

(1) 第三国员工一般都是职业的跨国从业者,他们精通外语,了解第三国家的文化,因此他们比母国外派人员更熟悉东道国的情况,可以更快进入工作角色。

(2) 招聘第三国员工在薪酬和福利方面的成本要低于母国外派人员。在全球范围内合理调配和使用人力资源,使国际企业的经营优势得到充分发挥。

(3) 有利于公司塑造国际形象。

**2. 招聘第三国员工的局限性**

第三国员工同东道国员工以及母国员工之间可能存在沟通上的困难,且成本要高于招聘东道国员工。

## 二、国际企业员工配备的方法

国际企业人员配备有民族中心法、多中心法、地区中心法和全球中心法四种。

### (一) 民族中心法

民族中心法是指国际企业所有的关键岗位都由母国人员担任。这种政策对国际化早期阶段的公司来说很普遍。

**1. 民族中心法的优势**

对处于国际化早期阶段的公司来说,民族中心法能降低风险。使用母国人员来代替当地的管理者,可以保证国外市场新的子公司服从公司的整体目标和政策。因而,对于有经验的国际企业来说,民族中心法对某种特定的国外市场可能相当有效,让受信任的自己人去做"正确的事情"能降低国外活动中的风险。

**2. 民族中心法的局限性**

(1) 这种政策限制了东道国人员的晋升机会,可能引起士气下降和人员流动频繁。

(2) 外派经理适应东道国的环境需要很长一段时间,在此期间可能会做出错误或不当的决策。

(3) 当母国人员和东道国人员待遇差距过大时,东道国人员可能认为是不公平的。

(4) 对许多外派人员来说,一个关键的国际职位意味着新的地位、权力、生活水平的提高。这些变化可能影响外派人员对其当地下属的需要和期望的感知程度。

### （二）多中心法

多中心法的人员配备政策是招聘东道国人员管理其当地的子公司，而母国人员在母国总部任职。

**1. 多中心法的优势**

(1) 聘用东道国人员可以消除语言障碍，避免外派经理人员及其家庭的适应问题，同时也可以免除昂贵的文化适应等培训开支。

(2) 避免一些敏感的政治风险。

(3) 聘用东道国人员费用不高，即使使用额外一些费用吸引高层次的人才，费用也不高。

(4) 聘用东道国人员可以保持子公司管理的连续性。

**2. 多中心法的局限性**

(1) 子公司与公司总部存在语言障碍和文化差异，这些都会使总部与子公司产生隔阂，甚至可能使总部难以控制子公司。

(2) 东道国和母国经理人员的职业生涯问题。子公司的经理很少有机会到国外获得国际经验，也无法晋升至子公司之外的更高层级。母国经理也只能很有限地获得国际经验，高级经理人员很少从事国际经营，长期下去将制约战略决策和资源分配。

### （三）地区中心法

地区中心法的核心在于，基于地理区域对企业的运营和管理进行合理化分配。企业将其市场和业务按照地理区域进行划分，每个区域设立地区中心，这些中心负责区域内的业务运营和管理。随着公司业务和产品战略性质的变化，人员在地区间流动。例如一家美国公司可能形成三个地区：欧洲地区、美国地区和亚太地区。欧洲人员将在整个欧洲范围内流动，如英国人到德国，法国人到比利时，德国人到西班牙。从欧洲地区调到亚太地区的人员很少，这些地区的人员调到美国地区总部的同样也很少。

**1. 地区中心法的优势**

(1) 促进地区子公司调动到地区总部的高层管理人员与任命到地区总部的母国人员之间的互动。

(2) 是国际企业逐渐由纯粹民族中心法或多元中心法转到全球中心法的一条途径。

**2. 地区中心法的局限性**

(1) 容易产生以区域为基础的联合体，而不是以国家为基础，并且会阻碍公司从全球性的视角看问题。

(2) 虽然从企业整体看地区中心法的确在国家层面上开拓了员工的职业生涯前景，但它仅把障碍移至地区层面上，人员能晋升到地区总部但很少能晋升到母国总部。

### （四）全球中心法

全球中心法是在整个组织范围内选择最佳人员担任关键职位而不考虑国家来源。这种方法的主要优势在于可以帮助国际企业组建一支国际化的高层管理人员队伍。

**1. 全球中心法的优势**

(1) 赋予国际企业发展国际管理团队的能力，有助于发展全球性的视角，促进全球组织范围内人力资源的开发。

(2) 克服了多元中心法导致的国际公司像个“联合体”的缺陷。

(3) 有助于合作以及部门间的资源共享。

**2. 全球中心法的局限性**

(1) 东道国政府很想使本国居民被聘用,因此政府会使用移民限制,以促使本国人员被聘用。

(2) 陪同配偶获得工作许可比较困难。

(3) 由于培训和重新安置成本的增加,全球中心法政策实施起来成本较为昂贵。

(4) 在一定程度上会降低子公司管理的独立性和自主权,可能会引起子公司的抵制。

## 三、国际企业员工的选聘标准

### (一) 对母国外派人员的选聘标准

导致外派人员工作问题的原因很多,比如对国外文化的不适应,外派时间的长短,员工的工作环境,心理契约等。为了提升外派人员的工作绩效,减少外派的失误,国际企业在选聘海外高层经理时,越来越重视海外工作经验和国际化经营管理的才能。具体说来,当母国总部选聘外派人员时,影响外派的关键因素有以下几项:

**1. 专业能力**

包括完成外派工作任务应该具有的技能与知识。外派人员不但应该具有相应的技术技能、特定管理技能、行政管理能力等,还应该熟悉东道国和母国工作特点和相应的国际化经营常识。

**2. 交际能力**

具有较强的交际能力是选拔外派人员的重要标准。在人际关系标准方面,主要包括有对差异和模糊的容忍性、文化移情、对东道国的兴趣和文化韧性等。

**3. 语言技能**

在跨文化环境中工作需要强大的沟通能力,而语言技巧作为沟通,能力的基础,是选拔外派人员的重要标准。特别是能够较好地掌握东道国语言,并具有非语言交流技巧,将可以大大增加海外工作的成功概率。

**4. 工作成就感**

外派人员的成就使命感和职业道路一致,对海外工作有兴趣,对东道国的文化有兴趣,愿意理解和学习新伙伴的行为和态度,对当地社会符号具有深刻的理解力等都是体现工作成就感的重要方面,国际环境较国内环境更加复杂,不确定因素更多,因此更具有挑战性。富于工作成就感的人,对在国际环境工作更加有激情,对未来的困难更有面对的勇气和心理准备。

**5. 家庭状况**

在家庭方面,要求外派人员的配偶能够积极配合,尤其是长期外派人员,更需要家人对其工作予以理解和支持。外派人员的配偶自身也应该具有较强的环境适应力,在跨文化环境里保持稳定的家庭和婚姻状态。

### （二）对东道国人员的选聘标准

对于东道国员工的筛选，首先要区分不同的招聘目的。不同的目的，往往决定着不同的筛选标准。国际企业招聘东道国员工，一是为当地的分公司配备人员，二是为母国总部挑选合适的员工。

如果国际企业招聘东道国员工是出于第一个目的，那么筛选标准的重点应在候选人的受教育程度、专业技能和相关工作经验等方面。与国内人力资源招聘工作不同的是，国际企业在招聘东道国员工时，必须仔细研究东道国有关人员配备方面的法律法规和社会习俗，避免招聘过程中出现麻烦。如果缺乏在东道国的雇佣经验，很多国际企业的做法是利用当地的招聘机构，为分公司配备东道国人力资源经理，继而将分公司配备员工的职能本土化。

挑选东道国员工的第二个目的是将其调至公司总部任职。这样做的动机有的是为了培养和发展东道国员工，通过调动东道国员工到公司总部学习专业技能，接受专门培训；有的则为了使东道国员工获得归属感，促进国际企业发展全球企业文化。

### （三）对第三国员工的选聘标准

国际企业招聘第三国员工的目的，通常是将其作为派往海外分公司的外派管理人员。因此，上文中所讨论的挑选母国外派人员的标准，大部分也适用于对第三国员工的筛选。所以，专业技术能力和管理能力、跨文化适应能力和外语能力是国际企业挑选他国员工的重要筛选标准。

# 第三节　国际企业员工的培训与开发

为了在全球化竞争中获取优势，越来越多的国际企业把人力资源视为形成组织核心能力和竞争优势的关键因素。摆在许多国际企业面前的难题是如何维持和保有一支训练有素的、具有国际化经验的员工队伍，因此，培训和发展员工已经成为许多国际企业的当务之急。

## 一、跨文化培训的动因

### （一）为组织战略和发展服务

人力资源已经成为国际企业竞争的核心，跨文化培训正是提高人力资源产出效益的重要手段。合理控制和科学管理来自不同国家、民族、地区、组织的员工，可以使各国员工理解、接受乃至欣赏异域文化和多元文化以及相关风俗，有利于人力资源的整合。国际化经营的一个重要问题是如何帮助员工适应跨文化的环境。企业不仅需要对外派人员进行跨文化培训，而且组织内的其他成员，包括东道国人员也同样需要培养文化的敏感性和适应性。跨文化培训可以提高企业的跨文化管理水平，加深不同国籍或文化背景的员工对企业经营理念的理解，推动实现组织战略并保持全球市场竞争力。

### （二）减少管理理念和管理方法的冲突

来自不同国家、民族的管理者具有不同的文化背景、价值观、态度以及相应的行为方式。管理是受文化制约的，企业内部存在的种种文化差异必然会引起企业内部管理人员之间的管理理念和管理方法的冲击和碰撞。在企业日常运营和对外交往中，管理者缺乏跨文化交流的知识和技巧，会使相互间的沟通产生误解和不必要的摩擦，从而影响员工的凝聚力和企业竞争力，国际企业想要进行成功的跨文化管理，就必须进行跨文化培训，培养管理者对不同文化环境的反应能力和适应能力，加强沟通和理解。

### （三）提高绩效和促进职业生涯发展

跨文化培训可以大大降低外派失败率，促进员工学习和职业生涯的发展。培训可以帮助外派人员了解东道国文化，做好未来工作的准备。也可以帮助东道国本地员工提高技术业务能力，还可以帮助他们了解母国公司的战略和文化理念，从而有效地找准自身的发展方向，促进职业生涯发展。

## 二、外派人员的培训

为了确保外派人员能快速适应新的工作环境，必须实施有效的培训计划。对外派人员进行的培训有别于国内企业对员工的培训，其主要目的是帮助他们增强跨文化适应能力，因此外派人员的培训主要包括以下几个方面：

### （一）启程前培训

#### 1. 文化意识培训

确保外派人员在海外分公司工作顺利的一个前提就是他们必须适应新的工作环境。因此，在外派人员出发前，对他们进行有针对性的文化意识培训是大有益处的。这些培训能教会外派人员按照东道国的风俗习惯工作。文化意识培训的内容一般包括东道国情况介绍、跨文化技能训练、工作任务和职责待遇介绍等。文化意识培训的内容是由以下因素决定的：一是与东道国文化的接触程度，二是两国文化的差异程度。有研究表明，判断文化意识培训方案的效果主要取决于三个方面的因素：培训方法、培训严格程度以及培训持续时间。

#### 2. 预备访问

除了文化意识培训外，启程前培训计划中另外一种常用的方法是预备访问。预备访问就是在外派人员正式上任前，把他们派往东道国进行一次旅行。对这些外派人员来说，这样的访问可以帮助他们评估自己在新环境中的适应能力以及对新职位的兴趣。但是这种培训方法也存在一些缺点，一是预备访问耗费的成本较高，二是那些精心筛选出来的候选人可能因为不满意东道国的实际状况而不愿意接受新的任命。

#### 3. 语言培训

语言培训是启程前培训方案中的一个重要的组成部分。语言培训通常包括英语培训和东道国语言培训两个方面的内容。英语是一种国际性的通用语言，对一些母语非英语国家的国际企业来说，外派人员启程前的培训很重要的一部分便是英语培训。此外，如果外派人员还能熟练讲述东道国语言，无疑可以帮助外派人员及时获得更多有关东道国经济、政府和市场的信息，从而提高他们的工作效率和谈判能力。实践证明，熟练掌握东道国的当地语言，对外派人员尽快适应新的环境，并在新的工作岗位上取得良好绩效有很重要的影响。因此，语言培训，尤其是有关东道国当地的语言训练，是确保外派人员顺利完成跨文化调整和工作任务的重要保障。

**4. 适应性支持**

出发前非常重要的一点就是向外派人员提供各种可能的适应东道国环境的实际帮助。一方面，公司应该提供给外派员工更多的有关东道国的信息，减少外派员工的不协调感，提前做好心理准备；另一方面，公司应该提供实际的支持，比如通过各种途径帮助员工寻找住处，为他们的孩子寻找学校等。

### （二）抵达后的培训

外派人员到达东道国以后，真正的调整和适应阶段才开始。在这一阶段，国际企业还应安排以下培训内容，以便让外派人员尽快适应新的工作角色和工作环境。这些培训一般包括以下几个方面：

**1. 介绍周围环境**

包括分公司所在地的基本情况，如语言特点、民风民俗、交通状况和商店银行的分布情况等。这些介绍能帮助外派人员及其家庭尽快熟悉周围的生活环境。

**2. 介绍工作单位和东道国同事**

这是分公司向外派人员介绍公司的基本情况，包括今后工作的部门、具体的工作要求和绩效标准，尤其重要的是今后将共事的同事。最好的培训方法是请已经有海外工作经验的人给外派人员讲述在分公司工作的亲身体会，这样能减轻外派人员的陌生感和紧张情绪。

**3. 介绍实际工作情况**

这部分培训的重点在于强调在不同文化背景下不同的工作方式，尤其是因文化背景不同而导致的与母国总部截然不同的管理方式和工作方法。研究表明，外派人员工作失败的主要原因在于，他们不能适应不同的工作环境和工作习惯。

### （三）归国后的培训

外派人员的海外任职经历为员工的职业发展与进步提供了很多好处，不过并不是每个国际企业都能为外派归国人员设计适合的职业发展计划，做好归国后职业发展培训对外派人员来说显得尤为重要。事实上，这样的职业发展和培训计划早在外派人员离开母国，前往海外分公司时就应该开始了。国际企业应与外派人员共同建立能力培养方面的计划，将分公司的业绩目标与培养计划联系起来，确保培养计划的切实可行。同时还应保持交流渠道的畅通，以便使外派人员知道工作的机会，为外派人员及其家庭安排回国的机会。实践证明，这样的培训和能力培养的措施，可以有效留住那些有经验的回国人员，同时也可以使国际企业充分利用员工的专长而获得竞争优势。

## 三、东道国员工的培训

随着国际企业的兴起，人力资源自身素质对于国际企业生存与发展越来越重要，人们也开始越来越多地关注有关东道国员工的培训问题，原因主要有以下几个方面：首先是出于成本方面的考虑。例如，某国际企业从降低成本的角度考虑，决定在东道国设立一个工厂，该国劳动力资源丰富，劳动力成本较低。但是分厂一旦建立，企业马上会面临当地劳动力素质低下的困境。解决这一问题的唯一途径便是培训东道国员工，而这无疑使原来廉价的劳动力成本直线上升。如果这些经过培训的员工被当地的竞争对手以更高的报酬吸引过去，企业遭受的损失将更大。因此，对东道国员工的培训直接关系到国际企业的劳动力成本。

针对东道国员工的培训通常是一些操作技能和工作方法的培训。与外派人员不同的是，国际企业一般将东道国员工的培训授权给当地的分公司进行。对那些因工作需要调到总公司或其他海外分公司工作的东道国员工，其培训内容不仅是简单的技能培训，还包括跨文化适应的策略。从这点考虑，东道国员工与外派人员一样需要启程前培训，尤其是跨文化的调整和适应方面的训练。

# 第四节　国际企业员工的绩效考核

国际企业面临挑战性的问题之一是对其子公司或分公司进行绩效管理。随着公司地理位置的扩展、产品和运作模式的多样化，绩效管理将越来越复杂。国际企业需要一个有效的制度来管理其全球性的绩效，这个制度必须有利于公司的战略和竞争，同时还应设置不给子公司或分公司增加麻烦的报告程序。

## 一、国际人力资源绩效考核特点

在国际人力资源管理中，绩效考核具有一定的特殊性。绩效考核在现代企业中与薪酬、晋升等密切相关。但是国际人力资源管理中绩效考核的目的不仅仅是为员工薪酬调整和晋升提供依据，同时还加入了许多新的因素，比如重视个人、团队业务和公司目标的密切结合，将绩效考核作为结合相关各方的人员的一个契合点。

国际人力资源管理中绩效考核的目标包括战略方向和业绩，特别突出了战略方向，有利于实现企业的长远发展。业绩固然重要，但是战略不能因此而被忽视。国际人力资源绩效考核要求较为全面、合理、综合地反映一个员工各方面的业绩，包括员工在财务、客户关系、员工关系和合作伙伴之间的一些作为，以及员工的领导能力、战略计划、客户关注程度、信息分析能力、人力资源开发、过程管理等方面的表现。

因为国际人力资源越来越全球化，员工越来越趋向知识型，许多员工不仅仅在工作中追求高薪酬，更多的是追求一种自我价值的实现，员工对于公平感、自我实现、工作本身对人的激励等在工作中的体现要求越来越多，因而对管理者的素质要求越来越高，如何选拔优秀的管理者，如何明确管理者的必备素质以及如何培训管理者都显得越来越重要。

由于员工是全球性的，企业也是全球性的，因而薪酬的确定也是基于国际水平，薪酬标准从职位入手，跟国际市场挂钩。更为重要的是，科学地进行员工业绩考核，根据员工能力、市场价格和业绩考核等及时地调整薪酬，这是国际人力资源管理的基本要求，也更有利于企业和员工的发展。

如表10-1所示，虽然主要国家企业在绩效管理上存在差别，但上述特征应该是国际人力资源绩效考核共同的追求。

**表10-1　美国、日本和德国企业在绩效管理上的差异**

| 美国企业 | 日本企业 | 德国企业 |
| --- | --- | --- |
| · 不确定性与不稳定性<br>· 能力主义、强力表现<br>· 快速评价、迅速晋升<br>· 现实回报、无情淘汰 | · 年功序列<br>· 福利型管理<br>· 重视能力、资历和适应性三者平衡<br>· 缓慢晋升 | · 小幅度定期提薪、晋升、调换工作<br>· 公平竞争的择优机制 |

## 二、影响分公司绩效目标制定的因素

国际企业在为个人制定工作目标和绩效标准时，除参考工作描述和工作说明书这两份工作分析文件以外，最主要的依据便是总部根据国际化战略与目标为分公司制定的绩效目标。由于国际企业的经营超越了国界，所以有许多因素会直接或间接地影响分公司绩效目标的制定，而这将最终影响对外派人员和东道国员工的绩效考核。

### （一）局部与整体的关系

从本质上来说，国际企业是一个处在国际化环境中的独立实体。这意味着它必须面对不同的国家和不同的经济环境。当国际企业的整体利益和某个分公司的局部利益相矛盾时，国际企业通常是从整体利益的角度出发进行决策。比如，一个国际公司在某一特殊市场上建立一家分公司，特殊的含义是在这个市场上，该公司的主要竞争对手已经占据统治地位。因此，该公司进入这个市场的目的是抑制其竞争对手的定价策略。这个分公司可能会在相当长的一段时间里亏损，但是，这种策略的效果是使总公司在其他市场上打败竞争对手，赢得高额回报。再比如，一家国际企业在某些市场上建立合资企业，目的可能只是为了在这些市场上占据一席之地，即使在短期这些合资企业肯定是不赢利的。这些局部利益与整体利益之间的关系，无疑会影响分公司绩效目标的制定。

### （二）国际环境的复杂多变

国际环境的复杂多变迫使国际企业制定一些灵活性较大的长期目标，以适应市场的变化。虽然分公司的经营环境也充满了多变和不确定性，但分公司经营目标必须与总公司经营目标保持一致，而远在千里之外的总部所制定的目标可能并不符合分公司实际情况。因此，国际环境的不可预测性，可能会导致分公司在绩效目标制定上存在一定的盲目性。

### （三）时间与空间的距离

因为时区的不同和地理位置的差异，总公司与分公司的经营活动很难保持一致。虽然通信技术有了很大发展，但是可视电话以及互联网并不能完全代替总公司与分公司管理人员之间面对面的沟通。因此，许多国际企业的管理人员需要花费大量的时间在旅行上，以便能与分公司的经理们就企业的战略目标和任务进行沟通。在制定绩效标准时，作为人力资源管理人员，要充分考虑总公司与分公司之间、各分公司之间存在着时间与空间的距离等因素。

### （四）不同的发展阶段

每个海外分公司的成长都会经历不同的发展阶段。对于那些处于发展初期的分公司，由于缺乏已经成名的品牌来支持新产品，新的业务也无法获得其他部门的帮助。因此，为取得成功，分公司往往要花费更多的时间和金钱，这一点，在制定绩效标准时也是重要的考虑因素之一。

## 三、外派人员的绩效考核

### （一）外派人员的绩效考核系统

**1. 绩效考核标准**

国际企业为外派人员制定的绩效考核标准一般可以分为：硬指标、软指标和情境指标三类。所谓硬指标是指客观的、定量的、可以直接测量的标准；软指标是指以关系或品质为基础的标准；情境指标是指那些与周围环境密切相关的绩效标准。一般来说，仅仅依靠硬性指标来评价外派管理人员的绩效是不够的，因为这不足以反映外派人员是如何取得这些工作成果。这时就需要用软指标来弥补硬指标的不足，但是软指标很难量化。此外，由于文化环境的变换和冲突，这种考核也比较复杂，因此就需要用情境指标来辅助考察环境对外派人员绩效的影响。总之，在使用由硬性、软性和情境指标组成的评价指标体系进行外派人员的绩效考核时，必须注意各种指标的长处和短处，尽量扬长避短，以确保对外派人员的绩效考核客观公正。

**2. 绩效考核实施主体**

国际企业绩效考核者的来源较国内公司更加多样化，包括有上级、下属和同事，因此文化差异性的影响也十分明显，如表 10-2 所示。总的来说，由东道国管理人员对外派人员进行绩效考核的优点是，东道国的管理人员对外派人员的绩效状况比较了解，而且能够考虑造成这些绩效的环境因素。但是从另一方面来说，他们与这些外派员工之间存在文化上的隔阂，因此他们也很难从整个国际企业的角度来考察外派员工的绩效，这些因素会妨碍东道国管理人员对外派员工进行有效的绩效考核。值得注意的是，如果分公司的经理是母国员工或第三国员工，那么他们有可能会在制定决策或执行战略时，只注重分公司短期的利益，甚至会因此不惜损害分公司的长期利益，因为只有分公司短期的经营绩效会影响到对他们的绩效考核。作为外派人员的绩效考核者，必须充分考虑这些因素。

表 10-2　各种评估者文化的局限性

| 评价来源 | 评价标准 | 局限因素 |
|---|---|---|
| 自我评价 | 工作报告，管理技能，项目管理过程 | 容易产生自我表现中心和歪曲事实 |
| 东道国下属评价 | 领导技能、沟通技能、分公司的未来发展计划，有利于沟通 | 出于自我需要而不是企业组织需要，文化背景的差异性 |
| 东道国同事评价 | 团队建设、人际关系、跨文化互动的积极性和技巧，有利于沟通 | 当事人竞争过于强烈时缺乏信任，激励效果不佳，文化背景的差异性 |
| 母国上级评价 | 管理技能、领导技能、工作内容，有利于总公司战略的执行 | 由于距离、时间和环境差异容易造成信息不对称 |
| 东道国客户评价 | 服务质量、工作时间、谈判沟通能力、跨文化互动技能 | 容易受到已经有的消费习惯影响而歪曲事实 |

**3. 绩效考核结果反馈**

有效的绩效管理系统中一个重要的组成部分是绩效考核结果的定期反馈。这些反馈对于员工不断改进和提高工作绩效有重要意义，同时也是激励员工努力工作的有效手段。对外派人员来说，如果考核是由身处母国总公司的管理人员进行的，那么适宜的定期反馈就尤其必要。

### （二）影响外派人员工作绩效的因素

国际企业在对外派人员进行绩效考核时，除了采用适宜的绩效指标体系、安排合适的人员实施考核并将考核结果及时反馈给被考核者之外，为确保绩效考核公正顺利地进行，还需要重视下列因素对外派人员绩效的影响。

**1. 工作任务**

外派人员面临的挑战之一在于工作任务的要求是在母国制定的，但他们又必须在另外一个国家执行这些任务。两个国家之间在文化习俗上的差异，可能会导致外派人员在执行这些工作任务时，遇到很多在公司总部制定任务要求时所无法预料到的问题。如果外派人员的工作绩效最终由母国总部考核，那么当他试图按照东道国的工作习惯调整其工作行为时，必然会影响总部对他的绩效考核。工作任务对外派人员绩效考核的影响还体现在，由于外派人员在分公司的工作任务主要是行使管理职能，而这往往无法独立完成。如果国际企业把对任务的完成情况作为绩效考核的重要标准，那么对外派人员来说，非常重要的一点就是与东道国的同事全面合作才是保证任务顺利完成的关键，因此，对这些外派人员的绩效考评必须以东道国的环境为前提。

**2. 总部的支持**

外派人员的工作任命不同于国内的工作调动，因为这将涉及员工本人及其家庭成员在一个完全陌生的环境中工作和生活。在适应海外截然不同的工作环境和生活环境的过程中，来自公司总部的支持对外派人员的绩效是至关重要的。

**3. 东道国环境**

东道国的环境对外派人员的管理工作影响很大。东道国截然不同的社会、法律、经济及技术环境，都是影响外派人员绩效的因素。因此对他们的绩效考核应该以分公司的具体工作环境为前提。分公司的经营方式对于外派人员的工作绩效也有很大影响。一般来说，在全资子公司的工作开展相对要比在合资企业容易。在合资企业，跨文化冲突是常有的事，对外派人员来说，既要服从母国总部的安排，又要考虑东道国合资方的意见，因此困难是难免的。

**4. 文化调整**

外派人员在海外分公司的文化调整过程一般分为以下几个阶段：第一阶段开始于员工首次听到任命时的心理反应——激动、焦虑、冒险的感觉，等等。这种高涨的情绪将一直伴随外派人员上任到达新的工作环境。然后，随着新工作环境所带来的不适应性，外派人员的情绪开始低落，这是第二阶段的开始。这一阶段外派人员对环境的评价是比较消极的。这是一段关键时期，在这一阶段个人如何调整自己的心态来适应这个新环境，对外派人员今后工作有重要的影响作用。一旦度过了这个时期，随着外派人员对新环境的日益熟悉，他们的心情开始好转，这是第三阶段。随之他们开始调整自己以适应新环境，就是第四阶段的开始。

### 四、东道国人员的绩效考核

国际企业在对东道国员工进行绩效考核时，通常采用的一个方法是在分公司为东道国员工建立起一套绩效考核系统，尽量使这套绩效考核系统符合当地有关工作行为的风俗规范。这个方法的关键是分公司绩效考核体系的建立必须符合总公司绩效管理系统的要求。

对东道国员工绩效考核活动的另一方面是对调往总部的东道国员工的绩效考核。对这部分员工来说，总公司对其绩效的考核是基于对他们的角色期望进行的。虽然总公司的管理人员和这些东道国员工的距离很近，但是由于存在文化差异，所以东道国员工与他们的心理距离依然很大。而这些东道国员工还必须在完全陌生的文化环境中为实现这些期望而努力工作。往往总公司对这些员工的工作绩效不甚满意，他们的结局一般是被调回东道国工作。

## 第五节　国际企业员工的薪酬管理

制定合理而又具备激励性的劳动报酬方案是国际企业人力资源部门外派人员管理的主要任务。与国内公司薪酬管理相比，国际企业外派人员的薪酬管理更加复杂，它会涉及有关国家的汇率和通货膨胀问题，以及跨文化环境中个人收入所得税和津贴发放等问题。

### 一、国际企业外派人员薪酬管理目标

#### （一）有利于公司的全球化战略

外派人员薪酬方案的制定和实施首先和公司的国家化战略和全球运作密切相关，同时也和公司的财务能力和组织结构相互关联。例如，通过给予外派人员较高的劳动报酬来说服和激励优秀人才积极去海外工作被认为是一项有效的薪酬战略，但同时高刺激性的薪酬

方案对国际企业又意味着高昂的人力成本。所以,国际企业在给予外派人员的劳动报酬时所考虑的不仅仅是单一问题。

### (二) 满足外派人员的合理化需求

外派人员的出国目的是多样化的,其中经济收入是重要的目标之一。外派人员的经济需求只有通过公司的薪酬方案才能够实现,同时企业希望通过薪酬方案,达到具有安全性和激励性的人员管理目的。为了激励外派人员积极适应海外工作与生活环境,公司薪酬福利方案的管理目标如下:一是维持外派人员在母国的生活水准;二是维持和提高工作满意度;三是满足外派人员子女教育的条件;四是实现外派人员对配偶子女和家庭成员的社会义务。

因此,适当且具有竞争力的外派人员薪酬制度,能够激励优秀的人才积极充当外派人员,帮助外派人员适应在东道国的生活并努力工作,减少外派人员流失,保留优秀人才,继续为公司国际化发展而工作。

### (三) 确定合理的人力成本

随着全球劳动力市场的开放,控制人力成本成为国际企业获取竞争优势的重要方法。越来越多的国际企业认为,外派人员既不应该因为外派而损害自己的经济利益,又不应该得到在母国做同样工作时更多的劳动报酬。这就意味着外派人员一方面不需要承担派驻海外生活的额外成本,另一方面也不应该获得比在母国做同样工作时更多的收入。公司在制定薪酬方案时应该考虑以投资回报最有效的形式来确定合理的人力成本,提高工资效益。如何确定合理的人力成本,同时满足外派人员对薪酬的期望是一项困难的薪酬管理任务。

### (四) 保持薪酬方案的公平性

薪酬方案应该是持续和公平的,在管理实践中,外派人员薪资报酬更涉及外派东道国公司内部的公平性问题。很多国际企业认为,如果公司同意某一位外派人员的高报酬,那么就应该公平地和公司内部其他同等人员签订同样的协议,只有这样,才能消除薪酬差异所带来的内部不公平感。另一方面,如果降低外派人员薪酬水平,使其保持和东道国人员的同一水平,则可能降低外派人员在母国已经具有的生活质量,这对外派人员也是不公平的。因此,为保持公平性,公司通常全面考虑影响薪酬的各个要素,包括:任职长短、岗位因素、工作能力和业绩以及母国和东道国实际生活消费水平的差异等,并据此制定外派人员劳动报酬的现金酬劳、特殊津贴、福利及退休金计划,所以外派人员薪酬管理是一个同时涉及公司内部员工关系、公司文化和经济环境的复杂系统。

## 二、国际企业外派人员薪酬方案构成

### (一) 基本工资

外派人员的基本工资是劳动的直接收入部分,表现为一定的现金薪酬,同时,基本工资也是确定奖金和福利等其他薪酬水平的基本要素。在制定外派人员工资方案的时候,首先应该考虑影响工资方案的各种因素,包括东道国劳动法的规定,外派员工和家庭海外生活成本、当地通货膨胀、房屋成本和其他生活费用、子女的教育费用等，还要考虑各种保险和个人所得收入税的缴纳，了解母国或者东道国政府是否有外派人员税收方面的优惠政策。其次，要考虑基本工资的差异问题。为鼓励员工积极到海外工作，公司给予外派人员的基本工资待遇一般高于在母国的工资水平。外派人员基本工资水平多以原基本薪资为基数的百分比表示，一般在高于工资水平5%～40%的范围内。基本工资的支付水平还取决于任务的难度、当地生活实际艰苦程度以及工作任期长短。

### （二）津贴

外派人员的津贴形式多样。其中生活费用类补贴尤其值得关注，这类补贴主要是为了弥补本国与东道国在生活费用水平方面的差异。

**1. 住房津贴**

提供住房津贴是为确保外派人员能够维持在母国的居住水准。住房津贴的形式多种多样，包括：固定的住房补贴、根据实际住房费用进行支付的津贴、公司提供外派人员的住房等，公司可以根据实际情况进行选择性提供。

**2. 探亲差旅津贴**

有些国际企业为外派员工提供每年一次或多次的回国费用。目的是帮助他们缓解工作或生活压力。

**3. 教育津贴**

为外派人员的孩子提供的教育津贴也是国际薪酬政策的一个组成部分。这些津贴主要用来支付孩子学习的费用、往返的交通费用、入学费用等。

**4. 安家补贴**

主要用来弥补因到海外工作才发生的重新布置家庭的费用，包括搬家费用、运输费用、购买汽车的费用等。

**5. 配偶津贴**

许多外派人员的配偶因为陪同外派而失去了在母国的工作或者遭受其他损失，国际企业应支付外派人员配偶的损失费用。此外，国际企业也可以为外派人员的配偶在东道国寻找各种适宜他们的工作机会。

**6. 国外服务津贴**

不少国际企业将鼓励员工接受外派任务到艰苦的国家或地区去任职而提高的薪金没有划归到基本工资，而是作为国外服务津贴给予外派人员。国外服务津贴包括国际任命奖金、艰苦地区生活补贴等。这种方法会比提高基本工资水平更为灵活，也更有激励性。当外派人员回国后，国外服务津贴可以取消，既可以控制成本，又便于回国人员管理。

简而言之，国际企业为外派人员提供一系列的津贴是为鼓励他们接受任命，并尽量使他们在接受任命后保持与国内相同的生活水平。

### （三）福利

外派人员的福利计划管理任务主要是为外派人员购买保险和其他事项。由于国与国之间存在很大差异，因此外派人员的福利管理比较复杂，医疗保险、养老金计划以及社会保险等很难有统一的标准。一般来说，国际企业在考虑外派人员的福利问题时，首先要解决以下问题：是否维持外派人员在国内的福利方案？是否让外派人员加入东道国的福利方案？外派人员是否愿意接受母国或东道国的社会保障福利？

在福利计划实施的方法上，人力资源部门可以根据公司战略而采取不同的给予方式。有的公司规定每年增加部分员工的福利，其目的是使每位外派人员福利的受益程度有所不同。另一些公司则施行全球化统一福利标准，无论外派人员在哪里，都享受同等的福利待遇。前者有利于对不同人员实施激励，后者则减少了福利计划管理的复杂性。

## 三、制定薪酬制度的方法

国际企业人力资源管理中对外派人员薪酬制度的确立主要有两种方法：入乡随俗法和采用本国标准法。

### （一）入乡随俗法

入乡随俗法意味着外派人员的基本工资与东道国员工的工资结构直接挂钩。国际企业根据对东道国的薪酬调查，确立外派人员薪酬的参照点，一般参照对象有三类：东道国员工、来自同一国家的竞争对手的外派人员、来自第三国家的外派人员。

这种方法的优势在于：一方面，体现出与东道国国民薪资的平等性。如果东道国是一个高收入国家，则很容易吸引本国公民或第三国公民去东道国工作；另一方面，这种方法相对比较简单，外派人员也更容易理解，实施这种方法将有助于外派人员得到当地员工认同。

这种方法的局限性在于：一方面，因为外派人员的薪资完全按照东道国当地的薪资水平确定，因此东道国的经济发达程度以及薪资水平的高低，将直接影响外派人员的工作积极性。毫无疑问，员工将更乐意接受到发达国家的外派任命，而对到发展中国家的外派任命则较为抗拒；另一方面，对那些到发达国家任职的外派人员来说，一旦任期结束回到母国，他们又将难以接受比东道国低的薪资水平，这将影响他们在母国的工作积极性。

### （二）采用本国标准法

采用本国标准法的基本目标是，通过各种经济补偿手段使外派人员维持在国内的生活水平，外派人员的基本工资是根据母国的工资结构决定的。采用这种方法的国际企业认为，外派人员去海外工作不能遭受物质上的损失。为了弥补外派人员因接受外派任命所导致的购买力损失，国际企业通常会承担一部分外派人员因接受任命所增加的各种费用开支。

采用这种方法的优点是可以消除外派人员之间因薪资不同而产生的不公平感，同时也不会产生在外派人员回国时因薪资的巨大差异而造成的不平衡感。

该方法的不足之处在于具体的管理非常困难。外派人员在东道国具体的生活费用以及依法纳税等方面的情况由远在千里之外的母国管理显然有很大难度。此外，这种制定工资制度的方法很容易导致外派人员与东道国员工在薪酬上面的不一致。这种不一致容易使东道国员工产生不公平感，从而影响这部分人的工作积极性。

## 讨论案例

### 中国企业要“走出去”，更要“走进去”

2019年10月，国家电网在海外首个独立中标的特高压输电工程——美丽山二期项目正式投入商业运行。这条“电力高速公路”贯穿巴西南北，不仅有效解决了水电长距离输送难题，而且有力促进了巴西电力行业和特高压技术发展。中国特高压点亮海外，既是中国企业扬帆出海的生动注脚，又为企业从“走出去”向“走进去”转变提供了有益启示。

随着“一带一路”建设从谋篇布局的“大写意”，转向精谨细腻的“工笔画”，中国企业“走出去”的道路越来越宽广。从华为、小米等智能手机品牌在国外成功“圈粉”，到快递产业、移动支付等“中国服务”阔步迎风出海，再到大型基础设施建设工程在世界各地落地生根，中国企业“走出去”成绩单可圈可点。但“墙外开花”还需“两头香”。企业要开拓海外市场，实现长远发展，简单的“走出去”远远不够，必须“走进去”“融进去”。

完成这一跨越，既要有“打铁必须自身硬”的实力支撑，更要有合作共赢、造福当地的情怀与担当。在实践中，“走得快”“走得稳”的企业无不顺应互利互惠、共同繁荣的发展潮流。在孟加拉国，中铁大桥局创造“烂泥坑”上建桥的奇迹，结束帕德玛河两岸居民千百年摆渡往来的历史；在阿拉伯联合酋长国，“阿布扎比之光”项目满足逾 9 万人用电需求，每年减排二氧化碳 100 万吨；在塔吉克斯坦，新疆中泰集团中塔农业纺织项目为当地创造固定就业岗位 1600 个，提供年临时用工 30 万人次……这些合作共赢的故事，不但将中国人民的友谊播撒向全世界，而且提示我们：只有真正惠及当地，企业才能获得支持，实现长远发展。

从“走出去”到“走进去”，企业需要将“功夫下在诗外”，由于不同国家在历史发展、文化习俗等方面存在较大差异，在合作中难免出现“水土不服”的情况。这就要求企业与海外公众多交往、多沟通，形成情感共振。拿美丽山二期项目的建设来说，国家电网在工程建设的同时，还在线路沿途新建、修复了超过 1970 千米的道路和 350 座桥梁，向亚马孙地区沿线居民捐献了 760 批防治疟疾专用物资，帮助亚马孙地区贫困居民建设现代化工厂……实实在在的举动造福着巴西人民，让该工程成为闻名巴西全境、受当地民众尊敬的项目。

近年来，中国企业“走出去”步伐加快，海外形象也逐年提升。未来，相信会有更多中国企业直挂云帆、乘风破浪，为中国和世界做出更多更大的贡献。

（资料来源：赵曙明. 国际人力资源管理[M]. 6 版. 南京：南京大学出版社，2021.）

**讨论与思考**

在“走出去”到“走进去”的进程中，中国企业会面临哪些人力资源管理领域的机遇和挑战？

## 复习思考题

1. 国际人力资源管理具备哪些特点？
2. 国际企业员工的选聘标准有哪些？
3. 国际企业外派员工的培训内容有哪些？
4. 国际企业外派员工的薪酬方案构成是怎样的？

## 自 测 题

### 一、选择题

1. 招聘东道国人员管理当地子公司，而母国人员在母国总部任职，这种人员配备方法是(　　)。

A. 民族中心法　B. 多中心法　C. 地区中心法　D. 全球中心法

2. 下列外派人员的绩效考核标准属于软指标的是(　　)。

A. 投资回报率　B. 利润率　C. 市场份额　D. 领导风格

3. 用于弥补外派人员到海外工作而发生的重新布置家庭所需费用的津贴是(　　)。

A. 教育津贴　B. 配偶津贴　C. 国外服务津贴　D. 安家补贴

4. (　　)员工指的是那些在海外子公司工作的当地员工。

A. 东道国员工　B. 母国员工　C. 第三国员工　D. 外派国员工

5. 国际企业所有的关键岗位都是由母国人员担任,这属于国际企业人员配备的(　　)。

A. 单一中心法　B. 民族中心法　C. 地区中心法　D. 全球中心法

6. 有些国际企业为外派人员提供每年一次或多次的回国费用,这属于(　　)。

A. 住房津贴　B. 教育津贴

C. 探亲差旅津贴　D. 配偶津贴

7. (　　)是指绩效考核中客观且可以直接被测量的标准。

A. 软指标　B. 情境指标　C. 精神指标　D. 硬指标

8. 下列关于多元中心法的叙述,哪个不正确(　　)。

A. 可以使公司在政治敏感地区保持低调的姿态,不被关注

B. 子公司高管通常由当地人担任,但也常派总部的管理人员到国外的分支机构工作

C. 可以为公司节约大量开支

D. 可以使当地的公司在管理上有延续性

9. 一般地,在国际企业所面临的经营环境中,(　　)对企业运行来说,其影响力是全方位、全系统、全过程的。

A. 经济因素　B. 政治因素　C. 法律因素　D. 文化因素

10. 在母国选聘人员时,(　　)主要包括对差异和模糊的容忍性、文化移情、种族优越感、对东道国的兴趣,文化符号的知识和文化韧性。

A. 专业能力　B. 交际能力　C. 工作成就感　D. 语言能力

**二、填空题**

1. 摩尔根提出了国际人力资源管理的模型,他将国际人力资源管理定义为处在__________、__________和__________这三个维度之中的互动组合。

2. 国际人力资源管理的影响因素有__________、__________、__________、__________。

3. 国际企业人力资源管理中对外派人员的薪酬制度的确立主要有两种方法,分别为__________和__________。

4. 外派人员生活费用补贴要有以下项目:__________、__________、__________、__________、__________和__________。

# 参 考 文 献


[1] 彭剑锋.人力资源管理概论[M].上海:复旦大学出版社,2021.
[2] 赵曙明.人力资源管理评论:2018年第2辑[M].北京:经济管理出版社,2019.
[3] 刘昕.人力资源管理[M].4版.北京:中国人民大学出版社,2020.
[4] 赵曙明.人力资源管理与开发[M].2版.北京:高等教育出版社,2018.
[5] 邓国取.人力资源管理[M].2版.南京:南京大学出版社,2013.
[6] 马新建.人力资源管理与开发[M].3版.北京:北京师范大学出版社,2017.
[7] 郑兴山.人力资源管理[M].上海:上海交通大学出版社,2010.
[8] 胡君辰.人力资源开发与管理[M].5版.上海:复旦大学出版社,2018.
[9] 卿涛.人力资源管理概论[M].3版.成都:西南财经大学出版社,2022.
[10] 朱舟.人力资源管理[M].3版.上海:上海财经大学出版社,2020.
[11] 张立富.人力资源管理[M].2版.北京:首都经济贸易大学出版社,2018.
[12] 谌新民.人力资源管理概论[M].4版.北京:科学出版社,2015.
[13] 雷蒙德·诺伊,约翰·霍伦贝克,巴里·格哈特,等.人力资源管理:赢得竞争优势:英文版第12版[M].北京:中国人民大学出版社,2023.
[14] 黄维德,董临萍.人力资源管理[M].北京:高等教育出版社,2020.
[15] 李宝元.人力资源管理案例教程[M].北京:人民邮电出版社,2010.
[16] 林忠,金延平.人力资源管理[M].大连:东北财经大学出版社,2018.
[17] 杨河清.人力资源管理[M].北京:高等教育出版社,2017.
[18] 董克用,李超平.人力资源管理概论[M].5版.北京:中国人民大学出版社,2019.
[19] 中国就业培训技术指导中心组织.企业人力资源管理师[M].4版.北京:中国劳动社会保障出版社,2020.
[20] 加里·德斯勒.人力资源管理[M].14版.刘昕,译.北京:中国人民大学出版社,2017.
[21] 秦志华.人力资源管理[M].4版.北京:中国人民大学出版社,2019.
[22] 刘洪波.人力资源数字化转型策略、方法、实践[M].北京:清华大学出版社,2022.
[23] 林新奇.新中国人力资源管理变革的路径和走向:制度变迁与政策选择[M].大连:东北财经大学出版社,2012.
[24] 赵曙明.中国人力资源管理三十年的转变历程与展望[J].南京社会科学,2009(1):7-11.
[25] 赵曙明.人力资源战略与规划[M].北京:中国人民大学出版社,2021.
[26] 葛玉辉.人力资源战略与规划[M].北京:电子工业出版社,2021.
[27] 陈俊梁.工作分析:理论与实务[M].北京:中国人民大学出版社,2022.
[28] 加里·德斯勒.人力资源管理[M].刘昕,译.北京:中国人民大学出版社,2021.
[29] 约翰·伊万切维奇,赵曙明,程德俊.人力资源管理[M].11版.北京:机械工业出版社,2015.
[30] 陈瑜.工作分析:理论与实务[M].2版.北京:中国人民大学出版社,2022.
[31] 万希.工作分析:人力资源管理的基石[M].北京:电子工业出版社,2017.

[32] 萧鸣政. 工作分析的方法与技术[M]. 5 版. 北京:中国人民大学出版社,2018.
[33] 付亚和. 工作分析[M]. 3 版. 上海:复旦大学出版社,2019.
[34] 郑晓明,吴志明. 工作分析实务手册[M]. 2 版. 北京:机械工业出版社,2006.
[35] 杨明海,薛靖. 工作分析与岗位评价[M]. 3 版. 北京:电子工业出版社,2018.
[36] 赵曙明. 招聘甄选与录用:理论、方法、工具、实务[M]. 2 版. 北京. 人民邮电出版社,2019.
[37] 韦恩・蒙迪. 人力资源管理[M]. 10 版. 谢晓非,等译. 北京:人民邮电出版社,2011.
[38] 吴文艳. 组织招聘管理[M]. 3 版. 大连. 东北财经大学出版社,2020.
[39] 廖泉文. 招聘与录用[M]. 4 版. 北京:中国人民大学出版社,2022.
[40] 雷蒙德・诺伊. 雇员培训与开发[M]. 6 版. 徐芳,邵晨,译. 北京:中国人民大学出版社,2015.
[41] 石金涛. 培训与开发[M]. 5 版. 北京:中国人民大学出版社,2021.
[42] 金延平. 人员培训与开发[M]. 6 版. 大连:东北财经大学出版社,2023.
[43] 宋培林. 企业员工战略性培训与开发:基于胜任力提升的视角[M]. 厦门:厦门大学出版社,2011.
[44] 陈国海. 员工培训与开发[M]. 3 版. 北京:清华大学出版社,2019.
[45] 葛玉辉. 员工培训与开发实务[M]. 2 版. 北京:清华大学出版社,2020.
[46] 徐芳. 培训与开发理论及技术[M]. 2 版. 上海:复旦大学出版社,2019.
[47] 王瑞永. 培训管理制度[M]. 北京:人民邮电出版社,2011.
[48] 张俊娟,韩伟静. 企业培训体系设计全案[M]. 北京:人民邮电出版社,2011.
[49] 陈胜军. 培训与开发:提高・融合・绩效・发展[M]. 北京:中国市场出版社,2010.
[50] 石金涛. 培训与开发[M]. 北京:中国人民大学出版社,2021.
[51] 李育辉. 培训与开发[M]. 北京:中国人民大学出版社,2022.
[52] 赵曙明. 人员培训与开发[M]. 北京. 人民邮电出版社,2016.
[53] 何欣. 重新定义培训:让培训体系与人才战略共舞[M]. 北京:中国法制出版社,2018.
[54] 林新奇,蒋瑞. 绩效管理[M]. 北京:中国人民大学出版社,2020.
[55] 冉涛. 华为灰度管理法[M]. 北京:中信出版集团,2019.
[56] 赫尔曼・阿吉斯. 绩效管理[M]. 刘昕,朱冰妍,严会,译. 北京:中国人民大学出版社,2021.
[57] 方振邦,唐健. 战略性绩效管理[M]. 北京:中国人民大学出版社,2019.
[58] 付亚和,许玉林. 绩效管理[M]. 4 版. 上海:复旦大学出版社,2021.
[59] 宋玉可. 提升组织绩效:从考核开始认识绩效管理[M]. 杭州:浙江工商大学出版社,2023.
[60] 徐斌. 绩效管理[M]. 2 版. 北京:中国人民大学出版社,2017.
[61] 萧鸣政. 绩效考评与管理方法[M]. 北京:北京大学出版社,2017.
[62] 中国就业培训技术指导中心. 企业人力资源管理师:三级[M]. 北京:中国劳动社会保障出版社,2020.
[63] 巴里・格哈特,杰里・纽曼. 薪酬管理[M]. 13 版. 成得礼,译. 北京:中国人民大学出版社,2022.
[64] 正堂. 薪酬管理[M]. 2 版. 北京:北京大学出版社,2016.
[65] 张艳华. 薪酬管理:基本原理与实务[M]. 上海:复旦大学出版社,2022.
[66] 巴里・格哈特,杰里・纽曼. 薪酬管理:英文版第 13 版[M]. 北京:中国人民大学出版社,2021.
[67] 金延平. 薪酬管理[M]. 5 版. 大连:东北财经大学出版社,2022.
[68] 王楠. 薪酬福利业务流程与制度[M]. 北京:人民邮电出版社,2018.
[69] 任康磊. 薪酬管理实操从入门到精通[M]. 2 版. 北京:人民邮电出版社,2023.
[70] 刘智强,刘容志,赵君. 薪酬管理案例集[M]. 武汉:武汉大学出版社,2023.
[71] 孙科柳,李曼,贺鹏. 薪酬设计实战:激发人才活力的薪酬体系设计[M]. 北京:电子工业出版

社，2022.
[72] 文跃然.薪酬管理原理[M].2版.上海：复旦大学出版社，2019.
[73] 苏中兴.薪酬管理[M].北京：中国人民大学出版社，2019.
[74] 刘昕.薪酬管理[M].6版.北京：中国人民大学出版社，2021.
[75] 赵曙明，赵宜萱.薪酬管理：理论、方法、工具、实务：微课版[M].2版.北京：人民邮电出版社，2019.
[76] 陈建.职业生涯规划[M].北京：北京理工大学出版社，2011.
[77] 曹鸣岐.职业生涯规划[M].3版.北京：高等教育出版社，2019.
[78] 杰弗里·格林豪斯.职业生涯管理[M].4版.王伟，译.北京：清华大学出版社，2014.
[79] 周文霞.职业生涯管理[M].2版.上海：复旦大学出版社，2020.
[80] 罗宾斯.组织行为学[M].18版.孙健敏，等译.北京：中国人民大学出版社，2020.
[81] 苏文平.职业生涯规划与就业创业指导[M].北京：中国人民大学出版社，2020.
[82] 唐鑛.人力资源与劳动关系管理[M].北京：中国人民大学出版社，2021.
[83] 程延园，王甫希.劳动关系[M].5版.北京：中国人民大学出版社，2021.
[84] 吴晓巍.企业劳动关系管理[M].3版.大连：东北财经大学出版社，2020.
[85] 唐鑛，刘兰，嵇月婷.劳动争议处理[M].北京：中国人民大学出版社，2020.
[86] 程延园.劳动法与劳动争议处理[M].2版.北京：中国人民大学出版社，2020.
[87] 郑桥.西方市场经济国家劳资关系的历史演变及其特点[J].中国工运学院学报，1997(3)：65-67.
[88] 彼得·道林.国际人力资源管理[M].7版.赵宜宣，刘燕，译.北京：中国人民大学出版社，2023.
[89] 胡玲燕.跨文化人力资源管理[M].武汉：武汉大学出版社，2017.
[90] 保罗·埃文斯，弗拉基米尔·帕希科，琼路易斯·巴苏克斯.国际人力资源管理[M].唐宁玉，等译.北京：机械工业出版社，2023.
[91] 林新奇.跨国公司人力资源管理[M].北京：清华大学出版社，2018.
[92] 赵曙明.中国企业的人力资源管理：全球视野与本土经验[M].北京：北京师范大学出版社，2011.
[93] 林新奇.国际人力资源管理[M].4版.上海：复旦大学出版社，2023.
[94] 赵曙明.国际人力资源管理[M].6版.南京：南京大学出版社，2021.
[95] 周三多.管理学原理[M].3版.北京：高等教育出版社，2010.
[96] 彼得·道林，玛丽昂·费斯廷，艾伦·恩格尔，等.国际人力资源管理：英文版[M].7版.北京：中国人民大学出版社，2022.